Frauenhandel als
migrationsrechtliches Problem

AF733917

Europäische Hochschulschriften
Publications Universitaires Européennes
European University Studies

**Reihe II**
**Rechtswissenschaft**

Série II Series II
Droit
Law

**Bd./Vol. 3150**

PETER LANG
Frankfurt am Main · Berlin · Bern · Bruxelles · New York · Oxford · Wien

Ulrike Mentz

# Frauenhandel als migrationsrechtliches Problem

PETER LANG
Europäischer Verlag der Wissenschaften

Die Deutsche Bibliothek - CIP-Einheitsaufnahme

Mentz, Ulrike:

Frauenhandel als migrationsrechtliches Problem / Ulrike Mentz. - Frankfurt am Main ; Berlin ; Bern ; Bruxelles ; New York ; Oxford ; Wien : Lang, 2001
(Europäische Hochschulschriften : Reihe 2, Rechtswissenschaft ; Bd. 3150)
Zugl.: Hamburg, Univ., Diss., 2000
ISBN 3-631-37742-8

Gedruckt auf alterungsbeständigem, säurefreiem Papier.

D 18
ISSN 0531-7312
ISBN 3-631-37742-8

© Peter Lang GmbH
Europäischer Verlag der Wissenschaften
Frankfurt am Main 2001
Alle Rechte vorbehalten.

Das Werk einschließlich aller seiner Teile ist urheberrechtlich geschützt. Jede Verwertung außerhalb der engen Grenzen des Urheberrechtsgesetzes ist ohne Zustimmung des Verlages unzulässig und strafbar. Das gilt insbesondere für Vervielfältigungen, Übersetzungen, Mikroverfilmungen und die Einspeicherung und Verarbeitung in elektronischen Systemen.

Printed in Germany 1 2 3 4 5 7

www.peterlang.de

*„But if you want to use numbers, think about this. Two hundred million people are victims of contemporary forms of slavery. (...) During four centuries, 12 million people were believed to be involved in the slave trade between Africa and the New World. The 200 million - and many of course are women who are trafficked for sex - is a current figure. It's happening now. Today."*

Michael Platzer, Head of Operation des UN-Zentrums für Internationale Kriminalitätsprävention, New York 1998

# Vorwort

Die vorliegende Arbeit wurde Ende Mai 2000 als Dissertation am Fachbereich Rechtswissenschaft an der Universität Hamburg eingereicht. Literatur und Rechtsprechung konnten nur bis zu diesem Zeitpunkt berücksichtigt werden.

In der Arbeit wird an mehreren Stellen auf voraussichtliche Veränderungen der Rechts- und Gesetzeslage insbesondere in Hinblick auf die Allgemeine Verwaltungsvorschrift zum Ausländergesetz eingegangen. Diese Veränderungen sind nach Abschluß der Arbeit wie prognostiziert erfolgt.

Allen, die zum Gelingen dieser Dissertation und der Promotion insgesamt beigetragen haben, danke ich sehr herzlich.

Auf dem Weg habe ich viel Unterstützung von den unterschiedlichsten Seiten erfahren. Ohne die endlose Gesprächsbereitschaft einzelner, tatkräftige Hilfe von Korrekturlesern und -leserinnen, Inspiration durch die Arbeit mit den betroffenen Frauen und denen, die gegen Frauenhandel kämpfen und vor allem ohne das liebevolle Verständnis meiner Familie, Freunde und Freundinnen hätte diese Arbeit nicht entstehen können.

Hamburg, im Januar 2001, Ulrike Mentz

# Inhaltsübersicht

# Inhaltsverzeichnis

# Abkürzungen

| | |
|---|---|
| a. A. | Andere Ansicht |
| AAV | Arbeitsaufenthalteverordnung |
| ABl. | Amtsblatt |
| ABl.-EG | Amtsblatt der Europäischen Union |
| AEVO | Arbeitserlaubnisverordnung |
| a. F. | Alte Fassung |
| AFG | Arbeitsförderungsgesetz |
| agisra | Arbeitsgemeinsaft gegen internationale und sexistische Ausbeutung, eingetragener Verein, Frankfurt/Main |
| ArbG | Arbeitsgericht |
| ArGV | Arbeitsgenehmigungsverordnung |
| Art. | Artikel |
| ASAV | Anwerbestopp-Ausnahme-Verordnung |
| ASI | Anti Slavery International, NGO mit Sitz in London |
| AsylBLG | Asylbewerberleistungsgesetz |
| AO | Abgabenordnung |
| AuAS | Ausländer- und asylrechtlicher Schnelldienst |
| AuslG | Ausländergesetz |
| AuslG-VwVE | Entwurf der Allgemeinen Verwaltungsvorschrift zum Ausländergesetz |
| AvermV | Arbeitsvermittlerverordnung |
| BAG | Bundesarbeitsgericht |
| BAGE | Amtliche Entscheidungssammlung des Bundesarbeitsgerichts |
| Ba-W | Baden-Württemberg |
| BB | Betriebsberater |
| Bd | Band |
| Beschl. | Beschluß |
| BGB | Bürgerliches Gesetzbuch |
| BGBl.. | Bundesgesetzblatt |
| BGH | Bundesgerichtshof |
| BGHZ | Amtliche Entscheidungssammlung des Bundesgerichtshofs für Zivilsachen |
| BKA | Bundeskriminalamt |
| BMA | Bundesministerium für Arbeit und Sozialordnung |
| Brdbg | Brandenburg |
| BR-Drs | Bundesratsdrucksache |
| BremJAG | Bremer Juristenausbildungsgesetz |

| | |
|---|---|
| BSHG | Bundessozialhilfegesetz |
| BT-Drs | Bundestagsdrucksache |
| BVerfG | Bundesverfassungsgericht |
| BVerfGE | Entscheidungssammlung des Bundesverfassungsgerichts |
| BVerwG | Bundesverwaltungsgericht |
| BVerwGE | Entscheidungssammlung des Bundesverwaltungsgerichts |
| bzw. | beziehungsweise |
| CATW | Coalition Against Trafficking in Women, internationale NGO |
| CEDAW | Convention for the Elimination of all Kinds of Diskrimination against Women, Übereinkommen zur Beseitigung jeder Form von Diskriminierung der Frau |
| DA AER | Durchführungsanweisungen zum Arbeitserlaubnisrecht |
| DVAuslG | 2. Verordnung zur Durchführung des Ausländergesetzes |
| DÖV | Die öffentliche Verwaltung, Zeitschrift |
| EGV | Vertrag über die Europäischen Gemeinschaften |
| EMRK | Europäische Menschenrechtskonvention, Konvention zum Schutze der Menschenrechte und Grundfreiheiten |
| Europ. Parl. | Europäisches Parlament |
| EWG | Europäische Wirtschaftsgemeinschaft |
| EWL | European Womens Lobby, Europäischer Dachverband von Frauenorganisationen |
| EZAR | Entscheidungssammlung zum Ausländerrecht |
| FamRZ | Zeitschrift für das gesamte Familienrecht |
| FAZ | Frankfurter Allgemeine Zeitung |
| FIZ | Fraueninformationszentrum, NGO, Zürich |
| GAATW | Global Alliance against Trafficking in Women, NGO, Bangkok |
| gem. | gemäß |
| GewArch | Gewerbearchiv; Zeitschrift für Verwaltungs-, Gewerbe- und Handwerksrecht, für Wirtschafts-, Arbeits- und Sozialrecht, für Wohnungs-, Boden- und Baurecht, Umweltschutz |
| GK-AuslR | Gemeinschaftskommentar zum Ausländerrecht |
| GNr. | Gliederungsnummer |
| GO | Governmental Organisation |
| Hamb. | Hamburg |
| HRS | Human Rights Standards für den Umgang mit gehandelten Personen, NGO-Statement |
| Hs | Halbsatz |

| | |
|---|---|
| HWG | Huren wehren sich gemeinsam, eingetragener Verein |
| ILO | International Labour Organisation |
| InfAuslR | Informationsbrief Ausländerrecht |
| IOM | International Organisation of Migration, NGO, Wien |
| i. S. v. | im Sinne von |
| JR | Juristische Rundschau |
| JZ | Juristische Zeitung |
| KOK | Bundesweiter Koordienierungskreis Frauenhandel aller Nichtregierungsorgansisationen und Fachberatungstellen zum Thema Frauenhandel in der Bundesrepublik Deutschland |
| KOOFRA | Koordinierungsstelle zur Bekämpfung von Frauenhandel, Projekt des Nichtregierungsorganisation Amnesty for Women in Hamburg |
| LEFÖ | Lateinamerikanische Exilierte Frauen in Österreich, NGO, Wien |
| LKA | Landeskriminalamt |
| LKW | Lastkraftwagen |
| MvP | Mecklenburg-Vorpommern |
| MschrKrim | Monatsschrift für Kriminologie und Strafrechtsreform |
| MdEP | Mitglied des Europäischen Parlamentes |
| MüKo | Münchner Kommentar zum BGB |
| Nds | Niedersachsen |
| n. F. | neue Fassung |
| NGO | Non Governmental Organisation |
| NJW | Neue Juristische Wochenschrift |
| NOTRAF | European NGO Conference on Trafficking in Women, 7.-8. Februar in Amsterdam |
| NRO | Nicht-Regierungsorganisation |
| NRW | Nordrhein-Westfalen |
| NStZ | Neue Zeitschrift für das Strafrecht |
| NStZ-RR | Rechtsprechungsreport der Neuen Zeitschrift für das Strafrecht |
| NW | Nordrhein-Westfalen |
| NVwZ | Neue Zeitschrift für Verwaltungsrecht |
| NZA-RR | Rechtsprechungsreport der Neuen Zeitschrift für das Arbeitsrecht |
| OK | Organisierte Kriminalität |
| ÖRA | Öffentliche Rechtsauskunft |

| | |
|---|---|
| OVG | Oberverwaltungsgericht |
| OWiG | Gesetz über Ordnungswidrigkeiten |
| PKS | Polizeiliche Kriminalstatistik |
| PStG | Personenstandsgesetz |
| RGBl. | Reichsgesetzblatt |
| Rh-Pf | Rheinland-Pfalz |
| RNr. | Randnummer |
| S. | Seite |
| SächsVBl. | Sächsisches Verwaltungsblatt |
| Sachs-A | Sachsen-Anhalt |
| Schl-H | Schleswig-Holstein |
| SGB | Sozialgesetzbuch |
| SMR | Standard Minimum Rules for the Treatment of Victims of Trafficking, Forced Labour and Slavery-like Practices, NGO-Statement |
| SOLWODI | Solidarity with Women in Distress, NGO in Rheinland-Pfalz |
| StGB | Strafgesetzbuch |
| STV | Stichting tegen Vrouvenhandel, NGO, Uetrecht |
| TAMPEP | Transnational Aids Prevention Project for Migrant Prostitutes, NGO in Amsterdam, Hamburg, Mailand und Wien |
| TAZ | die tageszeitung |
| u.a. | und andere |
| UNTS | United Nations Treaty Series |
| Urt. | Urteil |
| u.v.m. | und viele mehr |
| v. | vom |
| VG | Verwaltungsgericht |
| VGH | Verwaltungsgerichtshof |
| vgl. | vergleiche |
| VwVfG | Verwaltungsverfahrensgesetz |
| VwGO | Verwaltungsgerichtsordnung |
| ZAR | Zeitschrift für Ausländerrecht und Ausländerpolitik |
| Zit. | Zitiert |
| ZRP | Zeitschrift für Rechtspolitik |

# Einleitung

## 0.1 Problemaufriß

Frauenhandel ist ein aktuelles Problem. In der Europäischen Union, Nordamerika und anderen industrialisierten Ländern findet der Handel mit und die Ausbeutung von Frauen in einem Ausmaß und in einer Brutalität statt, die unvorstellbar erscheinen[1]. Frauenhandel hat als Thema in den letzten Jahren in den Medien[2] und auf politischer Ebene[3] zunehmend Beachtung gefunden. National

1 Zum Erscheinungsbild von Frauenhandel siehe agisra, Frauenhandel und Prostitutionstourismus, Eine Bestandsaufnahme; Habermann; Frauenhandel - oder besser die spezifische Situation migrierter/nichtdeutscher Prostituierter; Heine-Wiedemann/Ackermann; Umfeld und Ausmaß des Menschenhandels mit ausländischen Mädchen und Frauen; Heinz-Trossen; Zur Reglementierung der Prostitution, insbesondere zur Arbeit der Gesundheitsämter in der Bundesrepublik Deutschland West; Henning; Kolumbianische Prostituierte in Frankfurt/Main; IOM, Die Europäische Union als Zielregion des Frauenhandels: Merkmale, Tendenzen und politische Fragestellungen; Beitrag auf der Konferenz über Frauenhandel und sexuelle Ausbeutung; Kalthegener, Frauenhandel: Schwierigkeiten der Strafverfolgung; Lenz/Ramil-Weiss/Thiemann, Internationaler Frauenhandel, Eine Untersuchung über Prostitution und Heiratshandel in Nordrhein-Westfalen und die Interventionsmöglichkeiten von Institutionen und Frauengruppen; Leopold/Steffan/Paul; Dokumentation zur rechtlichen und sozialen Situation Prostituierter in der Bundesrepublik Deutschland; Rayankorn, Special Study on Laws Relating to Prostitution and Traffic in Women; Drößler, Woman at Work, Sexarbeit, Binnenmarkt und Emanzipation, Dokumentation zum Ersten europäischen Prostitutiertenkongreß; Kleiber/Velten; Prostitutionskunden, Eine Untersuchung über psychologische Charakteristika von Besuchern weiblicher Prostituierter in Zeiten von Aids; HWG, Prostitution, Ein Handbuch; Narvesen, The sexual exploitation of Children in developing countries; Niesner/Anonuevo/Aparicio/Sonsiengchai-Fenzl, Ein Traum vom besseren Leben; Ban-Ying, Der Handel mit ausländischen Frauen, eine Bestandsaufnahme; Butterweck, Die Regelung von Prostitution und Zwangsprostitution als Disziplinierung der Geschlechterrollen in der europäischen Moderne; Markus Dreixler, Der Mensch als Ware; Senatsamt für die Gleichstellung, Hamburg, Internationaler Frauenhandel; Färber-Husemann, Osteuropas verkaufte Frauen; Global Survival Network, An Exposé of the Traffic in Women for Prostitution in the Newly Independent States; detaillierte Realanalyse siehe im 1. Kapitel.

2 Z. B. FAZ vom 28.4.1998 „Viele Frauen schweigen aus Angst vor dem Zuhälter"; Hamburger Morgenpost vom 31.3.1999 „Brutale Frauenhändler"; Hamburger Abendblatt 8./9.5.1999 „Gefangen im Teufelskreis der Prostitution"; Frankfurter Rundschau vom 26.6.1999, „Frauenhandel zwischen Nepal und Indien" u.v.m.

3 Vgl. Ausschußdrucksache 13/350 vom 25.5.1998, schriftliche Stellungnahmen zur öffentlichen Anhörung „Frauenhandel mit dem Ziel der sexuellen Ausbeutung" am 27.5.1998, Bericht über den Menschenhandel des Ausschuß für Grundfreiheiten und innere Angelegenheiten des Europäischen Parlamentes, Amtsblatt vom 5.2.1996 Nr. C 032 S. 8 ff.; A4-0326/95; Entschließung zu der Mitteilung der Kommission an den Rat und das Europäische Parlament zum Thema „Frauenhandel mit dem Ziel der sexuellen Ausbeutung"; vom 19.1.1998, A4-0372/97; Recommendation on

und international werden Ursachen, Hintergründe, Gegenmaßnahmen und Strategien diskutiert, wie der evidenten Zunahme des Frauenhandels nach Westeuropa begegnet werden kann[4]. Vielerorts existieren unterschiedlichste Initiativen mit dem Ziel, Frauenhandel zu bekämpfen[5]. Dennoch ist bisher keine spürbare Erleichterung der Situation der betroffenen Frauen eingetreten. Die Erfolge bei der Bekämpfung von Frauenhandel bleiben punktuell.

Die Ursachen für Frauenhandel sind vielfältig, aber unzureichend erforscht. Die Hauptursachen werden zumeist in der Perspektivlosigkeit der Frauen in ihren Heimatländern, sowie der starken Nachfrage in den Zielländern gesehen. Beide Ursachen entziehen sich fast vollständig staatlicher Intervention[6]. Die Armut in den Herkunftsländern kann auch durch wirtschaftliche Hilfe nicht kurzfristig aufgefangen werden, und über die Ursachen für die Nachfrage nach der „Ware Frau“ existieren bisher nur Vermutungen und noch keine wissenschaftlich abgesicherten Erkenntnisse[7]. Als Ursachen werden daneben die organisierte Kriminalität[8], die zunehmende Migration von Frauen, bestehende patriarchale Gesellschaftsstrukturen, die rechtlichen Rahmenbedingungen sowie Korruption genannt[9]. Zu dem gegenwärtigen Frauenhandel tragen folglich viele verschiedene Faktoren bei, und es bieten sich daher auch unterschiedliche Methoden zur Bekämpfung des Frauenhandels an.

Die Frage, welche Maßnahmen zur Verhinderung oder Eindämmung des Phänomens geeignet sind, wird entsprechend unterschiedlich beantwortet. Auch wenn die Akteure in der Polizei, der Staatsanwaltschaft, der Politik und den Nichtregierungsorganisationen bis hin zu einzelnen Aktivisten in dem Willen,

Traffic in Women and Forced Prostitution in the Council of Europe Member States, 1325 (1997) vom 23.4.1997, der parlamentarischen Versammlung des Europarates, EREC1325.WP; 1403-23/4/97-14-E; Mitteilung der Kommission an den Rat und das Europäische Parlament zum Thema „Frauenhandel mit dem Ziel der sexuellen Ausbeutung“, vom 20.11.1996, KOM (96) 567 u.v.m.

4 So etwa am 11.11.1999 auf der Fachtagung „Handelsware Frau“ in Bremen.

5 Als ein aktuelles Beispiel kann hier die Vereinbarung eines Kooperationskonzeptes zwischen der Polizei und der Beratungsstelle Koofra in Hamburg aufgeführt werden, Hamburger Abendblatt vom 30.11.1999.

6 Vgl. Ausschußdrucksache 13/350 vom 25.5.1998, schriftliche Stellungnahmen zur öffentlichen Anhörung „Frauenhandel mit dem Ziel der sexuellen Ausbeutung“ am 27.5.1998; ebenso Augstein, S. 46.

7 Der ökonomische Gedanke wird häufig angeführt, am deutlichsten von Dern, MschrKrim 1991, 329 f.; siehe zur Nachfrage unter 1.3.2, S. 74 f.

8 Zur Vorgehensweise der organisierten Kriminalität: Sieber JZ 1995, 759.

9 Zu den begünstigenden und Frauenhandel auslösenden Faktoren und deren Zusammenspiel siehe unter 1.3, S. 73 ff.

Frauenhandel zu bekämpfen, vereint sind, gibt es doch ganz verschiedene Lösungsstrategien. Es werden zum Teil einander widersprechende Ziele verfolgt. Je nach Interessengruppe und zugrundeliegendem Interesse ergeben sich differente Bekämpfungsstrategien[10]. Von staatlicher Seite wird gegen Frauenhandel vor allem im Rahmen der Strafverfolgung und der Bekämpfung illegaler Migration vorgegangen.

### 0.1.1 Die Verbrechensbekämpfungsstrategie

Frauenhandel wird gerade von staatlichen Stellen als ein Verbrechen betrachtet, das mit den Mitteln der Strafverfolgung bekämpft werden kann und muß[11]. Das Thema Frauenhandel wird in Dokumenten auf der internationalen politischen Ebene und von den Strafverfolgungsbehörden vorrangig als ein Kriminalitätsproblem betrachtet und behandelt. Zu diesem Zweck wurden z.B. Arbeitsgruppen mit dem Ziel der Effektivierung der Strafverfolgung eingerichtet[12]. Die Strategien, die aus dieser Sichtweise folgen, sind unter anderem: die konsequente Strafverfolgung, Verbesserung der internationalen Zusammenarbeit der Behörden, Vermeidung der Abschiebung von wichtigen Zeuginnen.

Auf den ersten Blick erscheinen diese Vorgehensweisen überzeugend. Die konsequente Verbrechensbekämpfung erhöht das Risiko der Täter und wirkt auf diese Weise Frauenhandel entgegen.

Andererseits birgt diese Strategie die Gefahr, die Opfer in ihrer Funktion als Zeuginnen zu instrumentalisieren und ihre besonderen Belange zu vernachlässigen[13]. Allein die Tatsache, daß einzelne Frauenhändler konsequent strafrechtlich verfolgt werden, verbessert die Gesamtsituation noch nicht. So hinterlassen gefaßte Täter in der Regel kein Vakuum. Ihre Rolle wird zumeist unverzüglich von Komplizen oder Konkurrenten neu ausgefüllt. Selbst wenn es zu einer Verurteilung kommt, erhalten die Täter in der Regel nur wenige Jahre Freiheitsentzug[14]. Oftmals werden sie wegen der langen Verfahrensdauer bereits kurz nach Abschluß der Hauptverhandlung aus der Haft entlassen. Die Zeuginnen hingegen werden überwiegend nur in ihrer Rolle für die Strafverfolgung wahrge-

10 Vgl. Augstein, S. 47 und Habermann/Mentz, FrauenMenschenrechte und Frauenhandel, S. 8.

11 Ausschuß für Familie Senioren, Frauen und Jugend, Ausschußdrucksache 13/350, Staatsanwaltschaft Köln, S. 15.

12 So etwa in Hamburg eine intersdisziplinäre Arbeitsgruppe Frauenhandel, in Berlin die Fachkommission Frauenhandel und auf Bundesebene die bundesweite interdisziplinäre Arbeitsgruppe Frauenhandel.

13 So auch Augstein, S. 48; Habermann/Mentz, FrauenMenschenrechte und Frauenhandel, S. 8; Howe Frauenhandel, Strukturen, S. 23; Färber-Husemann S. 8.

14 Zum Risiko der Täter siehe unter 1.2.2 und 1.2.3, S. 45 ff..

nommen. Aufenthaltsfragen, Schutz vor Vergeltungsmaßnahmen während und nach dem Prozeß, Schutz der Angehörigen, sowie die Regelung der Unterkunft und des Unterhaltes werden vernachlässigt.

Als Folge davon sind nur wenige der Opfer aussagebereit, so daß häufig die entscheidende Beweisgrundlage für eine erfolgreiche Strafverfolgung erschüttert wird[15]. Die Einbeziehung der Perspektive der Frauen und die Stärkung ihrer Rolle als Rechtssubjekt könnte ihre Aussagebereitschaft stimulieren und so maßgeblich zur Effektivierung der Strafverfolgung beitragen. Wenn die Interessen der Frauen eine spürbare Berücksichtigung fänden, könnte also die generalpräventive Funktion des Strafrechts verstärkt werden.

### 0.1.2 Frauenhandel als Problem illegaler Migration

Von staatlicher Seite wird Frauenhandel darüber hinaus vielfach als Problem illegaler Migration behandelt. Tatsächlich geht Frauenhandel häufig mit illegaler Migration einher[16]. Infolgedessen existieren vor allem auf der Ebene der Europäischen Union Bestrebungen, den Frauenhandel zu bekämpfen, indem die illegale Migration erschwert und möglichst ganz verhindert werden soll. Gleichzeitig sollen die Staaten vor unkontrollierter Zuwanderung geschützt werden.

So hielt etwa die Kommission der Europäischen Gemeinschaften im Juni 1996 in Zusammenarbeit mit der Organisation IOM[17] eine europäische Konferenz über Migration und Frauenhandel ab. Die Ergebnisse dieser Konferenz wurden in der Mitteilung der Kommission an den Rat und das Europäische Parlament zum Thema Frauenhandel mit dem Ziel der sexuellen Ausbeutung[18] veröffentlicht. Diese Mitteilung enthält einen differenzierten „Plan of Action against Trafficking in Persons“, der unter anderem stärkere Grenzkontrollen und verschärfte Visavergabeverfahren vorsieht.

Diese Strategie will die Einreise potentieller Opfer verhindern. Maßnahmen gegen ein solche Einreise sind restriktive Visaerteilung, erhöhte bürokratische Anforderungen bei der Einreise, Verschärfung der Visumspflicht, Begrenzung des Aufenthaltes, konsequente Ausweisung und Abschiebung, Kontrolle bina-

15 Die Bedeutung der Zeugenaussagen wurde insbesondere von der Staatsanwaltschaft immer wieder betont, vgl. Antwort der Bundesregierung auf die kleine Anfrage der Gruppe der PDS vom 9.7.1997, BT- Drs 13/8193.

16 Siehe unter 1.1.3, S. 40 ff. und 1.2.4.2, S. 55 ff.

17 International Organisation of Migration.

18 EG-Kommission, KOM (96) 567; Mitteilung zu Frauenhandel zum Zwecke der sexuellen Ausbeutung.

tionaler Ehen, Verstärkung der Strafverfolgung illegaler Migranten, sowie warnende und abschreckende Öffentlichkeitsarbeit in den Herkunftsländern[19].

Auch diese Strategie erscheint oberflächlich betrachtet erfolgversprechend. Kontraproduktiv kann jedoch die Tatsache sein, daß die aufgeführten Maßnahmen vorrangig dem staatlichen Interesse an Zuzugsbeschränkungen dienen und nicht dem Interesse der Migrantinnen, vor Gewalt und Ausbeutungen geschützt zu werden. Die illegale Migration konnte trotz ausgeprägter Bemühungen in den Marktgesellschaften bisher nicht völlig verhindert werden. Zwar konnten Einwanderungsströme durch migrationspolitische Maßnahmen sichtbar verringert werden, was dies für das Auftreten von illegaler Migration bedeutet, ist hingegen umstritten. Tatsache ist jedenfalls, daß gegenwärtig gerade für Frauen aus den für Frauenhandel typischen Herkunftsländern kaum legale Migrationswege existieren[20]. Die Frauen weichen daher auf die illegale Migration aus. Die sich daraus ergebende Illegalität kann jedoch gerade zur Folge haben, daß die Frauen von den Händlern abhängiger werden, sich nicht selbst schützen können und ihre Ausbeutung dadurch sogar noch erleichtert wird.

Das Spannungsfeld zwischen Verbrechungsbekämpfung und Schutz vor unkontrollierter Zuwanderung bietet aus Sicht der Frauen nur zwei Möglichkeiten: Entweder sie werden als Opfer von Straftaten behandelt und als Zeuginnen instrumentalisiert oder sie werden als illegale Migrantinnen betrachtet, die sich in der Regel selbst strafbar gemacht haben[21]. Beide Alternativen bieten keine Perspektiven und stehen letztlich der Bekämpfung von Frauenhandel im Wege.

### 0.1.3 Menschenrechts- und Empowermentstrategie

Menschenrechts- und andere Nichtregierungsorganisationen fordern schon seit geraumer Zeit, daß sich der Blickwinkel im Hinblick auf die beteiligten Frauen verändert[22]. Eine Wende in der Bekämpfung von Frauenhandel könnte es bedeuten, den Frauen mehr Rechte einzuräumen, sie in die Lage zu versetzen, sich selbst gegen Gewalt und Ausbeutung zur Wehr zu setzen. Auf diese Weise könnte, wie bereits in den Ausführungen zur Verbrechensbekämpfungsstrategie kurz erläutert, das Risiko der Täter erhöht werden. Diese Betrachtungsweise

19 Vgl. Augstein S. 48; Renzikowski, ZRP 1999, 53, 56.

20 Ca. 80 % der von Frauenhandel Betroffenen kommen gegenwärtig aus den mittel- und osteuropäischen Staaten, siehe zu Zahlen und Fakten unter 1.2.1, S. 44 ff.

21 Ebenso Augstein, S. 48.

22 U.a. agisra, Frauenhandel und Prostitutionstourismis, S. 281 ff.; Heine-Wiedemann/Ackermann; Umfeld und Ausmaß des Menschenhandels mit ausländischen Mädchen und Frauen, S. 330 ff.; LEFÖ Frauenhendel, S. 115ff.; Wijers/Lap-Chew, S. 179 ff.

wird in jüngster Zeit auch auf internationaler Ebene vertreten[23]. Ausgangspunkt ist die Tatsache, daß Frauenhandel in der Regel eine gravierende Menschenrechtsverletzung darstellt[24].

Ihr liegt die Erkenntnis zu Grunde, daß ein durchaus beachtlicher Teil der von Frauenhandel Betroffenen ein eigenes Interesse daran hat, sich dem Risiko von Frauenhandel auszusetzen. Die meisten dieser Frauen fällen zu irgendeinem Zeitpunkt im Laufe der Migration die Entscheidung, sich den Gefahren der Migration mit ihren Folgeerscheinungen zu stellen. Die sich daraus ergebenen realen Situationen der Frauen sind sehr unterschiedlich. Tatsache ist, daß der aus den Medien bekannte spektakuläre Fall von Entführung und Zwangsprostitution und der damit zusammenhängende extreme Mißbrauch eher die Ausnahme denn die Regel darstellt. Das Massenphänomen des Frauenhandels hängt hingegen damit zusammen, daß sich Frauen graduell, unterschiedlich stark und in verschiedenen Phasen der Migration durchaus in jeweils anderem Ausmaß, in die Situation des Frauenhandels verstricken. Das ist nur möglich, weil der überwiegende Teil der Frauen ein eigenes Interesse an der Migration hat, sei es, um Geld zu verdienen, Schulden abzutragen, die Familie zu unterstützen oder einfach um der Chancen willen, die mit der Migration verbunden sind. Die Erweiterung von Handlungsalternativen für die betroffenen Frauen und die Stärkung ihrer Rechts- und Schutzposition kann einen erheblichen Beitrag zur Bekämpfung von Frauenhandel leisten. Indem die Frauen selbst in die Lage versetzt werden, sich gegen ihre Peiniger zu verteidigen und etwa mit den Strafverfolgungsbehörden zu kooperieren, können sie die Verstrickung in den Frauenhandel lösen.

Die vorliegende Arbeit geht der Frage nach, welchen Beitrag das deutsche Ausländerrecht unter diesem Blickwinkel zur Bekämpfung von Frauenhandel leisten kann.

### 0.1.4 Rolle des Ausländerrechts

Die Migrationspolitik ist nicht der einzige Faktor, der zu dem Auftreten von Frauenhandel beiträgt. Da der heutige Frauenhandel jedoch regelmäßig im Zusammenhang mit Migration auftritt und das Ausländerrecht die Migration regelt, bieten sich Betrachtungen gerade des Ausländerrechtes und seiner Wir-

23 So etwa in Recommendation on Traffic in Women and Forced Prostitution in the Council of Europe Member States, 1325 (1997) vom 23.4.1997, der Parlamentarischen Versammlung des Europarates, EREC1325.WP; 1403-23/4/97-14-E.

24 So u.a. auch in der Entschließung des Europäischen Parlaments zum Thema Frauenhandel mit dem Ziel sexueller Ausbeutung vom 19.4.1998, A4-0372/97, Nr. 4; siehe auch unter 2.2.1.1, S. 92.

kungen auf Frauenhandel an. Das gilt zum einen aus der Perspektive derjenigen, die als Strategie zur Bekämpfung von Frauenhandel die Bekämpfung der illegalen Migration verfolgen, aber auch aus Sicht der Verbrechensbekämpfungsstrategie im Zusammenhang mit dem Aufenthalt von Tatzeuginnen. Auch für die Menschenrechts- oder Empowermentstrategie ist das Ausländerrecht ein Ausgangspunkt zur Verbesserung der Position der betreffenden Frauen.

Auf europäischer Ebene wurden in jüngster Vergangenheit verschiedene Resolutionen und Erklärungen verabschiedet, die neben anderen auch ausländerrechtliche Vorschläge zur Bekämpfung des internationalen Frauenhandels enthalten.

Im Januar 1996 hat das Europäische Parlament eine Entschließung zum Menschenhandel[25] verabschiedet. In dieser Entschließung finden sich Forderungen nach einem eigenständigen Aufenthaltsrecht für Ehefrauen von Wanderarbeitnehmern[26] und befristete Aufenthaltserlaubnisse für Opfer von Frauenhandel sowohl aus humanitären Gründen als auch zum Zwecke der Verfolgung von zivilrechtlichen Ansprüchen[27].

Im Herbst 1996 wurde eine konzertierte Aktion des Rates der Europäischen Union zur Bekämpfung von Menschenhandel und sexueller Ausbeutung von Kindern verabschiedet, in der ein provisorisches Aufenthaltsrecht in geeigneten Fällen für Zeugen und Zeuginnen von Menschenhandel vorgesehen ist[28].

Im April 1997 einigte sich die Ministerkonferenz der Europäischen Union auf einen Verhaltenskodex zur Prävention und Bekämpfung von Frauenhandel zum Zwecke der sexuellen Ausbeutung, in welchem als Maßnahme zur Bekämpfung des internationalen Frauenhandels ein temporäres Aufenthaltsrecht von Opfern vorgesehen ist[29].

In Deutschland liegt seit Herbst 1999 der überarbeitete Entwurf einer neuen Allgemeinen Verwaltungsvorschrift zum Ausländergesetz[30] vor, in dem explizit auf die Situation von Zeuginnen in Menschenhandelsverfahren eingegangen wird. In diesem Entwurf werden eine Reihe von Forderungen, die auf internationaler und nationaler Ebenen und auch von den Nichtregierungsorganisationen vor allem zur Situation der Opferzeuginnen erhoben wurden, berücksich-

25 Europ. Parlament, A4-0326/95.

26 Europ. Parlament, A4-0326/95, Ziffer 18.

27 Europ. Parlament, A4-0326/95, Ziffer 25.

28 Joint Action to Combat Trafficking in Human Beings and Sexual Exploitation of Children, Title II., F., b., i., Abl. L 322 12.12.1996, S. 7 ff.

29 The Hague Ministerial Declaration on European Guidelines for Effective Measures to Prevent and Combat Trafficking in Women for the Purpose of Sexual Exploitation, III.2.1 erster Spiegelstrich.

30 Beschluß des Bundesrates BR- Drs 350/99 zur Grunddrucksache 672/98.

tigt. So kündigt sich unter anderem die Einführung eine mindestens 4-wöchigen Frist zur freiwilligen Ausreise an, wenn konkrete Tatsachen dafür sprechen, daß eine ausreisepflichtige Person ein Opfer von Frauenhandel ist[31].

Die Bundesregierung ist der Auffassung, das Ausländerrecht könne zur Bekämpfung des Menschenhandels einen wesentlichen Beitrag leisten[32]. Da Menschenhandel im Sinne des Strafgesetzbuches einen Ausschnitt von Frauenhandel darstellt[33], kann offenbar nach Auffassung der Bundesregierung mit Hilfe des Ausländerrechts auch gegen Frauenhandel vorgegangen werden. Der Beitrag werde vor allem dadurch erbracht, daß die Einreise der Frauen aus den gängigen Herkunftsländern erschwert werde. Auf diese Weise sollen die Händler bei der „Einfuhr" von Frauen behindert werden. Dem Schutz der Frauen sei am besten gedient, wenn sie der für sie gefährlichen Szene in der Bundesrepublik ferngehalten werden.

Daneben existieren von Seiten der Bundesregierung neue Bestrebungen, die Rechtslage in Fragen der Prostitution zu verändern[34]. So wird gegenwärtig im Bundestag und im Bundesjustizministerium an neuen Gesetzentwürfen zur Anerkennung von Prostitution als Beruf gearbeitet[35]. Welche Auswirkungen diese Initiativen auf die ausländerrechtliche Situation migrierter Sexarbeiterinnen[36] nach sich ziehen werden, bleibt abzuwarten.

Auch einzelne Landesregierungen halten das Ausländerrecht für grundsätzlich zur Bekämpfung des gegenwärtigen Phänomens Frauenhandel geeignet. So sind vor allem für den Problemkreis der Opferzeuginnen Weisungen und Erlasse an die Ausländerbehörden ergangen[37]. Außerdem sind auf Landesebene z.B.

31 BR- Drs Ziffer 84: Neufassung von 42.3.2 Satz 4-6 der BR- DRs 672/98.

32 So die Bundesregierung in BT-Drs 11/3250, S. 16 vom 2.11.88; BT-Drs 11/3257, S. 2 und BT-Drs 11/3580, S. 13.

33 Zu den Begriffen Menschenhandel und Frauenhandel siehe unter 2.1, S. 87 ff.

34 Zur Frage, ob die Ausübung der Prostitution einen Beruf darstellt, siehe vor allem Laskowski, Teil II, S. 141 ff.; Außerdem siehe schriftliche Stellungnahmen zur öffentlichen Anhörung des Ausschusses für Familie, Senioren, Frauen und Jugend und des Rechtsausschusses zum Thema „Beseitigung der Diskriminierung von Prostituierten" am 14.1.1998, Ausschußdrucksache 13/292; Gesetzentwurf der Fraktion Die Grünen zur Beseitigung der rechtlichen Diskriminierung von Prostituierten, (Antidiskriminierungsgesetz Teil III - ADG III) auf BT-Drs 11/7140; Gesetzentwurf eingebracht von Abgeordneten (SPD) und der Fraktion der SPD, Gesetz zur Beseitigung der Benachteiligung der Prostituierten, BT-Drs 13/8049.

35 Nach telefonischer Auskunft der persönlichen Referentin der Bundestagsabgeordneten Irmingard Schewe-Gerigk, Bündnis 90/Die Grünen.

36 Unter Sexarbeit wird hier jede sexuelle Dienstleitung gegen Entgeld verstanden.

37 Siehe Tabelle 1: In den Bundesländern ergangene Weisungen und Erlasse zu den Themen Menschenhandel/Frauenhandel/Zwangsprostitution, S. 244.

in Berlin Kommissionen eingesetzt worden, die sich mit dem Phänomen Frauenhandel auf innerbehördlicher Weisungsebene befassen[38].

Im Februar 1998 wurde eine bundesweite Arbeitsgruppe Frauenhandel vom Bundesministerium für Familie, Senioren, Frauen und Jugend gegründet[39]. Auch in dieser Arbeitsgruppe hat man sich mit Fragen des Ausländerrechts beschäftigt[40].

## 0.2 Vorläufige Arbeitsdefinition

In dieser Arbeit wird eine Arbeitsdefinition des Frauenhandel verwendet. Sie liegt dem ersten Kapitel, der Realanalyse, zugrunde. Im zweiten Kapitel wird die Frage nach Umschreibung und Abgrenzung des Frauenhandels systematisch untersucht. Einstweilen wird Frauenhandel folgendermaßen bestimmt:

In der Dissertation wird Frauenhandel als ein Phänomen betrachtet, das besonders häufig aber nicht ausschließlich im Rahmen der Migration von Frauen auftritt. Frauenhandel stellt einen kriminellen Auswuchs dar, der die angreifbare Position von Frauen insbesondere im Rahmen der Migration ausnutzt[41].

Charakteristisch für Frauenhandel ist die illegitime Einflußnahme auf den freien Willen der betroffenen Frauen. Zu den Formen der ausgeübten Willensbeeinflussung können gehören: Gewalt, Androhung von Gewalt und empfindlichen Übeln, Täuschung, Schuldknechtschaft, Ausnutzen einer hilflosen Lage und Mißbrauch von Autorität oder einer beherrschenden Stellung.

Zwangsprostitution ist nur ein Ausschnitt des Frauenhandels. Frauenhandel findet in die Sexindustrie aber auch zum Nachteil von Ehefrauen und Hausmädchen statt[42].

Typisch für Frauenhandel ist, daß die Frauen wie eine Ware behandelt werden und andere sich an diesem Umstand bereichern.

38 TAZ vom 28.2.1996; Renzikowski, ZRP 1999, 53, 58.

39 Protokoll vom 5.3.1997 der konstituierende Sitzung, Gesch.Zeichen: 123-8573-09/2 des BFSFJ.

40 So z.B. zur Problematik der Scheinehen in Protokoll der 10. Sitzung der Arbeitsgruppe Frauenhandel, S. 6 f.

41 So auch z.B. Förg- Rob/Jauk, S. 9, LEFÖ, Frauenhandel, S. 11 ff.

42 Unter Sexarbeit versteht man jede sexuelle Dienstleistung gegen Entgelt. Der Begriff Sexarbeit ist weiter als der Begriff der Prostitution. Er umfaßt einerseits die Prostitution, aber bezeichnet darüber hinaus auch andere Arbeiten, wie z.B. in Peepshows oder Animationstanz, Striptease und ähnliches. Unter Sedxindustrie versteht man die Gesamtheit des Gewerbes, in dem der Sexarbeit nachgegangen wird.

## 0.3 Gang der Untersuchung

Ziel der Arbeit ist es, Frauenhandel begünstigende Regelungen im Ausländerrecht aufzufinden, systematische Widersprüche aufzuzeigen und Vorschläge für ausländerrechtliche Maßnahmen zur Bekämpfung des Frauenhandels nach Deutschland vorzustellen. In der Arbeit wird anhand der Auswirkungen der ausländerrechtlichen Regelungen auf die Lebens- und Arbeitsbedingungen betroffener Frauen untersucht werden, ob und wie sich das deutsche Ausländerrecht auf den internationalen Frauenhandel auswirkt. Die ausländerrechtlichen Regelungen werden dargestellt und ihre Wirkungen im Lichte der vorliegenden sozialwissenschaftlichen Untersuchungen und Berichte der Nichtregierungsorganisationen betrachtet.

Das erste Kapitel beschäftigt sich vor allem mit einer Darstellung und Analyse des zur Zeit real bestehenden internationalen Frauenhandels. Dazu gehören eine kurze Darstellung der Entstehung des heutigen Frauenhandels ebenso wie eine Zusammenfassung der vorliegenden Zahlen und Fakten[43]. Daran schließen sich Schilderungen der typischen Handelswege und -arten sowie der Aufenthaltszwecke der Frauen in den Zielländern an[44]. Zur Charakterisierung von Frauenhandel unerläßlich sind ferner die Erscheinungsformen des auf die Frauen ausgeübten Zwanges[45]. Besonderes Augenmerk liegt dabei darauf, darzustellen, daß Frauenhandel bei vielen Frauen vorliegt, die sich zwar entschieden haben, nach Deutschland zu migrieren und oftmals sogar wissen, daß sie hier z.B. in der Sexarbeit tätig sein werden, aber nicht ahnen, unter welchen Bedingungen sie hier werden arbeiten müssen[46]. Insgesamt ist für den gegenwärtigen Frauenhandel kennzeichnend, daß die Frauen sich oftmals durch eigenmotivierte Handlungen in die Situation des Frauenhandels verstricken.

Im zweiten Kapitel schließt sich eine Auseinandersetzung mit den bestehenden Definitionen des Begriffes Frauenhandel an. Die Definitionen, die in dieser Arbeit diskutiert werden, sind unterschiedlichen Ursprungs: es handelt sich um die Definition aus der Konvention gegen Mädchenhandel[47], die Definition von Menschenhandel in §§ 180 a StGB, die Definition der IOM[48] als derjenigen, die

43 Siehe hierzu unter 1.1, S. 38 ff., und 1.2, S. 44 ff.

44 Siehe hierzu unter 1.2.3, S. 49 f., und 1.2.4.3, S. 57 ff.

45 Siehe hierzu unter 1.2.5, S. 67 ff.

46 Ebenso LEFÖ, Frauenhandel, S. 83, Wijers/Lap- Chew, Trafficking in Women Forced Labour and Slavery-like Practices in Marriage, Domestic Labour and Prostitution, S. 90.

47 Konvention zur Unterdrückung des Menschenhandels und der Ausbeutung von Prostituierten, UNTS Bd. 96, S. 271, Präambel, Art. 1 und 2.

48 IOM, Wien 1996, S. 2.

von der Europäischen Kommission[49] verwandt wird, die Begriffe des Europarates[50] und des im April 1997 verabschiedeten Verhaltenskodex[51] der europäischen Ministerkonferenz, aber auch um Definitionen von Nicht-Regierungs-Organisationen[52]. Die Definitionen implizieren jeweils eine andere Sichtweise auf das Phänomen Frauenhandel. In der Arbeit wird entwickelt, auf welchen Begriffsebenen Abweichungen der Definitionen voneinander vorliegen. Die Begriffsebenen werden in Beziehung zu der Realanalyse gebracht und führen schließlich zu einer eigenen Begriffsbestimmung.

Auf die Begriffsbestimmung aufbauend werden im dritten Kapitel die ausländerrechtlichen Rahmenbedingungen systematisch dargestellt, die das Leben und die Tätigkeit der von Frauenhandel betroffenen Migrantinnen regeln. Dabei wird untersucht, welche Auswirkungen die bestehenden Regelungen in ihrem Zusammenspiel auf Frauenhandel haben. Den Erörterungen liegt eine umfassende Ermittlung der gegenwärtigen Verwaltungspraxis zu Grunde. Mit dem Ziel, die Frage im Detail zu prüfen, welche Bedeutung das deutsche Ausländerrecht für den internationalen Frauenhandel hat, wird das dritte Kapitel zunächst die einzelnen Aufenthaltsformen darstellen, die im Zusammenhang mit Frauenhandel in Deutschland in Frage kommen[53]. Anknüpfend an die reale Lebenssituation der Frauen wird die rechtliche Situation detailliert geprüft und im Anschluß daran jeweils der Frage nachgegangen, welche Wirkungen die ausländerrechtliche Lage im Hinblick auf Frauenhandel nach sich zieht.

Gegenwärtig wird in den nationalen und internationalen Gremien vor allem geprüft, inwieweit der Teufelskreis, in dem sich die Opfer von Frauenhandel befinden, im Zusammenhang mit der Strafverfolgung der Täter aufgebrochen werden kann[54]. Für eine erfolgreiche Strafverfolgung von Menschenhandel sind Zeuginnen unerläßlich. Aber derzeit sind nur sehr wenige Frauen bereit, gegen ihre Menschenhändler auszusagen[55]. Diese besonders komplexe Situation wird

49 EG-Kommission, KOM (96) 567; Mitteilung zu Frauenhandel zum Zwecke der sexuellen Ausbeutung.

50 Plan of Action Against Traffic in Women and Forced Prostitution, by Ms. Michele Hirsch, EG (96) 2.

51 The Hague Ministerial Declaration on European Guidelines for Effective Measures to Prevent and Combat Trafficking in Women for the Purpose of Sexual Exploitation, S. 2, 2. Absatz.

52 Wijers/Lap- Chew, Trafficking in Women Forced Labour and Slavery-like Practices in Marriage, Domestic Labour and Prostitution S. 36, LEFÖ, Frauenhandel, S. 20.

53 Siehe zum Untersuchungsgang im dritten Kapitel unter 3.1, S. 153 ff.

54 IOM, Die Europäische Union als Zielregion des Frauenhandels: Merkmale, Tendenzen und politische Fragestellungen; Beitrag auf der Konferenz über Frauenhandel und sexuelle Ausbeutung, Wien 1996, S., 18 ff.; EG- Kommission, KOM (96) 567, II. 3 und II. 4.

55 Kalthegener, Frauenhandel: Schwierigkeiten der Strafverfolgung, in Menschenrechte für die Frau,

im letzten Teil der ausländerrechtlichen Untersuchung behandelt. Dabei wird vor allem auf das Zusammenspiel der verschiedenen bundesrechtlichen Regelungen, auch der geplanten Allgemeinen Verwaltungsvorschrift[56], mit den landesrechtlichen Weisungen und Erlassen im Einzelnen eingegangen und jeweils die Auswirkungen auf die betroffenen Frauen und ihre Aussagebereitschaft betrachtet.

Die Arbeit schließt mit einer thesenartigen Zusammenfassung der Ergebnisse.

## 0.4 Praxisbezug

Die vorliegende Arbeit berücksichtigt jahrelange eigene Erfahrungen aus der Praxis mit betroffenen Frauen. Seit 1991 waren dies die folgenden Tätigkeiten:

- Beratung von Betroffenen von Frauenhandel in der Hamburger Nichtregierungsorganisation Amnesty for Women e.V.[57];
- Prozeßbegleitung und Beobachtung von Menschenhandelsverfahren in Hamburg und Umgebung;
- Teilnahme an und Anstoß zu verschiedenen Behördenarbeitskreisen zum Thema Frauenhandel in Hamburg;
- Pressesprecherin von Amnesty for Women e.V.;
- Legal Consultant des Europäischen Projektes TAMPEP[58], Schwerpunkt migrierte Sexarbeiterinnen, Anfertigung von Aufklärungsmaterial;
- Internationale Lobbyarbeit als Mitglied des Steering Committees des Europäischen Netzwerkes NOTRAF[59];
- 6-monatige Tätigkeit an der deutschen Botschaft in Manila im Rahmen des Referendariates;
- Gründung und Koordination des Europäischen Projektes AdvoCats for Women[60] (Hamburg, Prag, Bratislawa);

Terre des Femmes 1/1997, S. 33, Kunisch, Probleme und Defizite der Rechtslage und Rechtsprechung zum Frauenhandel, in Tagungsbericht zur Tagung „Prostitution, Menschenhandel und Sextourismus im bayrisch- tschechischen Grenzraum", 22.7.1996, Veranstalter: Bündnis 90/Die Grünen, S. 6.

56 Beschluß des Bundesrates BR- Drs 350/99 zur Grunddrucksache 672/98.

57 Amnesty for Women e.V. ist eine Nichtregierungsorganisation, die sich gegen Frauenhandel einsetzt.

58 TAMPEP (Transnational Aids Prevention Project for Migrant Prostitutes) ist ein Europäisches Gesundheitspräventionsprojekt für migrierte Sexarbeiterinnen, das in Zusammenarbeit von Nichtregierungsorganisationen in Amsterdam, Hamburg, Wien und Mailand durchgeführt wird.

59 NOTRAF ist ein Europäisches Netzwerk von NGOs, die zum Thema Frauenhandel arbeiten.

60 AdvoCats for Women führt als FrauenMenschenrechteprojekt interaktive Schulungen von Juri-

- Konzeption und Gründung des Hamburger Projektes KOOFRA[61], Koordinierungsstelle zur Bekämpfung von Frauenhandel;
- Mitarbeit bei der Konzeption der Einrichtung einer Geschäftsstelle des bundesweiten Koordinierungskreises Frauenhandel (KOK).

stinnen in der Tschechischen und Slowakischen Republik durch.

61 Das Projekt KOOFRA organisiert die Betreuung und Begleitung von Betroffenen von Menschen- und Frauenhandel in Hamburg.

# 1. Kapitel: Der internationale Frauenhandel – eine Realanalyse

## 1.1 Frauenhandel in der Geschichte

Der Handel mit Frauen zwischen verschiedenen Staaten, aber auch innerhalb eines Landes, ist kein neues Phänomen, sondern in vielen historischen Zusammenhängen zu finden[62]. So wurden bereits in der Antike Sklavinnen zum Zweck sexueller Dienstleistungen gehandelt. Dementsprechend finden sich in historischen Quellen immer wieder Angaben über das Vorkommen von Frauenhandel. Frauenhandel[63] wurde allerdings in den Quellen über die Jahrhunderte unterschiedlich verstanden und beurteilt. Entsprechend unterschiedlich ist der Sprachgebrauch. So war etwa Ende des 19. Jahrhunderts und Anfang des vergangenen Jahrhunderts Frauenhandel gleichbedeutend mit dem, was vielfach heute unter Prostitution verstanden wird[64]. Auch die Begriffe Mädchenhandel[65] und sexuelle Sklaverei - vor allem der Anfang des20. Jahrhunderts verwendete Begriff „White Slavery“[66] im Gegensatz zu sonstiger Sklaverei - wurden und werden für Frauenhandel angewandt.

Trotz dieser begrifflichen Schwierigkeiten lassen sich aus den historischen Quellen Informationen zum Auftreten des Phänomens Frauenhandel im Laufe der Jahrhunderte entnehmen. Frauenhandel entwickelte sich an unterschiedlichen Orten mit Frauen der verschiedensten Nationalitäten. Der gegenwärtig existierende Frauenhandel vor allem in die industrialisierten Staaten Westeuropas, nach Japan, aber neuerdings auch in die Vereinigten Staaten von Amerika ist eine moderne Abwandlung dessen, was sich in vielen historischen Zusammenhängen findet. Frauenhandel tritt in Erscheinung[67] und klingt auch wieder ab.

62 So auch Hilpert, S. 3 m.w.N.

63 Vorläufige Arbeitsdefinition für diese Arbeit siehe in der Einleitung S. 31.

64 Z.B. Pappenheim S. 7 und 23; Butler, In Memorandum, S. 16.

65 Über die Verwendung des Begriffs Mädchenhandel siehe Leue, S. 5.

66 Der Terminus „White Slavery“ wurde formell erstmals auf der internationalen Konferenz in Paris 1902 benutzt und sollte vor allem der Unterscheidung mit dem Sklavenhandel des 19. Jahrhunderts mit schwarzen Sklaven dienen. Die Bezeichnung „White Slavery“ führte aber bald zu dem Mißverständnis, daß nur der Handel mit weißen Frauen bekämpft werden solle und wurde deshalb später kritisiert und international von „Traffic in Women“, deutsch Frauenhandel, abgelöst. Siehe hierzu auch in Barry, Female Sexual Slavery, S. 32, Lazardsfeld, S. 437.

67 So auch Heine-Wiedemann/Ackermann, S. 163 m.w.N.

### 1.1.1 Die Regulierung von Prostitution und Frauenhandel

Nach Ansicht von Geschichtswissenschaftlern[68] und der zu Beginn des 19. Jahrhunderts entstehenden feministischen Bewegung um Josephine Butler[69] hing der sich damals neu entwickelnde Frauenhandel[70] unmittelbar mit der Einführung der Regulierung von Prostitution zusammen. Während der Französischen Revolution nahmen Geschlechtskrankheiten in der französischen Armee derart zu, daß sie die militärische Schlagkraft zu schwächen begannen[71]. Deshalb wurde die Regulierung von Prostitution als hygienische Maßnahme zunächst in Frankreich, dann in Deutschland und schließlich in ganz Europa eingeführt[72]. Mit dem Ziel der Verbesserung hygienischer Verhältnisse wurden die Prostituierten staatlich registriert und mußten sich regelmäßigen Zwangsuntersuchungen unterziehen. Durch die Regulierung wurde Prostitution gleichzeitig staatlich anerkannt[73]. Der Staat tolerierte Bordelle, solange sich die Prostituierten an die Regulierungsvorschriften hielten. Diese Toleranz der Prostitution durch staatliche Organe führte aber auch zu einer gewissen Blindheit gegenüber dem im Zusammenhang mit Prostitution auftretenden Mißbrauch von Frauen und deren Versklavung[74]. Infolge der Regulierung wurden die Prostituierten von der übrigen Bevölkerung als andersartig wahrgenommen, nicht mehr wie andere Menschen geachtet[75] und als geringer wertig behandelt. Die Tatsache, daß die Prostitutionsausübung ein hygienisches Problem und zunehmend auch eine Frage der Moral darstellte, führte schließlich zur Bildung von Rotlichtvierteln[76]. Vorher hatten die Prostituierten in normalen Wohnvierteln gewohnt, waren dort auch ihrem Gewerbe nachgegangen und führten insgesamt ein eher unauffälliges Leben inmitten der Nachbarschaft[77]. Die nun in den ein-

68 Barry, Female Sexual Slavery, S. 14; Enloe, S. 12; Reanda, S. 207.

69 Weitergehende Informationen über die Feministische Bewegung, die angeführt von Josephine Butler (1828-1905) den weißen Sklavenhandel (White Slavery) bekämpfte, siehe Barry, Female Sexual Slavery, S. 14 ff. und Enloe, Bananas, Beaches and Bases- making Feminist Sense of International Politics, S. 33 ff.

70 Anfang des 19. Jhd. beziehen sich alle Veröffentlichungen zum Thema Frauenhandel auf ein begriffliches Verständnis von Frauenhandel als Handel mit Prostituierten, Rahmenbedingungen von Prostitution, die Sklaverei ähneln, und auf Prostitution selbst.

71 Barry, Female Sexual Slavery, S. 14.

72 Butler, Personal Reminiscences, S. 2.

73 So auch Laskowski, S. 62.

74 Dreixler, S. 191.

75 Barry, Female Sexual Slavery, S. 20.

76 Barry, Female Sexual Slavery, S. 16.

77 Anders im Mittelalter, als die Prostitution als minderwertiger und sündiger Beruf galt, vgl. zur Situation im Mittelalter Laskowski, S. 54 m.w.N.

schlägigen Vierteln herrschende Anonymität im Vergleich zu der vorherigen Situation war aus Sicht der Frauen einerseits zum Schutz der Nachfrage notwendig, führte aber andererseits auch dazu, daß die Prostituierten insgesamt aus der Gesellschaft ausgegrenzt und damit für Dritte leichter ausbeutbar wurden.

### 1.1.2 Der Abolitionismus oder der Versuch, die Prostitution abzuschaffen

Anfang des 20. Jahrhunderts gründete sich eine neue feministische Bewegung, deren Ziel es war, die Position von Frauen in der Gesellschaft allgemein zu verbessern[78]. Ein wesentliches Hindernis für die Verwirklichung dieses Zieles erkannte man in der Existenz von Prostitution und Frauenhandel[79]. Nach Auffassung dieser sich gegen die Regulierungspraxis formierenden Feministinnen führte die staatliche Anerkennung der Prostitution zu einer weiten Verbreitung von Frauenhandel. Unter Frauenhandel, der damals als weißer Sklavenhandel bezeichnet wurde, verstand man vor allem die erzwungene Prostitution, wobei allerdings viele Vertreterinnen der feministischen Bewegung explizit davon ausgingen, daß Prostitution als solches eine Versklavung von Frauen darstelle, keine Frau diese freiwillig ausübe und es gelte, die Prostitution als solche abzuschaffen[80]. Der Protest richtete sich gegen die staatlich reglementierte Ausbeutung von Frauen und verlangten die Abschaffung aller Regelungen, die die Existenz von Prostitution förderten[81]. Zur Begründung wurden religiöse Normen, die sittliche Moral und die Anstößigkeit von Unzucht angeführt[82].

Aufgrund der Intention, die Prostitution zu eliminieren, wurde die Anti-Regulierungs-Bewegung auch abolitionistische Bewegung getauft[83]. Die Bewegung mündete schließlich in die ersten internationalen Konventionen des Völkerbundes von 1904[84], 1910[85] und 1924[86] gegen Frauenhandel und letztlich in

78 Dreixler, S. 192, Tübinger Projektgruppe Frauenhandel, Frauenhandel in Deutschland, S. 27.

79 Vgl. dazu Barry, Female Sexual Slavery, S. 15 und Reanda, S. 207.

80 Butler, In Memorandum, S. 18, Enloe, S. 37.

81 Schiffer, S. 12.

82 So auch Brussa, Survey on Prostitution, Migration and Traffic in Women, S. 14.

83 Siehe Reanda, S. 207; Dreixler, S. 193.

84 Abkommen zwischen dem Deutschen Reiche und anderen Staaten über Verwaltungsmaßregeln zur Gewährung wirksamen Schutzes gegen den Mädchenhandel, RGBl. 1905, S. 695 ff.

85 Internationales Übereinkommen zur Bekämpfung des Mädchenhandels von 1910, RGBl. 1913, S. 31 ff.

86 Internationale Übereinkunft zur Unterdrückung des Frauen- und Kinderhandels, RGBl. 1924 II, S. 180 ff.

die noch heute gültige Konvention zur Unterdrückung des Menschenhandels und der Ausbeutung von Prostituierten von 1949[87].

Obwohl das Phänomen Frauenhandel auch nach Verabschiedung der Konvention an verschiedenen Orten der Welt nahezu unverändert weiterhin auftrat[88], wurde es in der Folge lange Zeit öffentlich nicht als Problem wahrgenommen, bis sich Anfang der 80er Jahre unter westlichen Feministinnen abermals eine Bewegung zur Bekämpfung des Frauenhandels formierte. Anders als zuvor entstanden nunmehr zwei inhaltlich von verschiedenen Grundvorstellungen ausgehende Bewegungen: eine neoabolitionistische[89] und eine ProProstitutionsbewegung. Beide Strömungen existieren noch heute und vertreten vor allem in der Frage der Beurteilung von Prostitution unterschiedliche Meinungen. Die Neoabolitionisten sehen in der Prostitutionsausübung und deren Legalisierung den Kernpunkt patriarchaler Unterdrückung[90], den es entsprechend durch die Abschaffung der Prostitution zu bekämpfen gilt. Dahingegen hält die ProProstitutionsbewegung die Ausübung der Prostitution für eine reguläre berufliche Tätigkeit[91] und setzt sich für weitere Rechte der in der Sexindustrie tätigen Sexarbeiterinnen ein[92].

### 1.1.3 Beispiele für das Auftreten von Frauenhandel in den letzten beiden Jahrhunderten

Die abolitionistische Bewegung dokumentierte zunächst Mitte des 19. Jahrhunderts den Frauenhandel mit Engländerinnen auf dem europäischen Kontinent, vorzugsweise nach Frankreich. Die Frauen wurden entweder über Zeitungsanzeigen angeworben, in denen Haushaltskräfte für das Ausland gesucht wurden, oder direkt in Bahnhöfen englischer Großstädte angesprochen, in denen neu ankommende Frauen vom Land leicht auszumachen waren[93]. Sie wurden dann zumeist auf den europäischen Kontinent verbracht und verschwanden. Es wird angenommen, daß die meisten Verschwundenen der Prostitution zugeführt

87 Konvention zur Unterdrückung des Menschenhandels und der Ausbeutung von Prostituierten, vom 21.3.50, abgedruckt in Fastenrath/Simma S. 136 ff. (bekannt unter 1949er Konvention gegen den Menschenhandel).

88 Dreixler, S. 194.

89 Zur Entstehung der neoabolitionistischen Bewegung siehe im einzelnen Barry, Prostitution of Sexuality, S. 5 f.

90 Barry, Prostitution of Sexuality, S. 21.

91 So z.B. Wijers/Lap-Chew, S. 47; Haveman, S. 420.

92 Zu den Begriffen Sexarbeit und Sexindustrie siehe unter Fußnote 42.

93 Barry, Female Sexual Slavery, S. 21; Terrot, S. 35-36.

wurden. Viele sollen außerdem in außereuropäische Länder weiter exportiert worden sein[94].

Um die Jahrhundertwende wurde durch die Arbeit einer einzelnen Aktivistin, Donaldina Cameron, der Handel mit Chinesinnen nach Kalifornien bekannt[95]. Die Frauen und Mädchen wurden in China oftmals direkt den Eltern abgekauft, in die Vereinigten Staaten gebracht und dort auf offenen Märkten oder direkt an einzelne Personen verkauft, und zwar als Haushaltshilfen oder in Bordelle. Der Preis für eine Prostituierte lag um das 10- bis 30-fache höher als der Preis für ein Hausmädchen. Die Mädchen wurden zumeist in den inneren Provinzen Chinas rekrutiert und über Hong Kong exportiert. Die meisten Frauen glaubten, in die USA einzureisen, um dort eine arrangierte Ehe einzugehen. Zu diesem Zeitpunkt entsprach das Arrangieren einer Ehe für die Tochter durch die Eltern dem traditionellen Rollenverständnis. Der gewinnbringende Verkauf in eine vermittelte Auslandsehe ähnelt dieser traditionellen chinesischen Ehevermittlung, so daß es für Händler oft nicht schwierig war, Eltern zum Verkauf ihrer Töchter zu bewegen.

Anfang des 20. Jahrhunderts entstand ein größerer Migrationsstrom von Juden aus Osteuropa, Polen und der Ukraine nach Übersee, im Verlaufe dessen eine beträchtliche Anzahl von Personen nach Südamerika migriert ist. Berechnungen haben ergeben, daß in diesem Zusammenhang bis etwa 1920 insgesamt ca. 200.000 Frauen[96] verschwanden, von denen man annimmt, daß sie in den Frauenhandel gerieten. Die Frauen wurden teilweise offen als Prostituierte angeworben. Andere wurden vor dem Hintergrund einer damals in Südamerika herrschenden Frauenknappheit mit dem Versprechen, in Übersee einen Ansässigen heiraten zu können, zur Migration bewogen. Ein großer Teil derjenigen Frauen, die nicht erwartet hatten, im Zielland in der Sexarbeit tätig zu werden, soll vor Ort in die Prostitution gezwungen oder zwangsverheiratet worden sein. Aber auch von denjenigen Frauen, die als Prostituierte angeworben wurden, mußte eine beträchtliche Zahl unter sklavereiähnlichen Bedingungen arbeiten. Man nimmt an, daß der größte Teil der insgesamt ca. 200.000 Verschwundenen letztendlich an Krankheit oder Suizid verstorben ist[97].

Die in Frankreich praktizierte Regulierung von Prostitution führte in den 20er Jahren zu einer Zunahme von verborgener, unregistrierter Prostitution und

94 Harris, S. 59.

95 Miner, S. 116; Barry, Female Sexual Slavery, S. 35.

96 Neumann, S. 33.

97 Siehe Neumann, S. 31 ff.

der damit verbundenen Ausbeutung von Frauen[98]. In diesem sozialen Klima wurde auch eine größere Anzahl von Französinnen nach Südamerika, vorzugsweise nach Argentinien, exportiert. Infolge einer massiven Einwanderung von Europäern, vor allem Portugiesen und Niederländern, nach Argentinien und in die umliegenden Länder herrschte dort zu der Zeit eine große Nachfrage nach europäischen Frauen. Auch Frauen anderer Nationalitäten, z.B. Spanierinnen und Nordeuropäerinnen[99], wurden in dieser Zeit nach Lateinamerika verbracht, allerdings nicht in dem Ausmaß wie gerade Französinnen. Es sollen in den 20er Jahren insgesamt nach verschiedenen Schätzungen zwischen 25.000 und 50.000 Frauen von dem Handel nach Südamerika betroffen gewesen sein[100].

1930 veröffentlichte der Franzose Henri Champly einen Bericht[101], demzufolge ungefähr 8.000 russische Prostituierte allein in Schanghai, China, arbeiteten, von denen wiederum eine beträchtliche Anzahl Zwangsprostituierte waren. Hintergrund für den damals auftretenden Frauenhandel war die Tatsache, daß um 1930 viele Russen in die Mandschurei flüchteten[102]. Gleichzeitig entwickelte sich in den großen chinesischen Städten eine Nachfrage nach russischen Prostituierten und Entertainerinnen, so daß der Anreiz für Frauenhändler bestand, gerade in der Flüchtlingsgruppe in der Mandschurei Frauen zu rekrutieren. Die Attraktivität, die für die Flüchtlinge von den chinesischen Großstädten ausging, machte es den Händlern leicht, durch vielfältige Versprechungen Kontrolle über ihre Opfer zu bekommen und sie in die entfernten Großstädte zu transportieren, in denen sie wegen der Fremdartigkeit und der gleichzeitigen Entwurzelung leicht Opfer sexueller Ausbeutung wurden[103].

In den ersten Jahren nach dem zweiten Weltkrieg entwickelte sich in der jungen und prosperierenden Metropole Hong Kong unter der reichen chinesischen Oberschicht eine rege Nachfrage nach jungen Europäerinnen und Eurasierinnen, die man als exotisch empfand[104]. Daraufhin entstand ein gut funktionierendes Netzwerk von Frauenhändlern, die „Importe" aus Europa und Asien, hauptsächlich aus Frankreich, Indien, Saigon, Bangkok, Singapur, Manila, Taiwan und Tokio durchführten. Die Handelswege veränderten sich nach Ende

98 Harris, S. 75.

99 Als Beispiel für Nordeuropäerinnen siehe für Deutsche Kranz, S. 5 ff, insbesondere zur Situation von Prostituierten in Hamburg in der Weimarer Republik und deren Anfälligkeit für Frauenhandel siehe Harder, S. 37 ff.

100 Harris, S. 77.

101 Zitiert nach O'Callaghan, S.12.

102 O'Callaghan, S. 12.

103 Zitiert nach O'Callaghan, S. 12.

104 O'Callaghan, S. 40, m.w.N.

des Vietnamkrieges. Danach wurden weniger Französinnen, dafür aber mehr Australierinnen und Neuseeländerinnen nach Hong Kong gebracht[105].

In den 50er Jahren entstand Frauenhandel von Europa nach Nordafrika und Südamerika, aber auch in die arabischen Länder des Nahen Ostens[106]. In diesen Staaten galten die Europäerinnen als sexuell aktiver und insgesamt attraktiver als die einheimischen Frauen, weshalb sich die Nachfrage nach Prostituierten, aber auch nach Ehe- oder Haremsfrauen entwickelte. Gleichzeitig bestanden auf seiten der Frauen nach dem Krieg Anreize, das eigene Land zu verlassen und das Glück in ferneren Ländern zu suchen. Genannt werden Zahlen von bis zu 181.000 Französinnen, die in dieser Zeit verschwanden und von denen insgesamt 122.000 niemals wieder aufgefunden wurden[107]. Aber auch deutsche und skandinavische Frauen gerieten in dieser Zeit vermehrt in den Frauenhandel[108]. Die Händler versprachen zumeist unverfängliche Jobs z.B. als Au-Pair-Mädchen oder als Hotelangestellte, operierten international und setzten zur Rekrutierung von Frauen glaubwürdige, gebildete Personen ein, so daß sie leicht das Vertrauen der Opfer erlangen konnten[109]. Meistens wurden die Frauen zu zweit außerhalb des Landes gebracht, wobei sie gegenüber den Behörden als Touristinnen oder Sprachstudentinnen bezeichnet wurden[110]. Waren sie erst außer Landes, ohne ihre gewohnte Umgebung und Sprache, allein und ohne Schutz, war es dann für die Händler ein Leichtes, die Frauen in die Prostitution zu zwingen oder aber sie an potentielle Ehemänner zu verkaufen. Auch damals war es extrem schwierig, die Täter zu fassen und vor Gericht zu bringen. Die meisten Frauen konnten nicht wieder aufgefunden werden, viele begingen Selbstmord oder verstarben an Krankheiten, die sie sich im Laufe der Zeit zugezogen hatten[111].

105 O'Callaghan, S. 41.
106 Siehe hierzu vor allem Barlay, S. 22 ff., m.w.N.
107 O'Callaghan, S. 22.
108 Hilpert, S. 3.
109 O'Callaghan, S. 23.
110 O'Callaghan, S. 25.
111 O'Callaghan, S. 24.

## 1.2 Der moderne Frauenhandel nach Europa

### 1.2.1 Ausmaß des gegenwärtigen Frauenhandels nach Europa, Zahlen und Fakten

Der Handel mit Frauen in Industrieländer wie die der Europäischen Union, aber auch Japan und die Vereinigten Staaten von Amerika[112] ist ein lukratives und zur Zeit weiter wachsendes Geschäft. Zumindest hinsichtlich dieser Tatsache besteht international Einigkeit[113]. Das wirkliche Ausmaß von Frauenhandel läßt sich aber nicht erfassen[114]. Genaue Zahlen lassen sich wegen des großen Dunkelfeldes nur sehr schwer ausmachen, und Schätzungen beruhen z.T. auf einem jeweils unterschiedlichen Verständnis von Frauenhandel und sind daher nicht vergleichbar. So wird Frauenhandel entweder mit Zwangsprostitution oder mit illegaler Migration in die Sexarbeit gleichgesetzt. Andere Schätzungen beziehen auch Heiratshandel oder Zwangsarbeit mit ein. Gelegentlich werden im Zusammenhang mit Frauenhandel außerdem die Zahlen zu illegaler Migration und Schlepperei allgemein herangezogen[115]. Die jeweilige Schätzungsgrundlage, aber auch die Ursprungsquellen werden selten offengelegt, so daß im Ergebnis davon auszugehen ist, daß genaue Zahlen gegenwärtig nicht vorliegen[116].

Dennoch werden in der internationalen Diskussion, in den Medien und der Presse immer wieder Zahlen genannt. So sollen nach Schätzungen des Europäischen Parlamentes jährlich in die Niederlande ca. 1.000, nach Belgien ca. 500 und in die Bundesrepublik Deutschland ca. 10.000 Frauen gehandelt werden[117].

112 Neuerdings wird Frauenhandel auch als ein in den USA auftretendes Phänomen erkannt, vgl. z.B. Report des Global Survival Network, Resolution des US Senates vom 5.3.1998.

113 So in The Hague Ministerial Declaration on European Guidelines for Effective Measures to Prevent and Combat Trafficking in Women for the Purpose of Sexual Exploitation, I, 4. Absatz.

114 Nach Angaben des designierten Europol-Chefs Jürgen Storbeck kann gegenwärtig kein Staat der EU genaue Angaben zum Ausmaß des Frauenhandels auf seinem Gebiet machen, Frankfurter Rundschau vom 28.4.1997.

115 So beispielsweise die IOM, die als Zahl 150.000 geschmuggelte Ausländer nach Europa und in die USA jährlich angibt, in Ausschuß für Familie, Senioren, Frauen und Jugend, Ausschußdrucksache 13/350, IOM, S. 34.

116 Auch der Forschungsauftrag des Bundesministers für Frauen und Jugend aus dem Jahre 1991 zu „Umfeld und Ausmaß des Menschenhandels mit ausländischen Mädchen und Frauen", bearbeitet von Heine-Wiedemann/Ackermann, hat hinsichtlich des zahlenmäßigen Umfanges von Menschenhandel in der Bundesrepublik zu keinen über die polizeiliche Kriminalstatistik hinausgehenden Erkenntnissen geführt.

117 Kalthegener, S. 32, die wiederum nach einem Bericht von Lissy Gröner, MdEP (Sozialisten) anläßlich einer Diskussionsveranstaltung im Vorfeld des Internationalen Frauentages der SPD-Bundestagsfraktion am 28.2.1997 in Bonn zitiert. Aus der Veröffentlichung geht nicht hervor, ob

An anderer Stelle heißt es, daß „nach Schätzungen der EU-Kommission rund eine halbe Million Frauen jährlich in die EU gelockt oder verschleppt“ werden[118]. Die gleiche Zahl wird immer wieder auch in anderen Veröffentlichungen verwendet[119].

Frauenhandel ist ein Milliardengeschäft. Ebenso wie bei den Opferzahlen ergibt sich aber auch bei den Schätzangaben über den Jahresumsatz die Frage, welches Verständnis von Frauenhandel Grundlage der Schätzung war. Es werden unterschiedliche Jahresumsatzzahlen veranschlagt. Genannt werden: 120 Milliarden DM Jahresumsatz aus Frauenhandel in Europa[120], 180 Milliarden Jahresumsatz aus Menschenhandel weltweit[121], 50 Milliarden jährlich aus Menschenhandel in Deutschland[122]. Auch wenn in den einzelnen Angaben nicht hinreichend offengelegt wird, auf welcher Basis die Schätzung erfolgte, kann man den Nennungen zumindest entnehmen, daß Frauenhandel für die Täter einen erheblichen Gewinn abwerfen kann. So wird an anderer Stelle behauptet, das Geschäft Frauenhandel sei insgesamt umfangreicher und lukrativer als beispielsweise der internationale Drogenhandel[123].

### 1.2.2 Aktueller Frauenhandel in die Bundesrepublik Deutschland

Auch wenn genaue Zahlen schwer zu ermitteln sind, steht die Tendenz fest: immer mehr Frauen werden Opfer von Frauenhandel und leben als solche in Westeuropa und auch in Deutschland[124].

Diese Tendenz läßt sich auch den Zahlen der Polizeilichen Kriminalstatistik entnehmen:

mit der Zahl nur migrierte Prostituierte, alle illegalen Einwanderinnen oder nur Opfer von Menschenhandel gemeint sind; in Landtag Mecklenburg- Vorpommern, DS. 2/3287, S. 2, findet sich die gleiche Zahlenangabe für die jährliche Anzahl an Frauen und Mädchen, die Menschenhändlern in die Hände fallen, die sie zum Zweck der Prostitution verkaufen. Eine Quellenangabe für die Zahl findet sich auch dort nicht.

118 Berger, TAZ vom 26./27.4.1997.

119 Gessler, Hamburger Abendblatt vom 2.6.1997; Hürten, S. 2; Ministerium für Bundes- und Europaangelegenheiten des Landes Nordrhein-Westfalen, S. 5; Niederländische EU-Ratspräsidentschaft laut Frankfurter Rundschau vom 28.4.1997; Callmann, S. 11, Niedersächsisches Frauenministerium, S. 1, Zweiwochendienst, S. 6.

120 Schweriner Resolution der frauenpolitischen Sprecherinnen der CDU/CSU, Kampf gegen Menschenhandel, S. 1.

121 Ministerium für die Gleichstellung von Mann und Frau des Landes Nordrhein-Westfalen, S. 2.

122 Callmann S. 11.

123 Ausschuß für Familie, Senioren, Frauen und Jugend, Ausschußdrucksache 13/350, IOM, S. 34.

124 IOM, Wien 1996, S. 1; Niesner in agisra, Frauenhandel und Prostitutionstourismus, S. 9; EG-Kommission, KOM(96) 567, S.4.

| Jahr | Opfer von Menschenhandel, §§ 180b, 181 StGB | Erfaßte Fälle der Kriminalstatistik, §§ 180b, 181 StGB |
|---|---|---|
| 1997[125] | 1424 | 1091 |
| 1996[126] | 1473 | 1094 |
| 1995[127] | 1196 | 919 |
| 1994[128] | 938 | 767 |
| 1993[129] | 617 | 517 |
| 1992[130] | 217 | 171 |
| 1991[131] | 174 | 143 |
| 1990[132] | 210 | 174 |
| 1989[133] | 160 | 127 |
| 1988[134] | 262 | 219 |
| 1987[135] | 183 | 172 |
| 1986[136] | 174 | 160 |

Die sprunghafte Zunahme der Fall- und Opferzahlen nach 1992 ist auf die Verschärfung des Strafgesetzbuches in § 180 b Menschenhandel und § 181 StGB schwerer Menschenhandel durch das 26. Strafrechtsänderungsgesetz[137] zurückzuführen. Außerdem ist davon auszugehen, daß die polizeiliche Ermittlungstätigkeit auf diesem Gebiet aufgrund der Aktualität des Deliktes Menschenhandel in den letzten Jahren zugenommen hat, was ebenfalls zu einer Zunahme der tatsächlichen Fallzahlen geführt haben dürfte, denn bei Menschenhandel handelt es sich nach Angaben des BKA um ein typisches Kontrolldelikt, das nur in Ausnahmefällen von Opfern oder Dritten selbst angezeigt wird[138]. Dennoch ist

125 PKS 1997, S. 31, Tabelle 91 Nr. 1440.
126 PKS 1996, S. 24, Tabelle 91 Nr. 1440.
127 PKS 1995, S. 24, Tabelle 91 Nr. 1440.
128 PKS 1994, S. 26, Tabelle 91 Nr. 1440.
129 PKS 1993, S. 20, Tabelle 91 Nr. 1440.
130 PKS 1992, S. 20; Tabelle 91 Nr. 1440.
131 PKS 1991, S. 18, Tabelle 91 Nr. 1440.
132 PKS 1990, S. 18, Tabelle 91 Nr. 1440.
133 PKS 1989, S. 34, Tabelle 91 Nr. 1440.
134 PKS 1988, S. 16, Tabelle 91 Nr. 1440.
135 PKS 1987, S. 16, Tabelle 91 Nr. 1440.
136 PKS 1986, S. 16, Tabelle 91 Nr. 1440.
137 BT-Drs 12/2609 in Kraft am 21.7. 1992.
138 So in Ausschuß für Familie, Senioren, Frauen und Jugend, Ausschußdrucksache 13/350, BKA,

insgesamt eine kontinuierliche Zunahme der Fallzahlen und auch der betroffenen Frauen zu verzeichnen.

Betrachtungen der Altersstruktur der Opfer haben ergeben, daß 1998 fast 90 % der Opfer zum Tatzeitpunkt älter als 18 Jahre alt waren. Allerdings waren nur 4,27 % sicher noch keine 18 Jahre alt und damit minderjährig, bei 6,1 % der Frauen konnten keine Angaben über das Alter gemacht werden[139]. Die meisten, insgesamt 63,6 %, waren zwischen 18 und 25 Jahren alt. Von den polizeilich registrierten Menschenhandelsopfern wurde die größte Gruppe letztendlich abgeschoben oder ausgewiesen und zwar 1998: 23 %, 1997: 43,63 %, 1996: 36,9 % und 1995: 44,7 % der Frauen[140]. Demgegenüber wurden 1998 lediglich 2 %, 1997 1,67 % und 1996 nur 1,8 % der polizeilich registrierten Menschenhandelsopfer - und damit ein verschwindend geringer Prozentsatz - in ein Zeugenschutzprogramm aufgenommen[141]. Auffallend ist der Anstieg der erteilten Duldungen von 1996: 3,2 % und 1997: 5,7 % auf 1998: 12 % der von BKA in ihrem Lagebild erfaßten Opfer[142].

Die Zahlen aus den polizeilichen Statistiken fallen im Vergleich zu Dunkelfeldschätzungen minimal aus[143]. Die Zahlen der tatsächlichen Opfer werden schon deshalb wesentlich größer sein als diejenigen aus der Polizeilichen Kriminalstatistik und dem Lagebild Menschenhandel, weil die erfaßten Täter in der Regel jeweils weitere Frauen gehandelt haben dürften und nicht nur diejenigen Personen, die schließlich zu ihrer Ergreifung verholfen haben und sich zahlenmäßig in den Statistiken niedergeschlagen. Infolgedessen ist bei jedem statistisch erfaßten Delikt mit weiteren Opfern zu rechnen, die den Strafermittlungsbehörden meist nicht bekannt sind. Hinzu kommt, daß die wenigsten Fälle überhaupt der Polizei bekannt sein dürften. So liegt vergleichsweise die Dunkelziffer bei anderen Sexualdelikten bei 1:20[144] oder mehr. Wegen der teilweise von organisierter Kriminalität geprägten Strukturen ist sie bei Frauenhandel vermutlich sogar noch größer[145]. Dunkelfeldschätzungen beziffern entsprechend

S. 11; BKA, Lagebild Menschenhandel 1996, S. 20.

139 BKA, Lagebild Menschenhandel 1998, S. 7, von der Tendenz ebenso in 1997, BKA, Lagebild Menschenhandel 1997, S. 7.

140 BKA, Lagebild Menschenhandel 1998, S. 14.

141 BKA, Lagebild Menschenhandel 1996, S. 11.

142 BKA, Lagebild Menschenhandel 1998, S. 14.

143 Das gleiche Bild ergibt sich in den europäischen Nachbarländern. Für die Niederlande vgl. Hagen, Trafficking of Women in the Netherlands, Tagungsdokumentation von La Strada, Meeting of Experts, Mai 1996, S. 3.

144 Eisenberg, S. 832, m.w.N.

145 Ebenso in Bündnis 90/Die Grünen Landtagsfraktion NRW, S. 17, mit Rechenbeispiel. Die Grünen kommen bei der Berechnung mit der Dunkelziffer 1: 20 auf eine Zahl von 8.020 Betroffenen

die Anzahl der Menschenhandelsopfer mit bundesweit jährlich ca. 10.000 Frauen[146], was wiederum der Schätzung des Europäischen Parlaments von Opferzahlen von Frauenhandel entspricht[147].

Ein großer Teil der von Frauenhandel betroffenen Frauen arbeitet hier als Prostituierte. Nach verschiedenen Schätzungen[148] gibt es zur Zeit zwischen 200.000 und 400.000 Prostituierte in Deutschland. Diese Zahl bezieht sich auf den Zeitraum von einem Jahr und umfaßt Vollzeit- und Teilzeitprostituierte[149]. Davon kommen in manchen Regionen wie z.B. in Frankfurt oder in Hamburg weit mehr als 60 % nicht aus der Europäischen Union[150]. Nach Angaben von Nichtregierungsorganisationen beträgt der Anteil von Migrantinnen unter den Prostituierten ca. 75 % in Deutschland, gegenüber 80 % in Italien und 85 % in Österreich[151]. Nach neuesten Schätzungen sind die Sexarbeiterinnen im Bundesdurchschnitt zu 50 % Deutsche und andere EU-Staatsangehörige und zu 50 % Frauen mit Nationalitäten außerhalb der EU[152].

In Hamburg schätzen Innenbehörde und Polizei, daß gegenwärtig ca. 6.000 Prostituierte in der Stadt arbeiten, davon ca. 2.000 Migrantinnen, wovon ca. 60 % aus Osteuropa stammen[153].

Zahlen zum gegenwärtigen Heiratshandel sind noch weniger bekannt. Die letzten Schätzungen sind aus dem Jahre 1990[154]. Danach operierten in den 80er Jahren etwa 60 Vermittlungsagenturen in der Bundesrepublik mit steigender Tendenz. Vermittelt wurden je Agentur bis zu ca. 300 Frauen monatlich. Ein Indiz für ansteigenden Heiratshandel könnte die Zunahme von Eheschließungen zwischen deutschen Männern und Frauen aus den typischen Herkunftsländern sein. So hat sich z.B. die Zahl der mit deutschen Männern verheirateten Polinnen in dem Zeitraum zwischen 1985 und 1995 verzehnfacht[155]. Über die Anzahl der von Frauenhandel in die Haushaltstätigkeit betroffenen Personen oder

1996 in NRW.

146 Ministerium für die Gleichstellung von Frau und Mann des Landes Nordrhein-Westfalen, S.2.

147 Siehe Kalthegener, S. 32, die wiederum nach einem Bericht von Lissy Gröner, MdEP (Sozialisten) anläßlich einer Diskussionsveranstaltung im Vorfeld des internationalen Frauentages der SPD-Bundestagsfraktion am 28.2.1997 in Bonn zitiert.

148 Cayka, S. 125f. mit einem kritischen Überblick über die vorliegenden Schätzungen.

149 TAMPEP 3, S. 44.

150 Henning, S. 2; Callmann, S. 11.

151 Callmann, S. 11.

152 TAMPEP 4, S. 11.

153 Innensenator Wrocklage in Hamburger Morgenpost vom 2.6.1997.

154 Meerwein in agisra, Frauenhandel und Prostitutionstourismus, S. 64.

155 Hilpert, S. 7.

auch nur über die Anzahl der in der Bundesrepublik als Haushaltskräfte tätigen Migrantinnen aus Nicht-EU-Staaten liegen leider ebenfalls keine Angaben vor.

### 1.2.3 Die Händler

Als Betreiber des Frauenhandels werden internationale Verbrechersyndikate ebenso wie kleinere Gruppen, aber auch Einzelpersonen genannt[156]. Auch hier gilt, daß es gegenwärtig die vielfältigsten Erscheinungsformen gibt. Von arbeitsteilig und international operierenden Verbrechersyndikaten[157] bis hin zu Einzelpersonen, die ihren Freundinnen und Verwandten die Migration ermöglichen und sich daran bereichern, reicht die Bandbreite der Täter und Täterinnen. Nicht zuletzt die unterschiedliche und arbeitsteilige Vorgehensweise der Händler und Händlerinnen macht eine Verbrechensverfolgung so schwierig. Hinzu kommt, daß ein großer Teil der Taten entweder nicht strafrechtlich erfaßt oder schwer zu beweisen ist, und daher eine Strafbarkeit oft nur unter Zuhilfenahme anderer Straftatbestände zustande kommt, die im Zusammenhang mit den Umständen des Menschenhandels oder in dessen Umfeld verwirklicht worden sind.

Nach den polizeilichen Statistiken zum Menschenhandel treten als Täter vor allem Deutsche (1998: 37,3 %; 1997: 43,9 %; 1996: 39,7 % aller registrierten Täter), osteuropäische (1998: 11 %; 1997: 21,1 %; 1996: 23,1 % der Täter) und türkische Staatsangehörige (1998: 18,2 %; 1997: 10,1 %; 1996: 13,8 % der Täter) in Erscheinung[158]. Die relativ hohe Anzahl der Täter aus den Ländern der ehemaligen Sowjetunion und Polen läßt sich damit erklären, daß aus diesen Ländern auch hohe Opferzahlen registriert wurden (1998: 75,6 %; 1997: 87,7 %; 1996: 79,7 %)[159] und Menschenhändler in der Regel auf die Hilfe und damit Mittäterschaft von Landsleuten der Opfer angewiesen sind[160].

Unterschiede zwischen den Tätern ergeben sich hinsichtlich ihres Organisationsgrades, ihrer Nationalität sowie der Opferzahlen. Aber auch die angewendeten Rekrutierungsmethoden in den Herkunftsländern und die Bandbreite des Angebots an die migrationswilligen Frauen variieren. Manche Händler offerieren lediglich Hilfe bei der illegalen Einreise, also Schlepperei, andere hingegen bieten auch die Kontaktaufnahme und Weiterleitung an zukünftige Arbeitgeber

156 So auch die Bundesregierung in BT-Drs 11/3250, S. 16; BKA, Lagebild Menschenhandel 1998, S. 5.

157 Baudisch-Cimen S. 2, mit weiteren Hinweisen über die Ausgestaltung der Spezialisierung innerhalb von Organisationen.

158 BKA, Lagebild Menschenhandel 1996, S. 16; BKA, Lagebild Menschenhandel 1997, S. 10.

159 BKA, Lagebild Menschenhandel 1996, S. 9; BKA, Lagebild Menschenhandel 1997, S. 4.

160 So auch BKA, Lagebild Menschenhandel 1996, S. 16.

oder Abnehmer an[161]. Bei diesem Typus Frauenhändler ist die Frau häufig direkter Gewalt ausgesetzt, weil sie innerhalb des Händlerringes verbleibt und nicht selbst nach anderen Wegen zur Realisierung ihres Migrationszieles suchen kann. Dem stehen die Schlepper gegenüber, welche in der allgemeinen Diskussion gelegentlich ebenfalls als Menschen- oder Frauenhändler bezeichnet werden. Solche Schlepperorganistionen stellen für die betreffenden Frauen oftmals den einzigen Weg dar, ihren Migrationswunsch zu verwirklichen[162]. Im Hinblick auf das Vorliegen von Frauenhandel ist daher zwischen Frauenhändler und Migrationsunterstützung nicht anhand der Frage zu differenzieren, ob finanzieller Gewinn gezogen wird. Kriterium könnte vielmehr sein, ob mit dem Ziel der eigenen Bereicherung auf die Selbstbestimmung der Frau eingewirkt wird[163]. So setzen manche Schlepper die Frauen über hohe Schulden unter Druck, so daß sie sich angesichts des Schuldenberges gezwungen sehen, Tätigkeiten auszuüben oder Lebensbedingungen hinzunehmen, die sie unter anderen Umständen nicht akzeptiert hätten. Insofern kann auch bei Schlepperei Frauenhandel vorliegen.

Ein weiterer Migrationsweg ist die informelle Hilfe von Freunden und Verwandten[164]. Die überwiegende Mehrheit der thailändischen und philippinischen Personen in Deutschland ist einer Befragung zufolge bereit, die Einreise für Freundinnen oder Verwandte zu regeln[165],.Diese Kettenmigration geschieht vor allem, indem die bereits in Deutschland lebenden Migrantinnen Kontakt zu potentiellen Ehemännern oder Arbeitgebern herstellen[166]. Die informelle Hilfe bei der Einreise ist in der Regel nicht mit einem Profit für die Hilfsperson verbunden und führt daher für die Nachreisende seltener zur Ausbeutung und Fremdbestimmung[167]. Gerade bei der Einreise über freundschaftliche oder verwandtschaftliche Hilfe erwarten die Helfer, aber auch die vermittelten Ehemänner oder Arbeitgeber von der Nachreisenden oftmals eine emotionale, aber mitunter auch eine materielle Gegenleistung. Diese Gegenleistung wird nicht selten erzwungen, z.B. über moralischen Druck, aber auch mit der Drohung, sonst zurückgeschickt zu werden, oder die Familie im Herkunftsland über hiesige

161 So auch Ruggiero, S. 235; Fehér, S. 75; Moick, S. 61; Sieber unterscheidet für den Bereich der Organisierten Kriminalität zwischen Schlepperei und Rotlichtkriminalität, Sieber, Internationale OK, S. 56 f. und 59 f.

162 Vgl. Mansbrügge, Frauenhandel S. 12.

163 Zu dieser Abgrenzung siehe unter 2.5.1.4, S. 146 ff.

164 Dreixler, S. 200 m.w.N; Heine-Wiedemann/Ackermann, S. 114.

165 Niesner u.a., Ein Traum vom besseren Leben, S. 72.

166 Brussa, TAMPEP, S. 4.

167 Niesner u.a., Ein Traum vom besseren Leben, S. 74.

Verfehlungen zu informieren, bis hin zu körperlichem Zwang wie Einsperren usw.[168]. In dieser Situation muß die Frau nicht selten auch sexuelle Dienstleistungen gegenüber dem Ehemann, aber auch gegenüber dem Hausherren, seinen Freunden oder als Prostituierte erbringen. Insofern können auch Frauen, die über informelle Hilfe einreisen, in eine Situation des Frauenhandels geraten.

### 1.2.4 Die betroffenen Frauen

Der Kreis derjenigen, die als Opfer von Frauenhandel bezeichnet werden, kann je nachdem, welcher Frauenhandelsbegriff zugrunde gelegt wird, divergieren. Das gilt vor allem für die Frage, ob auch Heiratshandel und Handel mit Haushaltskräften unter den Begriff fallen.

Gemeinsam ist allen Beschreibungen, daß es sich vorwiegend um Migrantinnen und nicht um Deutsche und auch nicht um Frauen aus der Europäischen Union handelt. Die Frauen werden wie Waren behandelt, gekauft und verkauft. Im allgemeinen wird schon aufgrund der Tatsache, daß gegenwärtig vorwiegend Migrantinnen in den Frauenhandel geraten, ein Zusammenhang zwischen Migration und dem Auftreten von Frauenhandel vermutet.

Andererseits werden die Frauen auch innerhalb eines Ziellandes zwischen den Händlern hin- und hergeschoben oder sogar in ihrem Herkunftsland, ohne eine nationale Grenze zu überschreiten, an unterschiedliche Orte verbracht. Beispielhaft sei die Migration von Sexarbeiterinnen und der damit einhergehende Handel mit Prostituierten innerhalb Thailands genannt[169].

Folglich ist nicht die Frage, ob ein Grenzübertritt stattgefunden hat, für das Vorliegen von Frauenhandel ausschlaggebend, sondern vielmehr die Destabilisierung der beteiligten Frauen durch Entzug der originären Unterstützungsnetzwerke. Der Wegfall des sozialen Netzes, sei es im eigenen Land, oder des neu aufgebauten Netzwerks in einem fremden Land, hat regelmäßig zur Folge, daß die Frauen sich weniger wehren können. Die Täter von Frauen- und Menschenhandel machen sich diesen Umstand gezielt zunutze, um die Frauen für ihre Zwecke ausbeuten zu können.

#### 1.2.4.1 Herkunftsländer und Trends

Frauenhandel ist gegenwärtig ein internationales Phänomen und findet nicht nur nach Europa, sondern auch zwischen den europäischen Ländern und in

168 Niesner u.a., Ein Traum vom besseren Leben, S. 74; Zu der Einwirkung auf die Betroffenen siehe auch unter 1.2.5, S. 67 ff., und 1.2.4.2, S. 55 f.

169 Zu der Situation in der Sexindustrie in Thailand siehe m.v.w.N. Boonchalaksi/Guest, Prostitution in Thailand, in Lin Lean Lim, S. 130 ff.

anderen Regionen der Welt statt[170]. So werden die Frauen in Westeuropa auch innerhalb nationaler Grenzen an verschiedene Orte verbracht. Auffallend ist, daß die typischen Herkunftsländer gleichzeitig auch die Zielländer von Sextourismus[171] sind, und daß sich die Herkunftsländer im Laufe der Jahre verändern[172].

1976 bis 1980 kamen die ersten Opfer von Menschenhandel im Sinne des Strafgesetzbuches zunächst aus Südamerika, der Dominikanischen Republik und Kolumbien, Anfang der 80er Jahre aus Südostasien, und zwar vor allem aus den Philippinen, Mitte der 80er aus Afrika und den französischen Überseegebieten: Guadeloupe, Martinique und Reunion, Ende der 80er wieder aus Südamerika und Südostasien, dann vor allem aus Brasilien und Thailand[173].

Heute kommen die Frauenhandelsopfer in Deutschland aus[174]

- Südostasien: Thailand, Philippinen
- Latein- und Südamerika: Kolumbien, Ecuador, Dominikanische Republik, Brasilien
- Afrika: Ghana, Nigeria
- Ost- und Zentraleuropa: Polen, Tschechische Republik, Ukraine, Rußland, dem ehemaligen Jugoslawien, Ungarn und Bulgarien.

Deutsche tauchen als Opfer von Frauenhandel in den Veröffentlichungen nur ganz am Rande auf.

Die überwiegende Anzahl der Frauenhandelsopfer kommt seit der Öffnung der Grenzen zwischen Ost und West aus Mittel- und Osteuropa[175]. Auswertungen des Bundeskriminalamtes haben ergeben, daß von den in den eingeleiteten Ermittlungsverfahren festgestellten Menschenhandelsopfern 1998: 87,5 %, 1997: 87,7 %, 1996: 79,9 % aus den mittel- und osteuropäischen Staaten stammten[176]. Im einzelnen kamen 1998 17,0 % aus Polen, 13,6 % aus der Ukraine und 12,4 % aus der Tschechischen Republik[177].

170 Eine grafische Übersicht über den „weltweiten Sexhandel", aus dem sich die derzeitigen Handelsströme entnehmen lassen, findet sich in Seager, S. 55/56.

171 Vgl. Seager S. 55/56; Meerwein in agisra, Frauenhandel und Prostitutionstourismus, S. 64.

172 Phizacklea sieht in dieser Beobachtung einen Zusammenhang mit der Industrialisierung ehemaliger Entwicklungsländer, S. 167.

173 So auch Dreixler, S. 204.

174 Ebenso im wesentlichen in den Niederlanden, vgl. Hagen, Trafficking of Women in the Netherlands, Tagungsdokumentation von La Strada, Meeting of Experts, Mai 1996, S. 5; vgl. für migrierte Sexarbeiterinnen, TAMPEP 3, S. 2.

175 Senat der Hansestadt Hamburg in Ds 15/7787, S. 3; siehe zu Zahlen in bezug auf Menschenhandel auch unter 1.2, S. 44 ff.

176 BKA, Lagebild Menschenhandel 1998, S. 19.

177 BKA, Lagebild Menschenhandel 1996, S. 6 -8.

Die hohen Prozentzahlen für Frauen aus Mittel- und Osteuropa legen die unzutreffende Vermutung nahe, daß die absoluten Opferzahlen für andere Herkunftsländer gleichzeitig abgenommen haben. Die Frage, ob die Anzahl der Frauen aus anderen als den mittel- und osteuropäischen Ländern nicht nur relativ, sondern auch absolut abgenommen hat, ist jedoch nicht einfach zu beantworten. Die nach einzelnen Ländern aufgeschlüsselten Zahlen aus dem Lagebild Menschenhandel des Bundeskriminalamtes liegen für Südostasien nur von 1994 bis 1996 vor. Aus ihnen ergibt sich beispielsweise für Thailand, daß die absoluten Zahlen bis 1996 in der Größenordnung nahezu gleich geblieben sind: 1994: 17, 1995: 40 und 1996: 28 Opfer[178]. Ab 1997 werden in dem Lagebild nur noch kollektive Zahlen für die unter *Sonstige* zusammengefaßten Länder mitgeteilt, zu denen auch Thailand zählt. Insgesamt ergibt sich für die sonstigen Länder eine Zunahme der absoluten Zahlen: 1994: 79, 1995: 166, 1996: 160, 1997: 141 und in 1998 immerhin 205 Fälle[179]. In der polizeilichen Kriminalstatistik wird nicht nach Herkunftsländern differenziert. Ihr läßt sich jedoch entnehmen, daß die Opferzahlen seit 1989 nahezu ständig gestiegen sind[180]. Hinzu kommen Beobachtungen von Nichtregierungsorganisationen, nach denen in den letzten Jahren zwar vermehrt Frauen aus Ost- und Zentraleuropa in den Frauenhandel gerieten, die Anzahl von betroffenen Frauen aus den asiatischen Ländern jedoch nicht abgenommen hat[181]. Also liegt die Interpretation nahe, daß in den letzten Jahren auch die Anzahl der Frauen aus den anderen Ländern absolut gestiegen ist, auch wenn das in den relativen Zahlen wegen der explosionsartigen Zunahme der Opfer aus den mittel- und osteuropäischen Staaten nicht zum Ausdruck kommt.

Zur Beantwortung der Frage, wie sich die Einführung der Visumspflicht Mitte 1989[182] für die südostasiatischen Länder Thailand und die Philippinen auf die Entwicklung der Opferzahlen ausgewirkt hat, können nur die Gesamtzahlen aus der polizeilichen Kriminalstatistik herangezogen werden, da das Lagebild Menschenhandel in den 80er Jahren noch nicht angefertigt wurde. Nach den Zahlen der Polizeilichen Kriminalstatistik, 1988 waren es 262 Menschenhandelsopfer und 1989 nur noch 160, scheint zunächst jedenfalls unmittelbar nach

178 BKA, Lagebild Menschenhandel 1996, S. 7.

179 BKA, Lagebild Menschenhandel 1996, S. 6-8, 1997 S. 4 und 1998, S. 6.

180 Zahlen aus der PKS siehe unter 1.2.2, S. 45 f.

181 Ausschuß für Familie, Senioren, Frauen und Jugend, Ausschußdrucksache 13/350, Ban Ying, S. 5.

182 Antwort der Bundesregierung auf die kleine Anfrage der Fraktion Die Grünen vom 9.1.89, BT-Drs 11/3817 S. 2 zur Begründung der beabsichtigten Einführung der Visumspflicht für Tailand und die Philippinen, siehe hierzu auch S. 169.

der Einführung des Visumspflicht der Frauenhandel mit Frauen aus Thailand und den Philippinen erheblich abgenommen zu haben, da andere Ursachen für den Rückgang der Zahlen nicht ersichtlich sind. Möglicherweise haben die Frauen nach Einführung der Visumspflicht jedoch andere in der Statistik nicht erfaßte Migrationswege gesucht, wie etwa den der Heiratsmigration oder den des Künstlerinnenvisums für Tänzerinnen. Bei der Interpretation der Zahlen aus der polizeilichen Statistik ist immer zu berücksichtigen, daß es sich bei Menschenhandel um ein Kontrolldelikt handelt[183], die Höhe der Fall- und Opferzahlen also stark von der Intensität der Ermittlungstätigkeit geprägt sind. Infolgedessen kann der Rückgang der Opferzahlen nach Einführung der Visumspflicht möglicherweise zumindest zum Teil damit erklärt werden, daß die neuen Migrationswege und damit anderen Handelsstrukturen den Ermittlungsbehörden noch nicht bekannt waren. Auf diese Weise könnte es zu einer unerkannten, sich nicht in der Statistik niederschlagenden Verlagerung des Frauenhandels gekommen sein.

Heute werden die Frauen aus Osteuropa wegen der Nähe der Herkunftsländer überwiegend auf dem Landwege mit dem PKW oder einem Kleinbus, der Bahn, aber auch mit dem LKW über die Grenze nach Deutschland gebracht[184]. Der eigentliche Grenzübertritt erfolgt nach Erkenntnissen des Bundesgrenzschutzes aus Ermittlungen im Milieu in der Regel mit dem bis dahin benutzten Transportmittel, aber auch zu Fuß, wobei die Frauen dann nach dem Grenzübertritt wieder in das bis dorthin verwendete Transportmittel aufgenommen oder von den hiesigen „Abnehmern“ weiter transportiert werden[185].

Staatsangehörige aus Polen, Tschechien, der Slowakei, Ungarn, Slowenien, den baltischen Staaten und Kroatien benötigen für die Einreise kein Visum, sondern können allein mit ihrem Ausweis einreisen. Frauen aus visapflichtigen Staaten Osteuropas wie aus Rußland, Weißrußland, der Ukraine, Moldavien und Rumänien werden daher häufig mit gefälschten Reisepapieren aus den visafreien Staaten ausgestattet. Die weite Verbreitung dieses Vorgehens führt dazu, daß für Frauen aus diesen Herkunftsländern nur relativ selten eine Scheinehe arrangiert wird[186]. Anders als der Großteil der in den 80er Jahren nach Deutschland gehandelten Frauen aus Südostasien, die unter falschen Versprechungen hierher gelockt und dann der Prostitution zugeführt wurden, wissen die Frauen aus den

183 Lagebild Menschenhandel 1996, S. 20, siehe auch unter 1.2.2, S. 45 ff.

184 BKA, Lagebild Menschenhandel 1997, S. 13.

185 Niedersächsisches Innenministerium, Menschenhandel in Niedersachsen, Drs 13/2854, S. 5.

186 Senat der Hansestadt Hamburg, Ds 15/7787, S. 3.

mittel- und osteuropäischen Staaten heute häufig, daß sie hier in der Sexindustrie arbeiten werden[187].

Im vorangegangenen Jahrhundert trat Frauenhandel[188] besonders häufig parallel zu größeren Migrationsströmen auf. Daß Ost- und Mitteleuropäerinnen mittlerweile einen so hohen Anteil der Frauen stellen, die unter Frauenhandel leiden, hängt daher nicht zuletzt damit zusammen, daß die Ost- Westmigration insgesamt seit dem Fall der Berliner Mauer zugenommen hat[189].

#### 1.2.4.2 Migrationsformen

Bislang ist wenig über die Lebens- und Arbeitssituation der betroffenen Migrantinnen in den Zielländern bekannt. Spektakuläre Einzelschicksale stehen bei den meisten Schilderungen im Vordergrund und verstellen die Sicht auf eine differenzierte Betrachtung[190]. Das Schreckgespenst der Entführung von sehr jungen Mädchen, die in Deutschland als Sexsklavinnen gehalten werden, kommt real nur sehr selten vor. Weit schwieriger zu erfassen sind die Grenzbereiche zwischen selbstbestimmter Migration und Frauenhandel. Der Übergang zwischen beidem ist nicht selten fließend, vor allem dann, wenn die Frauen im wesentlichen wußten, welche Arbeit sie im Zielland ausüben werden, sich aber über die konkreten Lebens- und Arbeitsbedingungen nicht im klaren waren oder bewußt falsch informiert wurden[191].

Trotz sich ähnelnder Rahmenbedingungen befinden sich die einzelnen Frauen in individuell sehr unterschiedlichen Lebensverhältnissen. Migrierte Sexarbeiterinnen werden einerseits über die verschiedensten Mechanismen zur Prostitution gezwungen, arbeiten aber auch als freie, selbstbestimmte, von dritten Interessen unabhängige Prostituierte[192]. Gleiches gilt für Haushaltshilfen, die einerseits, gerade wenn sie sich illegal in Westeuropa aufhalten, zumeist in schwierigen Zwangssituationen leben müssen, aber gelegentlich auch auf zuverlässige, verständnisvolle Arbeitgeber oder funktionierende Unterstützungsnetzwerke von Landsleuten treffen[193]. Und bei weitem nicht alle Ehen von Heiratsmigrantinnen verlaufen unglücklich oder enden in Zwangssituationen[194].

187 Ausschuß für Familie, Senioren, Frauen und Jugend, Ausschußdrucksache 13/350, Staatsanwaltschaft Köln, S. 16.

188 Siehe dazu unter 1.1.3, S. 40 ff.

189 Einzelheiten zur Zunahme der Ost- Westmigration siehe Sassen, S. 126 ff.

190 Ebenso Dreixler, S. 203.

191 Vgl. Dreixler, S. 205; BKA, Lagebild Menschenhandel, 1998, S. 10.

192 Niesner u.a., Ein Traum vom besseren Leben, S. 149.

193 Niesner u.a., Ein Traum vom besseren Leben, S. 35.

194 Niesner u.a., Ein Traum vom besseren Leben, S. 85.

Frauen entscheiden sich in bestimmten Lebenssituationen sogar auch angesichts der Erfahrungen, die sie im Zielland gemacht haben, nach der Rückkehr in das Herkunftsland für einen erneuten Migrationsversuch.

Neuerdings wird eine Art Pendelmigration beobachtet so z.B. bei lateinamerikanischen Sexarbeiterinnen in Frankfurt.[195]. Dabei migrieren die Frauen für einen gewissen Zeitraum, in welchem sie im Zielland arbeiten und Geld verdienen, und kehren dann in ihr Heimatland zurück, um dort einige Monate zu verweilen. Nach Ablauf dieser Zeitspanne brechen sie erneut auf, um im Zielland zu arbeiten, oft an den gleichen Arbeitsplätzen wie zuvor. Die Frauen wissen schon vor der Migration aus eigener Erfahrung genau, was sie dort erwartet. Arbeitsphasen im Zielland und Ruhephasen im Herkunftsland wechseln einander ab. Nach neuesten Erkenntnissen findet sich diese Art der Pendelmigration vermehrt auch bei Sexarbeiterinnen aus Mittel- und Osteuropa[196]. Bemerkenswert daran ist im Zusammenhang mit Frauenhandel, daß es durchaus auch dann zur Pendelmigration kommen kann, wenn die einzelne Frau während einer früheren Migrationsphase in ausbeuterischen Arbeitsverhältnissen tätig sein mußte oder sogar Opfer von Frauenhandel wurde[197].

Unabhängig von dieser relativ jungen Erscheinung der Pendelmigration gilt insgesamt, daß sich die Hoffnungen und Erwartungen der Frauen, die mit der Migrationsentscheidung verbunden waren, in den Zielländern in den wenigsten Fällen erfüllen. Dennoch ist die Rückkehrbereitschaft der Frauen ganz unterschiedlich stark ausgeprägt[198]. Das gilt selbst dann, wenn die Migrantin im Laufe der Migration Frauenhandel erleiden mußte.

Nach Berichten der Polizei ist eine Vielzahl der bei Razzien aufgegriffenen Menschenhandelsopfer erleichtert und möchte so schnell wie möglich in ihr Heimatland zurückkehren[199]. Andererseits liegen Berichte von Nichtregierungsorganisationen vor[200], nach denen bei weitem nicht alle Frauen nach dem

195 Der Begriff der Pendelmigration wurde geprägt von Henning S. 29 in ihrer Untersuchung: Kolumbianische Prostituierte in Frankfurt/Main.

196 Nach Angaben von Bärbel Butterweck, Koordinatorin der NGO La Strada in Prag, auf der Fachtagung „Handelsware Frau" in Bremen am 11.11.1999.

197 So auch Strack, S. 70, 71; Bärbel Butterweck, Koordinatorin der NGO La Strada in Prag, auf der Fachtagung „Handelsware Frau" in Bremen am 11.11.1999.

198 Zu Migrationsmotiven siehe im einzelnen Niesner u.a., Ein Traum vom besseren Leben, S. 36 ff. m.w.N.

199 Protokoll der Unterarbeitsgruppe Zeuginnenschutz der Arbeitsgruppe Frauenhandel, S. 2; Ausschuß für Familie, Senioren, Frauen und Jugend, Ausschußdrucksache 13/350 Staatsanwaltschaft Köln, S. 16.

200 Agisra Dokumentation der Fachtagung Menschenhandel 18./19. 6. 1998, Ergebnisse S. 2; Niesner u.a., Ein Traum vom besseren Leben, S. 220 f.; LEFÖ, Frauenhandel, S. 77.

Aufgreifen unmittelbar nach Hause zurückkehren wollen, selbst die Opfer von Menschenhandel im Sinne des StGB nicht. Die angespannte wirtschaftliche Situation im Herkunftsland, die Erwartungen und Bedürfnisse der daheim gebliebenen Familie, hohe Schulden, Angst vor einem Gesichtsverlust oder befürchtete Rachemaßnahmen nach einem Ausstieg gegenüber den Frauen selbst, aber auch gegenüber Angehörigen sind Beispiele für Gründe, weshalb die meisten Migrantinnen Angst vor einer Ausweisung in ihr Heimatland haben[201]. Viele Frauen haben wegen ihrer Migrationsentscheidung hohe finanzielle Belastungen und Risiken in Kauf genommen, um sich aus dem heimatlichen Verelendungsdilemma zu befreien. Entsprechend hoch ist der Erwartungs- und Erfolgsdruck ihres gesamten sozialen Umfelds[202]. Das zwiespältige Verhältnis gegenüber einer Rückkehr ist unter anderem auch darauf zurückzuführen, daß die Frauen von den Händlern massiv unter Druck gesetzt und bedroht wurden, um eine Flucht zu verhindern[203]. Diese Drohungen wirken in vielen Fällen noch nach. In anderen Fällen sind Betroffene zunächst so stark traumatisiert, daß eine baldige Rückkehr in das Heimatland und die dort zu erwartenden Schwierigkeiten nicht bewältigbar erscheinen.

Insgesamt kann im Zusammenhang mit Frauenhandel die Rückkehrbereitschaft in das Heimatland individuell und graduell variieren und zwar in einer Bandbreite von dem starken Wunsch, so schnell wie möglich in die vertraute Umgebung zurückzukehren, bis hin zu einer ausgeprägten Angst vor eben dieser Rückkehr.

### 1.2.4.3 Aufenthaltszwecke im Zielland

#### 1.2.4.3.1 Tätigkeit in der Sexindustrie[204]

Oft werden Prostitution, Rotlichtmilieu und Frauenhandel als notwendig miteinander zusammengehörig assoziiert. So wurde Prostitution per se noch bis Mitte des 20. Jahrhunderts gleichgesetzt mit Frauen- oder Mädchenhandel[205]. Dieser Ansicht hängen die Vertreter der neoabolitionistischen Bewegung auch heute noch an[206]. Die vorliegende Arbeit basiert auf einem anderen Verständnis

201 Kießl, Jiskra, S. 41.

202 So auch Burgsmüller in agisra, Frauenhandel und Prostitutionstourismus, S. 14.

203 Siehe zu den Maßnahmen mit dem Ziel der Fluchtverhinderung näher unter 1.2.5.2, S. 69 f.

204 Zu den Begriffen Sexarbeit und Sexindustrie siehe unter Fußnote 42.

205 Siehe dazu unter 1.1, S. 37 ff.

206 So vor allem in der Konvention zur Unterdrückung des Menschenhandels und der Ausbeutung von Prostituierten, vom 21.3.50, abgedruckt in Fastenrath/Simma S. 136 ff. (bekannt unter 1949er Konvention gegen den Menschenhandel).

von Prostitution. Prostitution und jede Sexarbeit[207] wird hier auf der Grundlage einer entmoralisierten Betrachtung als Dienstleistung verstanden, unabhängig von der rechtlichen Beurteilung als sittenwidrig.[208]. Einer modernen Auffassung nach stellt Prostitution eine berufliche Tätigkeit im Sinne von Art. 12 GG dar[209]. Die Beantwortung der umstrittenen Frage, ob Prostitution einen Beruf darstellt, ist Gegenstand anderer rechtswissenschaftlicher Untersuchungen und kann in dieser Arbeit weitgehend offen bleiben, da sie sich vor allem mit der Lage der von Frauenhandel betroffenen Frauen beschäftigt. Da die Auffassung, daß es sich bei Prostitution um eine berufliche Tätigkeit handelt, sich zumindest in der Bundesrepublik so wie in weiten Teilen Europas allmählich durchsetzt[210], scheint es unsachgemäß, die Prostitution selbst mit Frauenhandel gleichzusetzen. Prostitution und Frauenhandel sind zwei verschiedene Vorgänge. Frauenhandel kann dementsprechend jedenfalls nicht gleichbedeutend mit Prostitution an sich sein.

Frauenhandel mit dem Ziel der Sexarbeit ist der Bereich, der die größte öffentliche Aufmerksamkeit genießt und deshalb relativ gut dokumentiert ist[211]. Die migrierten Sexarbeiterinnen arbeiten in Deutschland in allen Bereichen der Sexindustrie in Striptease- und Tanzshows, als Straßenprostituierte, in Bordel-

207 Zu den Begriffen Sexarbeit und Sexindustrie siehe unter Fußnote 42.

208 BGH v. 6.1.76, BGHZ 67, S. 119, 122; BAG v. 1.4.76, BAGE 28 S. 83, 88; BVerwG v. 15.7.80, BVerwGE 60, 284, 289; BVerwG v. 30.1.1990, BVerwGE 84, S. 314, 319 f.; grundlegend zur Berufsdefinition siehe: BVerwG v. 4.11.65, BVerwGE 22, S. 286, 289.

209 Zur Frage, ob die Ausübung der Prostitution einen Beruf darstellt, siehe vor allem Laskowski, Teil II, S. 141 ff.; Außerdem siehe schriftliche Stellungnahmen zur öffentlichen Anhörung des Ausschusses für Familie Senioren, Frauen und Jugend und des Rechtsausschusses zum Thema „Beseitigung der Diskriminierung von Prostituierten“ am 14.1.1998, Ausschußdrucksache 13/292; Gesetzentwurf der Fraktion Die Grünen zur Beseitigung der rechtlichen Diskriminierung von Prostituierten, (Antidiskriminierungsgesetz Teil III - ADG III) auf BT- Drs 11/7140; Gesetzentwurf eingebracht von Abgeordneten (SPD) und der Fraktion der SPD, Gesetz zur Beseitigung der Benachteiligung der Prostituierten, BT- Drs 13/8049.

210 Die Verbesserung der Situation von Prostituierten ist Bestandteil der Koalitionsvereinbarung zwischen SPD und Bündnis 90/Die Grünen vom 21.10.1998 Ziffer VIII. Dementsprechend hat die Bundefrauenministerin Bergmann in einem Interview mit der Märkischen Zeitung am 5.8.1999 für Anfang 2000 einen Gesetzentwurf zur Beseitigung der Sittenwidrigkiet von Prostitution angekündigt.

211 Agisra, Frauenhandel; Habermann; Heine-Wiedemann/Ackermann; Heinz-Trossen, Prostitution und Gesundheitspolitik; Henning; IOM, Wien 1996; Kalthegener, Laskowski; Lenz/Ramil-Weiss/Thiemann, Leopold/Steffan/Paul; Rayankorn; Drößler; Tagungsbericht, Prostitution im Grenzland; Kleiber/Velten; HWG; Narvesen; Niesner/Anonuevo/Aparicio; Niesner, Prostitution auf den Philippinen; Ban-Ying; Butterweck.

len, bordellähnlichen Einrichtungen und in Appartements[212]. Frauen ohne Aufenthaltsgenehmigung oder mit Touristinnenvisum gehen allerdings selten der Straßenprostitution nach, weil sie in den anderen Bereichen der Sexarbeit weniger polizeiliche Kontrollen befürchten müssen[213]. Zunehmende polizeiliche Kontrollen haben in den letzten Jahren insgesamt dazu geführt, daß illegal in Deutschland aufhältige Frauen in den weniger sichtbaren Bereichen der Sexarbeit - wie z.B. der Appartementprostitution - tätig sind. So hat in Hamburg 1999 parallel zu einer verstärkten Polizeipräsenz die Appartementprostitution erheblich zugenommen und sich außerhalb der Sperrgebiete über das gesamte Stadtgebiet verteilt[214].

Ein nicht genau bezifferbarer Anteil der Migrantinnen, die gegenwärtig in der Bundesrepublik der Sexarbeit nachgehen, tut dies selbstbestimmt und hat diese Tätigkeit als ihre Lebensstrategie unter den ihnen zur Verfügung stehenden Alternativen ausgesucht. Nach Angaben des BKA gaben im Jahre 1998 immerhin 28 % der Opfer von Menschenhandel vor der Migration ihr Einverständnis zur Aufnahme der Prostitution[215] Viele der auf dem Gebiet tätigen Nichtregierungsorganisationen weisen darauf hin, daß nicht alle - je nach Nationalität[216] und Arbeitsort - noch nicht einmal die meisten migrierten Sexarbeiterinnen Opfer von Frauenhandel sind[217]. Dem stehen Veröffentlichungen von Organisationen gegenüber, für die schon definitionsmäßig jede Form von Prostitution eine Ausbeutung darstellt und daher gleichbedeutend mit Frauenhandel ist[218]. In der Beurteilung der Arbeitsbedingungen von migrierten Prostituierten in den typischen Zielländern von Frauenhandel als ausbeuterisch sind sich die Vertreter beider Ansichten jedoch einig.

Sexuelle Dienstleistungen stehen in dem Ruf, kurzfristig viel Geld einzubringen. Die wirtschaftlichen Vorstellungen, die in vielen Fällen Anlaß für die Migration waren, realisieren sich hingegen für die Frauen im Zielland selten in vollem Ausmaß. Die Verdienstmöglichkeiten von Sexarbeiterinnen werden

212 Zu Anzahl und Verteilung siehe Landtag Mecklenburg- Vorpommern, DS. 2/3287, S. 6 ff.; Senat der Hansestadt Hamburg in DS 15/7787, S. 2 f.; Niedersächsisches Innenministerium, Menschenhandel in Niedersachsen, Ds 13/2854, Anlage 1; BKA, Lagebild Menschenhandel 1998, S. 12.

213 Ausschuß für Familie, Senioren, Frauen und Jugend, Ausschußdrucksache 13/350, Ban Ying, S. 5.

214 TAMPEP 3, S. 5, 47.

215 BKA, Lagebild Menschenhandel 1998, S. 10.

216 Ausführlich zu der Situation lateinamerikanischer Prostituierter in Frankfurt, die insgesamt ihre Lebens- und Arbeitsbedingungen relativ frei gestalten, siehe die Untersuchung von Henning.

217 TAMPEP 3, S. 2-4; Henning, S. 4; Niesner u.a., Ein Traum vom besseren Leben, S. 85.

218 Barry, Prostitution of Sexuality, S. 166.

überschätzt. Nach Erkenntnissen des BKA erhalten selbst gut verdienende Prostituierte nur bis zu 25 % des von ihnen eingenommenen Geldes[219]. Auch inländische Prostituierte sind in der Regel überschuldet[220], was für Migrantinnen angesichts der durch die Migration zusätzlich entstandenen Verpflichtungen um so mehr gilt. Dennoch können die Tageseinnahmen, solange sie teilweise an die Frauen ausgezahlt werden, immer noch deutlich mehr betragen, als im Heimatland erwirtschaftet werden könnte[221]. Selbst wenn der Frau nur 20,-- DM von ihren täglichen Einnahmen bleiben, stellt diese Summe möglicherweise ein Vielfaches dessen dar, was sie im Herkunftsland verdienen könnte.

In vielen Fällen ist den Frauen vor der Ausreise bekannt, daß sie in Deutschland der Prostitution nachgehen werden[222]. Weniger häufig sind sie allerdings über die konkreten Arbeitsbedingungen informiert[223]. Zu den typischen Arbeitsbedingungen[224] gehören lange Arbeitszeiten bis zu 16 Stunden täglich, schlechte gesundheitliche Versorgung, Isolation und geringe Bezahlung. Sie können sich die Freier in den seltensten Fällen selbst aussuchen, die sexuellen Praktiken nicht immer selbst bestimmen und müssen bis zu 25 Freier täglich bedienen. Auch können die Frauen den Schutz ihrer Gesundheit durch konsequente Kondomnutzung der Freier selten durchsetzen. Insgesamt sind die Arbeitsbedingungen migrierter Sexarbeiterinnen in der Regel schlechter als die ihrer deutschen Kolleginnen[225].

Ob die Frauen eng mit Zuhältern zusammenarbeiten, scheint zum einen von ihrer Nationalität und damit von ihrer Herkunft und ihrem Umfeld im Zielland abzuhängen. So arbeiten verschiedenen Feldforschungen zufolge lateinamerikanische Sexarbeiterinnen seltener mit einem Zuhälter zusammen als Frauen anderer Nationalitäten[226]. Zum andern hängt die Zuhälterpräsenz auch mit der

219 BKA, Lagebild Menschenhandel 1995, S. 19.

220 Dortmunder Mitternachtsmission, S. 10.

221 Als realistisches Rechenbeispiel aus der Appartementprostitution: Bei 150,-- DM pro Freier und acht Freiern täglich erwirtschaftet eine Prostituierte Einnahmen in Höhe von 1200,-- DM pro Tag, davon bekommt der Zuhälter 50 %, das Zimmer kostet 300,-- DM täglich, umgelegte Anzeigenkosten betragen 180,-- DM täglich, für Verpflegung werden 50,-- DM berechnet, für Hilfsmittel für die Arbeit 30,-- DM, Sonstige Kosten (Krankheit, Telefon, Post) betragen 20,-- DM, so bleiben für die Frau DM 20,--, von denen sie gegebenenfalls noch ihre Schulden abtragen muß.

222 Ausschuß für Familie, Senioren, Frauen und Jugend, Ausschußdrucksache 13/350, Staatsanwaltschaft Köln, S. 15.

223 Niesner u.a., Ein Traum vom besseren Leben, S. 150; Brussa, TAMPEP, S. 3; für Osteuropäerinnen: TAMPEP 3, S.49.

224 Stolzke, S.9; Senat der Hansestadt Hamburg in Ds 17/7787, S. 3.

225 Europäisches Parlament, Confronting the Fortress, S.146.

226 Niesner u.a., Ein Traum vom besseren Leben, S. 152.

Form der Prostitution zusammen. Für Straßenprostituierte ist der Schutz eines Zuhälters wichtiger als für Frauen, die in Appartements arbeiten. Andererseits sind Frauen in Appartements durch Zuhälter und Frauenhändler leichter kontrollierbar. So wird z.B. in der Appartementprostitution nicht selten die Anzahl der Freier an der Zahl der benutzten und daher fehlenden Kondome abgerechnet.

Unabhängig davon, ob Frauenhandel vorliegt oder nicht, gehört außerdem eine gewisse Mobilität zum Dasein einer ausländischen Sexarbeiterin in Westeuropa. Aufsuchende Feldforschung hat ergeben, daß die meisten Frauen mehrfach innerhalb Europas migrieren. So ist die durchschnittliche Verweildauer einer Sexarbeiterin an einem Ort von dem Projekt TAMPEP mit drei Monaten angegeben worden[227]. Es entspricht auch den Interessen von Frauenhändlern, daß die Frauen nicht lange an einem Ort verweilen, damit sie kein eigenes Netzwerk von Unterstützung aufbauen können und außerdem den Kunden ständig neue Ware angeboten werden kann.

Die Arbeitsbedingungen von Sexarbeiterinnen, die nicht aus der EU stammen, sind insgesamt von den vielfältigsten Erscheinungsformen von Gewalt und Zwang geprägt[228]. Das gilt auch für die Arbeitsbedingungen der relativ frei tätigen Prostituierten[229], die in den meisten Fällen im Umfeld von Zwang, Ausbeutung und Unterdrückung arbeiten und daher ebenfalls gefährdet sind, Opfer von Frauenhandel zu werden. Auch Frauen, die wußten, welche sexuellen Dienstleistungen sie im Zielland erbringen sollen, können Opfer von Frauenhandel werden[230]. So werden sie beispielsweise massiv von der Aufgabe der Sexarbeit abgehalten. Sie werden gezwungen sexuelle Praktiken auszuüben, die sie freiwillig nicht verrichtet hätten, oder um einen Teil ihres Lohnes gebracht[231].

#### 1.2.4.3.2 Heirat und Ehe

Heirat und Ehe kann bei Frauenhandel in verschiedener Hinsicht eine Rolle spielen. So ist die Ehe mit einem Deutschen oder einem Ausländer[232] mit verfe-

227 TAMPEP 3, S. 5.

228 Zu den Erscheinungsformen von Zwang und Druck siehe unter 1.2.5, S. 67 ff.

229 Niesner u.a., Ein Traum vom besseren Leben, S. 170.

230 So auch Ausschuß für Familie, Senioren, Frauen und Jugend, Ausschußdrucksache 13/350, BKA, S. 10; auch Menschenhandel gem. §180b, 181 StGB kann ohne weiteres vorliegen, wenn das Opfer ursprünglich in die Sexarbeit eingewilligt hatte.

231 Dortmunder Mitternachtsmission, S. 19.

232 In dieser Arbeit werden die Termini „Ausländer" oder „Ausländerin" als rechtstechnische Bezeichnungen aus dem Ausländergesetz und den entsprechenden Nebengesetzen verwendet, da dies

stigtem Aufenthaltsstatus für die meisten Frauen die einzige Möglichkeit, einen legalen Aufenthaltsstatus zu erhalten und sich so nachhaltig vor einer Ausweisung zu schützen. Deshalb organisieren manche Frauenhändler für die für sie arbeitenden Frauen eine Ehe. Für eine solche Eheschließung werden den Frauen wiederum Beträge in Rechnung gestellt, die sie bezahlen oder abarbeiten müssen.

Ein anderer Teil der migrationswilligen Frauen entscheidet sich demgegenüber für die Ehe mit einem Deutschen als Lebensperspektive. Aus Sicht der Frauen können der Heiratsmigration ganz unterschiedliche Ehemotive zugrunde liegen. Es gibt reine Versorgungsehen, aber selbstverständlich auch Ehen, die aus Zuneigung geschlossen werden sowie eine Vielfalt von Zwischenformen[233]. In manchen Herkunftsländern ist das Eingehen einer Versorgungsehe zur materiellen Absicherung des eigenen und des Unterhalts von Angehörigen ein gängiges Lebensziel. Die meisten Frauen, die sich einen ausländischen Ehemann suchen, sind zudem bereits geschieden und für den Unterhalt eigener Kinder verantwortlich[234]. Gerade im Hinblick auf das Zustandekommen dieser Ehen können die Frauen vielfach auf die Hilfe von Freunden und Verwandten zurückgreifen. Es werden aber Vermittlungsagenturen und fremde Dritten für die Partnersuche zur Unterstützung herangezogen. Vor allem in den Zielgebieten von Sextourismus bilden sich außerdem manche Paare während eines Urlaub der Männer.

Die Versorgungsperspektive stellt eine weit verbreitete Eheschließungsmotivation dar. Vor diesem Hintergrund ist nachvollziehbar, weshalb sich viele Frauen an Heiratsagenturen oder andere Vermittler für die Auswahl eines Ehemannes wenden. Deutsche haben in den Herkunftsländern von Heiratshandel als Ehemänner meistens einen guten Ruf[235]. Sie gelten als zuverlässig, angenehm im Umgang und als Garanten für einen gewissen Wohlstand.

Die Lebenssituation im Zielland während der Ehe stellt sich dann oftmals anders als erwartet dar. Vor allem die Frage der materiellen Versorgung von Angehörigen ist meistens ein Konfliktpunkt zwischen den Partnern[236]. Dennoch gilt für die in die Ehe migrierenden Frauen noch mehr als für Sexarbeiterinnen, daß längst nicht alle Frauen Opfer von Gewalttaten oder von Frauenhandel werden.

zur Vermeidung von begrifflichen Ungenauigkeiten notwendig ist.

233 Diese Unterscheidung nehmen auch vor Niesner u.a., Ein Traum vom besseren Leben, S. 87 f.

234 Niesner u.a., Ein Traum vom besseren Leben, S. 87.

235 Launer, S. 67.

236 Niesner u.a., Ein Traum vom besseren Leben, S.113, 166.

Als Ehefrau ist das Aufenthaltsrecht in der Bundesrepublik vier Jahre und demnächst nur noch 2 Jahre lang[237] vom Bestand der ehelichen Lebensgemeinschaft abhängig. Im Beratungsstellen und Frauenhäuser berichteten immer wieder davon, daß sich ausländische Frauen sogar angesichts massiver Gewalt in der Ehe dafür entscheiden, zu dem Ehemann zurückzukehren, und als Grund dafür die Angst vor der Aufenthaltsbeendigung angeben[238]. Dieses Druckmittel wird bisher aber auch während bestehender Ehe dazu benutzt, die Frauen zu Handlungen zu veranlassen, die sie nicht freiwillig ausüben würden[239]. Es liegen zudem zahlreiche Berichte[240] über ausländische Frauen vor, die von ihren Ehemännern zur Sexarbeit gezwungen wurden.

Eine besondere Form des Handels mit Ehefrauen ist das Mail-Order-Brides-System. In den Industrieländern existiert eine wachsende Nachfrage nach ausländischen Ehefrauen, und zwar Forschungen zufolge vor allem von älteren Männern[241]. Diese Nachfrage wird von speziellen Agenturen befriedigt, die sich an diese Zielgruppe der heiratswilligen Männer wendet. Den Kunden wird eine Auswahl heiratswilliger Kandidatinnen mit Foto oder Videoband vorgestellt. Der Kunde wählt sich eine Kandidatin aus und beginnt in der Regel zunächst einen Briefkontakt mit ihr. Für die Kontaktherstellung und Organisation der Einreise- oder Heiratsformalitäten muß der Kunde zwischen 5.000,-- DM und 20.000,-- DM bezahlen[242]. Die Frauen kommen gegenwärtig vor allem aus den Philippinen, zunehmend aber auch aus Osteuropa und Lateinamerika.

Die Frauen selbst können sich ihren zukünftigen Ehepartner nicht aussuchen. Oft wissen sie nicht einmal, daß sie in eine Ehe vermittelt werden. Es kommt vor, daß die Frau in der Hoffnung einreist, im Zielland einer Beschäftigung z.B. als Serviererin oder Haushaltshilfe nachzugehen, bis sie dann am Flughafen dem zukünftigen Ehemann übergeben wird.

Wenn der Kunde mit der Vermittlung nicht zufrieden ist, bieten manche Vermittlungsagenturen eine Art „Umtauschrecht" an, nach dem die Frau noch

237 Bei Abschluß der Arbeit wird § 19 AuslG novelliert, lediglich die Veröffentlichung der Gesetzesänderung fehlt. Die Ehebestandsfrist wird durch die Novelle auf 2 Jahre herabgesetzt, Gesetzesbeschluß des Deutschen Bundestages vom 17.3.2000 Drucksache 157/00.

238 Autonome Frauenhäuser, S. 8 ff.

239 Ausschuß für Familie, Senioren, Frauen und Jugend, Ausschußdrucksache 13/350, Ban Ying, S. 5.

240 Tübinger Projektgruppe Frauenhandel, Reinhardt, Frauenhandel in Deutschland, S. 121; Dreixler, S. 201 m.w.N.

241 Wijers/Lap-Chew, S. 65.

242 Tübinger Projektgruppe Frauenhandel, Reinhardt/Koss, Frauenhandel in Deutschland, S. 121; Mehrwein in agisra, Frauenhandel und Prostitutionstourismus, S. 71.

vor der Heirat zurückgegeben werden kann[243]. Sie wird dann an einen anderen Kunden weiter vermittelt. Die Frauen werden in der Regel auch bei der erneuten Vermittlung nicht nach ihren Interessen gefragt. Wenn die Vermittler nicht an der Frau verdienen können, weil auch die zweite oder dritte Vermittlung gescheitert ist oder die Frau aus gesundheitlichen oder psychischen Gründen nicht mehr vermittelbar ist, werden ihr die entstandenen Kosten auferlegt[244].

Nach der Heirat ist es für den Ehemann unproblematisch möglich, eine Trennung von der Frau herbeizuführen. Dies gilt nicht nur für diejenigen Ehen, die über das Mail-Order-Business oder in vergleichbarer Weise zustande gekommen sind. Er muß lediglich bei der zuständigen Ausländerbehörde angeben, daß die eheliche Lebensgemeinschaft aufgelöst ist. Die Frau muß daraufhin regelmäßig mit aufenthaltsbeendenden Maßnahmen rechnen[245]. Vom Heimatland aus ist es ihr nur schwer möglich, etwaige Unterhaltsansprüche gegenüber dem Ehemann geltend zu machen, und zwar zum einen, weil es entweder keine oder nur wenige Anwälte gibt, die eine solche Klage vom Heimatland aus führen können. Zum zweiten ist der unerläßliche Rechtsbeistand in der Regel so teuer, daß er jedenfalls nicht von den Frauen bezahlt werden kann. Auf diese Weise sind die Ehen mit Migrantinnen für deutsche Ehemänner relativ risiko- und folgenlos zu führen. Es kommt daher jedenfalls bisher nicht selten vor, daß ein Ehemann nacheinander mit mehreren Migrantinnen aus den entsprechenden Ländern für jeweils eine kurze Zeit verheiratet ist[246]. Es ist zu hoffen, daß sich diese Situation angesichts der zukünftig auf 2 Jahre verkürzten Ehebestandsfrist bis zu einem eigenständigen Aufenthaltsrecht für die Ehefrau verbessert.

Prägend für die Lebensbedingungen der mit Deutschen verheirateten Migrantinnen aus Südostasien, Lateinamerika und Afrika ist darüber hinaus eine durch Verständigungsprobleme, Diskriminierungen in der Umwelt und fehlenden Kontakt zu Verwandten ausgelöste Isolation. Als Motivation für die Heirat mit einer Ausländerin geben die Ehemänner immer wieder an, mit deutschen Frauen nicht mehr zurecht zu kommen[247]. Dementsprechend wird je nach Herkunftsland unterschiedlich von Asiatinnen anschmiegsame Unterwürfigkeit, von Lateinamerikanerinnen lebensfrohe Leidenschaftlichkeit und von Osteuropäerinnen erwartet, daß sie zäh und hart im Nehmen sind. Demgegenüber ge-

243 Del Rosario, S. 21; Knappik, S. 5; Dreixler, S. 201 m.w.N.

244 Knappik, S. 5.

245 Knappik, S. 33, 35; Amnesty for Women, Einzelfalldarstellung, S.16 f.

246 Sigel, S. 63.

247 Hilpert, S. 24; Bachmann, S. 31, Niesner in agisra, Frauenhandel und Prostitutionstourismus, S. 99.

ben die Migrantinnen in den letzten Jahren zunehmend als eine Migrationsmotivation unter anderem an, die in ihrem Heimatland vorgegebenen Rollenmuster in der Familie verlassen und ihre individuellen Lebensvorstellungen umsetzen zu wollen[248]. Diese Diskrepanz in den Ausgangsvorstellungen führt im Ehealltag oft zu Schwierigkeiten und Festlegungen der Rolle der Frau, gegen die sie sich vor dem Hintergrund der ausländerrechtlichen Rahmenbedingungen nur schwer wehren kann.

#### 1.2.4.3.3 Haushaltstätigkeit

In den letzten Jahren wird die Bezeichnung Frauenhandel auch für den Handel mit Haus- und Dienstmädchen verwandt. So wird in jüngeren Studien zum Frauenhandel[249] darauf hingewiesen, daß in der Europäischen Union, ebenso wie in den anderen Zielländern die Bedingungen, unter denen die Frauen im Haushalt tätig sind, immer schwieriger werden.

Der Bedarf an Haushaltshilfen wird vor allem in den südeuropäischen Ländern zunehmend und fast ausschließlich durch Migrantinnen gedeckt[250]. Wenn die Frauen als Haushaltshilfen arbeiten, so entweder ausschließlich für einen Arbeitgeber, bei dem sie in der Regel dann auch leben, oder als stundenweise Zugeh-Haushaltshilfe. Die Zugeh-Haushaltshilfen arbeiten fast immer für mehrere Arbeitgeber in einer Woche und haben eine eigene Unterkunft. Sie sind nicht nur an einen Arbeitgeber gebunden, können ihre Arbeitgeber aussuchen und damit ihre Lebens- und Arbeitsbedingungen relativ frei gestalten. Gewalt, Ausbeutung und auch Eingriffe in die sexuelle Selbstbestimmung kommen jedoch in beiden Formen vor, allerdings wegen der Abhängigkeit von einem einzelnen Arbeitgeber proportional häufiger bei Hausangestellten, die auch bei ihren Arbeitgebern wohnen[251]. Die Form der Zugeh-Haushaltshilfen ist in Deutschland nach heutigem Erkenntnisstand[252] verbreiteter als die andere Form der Haushaltstätigkeit.

Für Haushaltshilfen existiert ebenso wie für ausländische Sexarbeiterinnen ein Markt in Europa. Ebenso wie Sexarbeiterinnen arbeitet eine Reihe der Frauen ohne einen legalen Aufenthaltsstatus und mit der Angst vor Ausweisung. Haushaltsarbeit ist als Aufenthaltsgrund in der Bundesrepublik lediglich gem.

248 Niesner u.a., Ein Traum vom besseren Leben, S. 90.

249 Wijers/Lap-Chew S. 73; Niesner u.a., Ein Traum vom besseren Leben, S. 140 ff., Europäisches Parlament, Confronting the Fortress, S. 55.

250 Wijers/Lap-Chew, S. 54.

251 Niesner u.a., Ein Traum vom besseren Leben, S. 143.

252 Niesner u.a., Ein Traum vom besseren Leben, S. 141.

§ 3 Nr. 1-4 DVAuslG bei Hausangestellten der konsularischen und diplomatischen Vertretungen anerkannt.

Die Tatsache, daß die meisten Haushaltsangestellten ohne Papiere arbeiten, macht Schätzungen über die Anzahl der Frauenhandelsopfer im Bereich des Haushalts schwierig. Bisher ist daher über die Ausbeutung von Haushaltshilfen und das Auftreten von Frauenhandel in der Haushaltstätigkeit wenig bekannt. Zahlen oder Schätzungen liegen nicht vor. Die publizierten Einzelfallschilderungen zeichnen jedoch ein dem Handel mit Sexarbeiterinnen ähnliches Bild.

Es liegen Berichte[253] vor, nach denen die Arbeitgeber Hausangestellten die Pässe abnehmen, sie einsperren, zu überlangen Arbeitszeiten anhalten, ihnen nahezu keine Freizeit gewähren oder ihre Privatsphäre nicht respektieren. Gewalt, Drohung mit Gewalt oder mit Abschiebung sowie völlige Isolation von anderen sozialen Kontakten als denen mit dem Arbeitgeber kommen nach Berichten der Beratungsstellen immer häufiger auch bei Hausangestellten vor. Geschildert werden auch sexuelle Übergriffe der Arbeitgeber oder Bekannter des Hauses. Mitunter scheinen neben Hausarbeiten auch sexuelle Dienstleistungen geradezu erwartet zu werden[254]. Die Angestellten, die auch bei ihren Arbeitgebern wohnen, haben nicht immer ein eigenes Zimmer oder ein eigenes Bett, einige müssen 24 Stunden am Tag in Bereitschaft sein oder werden unzureichend ernährt, indem ihnen verwehrt wird, sich eigenes Essen zu kochen. Manche müssen die Reste der Familie verzehren, oder sie sind psychischen Qualen wie regelmäßigen Beschimpfungen, ungerechtfertigter Kritik oder Schlafentzug ausgesetzt.

Nach den vorliegenden Berichten scheint die Ausbeutung von Hausangestellten vor allem in den südeuropäischen Ländern Spanien, Portugal und Griechenland zuzunehmen[255]. Über das Ausmaß dieser Ausbeutungsformen in Deutschland liegen keine Erkenntnisse vor.

#### 1.2.4.3.4 Sonstiges

Ähnliche Lebensbedingungen wie die eben geschilderten finden sich auch in anderen Branchen. Von Nichtregierungsorganisationen werden genannt: Folkloretänzerinnen, Fabrikarbeiterinnen vor allem im Textilgewerbe, Restaurantangestellte und Landarbeiterinnen insbesondere im Saisongewerbe[256]. Die Ar-

253 Die in diesem Absatz angeführten Schilderungen beziehen sich im wesentlichen auf die folgenden Veröffentlichungen zum Handel mit Haushaltshilfen: Wijers/Lap-Chew S. 68 ff., Niesner u.a., Ein Traum vom besseren Leben, S. 140 ff.; Morales-Seifert, S. 21ff.

254 So in Wijers/Lap-Chew, S. 73.

255 Wijers/Lap-Chew S. 74.

256 Wijers/Lap-Chew, S. 47.

beitsbedingungen dieser Arbeitnehmerinnen sind jedoch zumindest gegenwärtig in einem geringeren Ausmaß als in den oben geschilderten Bereichen der Sexarbeit, der Ehe und der Haushaltstätigkeit von sexueller Ausbeutung geprägt.

### 1.2.5 Die Einwirkung auf die Frauen

So vielfältig wie die Erscheinungsformen von Frauenhandel gegenwärtig sind, so ist allen betroffenen Frauen gemeinsam, daß zu irgendeinem Zeitpunkt während des Migrationsprozesses auf ihre freie Willensbestimmung in illegitimer Weise eingewirkt wurde. Allerdings ist das hilflose Opfer, das mit List oder Gewalt in das Zielland verschleppt wurde, ebenso die Ausnahme wie die zu jedem Zeitpunkt der Migration selbstbestimmt entscheidende ausländische Sexarbeiterin. Vielmehr handelt es sich bei Frauenhandel um einen Prozeß, der die Frauen vor dem Hintergrund ihrer Ausgangsentscheidung in graduell unterschiedliche Abhängigkeiten verstrickt. Viele kommen freiwillig und bezahlen und verschulden sich sogar, um hierher gebracht zu werden[257]. Sie hoffen, ihre Familie unterstützen oder ihre Lebensperspektive verbessern zu können. Diese Vorstellungen verwirklichen sich im Zielland in den wenigsten Fällen. Zunehmend ertragen die Frauen dann Situationen oder nehmen Handlungen vor, die sie sich freiwillig nicht ausgesucht hätten und zu denen sie nur angesichts der Gesamtumstände letztlich gezwungen werden können. Um die ganze Palette der Einwirkungen erfassen zu können, muß man daher ihre Situation insgesamt als einen kontinuierlichen Prozeß betrachten.

Die nachfolgenden Ausführungen sollen einen Überblick über das Spektrum der Beeinflussungen geben, die im Zusammenhang mit Frauenhandel bekannt geworden sind. Die einzelne Frau erlebt in der Regel nur einen Teil dieser Einflußnahmen, Bedrohungen, Täuschungen etc. Die individuellen Situationen stellen sich in hohem Maße uneinheitlich dar und können je nach Person, aber auch in Abhängigkeit vom Zeitpunkt für die Einzelne variieren.

#### 1.2.5.1 Rekrutierungsmethoden

Die Täter setzen vielfältige Anwerbemethoden ein[258]. Den Kontakt zu den späteren Opfern stellen sie zum einen über Zeitungsannoncen her, in denen seriöse Tätigkeiten versprochen werden[259]. Sie antworten aber auch auf Gesuche, in denen Frauen selbst vertrauenswürdige Arbeitsmöglichkeiten suchen, nehmen

257 So auch Hürten, S. 2.

258 Mit einer detaillierten Darstellung über die auftretenden Rekrutierungsmethoden bei Menschenhandel im Sinne des StGB siehe BKA, Lagebild Menschenhandel 1995, S. 13 ff.

259 Niedersächsisches Innenministerium, Menschenhandel in Niedersachsen, Ds 13/2854, S. 5.

persönlich Kontakt in Gaststätten, Diskotheken oder auf öffentlichen Straßen auf und bieten die unterschiedlichsten Tätigkeiten an. Angeworben wird zudem über Partner- oder Heiratsvermittlungsagenturen. Es kommt außerdem vor, daß die Frauen direkt von Zuhältern im Herkunftsland gekauft und dann ins Zielland verbracht werden[260].

Im Prostituiertenmilieu werden Frauen häufig mit dem Versprechen auf bessere Arbeits- und Verdienstmöglichkeiten im Ausland von ihren Arbeitsplätzen abgeworben[261]. Nach Erkenntnissen der Kölner Staatsanwaltschaft existieren in Polen sogar regelrechte Anlaufstellen, in denen offen für die Prostitutionsausübung in Deutschland geworben wird[262]. Die tatsächlichen Bedingungen im Zielland werden bei der Anwerbung in der Regel verschwiegen, obgleich die Arbeitsbedingungen von Prostituierten sehr voneinander abweichen können, je nachdem in welchem Land die Tätigkeit ausgeübt wird[263]. So ist es für die Prostitution in manchen Regionen Thailands kennzeichnend, daß die Frau einen Freier über dessen gesamte Urlaubszeit, also über Wochen, persönlich betreut, wohingegen eine Prostituierte in Deutschland täglich bis zu 20 Freier bedient.

Kennzeichnend für die Rekrutierung von Opfern ist insgesamt, daß die wenigsten Frauen wissen, was genau auf sie zukommt, wenn sie im Zielland eintreffen. Oft geben die Täter bewußt falsche Informationen und täuschen die Frauen, um sie zur Zahlung des Transportgeldes und zur Migration zu bewegen[264].

Entführungen oder Kidnapping von Frauen mit gewaltsamem Verbringen ins Zielland stellen hingegen die große Ausnahme dar[265].

Im Bereich von Heiratshandel ist zum einen auf die besonderen Methoden des Mail-Order-Brides-Systems[266] hinzuweisen. Zum zweiten gehen die Händ-

260 Niedersächsisches Innenministerium, Menschenhandel in Niedersachsen, Ds 13/2854, S. 7.

261 Die Welt, vom 7.10.1996; Niedersächsisches Innenministerium, Menschenhandel in Niedersachsen, Ds 13/2854, S. 7.

262 Ausschuß für Familie, Senioren, Frauen und Jugend, Ausschußdrucksache 13/350, Staatsanwaltschaft Köln, S. 15.

263 Niedersächsisches Innenministerium, Menschenhandel in Niedersachsen, Ds 13/2854, S. 7.

264 Es fehlen Informationen über die Verdienstmöglichkeiten, die ausländerrechtliche Situation, die Abhängigkeit zu dem Händler, aber auch über ganz faktische Gegebenheiten wie Klima, Lebenshaltungskosten, ärztliche Versorgung usw. Selbst wenn die Frau bereits in ihrem Herkunftsland als Prostituierte tätig war und weiß, daß sie auch im Zielland der Prostitution nachgehen wird, sind ihr die konkreten Arbeitsbedingungen meistens unbekannt z. B. die Anzahl der Freier täglich, die Arbeitszeiten, Zwang zur Arbeit ohne Kondom, Leben und Arbeiten in einem Raum, Kosten für die Raummiete von bis zu 300 DM täglich etc.; siehe hierzu auch unter 1.2.4.3, S. 57 ff.

265 So auch Niedersächsisches Innenministerium, Menschenhandel in Niedersachsen, Ds 13/2854, S. 7.

ler häufig auf die Eltern von potentiellen Kandidatinnen zu und kaufen ihnen die Töchter regelrecht ab. In vielen Herkunftsländern hat das Arrangieren von Ehen durch Dritte eine lange Tradition. Diese traditionellen Praktiken bieten einen fruchtbaren Boden für die Ankaufverhandlungen der Frauenhändler[267].

### 1.2.5.2 Fluchtverhinderung

Um die Frauen im Zielland von der Flucht abzuhalten und sie unter Druck zu setzen, werden von den Tätern unterschiedliche direkte und indirekte Maßnahmen ergriffen. Im Folgenden soll die Bandbreite der von Tätern angewandten Einschüchterungsmethoden dargestellt werden[268].

- Erpressung mit Rückkehrzwang oder Abschiebung

Sehr häufig werden die Frauen auf ihren illegalen Aufenthaltsstatus und die damit verbundenen Strafverfolgungsmaßnahmen und die Abschiebungsgefahr bei Aufgreifen durch die Polizei hingewiesen[269]. Frauenhändler nutzen das Ausländerrecht gezielt, um Migrantinnen unter Druck zu setzen[270], denn für die Frauen stellt die zwangsweise Rückkehr in ihr Heimatland, ohne ihr selbst im Zusammenhang mit der Migration gestecktes Ziel erreicht zu haben, in vielen Fällen eine massive Bedrohung dar. Auch der mit der Rückkehr möglicherweise verbundene Gesichtsverlust kann zu einer Angst vor Abschiebung führen. Oft wird der Frau zusätzlich der Paß abgenommen.

- Bedrohung bei Ausstieg

Die Flucht oder der Ausstieg wird von Tätern oft bei Gewaltandrohung gegenüber dem Opfer unter Strafe gestellt. Fluchtversuche werden mitunter vor den Augen anderer Opfer geahndet. Gleichzeitig wird die Polizei als gewalttätig und korrupt dargestellt, was sich wiederum gerade bei Opfern aus den osteuropäischen Staaten mit ihren eigenen Erfahrungen aus dem Heimatland decken

266 Siehe dazu unter 1.2.4.3.2, S. 61 ff.

267 Siehe auch zu dem Einfluß des traditionellen Rollenverständnisses auf das Auftreten von Frauenhandel unter 1.3.6, S. 80 f.

268 Eine detaillierte Auflistung mit Schilderung einzelner aufgetretener Gewalttaten findet sich in BKA, Lagebild Menschenhandel 1995, S. 21.

269 Senat der Hansestadt Hamburg, Ds 15/7787, S. 4.

270 Diese Behauptung wird anschaulich gestützt in einem Dokumentarfilm, der vom Global Survival Network 1997 mit versteckter Kamera gedreht wurde. In dem Film empfehlen russische Schlepper einem potentiellen amerikanischen Käufer von Prostituierten, für die Frauen nur Touristenvisa zu fälschen, damit sie sich schon nach drei Monaten illegal im Land aufhalten. Arbeitsgenehmigungen für Nordamerika könnten zwar auch gefälscht werden, jedoch seien die Frauen dann zu selbständig und könnten auf die Idee kommen wegzulaufen.

kann[271]. Oder die Flucht wird als ausweglos dargestellt, weil die Täter Verbindungen bis ins Heimatland haben, die den Opfern oft sogar deswegen bekannt sind, weil sie selbst auf diesem Wege rekrutiert wurden[272]. Dadurch wird auch die Drohung mit Racheakten gegenüber der Familie im Heimatland durch die Verbindungsleute real. Mitunter wird auch mit der bloßen Bekanntgabe ihrer Tätigkeit im Heimatland gedroht, oder es werden pornografische Aufnahmen zur Weiterleitung an die Verwandten gefertigt[273].

- Schuldknechtschaft

Die Schuldknechtschaft ist ein häufig angewandtes Mittel, um die Frauen unter Druck zu setzen. Für die Unterstützung bei der Migration nach Deutschland berechnen die Schlepper gegenwärtig bis zu DM 20.000,-- von den Migrantinnen[274]. In der Hoffnung auf einen guten Verdienst im Zielland leihen sich die Frauen das notwendige Geld entweder von Freunden und Verwandten oder aber von dem Schlepper selbst[275]. In beiden Fällen werden sie in der Folge aus Verpflichtung oder aus Angst alles tun, um die Schulden abzutragen. Im Zielland müssen sie zudem oftmals überhöhte Preise für Unterkunft, Essen und Kleidung bezahlen, so daß die vermeintlichen Schulden immer weiter steigen und nicht abgetragen werden können. Dadurch entsteht eine Art Teufelskreis, aus dem sich die Opfer nur schwer selbst befreien können.

- Gewalt, Drohung mit Gewalt, Freiheitsentzug

Es kommt auch vor, daß Frauen gerade im Prostituiertenmilieu wie Gefangene gehalten werden. Die persönlichen Sachen, auch die gesamte Kleidung werden weggenommen und die Frauen eingeschlossen. Auf die Straße dürfen sie nur in Begleitung. Modellwohnungen werden häufig gewechselt, um zu verhindern, daß sich zwischen den Frauen Allianzen bilden oder auch nur ein Informationsaustausch stattfindet[276]. Die Frauen sind ganz konkreter Gewalt ausgesetzt, Nahrungs- und Schlafentzug, Schläge, Bedrohung mit und Verletzung durch

271 Senat der Hansestadt Hamburg, Ds 15/7787, S. 4.

272 Daß diese Drohung einen realen Hintergrund hat, bestätigen die Nicht-Regierungsorganisationen in den Herkunftsländern, z.B. Ausschuß für Familie, Senioren, Frauen und Jugend, Ausschußdrucksache, 13/350, La Strada Tschechische Republik, S. 25.

273 So laut Niedersächsisches Innenministerium, Menschenhandel in Niedersachsen, Ds 13/2854, S. 5.

274 Callmann, S. 11; Hamburger Abendblatt vom 27.2.1997; Niedersächsisches Frauenministerium, S. 1; Ausschuß für Familie, Senioren, Frauen und Jugend, Ausschußdrucksache 13/350, Staatsanwaltschaft Köln, S. 15.

275 Hamburger Abendblatt vom 27.2.1997.

276 Senat der Hansestadt Hamburg, Ds 15/7787, S. 4.

Waffen wie Messern und Schußwaffen oder auch das gezielte Auslösen von dann ungeladenen Waffen werden berichtet.

- Einschüchterungen

Nicht immer ist der Einsatz von tatsächlicher körperlicher Gewalt notwendig, um die Frauen in eine Zwangslage zu versetzen. Die Zwangssituation kann auch durch bloßes Einschüchtern hervorgerufen werden, z. B. durch den Einsatz von Drohgebärden, Anschreien, Beleidigungen, Körpersprache, der Anwesenheit bei Vergewaltigungen und Mißhandlungen anderer Frauen. Es liegen auch Berichte[277] vor, wonach die Frauen damit bedroht werden, daß sie in andere Bordelle, in denen noch härtere Sitten herrschen, verkauft werden oder von den sich gerade entwickelnden Freundschaften getrennt werden usw.

### 1.2.5.3 Sexuelle Ausbeutung

Unabhängig davon, in welchem Tätigkeitsfeld die Frauen im Zielland arbeiten, sind sie unter den Rahmenbedingungen des Frauenhandels der Gefahr ausgesetzt, von den Tätern oder Dritten sexuell ausgebeutet zu werden. Ziel der Täter ist es, sich selbst zu bereichern, wobei diese Bereicherung regelmäßig dadurch stattfindet, daß die Frauen in ihrem sexuellen Selbstbestimmungsrecht beeinträchtigt werden.

Am augenscheinlichsten ist dies, wenn die dargestellten Druckmechanismen dazu benutzt werden, die Frau zur Prostitution oder zu anderer Sexarbeit zu bewegen oder diese Tätigkeit unter Bedingungen fortzuführen, die sie nicht selbst gewählt hätte. Das gilt vor allem deshalb, weil die Frauen in den meisten Fällen am Profit der eigenen Sexarbeit nur zu einem sehr geringen Teil beteiligt werden[278]. Mit dem Ziel der eigenen Gewinnmaximierung werden zudem Arbeitsbedingungen durchgesetzt, die gesundheitsgefährdend sein können.

Die These, daß gegenüber migrierten Prostituierten vor allem aus Ländern der „Dritten Welt“ häufiger als bei anderen Sexarbeiterinnen „unsafe sex“, also Sexualpraktiken ohne Kondom, durchgesetzt werden, hat sich in empirischen Untersuchungen[279] allerdings nicht bestätigt. Nicht die Herkunft der Prostituierten, sondern ihr Organisationsgrad und ihre Durchsetzungsfähigkeit sind für die Frage der Benutzung von Kondomen entscheidend[280]. Sofern Frauen durch die Struktur der Prostitutionsbeziehung einen größeren Verhandlungsspielraum haben, z.B. wenn sie sich Freier selbst aussuchen können oder die Praktiken

277 Dortmunder Mitternachtsmission, S. 22.

278 Global Survival Network, S. 22; siehe dazu außerdem unter 1.2.4.3.1, S. 57 ff.

279 Kleiber/Velten, S. 107.

280 Kleiber/Velten, S. 167.

und deren Bezahlung selbst aushandeln, fällt es ihnen leichter, Kondombenutzung durchzusetzen[281]. Für die Durchsetzung von Gesundheitsprävention kommt es also nicht, wie manche behaupten[282], auf die Nationalität oder Herkunft der Sexarbeiterin an, sondern darauf, wie selbstbestimmt die Prostituierte ihre Arbeit gestalten kann. Es ist eine logische Konsequenz, daß diejenigen Frauen, die unter Druck stehen[283], die Kondombenutzung oftmals nicht durchsetzen können, obwohl sie es selbst wünschen. Auf diese Weise wird auf die sexuelle Selbstbestimmung der Frau eingewirkt.

Aber auch diejenigen Frauen, die mit dem Ziel der Eheschließung ins Zielland einreisen, sind der Gefahr der sexuellen Ausbeutung ausgesetzt. In ihrer Untersuchung zu Migrantinnenerfahrungen im Zusammenhang mit Frauenhandel kommen Niesner u.a. zu dem Ergebnis, daß Sexualität an sich ein eher problematisches Feld der Ehen von Migrantinnen mit deutschen Partnern darstellt[284]. Diejenigen Frauen, die eine solche Ehe überwiegend aus einer Versorgungsmotivation heraus eingehen, erkaufen sie sich in den meisten Fällen durch sexuelle Unzufriedenheit[285]. Über die strukturell bedingten Eheschwierigkeiten hinaus werden von den Beratungsstellen Fälle berichtet, in denen die Ehefrauen lediglich als billige Haushaltshilfen behandelt und für sexuelle Dienstleistungen von ihren Ehemännern oder sogar von Bekannten der Ehemänner in Anspruch genommen werden[286]. Mitunter werden die Frauen sogar von ihren Ehemännern zur Prostitution oder anderer Sexarbeit gezwungen[287].

Sexuelle Belästigung bis hin zur Vergewaltigung stellt für Migrantinnen, die im Zielland als Haushaltskräfte tätig sind, ebenfalls ein relativ großes Risiko dar[288]. So schildert die Organisation Anti-Slavery International (ASI) in ihrem Bericht an die UN-Arbeitsgruppe zu heutigen Formen der Sklaverei, daß in Großbritannien ausländische weibliche Arbeitskräfte vielfach zu sexuellen Dienstleistungen gegenüber ihren Dienstherren und auch deren Bekannten gezwungen werden[289].

281 Kleiber/Velten, S. 111.

282 Unter deutschen Huren existiert das Vorurteil, daß migrierte Prostituierte allein wegen des vermeintlich größeren Entgeltes bereit sind, ohne Kondom zu arbeiten.

283 Zur Einwirkung auf die Betroffenen von Frauenhandel siehe unter 1.2.5, S. 67 ff.

284 Niesner u. a., Ein Traum vom besserer Leben, S. 120.

285 Niesner u. a., Ein Traum vom besseren Leben, S. 121.

286 Meerwein in agisra, Frauenhandel und Prostitutionstourismus, S. 76/77.

287 Zur Situation derjenigen Prostituierten, die nur zum Schein verheiratet sind, vgl. Global Survival Network, S. 30.

288 Wijers/Lap-Chew, S. 68.

289 Anti-Slavery Society, S. 9.

## 1.3 Auslösende und aufrechterhaltende Bedingungen für den heutigen Frauenhandel nach Europa

Im Laufe der Geschichte bis in die Gegenwart hat sich gezeigt, daß es keine bestimmte Ursache für Frauenhandel gibt, anhand der man erklären könnte, warum dieses Phänomen an den verschiedensten Orten der Welt immer wieder auftritt. Die Ursachen und begünstigenden Bedingungen für den heutigen Frauenhandel sind vielfältig. Es ist auch dieses Zusammenspiel von auslösenden und begünstigenden Faktoren, das gegenwärtig einen so fruchtbaren Boden für Frauenhandel nach Westeuropa und Deutschland bietet. Dabei spielen einerseits die Gründe, durch welche die Frauen veranlaßt werden, sich auf das Risiko der Migration einzulassen, aber andererseits ebenso die Motive der Täter und Nutznießer von Frauenhandel ein Rolle.

Bei der Betrachtung von Gründen und begünstigenden Bedingungen von Frauenhandel ist es unerläßlich, zwischen Zwangssituationen und Frauenhandel einerseits und denjenigen Frauen, die selbstbestimmt, erfolgreich und zufrieden ihr Leben in der Migration bestreiten, zu unterscheiden.

### 1.3.1 Wohlstandsgefälle, Armut und Arbeitslosigkeit im Herkunftsland

Als Hauptursache für Menschen- und auch für Frauenhandel wird immer wieder die Armut in den Herkunftsländern genannt[290]. So ist es augenscheinlich, daß in erster Linie Frauen aus wirtschaftlich unterprivilegierten Staaten Opfer von Frauenhandel werden[291]. In Ost- und Zentraleuropa bricht die Wirtschaft nach dem Fall des Eisernen Vorhangs zusammen, soziale Sicherungssysteme existieren nicht mehr. In Lateinamerika, Afrika und Südostasien herrscht noch immer Armut, die in Asien durch die jüngste Wirtschaftskrise noch verstärkt wurde.

So ist beispielsweise in Rußland zwischen 1991 und 1995 das Bruttosozialprodukt um 34 % und das jährliche Pro-Kopf-Einkommen auf 3.400 US$ gefallen[292]. Ein Drittel der Bevölkerung lebt unterhalb der Armutsgrenze[293], in manchen Gegenden des Landes liegt die Arbeitslosenrate von Frauen bei bis zu

290 So in Ministerium für die Gleichstellung von Frau und Mann des Landes Nordrhein-Westfalen, S. 3; Niedersächsisches Frauenministerium, S. 1; Niedersächsisches Innenministerium, Menschenhandel in Niedersachsen, Ds 13/2854, S. 6, Baudisch-Cimen, S. 2; Ausschuß für Familie, Senioren, Frauen und Jugend, Ausschußdrucksache 13/350, Ban Ying, S. 6, Wijers/Lap-Chew, S. 52.

291 So auch Niesner u.a., Ein Traum vom besseren Leben, S. 11.

292 U.S. Department of State, Human Rights Country Report: Russia, S. 3.

293 U.S. Department of State, Human Rights Country Report: Russia, S. 4.

90 Prozent, landesweit sind ca. 2/3 der erwerbsfähigen Bevölkerung arbeitslos[294].

Das wichtigste Migrationsmotiv derjenigen Frauen, die sich für ein neues Leben in Westeuropa entscheiden, ist der Untersuchung von Niesner[295] zufolge die Verbesserung des materiellen Lebensstandards sowie die Unterstützung der zu Hause bleibenden Familienangehörigen. Die in den Herkunftsländern oft unbefriedigenden wirtschaftlichen Perspektiven der Frauen fördern die Hoffnung auf eine bessere Lebensperspektive und damit die Bereitschaft der Frauen, sich auf das Risiko der Migration einzulassen[296]. Diese Hoffnung machen sich die Anwerber zunutze und versprechen seriöse Verdienstmöglichkeiten oder schildern bei der Anwerbung die Lebens- und Arbeitsbedingungen im Zielland sowie die ökonomischen Chancen in einem besseren Licht, als es später den Tatsachen entspricht. In diesem Sinne tragen alle Maßnahmen, durch welche die wirtschaftliche Situation in den sich entwickelnden Ländern destabilisiert wird, auch indirekt zum Phänomen Frauenhandel bei. So verwandelte z.B. die sich entwickelnde Industrie Indonesiens große Teile des ländlichen Raumes in Industriegelände, wodurch wiederum eine beträchtliche Anzahl von Landarbeiterinnen arbeitslos und damit anfällig für falsche Arbeitsversprechungen und damit auch für Frauenhändler wurde[297]. Auf die gleiche Weise wirken fehlgeschlagene Entwicklungshilfeprojekte, die nicht der betroffenen Bevölkerung und vor allem nicht den Frauen und Mädchen im Land zugute kommen.

### 1.3.2 Nachfrage

Frauenhandel könnte nicht existieren, wenn der Handel mit den beteiligten Frauen kein Geld einbrächte[298]. In Westeuropa besteht eine große Nachfrage nach Ehefrauen, Haushaltshilfen und Sexarbeiterinnen aus den Ländern der „Dritten Welt“ sowie aus Ost- und Zentraleuropa.

Aus welchen Gründen gerade die Dienstleistungen von ausländischen Sexarbeiterinnen und die Unterdrückung und Ausbeutung von ausländischen Frauen in Ehe und Haushalt sich einer solchen Beliebtheit erfreuen, ist ungeklärt[299].

294 Global Survival Network, S. 11.

295 Niesner u.a., Ein Traum vom besseren Leben, S. 28, als Migrationsgründe gaben an 65,6 % der Befragten: Verbesserung des Lebensstandards/Arbeit, 30,1%: Versorgung von Familienangehörigen, 32,9 %: Liebe/Partnerschaft.

296 Zur Feminisierung der Migration siehe unter 1.3.3, S. 76 f.

297 Wijers/Lap-Chew, S. 53.

298 Dieser ökonomische Gedanke wird immer wieder angeführt, am deutlichsten von Dern, MschrKrim 1991, 329 f.

299 Beispiele für die Motive einzelner Männer zur Eheschließung mit einer Ausländerin siehe in

Die Erklärungsversuche für die offensichtlich bestehende Nachfrage sind vielfältig. Die Frauen gelten insgesamt als genügsamer, exotischer oder zäher als Westeuropäerinnen[300]. Je nachdem, aus welchen Herkunftsgebieten sie kommen, differieren die Klischees[301]. Als Grund wird gelegentlich auch eine umfassende Orientierungslosigkeit bei Männern angesichts der Frauenemanzipation der letzten Jahrzehnte in den industrialisierten Ländern Westeuropas und Nordamerikas genannt[302]. Diese Anpassungsschwierigkeiten sollen dann Ursache dafür sein, daß vermehrt Frauen nachgefragt werden, die sich schon deshalb unterordnen, weil sie in Deutschland fremd sind.

Empirische Untersuchungen zum Freierverhalten haben ergeben, daß in Deutschland 4,5 Millionen Freier, das sind 18 % der geschlechtsaktiven Männer, mindestens ein Mal im Jahr, durchschnittlich 15,03 mal im Jahr, eine Prostituierte aufsuchen[303]. Dieser Bedarf kann möglicherweise nicht allein durch inländische Sexarbeiterinnen gedeckt werden. Dafür spricht auch die Beobachtung von Nichtregierungsorganisationen, daß in den letzten Jahren zwar vermehrt Frauen aus Ost- und Zentraleuropa nach Deutschland gehandelt werden, diese aber die Frauen aus den asiatischen Ländern nicht vom Markt gedrängt haben, sondern zusätzlich zu den asiatischen Frauen arbeiten[304].

Der relative Wohlstand in den industrialisierten Ländern führte dazu, daß diese steigende Nachfrage von den Konsumenten in diesen Ländern auch bezahlt werden kann. Auch wenn die wirtschaftliche Situation gegenwärtig nicht mehr so stabil ist, sind die nachgefragten Dienstleistungen auch heute noch bezahlbar, zumal die Preise gegenwärtig leicht sinken. So wird der nach der Wiedervereinigung in den neuen Bundesländern entstandene Bedarf vor allem durch Frauen aus Osteuropa und auch durch gehandelte Frauen befriedigt[305].

Das Verhalten der Sextouristen sowie Freierverhalten im allgemeinen scheint insgesamt von der Gesellschaft eher toleriert als mißachtet zu wer-

Ackermann/Filter, S. 109 ff.; die umfassendste Studie über Freierverhalten wurde als Auftrag des Bundesministeriums für Gesundheit erstellt: Kleiber/Velten, Prostitutionskunden, Eine Untersuchung über psychologische Charakteristika von Besuchern weiblicher Prostituierter in Zeiten von Aids.

300 So auch Dreixler, S. 208.

301 Mit einer ausführlichen Darstellung der unterschiedlichen Klischees siehe Knappik S. 7 f.

302 Knappik, S. 6, 8.

303 Kleiber/Velten, S. 126,127.

304 Ausschuß für Familie, Senioren, Frauen und Jugend, Ausschußdrucksache 13/350, Ban Ying, S. 5.

305 Ausschuß für Familie, Senioren, Frauen und Jugend, Ausschußdrucksache 13/350, Ban Ying, S. 5.

den[306]. Diese gesellschaftliche generelle Akzeptanz trägt letztlich zur Stärkung der Nachfrage bei.

### 1.3.3 Feminisierung der Migration

Seit Anfang der 80er Jahre steigt weltweit der Frauenanteil unter den Migranten auf heute über 50 % der migrierenden Bevölkerung[307]. Früher begleiteten Frauen in erster Linie Männer als deren Familienangehörige, während sie heute weit öfter selbst die Migration als Lebensstrategie wählen und selbständig migrieren. Diese Entwicklung wird auch als „Feminisierung der Migration" bezeichnet[308].

Die Zunahme selbständig getroffener Migrationsentscheidungen von Frauen hat verschiedene Ursachen[309]. In den für Frauenhandel typischen Herkunftsländern gilt, daß Frauen die Verantwortung für das ökonomische Überleben ihrer Familien häufiger als früher tragen[310]. Gleichzeitig ist die Arbeitslosigkeit von Frauen in diesen Ländern sehr hoch[311]; soziale Sicherungssysteme existieren selten oder sind in den letzen Jahren, wie in Mittel- und Osteuropa, zusammengebrochen. In dieser Situation scheint die Aufnahme einer Arbeit in einem fremden Land oftmals die einzige Lösung der familiären Finanzprobleme zu sein, da sie regelmäßige Geldüberweisungen sichern kann. Aber auch die Flucht vor familiären Schwierigkeiten - wie Gewalt oder Alkoholismus - kann Grund für eine selbständige Migrationsentscheidung sein. In vielen Ländern existiert zudem eine Art Traumvorstellung von Westeuropa, der Unabhängigkeit, Wohlstand, Sicherheit und Glück innewohnt. Wegen der Parallele zu dem bekannten Hollywoodfilm wird diese auch als „Pretty-Woman-Syndrom" bezeichnet[312]. Die meisten Frauen entscheiden sich für das Risiko der Migration, weil sie auf ein besseres Leben im Ausland hoffen[313].

306 So auch Knappik, S. 38; neuerdings wendet sich eine bundesweite Kampagne von Terres des Femmes direkt an die Konsumenten von sexuellen Dienstleistungen und bietet u.a. für Männer die Möglichkeit, sich an eine Hotline zu wenden, wenn sie den Verdacht von Zwangsprostitution haben, TAZ vom 25.11.1999.

307 Howe, Frauenhandel- Frauenspezifische Migration, S. 16; Phizacklea, S. 164; Dreixler, S. 236.

308 Howe, Frauenhandel- Frauenspezifische Migration, S. 16.

309 Zu Frauenhandel und Migration Förg-Raub/Jauk, Frauenhandel. S. 9; zur Feminisierung der Migration und Frauenhandel siehe kleine Anfrage der PDS BT- Drs 14/1737, S. 1.

310 Baudisch-Cimen, S. 2.

311 Beispielsweise in Rußland bei bis zu 90 % der erwerbsfähigen Frauen, U.S. Department of State, Human Rights Report: Russia, S. 4; laut BKA in der Ukraine zwischen 60 und 80 %, Lagebild Menschenhandel 1998, S. 11.

312 Howe, Frauenhandel- Frauenspezifische Migration, S. 16.

313 Bilitewski, S. 5.

Sieht man von den vernachlässigbar wenigen Entführungsfällen ab, entscheidet jede Einzelne zumindest zu irgendeinem Zeitpunkt, sich um ihres Migrationswunsches willen einem gewissen Risiko auszusetzen. In den Herkunftsländern ist das mit der Migration verbundene Risiko nur selten bekannt. Aufklärungs- und Präventionskampagnen von Nichtregierungsorganisationen oder staatlichen Stellen sind bisher nur vereinzelt durchgeführt worden[314]. Von den Frauen, die im Aufenthaltsland schlechte Erfahrungen gemacht haben, berichten die wenigsten zu Hause darüber[315]. Vor allem, wenn sie zur Prostitution gezwungen wurden, erhalten sie häufig eine Legende über eine legale Arbeit im Zielland aufrecht, um zu Hause nicht ihr Gesicht zu verlieren. Auf diese Weise fließen nur wenige Informationen über die Risiken des Frauenhandels in das Herkunftsland, während falsche Vorstellungen über die Zielländer und die dortigen Chancen bestätigt werden.

Die für Männer gängigen Wege der Migration, und zwar in die Erwerbstätigkeit, aber auch als politische oder Bürgerkriegsflüchtlinge, sind für Frauen in der Regel versperrt[316]. Dies basiert, im Hinblick auf Flüchtlingsmigrantinnen, wesentlich auf der immer noch geringen Anerkennung frauenspezifischer Asylgründe[317]. Aber auch Arbeitsmigrantinnen sind die ohnehin wenigen Migrationsmöglichkeiten ihrer männlichen Landsleute zumeist nicht zugänglich. Das liegt nicht nur an den diskrimierungsbedingten geringeren Bildungschancen der Frauen in den Herkunftsländern, sondern auch an einem Mangel an angemessenen Arbeitsplätzen für Frauen in den Zielländern[318].

In dieser Situation sind migrationswillige Frauen in noch stärkerem Maße als ihre Landsmänner auf die Hilfe Dritter angewiesen. Sie nehmen die Unterstützung von Freunden, Bekannten, Verwandten, aber auch Unbekannten an. Im Aufnahmeland selber bleiben ihnen oft nur schlecht bezahlte Arbeitsplätze im informellen Sektor, wo sie arbeitsrechtlich nahezu ungeschützt Tätigkeiten verrichten[319]. Gerade in diesen ungeregelten Arbeitsmärkten wie im Bereich der

314 Die Nicht-Regierungsorganisation La Strada in Polen hat ein Aufklärungsvideo produziert, das im Fernsehen ausgestrahlt werden soll. Die Botschaften der Bundesrepublik Deutschland verteilen auf die Initiative der Organisation Amnesty for Women Aufklärungsbroschüren. Die Kirchen haben ein Aufklärungsfaltblatt auf Polnisch entwickelt. Die Organisation BellaDonna verteilt in Polen Aufklärungsmaterial. Im März 1998 wurde im Ukrainischen Fernsehen ein Aufklärungsfilm des Global Survival Network ausgestrahlt.

315 Dortmunder Mitternachtsmission, S. 23.

316 So auch Weber, Frankfurter Rundschau vom 1.2.1995.

317 Zur Debatte über frauenspezifische Asylgründe siehe Stenografischer Bericht des Deutschen Bundestages, Plenarprotokoll 13/211 und 13/222, m.w.N.

318 Howe, Frauenhandel- Frauenspezifische Migration, S. 16.

319 So auch Weber, Frankfurter Rundschau vom 1.2.1995.

Prostitution, des Entertainments, der Haushaltstätigkeit aber auch der gewerblichen Heiratsvermittlung treten Frauenhandel und zwangsarbeitsähnliche Verhältnisse besonders häufig auf. Infolgedessen sind migrationswillige Frauen von vornherein der Gefahr von Frauenhandel ausgesetzt[320].

### 1.3.4 Geringes Risiko

Obwohl nach Schätzungen bis zu 10.000 Personen jährlich in Deutschland Opfer von Menschenhandel werden, fanden sich 1996 von diesen nur 1473 in der Polizeilichen Kriminalstatistik wieder[321]. Polizeilich registriert wurden insgesamt nur 1094 Fälle von Menschenhandel[322]. Dem gegenüber steht 1996 eine Anzahl von 205[323] Verurteilungen wegen Menschenhandels und/oder schweren Menschenhandels nach §§ 180 b oder 181 StGB, wovon nur 56 zu einer Verurteilung mit einer Freiheitsstrafe ohne Aussetzung zur Bewährung führten[324]. Das Verhältnis zwischen Tatverdächtigen und Verurteilten läßt sich aus diesen Zahlen jedoch nur sehr grob abschätzen, da die beiden Statistiken nicht miteinander kompatibel sind[325]. Die Polizeiliche Kriminalstatistik bezieht sich auf das gesamte Bundesgebiet, die Zahlen des Statistischen Bundesamtes lediglich auf die Fläche der alten Bundesländer. Dennoch zeigt die deutliche Disproportionalität der Zahlen, daß zumindest das Delikt Menschenhandel für Täter ein relativ geringes Verurteilungsrisiko birgt.

Jenseits dieser Zahlen zum Menschenhandel ist aber auch Frauenhandel für die Händler gegenwärtig ein Geschäft mit nur geringem Risiko[326]. Die Strafverfolgungsbehörden sind auf Opferzeuginnen als Beweismittel angewiesen[327]. Diese sagen aus den vielfältigsten Gründen häufig nicht gegen ihren Händler aus[328]. Die meisten Opferzeuginnen können sich selbst strafbar gemacht haben, wenn sie z.B. der Prostitution nachgegangen sind, wegen eines Verstoßes gegen

320 So auch PDS in der Kleinen Anfrage BT- Drs 14/1737 S. 1.

321 PKS 1996 Tabelle 941 Nr. 1440, zu Zahlen, Daten und Fakten siehe unter 1.2.1, S. 44 f.

322 PKS 1996 S. 24.

323 Statistisches Bundesamt 1996, Abgeurteilte und Verurteilte nach Art der Straftat und Altersgruppen, S. 22 f.

324 Statistisches Bundesamt 1996, Verurteilte nach Dauer der Freiheitsstrafe, S. 126 f.

325 Nach Angaben der Kriminalpolizei ist bei den Delikten Menschenhandel gem. §§ 180a, 181 StGB von einer hohen Aufklärungsquote von sogar über 90% auszugehen. Problematisch sei weniger die Aufklärung bereits bekannter Fälle als vielmehr, daß nur so wenige Fälle überhaupt zur Kenntnis der Behörden gelangen. Siehe hierzu auch Renzikowski, ZRP 1999, 53, 54 Fn. 5.

326 BKA, Lagebild Menschenhandel 1996, S. 21.

327 BKA, Lagebild Menschenhandel 1996, S. 17 f.

328 Zu Erfahrungen der Polizei mit Opferzeuginnen von Menschenhandel siehe Labonté, Kriminalistik 1990, 390.

das Ausländergesetz. Oder sie befürchten aus anderen Gründen, aus Deutschland ausgewiesen zu werden. Bei Razzien aufgegriffene Frauen, die nicht unmittelbar aussagebereit sind, werden in einigen Fällen sofort in Abschiebehaft genommen und anschließend abgeschoben.

Die zurückliegenden traumatischen Erfahrungen zusammen mit einem gestörten Vertrauensverhältnis zur Polizei, das teilweise auf schlechte Erfahrungen im Heimatland zurückzuführen ist, bringen mit sich, daß die Frauen beim ersten Aufgreifen oft nicht sofort bereit sind, eine Aussage zu machen. Hinzu kommt, daß eine Aussage nicht immer im Interesse der Frauen ist. Sie muß Rachemaßnahmen gegen sich oder ihre Familie befürchten und verliert die wirtschaftliche Grundlage, weil sie als Zeugin nicht mehr der bisherigen Arbeit nachgehen kann. Stammen Täter aus dem Freundes- oder Verwandtenkreis, kommt es wegen der engen persönlichen Verknüpfungen oder auch aus persönlicher Verbundenheit selten zu einer Aussage.

Diese und andere Gründe führen insgesamt zu einer geringen Aussagebereitschaft der Zeuginnen. Die Zeugenaussagen wiederum sind für den Erfolg der Strafverfolgung unerläßlich.

Das Risiko für Händler ist aber auch deshalb gering, weil es sich bei Frauenhandel regelmäßig um ein grenzübergreifendes Delikt handelt, das oft arbeitsteilig durchgeführt wird. Die Strafverfolgungsbehörden sind in ihrer internationalen Zusammenarbeit aber insgesamt weniger mobil als die Täter, so daß die Strafverfolgung auch an länderübergreifenden, bürokratischen Hindernissen scheitert. Das gilt vor allem dann, wenn gut organisierte Verbrechenssyndikate den Handel betreiben. Wie bei anderer organisierter Kriminalität auch stößt die Verbrechensbekämpfung hier an Grenzen.

Auch eine unklare Gesetzeslage gegenüber Frauenhandel trägt in vielen Ländern dazu bei, daß die Täter relativ ungestört Frauenhandel betreiben können. So ist beispielsweise nach dem deutschen Strafgesetzbuch Menschenhandel gem. § 180 b und § 181 StGB lediglich als Handel mit Prostituierten, nicht aber mit Ehefrauen oder Hausmädchen strafbar.

Mit dem Ziel, das risikoarme Geschäft für Menschenhändler zu erschweren, wird von Seiten der Strafverfolgungsbehörden immer wieder versucht, den Tätern ihre Ware zu entziehen. Mit Hilfe von Razzien werden die Frauen, die sich in vielen Fällen selbst strafbar machen, zumeist wegen Verstoßes gegen das Ausländergesetz, aufgefunden, mitgenommen und anschließend abgeschoben. Ziel dieser Politik ist, den Ertrag des Geschäftes dadurch zu vermindern, daß die Frauen möglichst nur wenige Wochen in Deutschland weilen und arbeiten können[329]. Dabei wird übersehen, daß dieses Vorgehen einer von den Händlern selbst angewandten Strategie entspricht, die Frauen immer nur wenige Wochen an einem Ort verbleiben zu lassen. Auf diese Weise bekommen die Kunden der Prostituierten regelmäßig ein neues Angebot, und die Frauen selbst haben geringere Chancen, sich ein Unterstützungsnetzwerk aufzubauen und auf diese Weise zu entkommen, sei es auch nur mit der Hilfe von Kolleginnen.

### 1.3.5 Zunahme illegaler Einwanderung

Die illegale Einwanderung hat in den letzten Jahren wachsende Aufmerksamkeit auf sich gezogen. Es ist anzunehmen, daß die Zahl der illegalen Einwanderer durch den Einwanderungsstop für Arbeitsmigranten und die jüngsten Einschränkungen bei der Gewährung von Asyl gestiegen sind[330]. In Deutschland geht man von ca. 350.000 illegalen Einwanderern zuzüglich ca. 350.000 illegalen Flüchtlingen aus[331]. Ob diese Schätzungen im Zusammenhang mit den Ängsten vor massiven Einwanderungsströmen zu hoch angesetzt werden, läßt sich nur schwer beurteilen. Dies ist aber durchaus möglich. Ein Schwerpunkt der illegalen Einwanderung hat sich im Kontext der neuen Ost-Westmigration herausgebildet. Insbesondere haben die illegalen Grenzübertritte an der deutsch-tschechischen und deutsch-polnischen Grenze zugenommen[332]. Die Zunahme illegaler Einwanderung infolge von Beschränkungen der legalen Einwanderung veranschaulicht den Zusammenhang zwischen Ausländerrecht und illegaler Migration und damit einen Mechanismus, wie er auch auf migrierende Sexarbeiterinnen sowie andere Frauengruppen, die von Frauenhandel betroffen sein können, zutrifft.

### 1.3.6 Traditionelles Rollenverständnis

Haushaltstätigkeit, Versorgung der Ehemänner, sexuelle Dienstleistungen, Erziehung von Kindern, Pflege älterer Menschen, all dies sind Aufgaben, die weltweit nach traditionellem Rollenverständnis von Frauen ausgeübt werden und werden sollten. Berufliche Tätigkeiten werden auch heute noch mit zweierlei Maß bewertet. Handelt es sich um typisch männliche Tätigkeiten, so werden sie allgemein für wichtig erachtet und in der Regel entlohnt. Wenn Tätigkeiten typischerweise von Frauen ausgeführt werden, dann hält sie die gesamte

329 So beispielsweise Hauptkommissar Ulrich Grube, Leiter der Operativen Präventionseinheit der Hamburger Polizei in Die Welt vom 20.10.1997, S. 29.

330 Sassen, S. 119.

331 Sassen, S. 119.

332 Sassen, S. 121.

Gesellschaft - Frauen wie Männer - für weniger bedeutsam[333]. Die Arbeiten bleiben zumeist unreguliert und ungeregelt und werden nicht anerkannt. So arbeiten Frauen vor allem unbezahlt als Köchinnen, Haushälterinnen, Erzieherinnen oder aber in Bereichen, die als Berufstätigkeit nicht anerkannt sind, wie der Prostitution[334]. Die Prostitution stellt insofern die konsequente Fortführung der weiblichen Rolle in dieser Gesellschaft dar[335].

Generell haben Frauen einen schwereren Zugang zu formell abgesicherten beruflichen Tätigkeiten als Männer. Das gilt um so mehr in weniger wirtschaftlich entwickelten Ländern, in denen Frauen in der Regel eine geringwertigere Ausbildung erhalten als Männer. Es ist daher nicht überraschend, daß Frauenhandel vor allem mit Migrantinnen gerade in die klassischen Bereiche weiblicher unregulierter Arbeit, nämlich in den Haushalt, die Ehe und in die Sexarbeit stattfindet.

Frauen haben vor allem in den westlichen Industrienationen begonnen, diese überkommenen Rollenvorstellungen umzugestalten. In den wirtschaftlich weniger entwickelten Ländern ist die typische Ernährerfunktion des Mannes angesichts der Tatsache, daß bis zu 40 %[336] der Haushalte von Frauen allein geführt und ökonomisch abgesichert werden, im Grunde bereits ein Mythos geworden. Dennoch scheinen die traditionellen Rollenklischees in diesen Ländern insgesamt noch unüberwindbarer zu sein als in den westlichen Industrienationen. Aus diesem Grund erhoffen sich manche Frauen, als Folge der Migration in die typischen Zielländer mehr Gestaltungsspielraum für ihr persönliches Leben zu erhalten[337]. Dem stehen die Wunschvorstellungen der Kunden des Frauenhandels gegenüber. Denn eine für die vorliegende Nachfrage genannte Ursache ist der Wunsch nach einer anpassungsbereiten, unterordnungswilligen, genügsamen oder anschmiegsamen Partnerin, Angestellten oder Prostituierten[338].

Ein traditionelles Rollenverständnis kann aber auch bereits innerhalb der Herkunftsländer ein Auslöser für Frauenhandel sein. So ist es in manchen Herkunftsgebieten, z. B. in Nordthailand, Nepal oder Bangladesch, für Eltern traditionell üblich, ihre Töchter in große Städte zu verkaufen, damit sie den Fami-

333 Knappik, S. 45; Langer, S. 69.

334 Knappik, S. 46.

335 Knappik, S. 95.

336 UN-Bericht: The Worlds Women 1995, zitiert nach Wijers/Lap-Chew, S. 52: 35% der Haushalte in der Karibik, 40% der städtischen Haushalte in der Dominikanischen Republik, durchschnittlich 21% der Haushalte in Lateinamerika und Südostasien werden von Frauen geführt.

337 Howe, Frauenhandel- Frauenspezifische Migration, S.17.

338 Knappik, S. 6, 8.

lienunterhalt verdienen[339]. Auch die Praxis der aus wirtschaftlichen Gründen arrangierten oder erzwungenen Verheiratungen der Töchter kommt einem Verkauf gleich, so daß vielerorts zumindest bereits ein fruchtbarer Boden für die Rekrutierungsmethoden der Frauenhändler vorhanden ist. In manchen Ländern werden Mädchen und Frauen regelmäßig durch ihre Verwandten verheiratet, ohne daß sie selber Einfluß auf die Wahl des Ehemannes hätten[340]. So bleiben sie auch nach der Verheiratung weitgehend rechtlos oder stehen unter der Vormachtstellung anderer wie der des Familienoberhaupts oder des Ehemannes.

### 1.3.7 Rechtliche Situation im Zielland

Zielländer des heutigen internationalen Frauenhandels sind vor allem Westeuropa, Japan, Saudi-Arabien und die Vereinigten Staaten von Amerika. Allen diesen Ländern ist gemein, daß Migrantinnen und insbesondere migrierenden Sexarbeiterinnen nur sehr eingeschränkt Rechte zustehen. Neben die ökonomischen und sozialen Benachteiligungen, die Anlaß für die Ausreise waren, mit der die Migrantin aber auch im Aufenthaltsland mit seinem insgesamt höheren Lebensstandard konfrontiert wird, treten rechtliche Rahmenbedingungen, die sich gegen die Frauen als illegale Migrantinnen oder Straftäterinnen richten[341].

In dem Spannungsfeld zwischen der Angst vor Abschiebung und den schwierigen, z.T. von Gewalt geprägten und ausbeuterischen Arbeitsbedingungen vieler migrierter Prostituierter[342] nutzen Frauenhändler gerade die ausländerrechtliche Situation immer wieder zur Erpressung der Frauen[343].

Die Auswirkungen der ausländerrechtlichen Situation in der Bundesrepublik Deutschland auf den gegenwärtigen Frauenhandel ist im einzelnen Gegenstand dieser Untersuchung[344].

### 1.3.8 Sonstige begünstigende Faktoren

Der Handel mit Frauen wäre ohne die Mithilfe staatlicher Bediensteter nicht in dem Ausmaß denkbar[345]. Manche Grenzbeamte, Polizisten, Staatsanwälte und

339 Wijers/Lap-Chew, S. 58.

340 Beispiele zum Zusammenhang zwischen Zwangsverheiratung und Frauenhandel siehe Renschler, S. 26 f.

341 Phetersen, S. 16.

342 Siehe dazu unter 1.2.4.3.1, S. 57 ff.

343 Ausschuß für Familie, Senioren, Frauen und Jugend, Ausschußdrucksache 13/350, Staatsanwaltschaft Köln, S. 15, La Strada, S. 25.

344 Siehe zum Ausländerrecht 0. Kapitel: Ausländerrecht: Fördert oder bekämpft das deutsche Ausländerrecht Frauenhandel?, S. 153 ff.

345 BKA, Lagebild Menschenhandel 1998, S. 11.

Richter werden von den Händlern bestochen oder arbeiten mit ihnen zusammen. Vor allem die Beamten in den Herkunftsländern sind anfällig für Korruption[346]. Für die Zusammenarbeit mit der organisierten Kriminalität besonders bekannt sind die staatlichen Autoritäten in osteuropäischen Ländern und den Ländern der ehemaligen Sowjetunion, wo sich Opfer von Frauenhandel wegen der weit verbreiteten Korruption oftmals nicht mit der Bitte um Schutz oder wegen einer Strafanzeige an die Polizei wenden möchten und können[347]. Aber auch in den Zielländern können sich die Täter mit Bestechung von Beamten ihren Profit sichern[348]. Beispiele dafür sind Polizisten in Taiwan, die freien Service in Bordellen in Anspruch nehmen[349], oder die Zusammenarbeit eines Kriminalbeamten mit einem Menschenhändlerring in Frankfurt/Oder[350].

Eine weitere Ursache für den gegenwärtigen Frauenhandel kann man in dem Sextourismus der letzten Jahre sehen. Die Ausweitung von Tourismus ist für viele der typischen Herkunftsländer gerade in Asien, Latein- und Südamerika sowie Afrika eine ökonomische Entwicklungsstrategie, die häufig von internationalen Geldgebern unterstützt wird. Parallel zum Ferntourismus entwickelte sich in mehreren Ländern ein weitreichendes Angebot an sexuellen Dienstleitungen für die Touristen[351]. In der Folge entsteht, von den Reiseunternehmen durch Werbung unterstützt, der Sextourismus[352]. Obwohl Sextourismus und Frauenhandel zwei unterschiedliche Phänomene darstellen, hat sich in der Vergangenheit gezeigt, daß Sextourismus regelmäßig den Boden für Frauenhandel bereitet hat[353]. Das liegt zunächst daran, daß sich infolge des Sextourismus überhaupt erst die notwendige Nachfrage nach den jeweiligen Frauen in den Herkunftsländern der Touristen entwickeln konnte. Zum anderen etablieren sich über den Sextourismus die für Frauenhandel notwendigen Kontakte und Handelswege.

Darüber hinaus besteht auch ein Zusammenhang zwischen der Kolonialisierung des 19. Jahrhunderts oder Anfang des letzten Jahrhunderts und dem Auftreten des heutigen Frauenhandels. Infolge der Kolonialisierung kam es in

346 Wijers/Lap-Chew, S. 57 mit Beispielen aus Nepal, Bangladesch und Thailand.

347 Global Survival Network, S. 41.

348 Zur Einflußnahme auf Behörden siehe Sieber/Bögel, S. 190, 191.

349 Wijers/Lap-Chew, S. 57.

350 Siehe Global Survival Network, S. 43 f. m.w.N. zur Korruption.

351 So auch Dreixler, S. 197, 200.

352 So auch Maurer, S. 100; über den Zusammenhang zwischen Tourismuswerbung und Sextourismus siehe ausführlich Lipka S. 46 f.; zu Sextourismus als Wirtschaftsfaktor siehe TAZ vom 20.8.1998; Lim, The size and significance of the sex sector, in Lin Lean Lim, S. 7ff.

353 Wijers/Lap-Chew, S. 53.

nahezu allen Kolonien zur Ausbreitung der Prostitution. Die herrschenden Europäer leisteten sich, sei es als Ersatz für die abwesenden Ehefrauen oder als Ausdruck ihrer Überlegenheit, einheimische oder eigens ins Land verbrachte Prostituierte oder Sklavinnen für sexuelle Dienstleistungen[354]. Auf diese Weise konnten sich Strukturen etablieren, die heute wiederum die Entwicklung von Sextourismus und damit indirekt auch Frauenhandel begünstigen[355].

## 1.4 Zusammenfassung

Frauenhandel ist nicht nur eine Erscheinung der Gegenwart, sondern trat im Laufe der Geschichte an verschiedenen Orten auf und verschwand auch wieder[356]. Frauenhandel entwickelte sich offensichtlich immer dann, wenn mehrere die Entstehung begünstigende Faktoren zusammentrafen.

Hauptursachen für den internationalen Frauenhandel sind gegenwärtig das enorme Wohlstandsgefälle zwischen den Herkunfts- und Zielstaaten und die herrschende Armut und Arbeitslosigkeit als Motive für Migration[357]. Hinzu kommt eine spezifische Nachfrage nach ausländischen Frauen im Zielland vor allem im Bereich der Sexindustrie und gute Verdienstmöglichkeiten für die profitierenden Händler und zumindest potentiell auch für die beteiligten Frauen[358]. Weitere begünstigende Faktoren sind die Zunahme illegaler Einwanderung allgemein, die Feminisierung der Migration und die Tatsache, daß Frauenhandel trotz vielerorts verstärkter Strafverfolgungsbemühungen noch immer nur ein geringes Risiko für Täter bedeutet. Einen fruchtbaren Boden für die Entwicklung von Frauenhandel bieten zudem das traditionelle Rollenverständnis und die daraus abgeleiteten Vorstellungen über die Rolle der Frau, aber auch der Sextourismus und die Korruption. Die rechtliche Situation in den Zielländern stellt eine weitere Komponente unter all diesen Einflußfaktoren für die Entstehung von Frauenhandel dar[359].

Über das konkrete Ausmaß von Frauenhandel ist wenig bekannt[360]. Einigkeit besteht nach allen Beobachtungen darüber, daß es sich um eine Massenerscheinung handelt von der weltweit mehrere tausend Frauen jährlich betroffen sind. Als Händler werden zum einen unabhängige Einzelpersonen oder kleinere

354 So auch Maurer, S. 17.
355 So auch Narvesen, S.43.
356 Siehe unter 1.1.3, S. 40 ff.
357 Siehe unter 1.3.1, S. 73.
358 Siehe unter 1.3.2, S. 74.
359 Siehe insgesamt zu den Einflußfaktoren unter 1.3.
360 Zu den Zahlen siehe unter 1.2.1, S. 44 f., und 1.2.2, S. 45 f.

Verbrechergruppen genannt. Zum anderen spielt sich Frauenhandel vielfach im Bereich der organisierten Kriminalität ab[361]. Es sollte sorgfältig zwischen bloßer Migrationshilfe oder Schlepperei einerseits und Frauenhandel andererseits unterschieden werden.

Frauenhandel existiert nicht ausschließlich mit dem Ziel der Sexindustrie sondern auch im Zusammenhang mit der Vermittlung von Hausangestellte und Ehefrauen[362]. Die meisten Opfer von Frauenhandel sind heute Migrantinnen aus Ländern außerhalb der Europäischen Union. Zur Zeit stammt ein besonders hoher Prozentsatz der in Deutschland aufgefundenen Frauen aus den mittel- und osteuropäischen Staaten. Insgesamt ist die Anzahl der Opfer in den amtlichen Statistiken im letzten Jahrzehnt des Jahrtausends stark angestiegen[363]. Allerdings variieren die gewählten Migrationsformen auffallend, die Migrationserwartungen der Frauen sind sehr unterschiedlich und können sich in den verschiedenen Migrationsphasen verändern. Das gilt vor allem für die Pendelmigration.

Insgesamt ist zu beobachten, daß die ganz überwiegende Zahl der von Frauenhandel betroffenen Frauen ein eigenes Migrationsinteresse verfolgen. Die meisten geraten während dieser ursprünglich frei gewählten Migration in die Situation des Frauenhandels. Die Massenerscheinung des heutigen Frauenhandels ist folglich ein Verstrickungsproblem. Frauenhandel spielt sich zwischen selbstbestimmter Migration, sei es auch illegaler, und brutalen Entführungsfällen in die Sexsklaverei ab. Die Übergänge sind fließend und die realen Situationen unterscheiden sich je nach betroffener Person und in verschiedenen Migrationsphasen zum Teil erheblich. Diese Vielschichtigkeit und Bandbreite des Erscheinungsbildes ist charakteristisch für den gegenwärtigen Frauenhandel.

361 Siehe unter 1.2.3, S. 49 f.

362 Siehe unter 1.2.4.3, S. 51 ff.

363 Siehe unter 1.2.4.1, S. 51 f.

# 2. Kapitel: Der Begriff Frauenhandel

Derzeit existieren die unterschiedlichsten Definitionen von Menschen- und Frauenhandel. Die jeweiligen Definitionen unterscheiden sich voneinander auf verschiedenen Ebenen des Begriffs. Beispielsweise sind Abweichungen darauf zurückzuführen, ob allein der Handel mit Frauen in die Sexindustrie - vor allem die Zwangsprostitution - oder auch Heiratshandel und Ausbeutung von Hausangestellten oder anderen Wanderarbeitnehmerinnen von der Definition umfaßt sein soll. Andere Unterschiede sind damit zu erklären, daß der Konvention, Resolution, Erklärung oder dem Gesetz, in der oder in dem sich die jeweilige Definition findet, divergierende Zielsetzungen zugrunde liegen, etwa Verbrechensbekämpfung, Bekämpfung illegaler Migration oder Schutz von Menschenrechten.

Im Folgenden werden die wichtigsten Definitionen des Begriffs Frauenhandel vorgestellt und anschließend systematisch diskutiert. Aus dieser Diskussion wird eine eigene Definition von Frauenhandel abgeleitet.

Dieser Arbeit steht eine unspezifische Arbeitsdefinition voran[364] Als weitere Einengung wird hier unter Frauenhandel allein der Handel mit volljährigen weiblichen Personen gefaßt[365]. Opfer von Menschenhandel können dagegen auch männliche oder/und minderjährige Personen sein. Insofern ist Frauenhandel ein Sonderfall von Menschenhandel. Das Strafrecht erfaßt allerdings nur einen Ausschnitt des Frauenhandels im Sinne der vorangestellten Arbeitsdefinition, so daß aus diesem Blickwinkel Menschenhandel nur ein Segment von Frauenhandel darstellt.

## 2.1 Definitionen in der Bundesrepublik Deutschland

### 2.1.1 Menschenhandel im Strafrecht

Im deutschen Strafrecht sind die Tatbestände Menschenhandel in § 180 b StGB und schwerer Menschenhandel in § 181 StGB geregelt. In beiden Vorschriften gibt es eine Vielzahl von Merkmalen, die miteinander kombiniert die verschie-

364 Siehe in der Einleitung, S. 31.

365 Bei Minderjährigen stellen sich umfangreiche Sonderprobleme wie etwa die nach der Einordnung von Kinderprostitution oder Kinderarbeit. Diese und andere mit minderjährigen Frauenhandelsopfern zusammenhängenden Fragestellungen können und sollen in dieser Arbeit nicht behandelt werden.

denen Delikte von Menschenhandel mit einem abgestuften Sanktionssystem bilden[366]. Nach § 180 b StGB begeht Menschenhandel

*„wer auf eine andere Personen seines eigenen Vermögensvorteils wegen einwirkt,*

- *um sie in Kenntnis einer Zwangslage zur Aufnahme oder Fortsetzung der Prostitution zu bestimmen oder*
- *um sie in Kenntnis der Hilflosigkeit, die mit dem Aufenthalt in einem fremden Land verbunden ist, zu sexuellen Handlungen zu bringen, die sie an oder vor einer dritten Person vornehmen oder von einer dritten Person an sich vornehmen lassen soll."*

Strafschärfend wirkt die Kombination beider Alternativen, wenn besondere Zwangslagen wie die Hilflosigkeit in einem fremden Land (§181 b II Nr.1) oder geringes Alter unter 21 Jahren (§ 180 b II Nr. 2) ausgenutzt werden, um das Opfer zur Aufnahme oder Fortsetzung der Prostitution zu bewegen.

Dem gleichen System folgt der Tatbestand des schweren Menschenhandels in §181 StGB. Besonders schwer wiegen demnach drei Alternativen:

*„wer eine andere Person*

- *mit Gewalt, Drohung mit einem empfindlichen Übel oder List zur Aufnahme oder Fortsetzung der Prostitution bestimmt (§ 181 I Nr. 1),*
- *durch List anwirbt oder gegen ihren Willen mit Gewalt, durch Drohung mit einem empfindlichen Übel oder durch List entführt, um sie in Kenntnis der Hilflosigkeit, die mit ihrem Aufenthalt in einem fremden Land verbunden ist, zu sexuellen Handlungen zu bringen, die sie an oder vor einer dritten Person vornehmen oder von einer dritten Person an sich vornehmen lassen soll (§181 I Nr. 2), oder*
- *gewerbsmäßig anwirbt, um sie in Kenntnis der Hilflosigkeit, die mit ihrem Aufenthalt in einem fremden Land verbunden ist, zur Aufnahme oder Fortsetzung der Prostitution zu bestimmen (§ 181 I Nr. 3)."*

Aus dieser komplexen Definition lassen sich bei genauer Betrachtung einzelne Kernelemente des Begriffs Menschenhandel nach deutschem Strafrecht herausarbeiten[367]. Die Merkmale, die notwendigerweise vorliegen müssen, sind

Bestimmung zur Aufnahme oder Fortsetzung der Prostitution oder zu sexuellen Handlungen und

Zwangslage oder geringes Alter (unter 21 Jahre) oder Hilflosigkeit in einem fremden Land.

366 Zur Unübersichtlichkeit der strafrechtlichen Vorschriften siehe auch Schroeder, JZ, 1995, 231 ff.

367 So Schroeder, JZ 1995, 231.

Alle weiteren Merkmale wie gewerbsmäßiges Anwerben, besondere Zwangslagen, List oder Täuschung und Anstreben eines Vermögensvorteils charakterisieren das Delikt lediglich hinsichtlich der Schwere, bilden aber nicht den Kern der Definition.

Die letzte Novellierung der §§ 180 b und 181 StGB durch das 26. Strafrechtsänderungsgesetz hat den Kreis möglicher Opfer von Menschenhandel um die Personen erweitert, die nicht erst durch den Menschenhandel zu Prostituierten wurden[368]. Es kommt also nicht mehr darauf an, ob das Opfer sich schon vor der Tat prostituiert hat. Es reicht aus, wenn in die sexuelle Selbstbestimmung des Opfer eingegriffen wird, indem eine bereits der Prostitution nachgehende Person zu einer qualitativ anderen Tätigkeit oder einer intensiveren Ausübung der Prostitution veranlaßt wird, ohne daß dies von dem Opfer gewollt ist[369]. Durch die Novellierung fallen zudem auch Personen unter die Definition Menschenhandel, die im Zusammenhang mit Heiratshandel zu sexuellen Handlungen gezwungen werden.

### 2.1.2 Definition der bundesweiten interdisziplinären Arbeitsgruppe Frauenhandel

Mit dem Ziel der Bekämpfung von Frauenhandel wurde 1997 auf Initiative des Bundesministeriums für Familie, Senioren, Frauen und Jugend eine bundesweite Arbeitsgruppe Frauenhandel gegründet[370]. An der Arbeitsgruppe nehmen Vertreter verschiedener Bundesministerien[371], des Bundeskriminalamtes, des Vorsitzlandes bzw. eines entsprechend beauftragten Landes der Fachministerkonferenzen[372] ebenso wie Vertreterinnen von Nicht- Regierungsorganisationen[373] teil. Als übergeordnete Ziele hat sich die Arbeitsgruppe die Prävention

368 26. Strafrechtsänderungsgesetz, BT- Drs 12/2609; so auch BGH, Urteil vom 8.8.1994, Strafverteidiger 1995, 23, 23.

369 BGH, Urteil vom 16.7. 1996, JZ 1997, S. 153, 153; dies war Intention der Gesetzesnovelle, wie BT- Drs 12/2589/S. 7 und 8 zu entnehmen ist.

370 Die konstituierende Sitzung fand am 27.2.1997 in Bonn statt.

371 Neben dem Bundesministerium für Familie, Senioren, Frauen und Jugend das Auswärtige Amt, das Bundesministerium des Innern, das Bundesministerium der Justiz das Bundesministerium für Arbeit und Sozialordnung, das Bundesministerium für Gesundheit, das Bundesministerium für wirtschaftliche Zusammenarbeit und Entwicklung.

372 Und zwar der Innenministerkonferenz, der Justizministerkonferenz der Sozialministerkonferenz sowie der Konferenz der Gleichstellungs- und Frauenministerinnen, -minister,- senatorinnen und Senatoren (GFMK).

373 Und zwar SOLWODI (Solidarity with women in distress) und agisra (Arbeitsgemeinschaft gegen internationale sexuelle und rassistische Ausbeutung).

und die Bekämpfung von Frauenhandel sowie den menschenwürdigen Umgang mit Opfern gesetzt[374].

Die Arbeitsgruppe Frauenhandel hat sich in ihren ersten Sitzungen zunächst mit der Frage der Definition von Frauenhandel beschäftigt. Konsens bestand in der Arbeitsgruppe dahingehend, daß sowohl politisch als auch in internationalen Vereinbarungen und Erklärungen ein weiterer Begriff von Frauenhandel als die enge strafrechtliche Definition des Menschenhandels zur Erfassung des Phänomens unerläßlich ist[375]. Ausgehend davon hat sich die Arbeitsgruppe zwar nicht auf eine spezifische Definition von Frauenhandel geeinigt, aber die notwendigen Komponenten einer Definition einvernehmlich festgelegt[376]:

*„1. Eine Definition sollte auch innerstaatlichen Menschenhandel mit umfassen. (...)*
*2. Auf einen illegalen Aufenthalt der Opfer kommt es nicht an. Menschenhandel ist auch denkbar bei legaler Einreise/bei legalem Aufenthalt.*
*3. Unter Berücksichtigung des meist arbeitsteiligen Vorgehens ist es sinnvoll, mit entsprechend getrennten Tatbeständen zu arbeiten: der Handel im engeren Sinne (Anwerbung, Vermittlung und Verbringung) und die Situation der Ausbeutung im Bestimmungsland. (...)*
*4. Zwang und/oder Täuschung sollte notwendiges Kernelement beider Tatbestände sein. (...) Zu den Formen von Zwang gehören unstreitig Gewalt, Androhung von Gewalt und empfindlichen Übeln, Freiheitsentzug, Schuldknechtschaft, Ausnutzen einer hilflosen Lage. Zum Grenzbereich gehören Mißbrauch von Autorität oder einer beherrschenden Stellung. (...)*
*5. Die Prostitution als solche wird nicht als Gewalt oder Zwang per se angesehen, (...).*
*6. Die Begrenzung des Frauenhandels/Menschenhandels auf sexuelle Ausbeutung wird als zu eng angesehen. Auch andere gewinnbringende Ausbeutungen sollten mit einbezogen werden.“*

Die vorliegende Komponetenaufzählung erschließt sich in ihrer Bedeutung erst vor dem Hintergrund der zum Zeitpunkt der Erstellung geführten Diskussion über die Definition des Begriffs Frauenhandel. So wird beispielsweise in Ziffer 3 der Aufzählung zu der von den Nicht- Regierungsorganisationen entwickelten Idee[377], zwischen Frauenhandel und Zwangsarbeit bzw. sklavereiähnlichen

374 Einladung zur konstituierenden Sitzung der Arbeitsgruppe Frauenhandel, S. 3.

375 Protokoll der 2. Sitzung der Arbeitsgruppe Frauenhandel, S. 5.

376 Protokoll der 2. Sitzung der Arbeitsgruppe Frauenhandel, S. 2.

377 Siehe zu der Definition aus den Standard Minimum Rules for the Treatment of Victims of Trafficking, Forced Labour and Slaverylike Practices (SMR) unter 2.4.3, S. 120 f.

Verhältnissen zu unterscheiden, Stellung genommen; in Ziffer 4 zur Debatte über die Elemente der illegitimen Willensbeeinflussung[378]; in Ziffer 5 zur Beurteilung von Prostitution und in Ziffer 6 dazu, ob sexuelle Ausbeutung ein notwendiges Element der Definition darstellt. Dieses Vorgehen schafft Klarheit über den Standort der Arbeitsgruppe Frauenhandel.

Leider wurde bei der Definition nicht zwischen den Begriffen Menschenhandel und Frauenhandel differenziert. Im Vorspann noch wird unterschieden zwischen einem engen strafrechtlichen Begriff und einem eher politisch aktionistischen Begriff Frauenhandel. Da die Bezeichnung für den strafrechtlichen Begriff in den §§ 180 b und 181 StGB Menschenhandel lautet, wird bei der Verwendung des Terminus Menschenhandel in der Regel die strafrechtliche Definition assoziiert. Bei dieser Interpretation aber sind die Ziffern 1 und 2 der Aufzählung letztlich überflüssig, weil sie etwas Selbstverständliches postulieren. Die Verwirklichung des Straftatbestandes Menschenhandel im Sinne der §§ 180 b und 181 StGB ist weder von der Frage, ob eine Staatsgrenze überschritten wurde noch vom aufenthaltsrechtlichen Status des Opfers abhängig. Die uneinheitliche Verwendung der Begriffe zeigt sich insbesondere in Ziffer 6, in welcher beide Termini gleichzeitig mit einem Schrägstrich verbunden verwendet werden. Die Aufzählung der Arbeitsgruppe Frauenhandel läßt offen, ob ihr Arbeitsfeld mit „Menschenhandel“ oder mit „Frauenhandel“ bezeichnet werden soll oder beide Bezeichnungen möglich sein sollen.

## 2.2 Neue Konzepte auf Europaebene

### 2.2.1 Definition des Europäischen Parlamentes

Das Europäische Parlament hat sich der Fragen des Menschen- und Frauenhandels seit Anfang der 90er Jahre in zwei seiner Ausschüsse angenommen, dem Ausschuß für Grundfreiheiten und innere Angelegenheiten[379] und dem Komitee über Frauenrechte, in welchem die jüngste Resolution zum Thema Frauenhandel mit dem Ziel der sexuellen Ausbeutung des Europäischen Parlaments verabschiedet wurde[380].

378 Siehe dazu im Einzelnen unter 2.5.1.3, S. 137.

379 Siehe dazu unter 2.2.1.1, S. 92.

380 Entschließung zu der Mitteilung der Kommission an den Rat und das Europäische Parlament zum Thema „Frauenhandel mit dem Ziel der sexuellen Ausbeutung“; A4-0372/97.

### 2.2.1.1 Ausschuß für Grundfreiheiten und innere Angelegenheiten

Im Januar 1996 verabschiedete der Ausschuß für Grundfreiheiten und innere Angelegenheiten des Europäischen Parlamentes einen Initiativbericht über den Menschenhandel[381]. Dieser Bericht enthält eine Entschließung zum Menschenhandel, in welcher der Begriff wie folgt definiert ist[382]:

> *„Das Europäische Parlament (...) versteht unter Menschenhandel die rechtswidrige Handlung einer Person, die direkt oder indirekt die Einreise oder den Aufenthalt eines Bürgers aus einem Drittland fördert, um ihn durch Betrug oder unter Anwendung von Zwang oder unter mißbräuchlicher Ausnutzung einer schwierigen oder durch Behördenwillkür verursachten Situation auszubeuten“.*

Diese Definition bezieht sich grundsätzlich auf jedwede Art der Ausbeutung von Personen, erwachsener wie minderjähriger und nicht explizit nur auf Frauen oder nur auf sexuelle Ausbeutung. Damit sind von der Definition des Europäischen Parlamentes in dem Bericht von Januar 1996 nicht nur Prostituierte, sondern auch die Opfer von Handel mit Ehefrauen und Hausmädchen umfaßt, und zwar obwohl der Bericht sich in seiner Begründung[383] vor allem mit Prostitution und anderer sexueller Ausbeutung wie z.B. Pornographie beschäftigt.

Die Definition setzt für das Vorliegen von Menschenhandel einen Grenzübertritt oder den Aufenthalt in einem Drittland voraus. Handel innerhalb der Staatsgrenzen mit Staatsangehörigen fällt nicht unter den Begriff des Berichtes. Die Beschreibung der Drucksituation, der das Opfer ausgesetzt ist, bleibt vage und exemplarisch. Unklar ist, was mit „durch Behördenwillkür verursachter Situation“ gemeint ist und auch, was unter „Ausbeuten“ im Sinne des Berichtes zu verstehen ist.

Der Bericht stellt fest, daß Menschenhandel eine Menschenrechtsverletzung darstellt[384] und aus diesem Grund zu bekämpfen ist. Diese eindeutige Stellungnahme bei der Betrachtung des Problems Menschenhandel und damit auch des Frauenhandels ist auf europäischer Ebene neu.

381 Initiativbericht über den Menschenhandel des Ausschuß für Grundfreiheiten und innere Angelegenheiten des Europäischen Parlamentes, Amtsblatt vom 5.2.1996 Nr. C 032 S. 8 ff.; A4-0326/95.

382 Europ. Parl., Initiativbericht des Ausschuß für Grundrechte, 1.).

383 Europ. Parl., Initiativbericht des Ausschuß für Grundrechte, Begründung B. I.

384 Europ. Parl., Initiativbericht des Ausschuß für Grundrechte, Entschließung a. *„( .) in der Erwägung, daß Menschenhandel (Männer, Frauen, Kinder, Heranwachsende) mit der Würde und dem Wert des Menschen unvereinbar ist und eine schwerwiegende Verletzung der Menschenrechte darstellt.“*

Durch den Bericht des Komitees für Grundfreiheiten und innere Angelegenheit zum Thema Menschenhandel wurde eine europaweite Diskussion angeregt, die in der Folge zu einer neuen Begriffsentwicklung auf der Ebene der Europäischen Union führte.

#### 2.2.1.2 Resolution des Europäischen Parlaments

1997 erarbeitete der Ausschuß für Frauenrechte des Europäischen Parlaments einen Bericht zum Thema Frauenhandel mit dem Ziel der sexuellen Ausbeutung[385], der sich der Mitteilung der Europäischen Kommission vom November 1996[386], der gemeinsamen Maßnahme des Ministerrates der Europäischen Union[387], und der Erklärung der Ministerkonferenz in Den Haag[388] anschließt. Ausgehend von diesem Bericht verabschiedete das Europäische Parlament eine Entschließung zu der Mitteilung der Kommission zum Thema „Frauenhandel mit dem Ziel der sexuellen Ausbeutung“[389].

In Anlehnung an die Mitteilung der Kommission[390] beschäftigt sich die Resolution von vornherein mit einem Ausschnitt des Problems, nämlich mit dem Frauenhandel zum Zweck der sexuellen Ausbeutung. Allerdings weist das Europäische Parlament ausdrücklich darauf hin, daß Frauenhandel mit dem Ziel der sexuellen Ausbeutung nicht nur Zwangsprostitution sondern auch Zwangs- oder Scheinehen sowie Arbeitssituationen umfaßt, die Tarnungen für sexuelle Ausbeutung sind und diese erleichtern[391]. Aus der Resolution wird außerdem abermals deutlich, daß das Europäische Parlament Frauenhandel als Menschenrechtsverletzung betrachtet[392]. Im Gegensatz zu allen anderen euro-

385 Entschließung des Europäischen Parlaments zum Thema Frauenhandel mit dem Ziel der sexuellen Ausbeutung, vom 19.1.1998, A4- 0372/97.

386 Siehe dazu ausführlich unter 2.2.3, S. 97, Mitteilung der Kommission an den Rat und das Europäische Parlament zum Thema Frauenhandel mit dem Ziel der sexuellen Ausbeutung, vom 20.11.1996, KOM (96) 567.

387 Siehe dazu ausführlich unter 2.2.4, S. 100 f., Gemeinsame Maßnahme vom Rat der Europäischen Union betreffend die Bekämpfung des Menschenhandels und der sexuellen Ausbeutung von Kindern, vom 4.3.1997 Amtsblatt Nr. L 063, S. 2 ff.

388 Siehe dazu ausführlich unter 2.2.5, S. 101 f., Erklärung der Ministerkonferenz in Den Haag zu europäischen Leitlinien für wirksame Maßnahmen zur Verhinderung und Bekämpfung des Frauenhandels zum Zweck sexueller Ausbeutung, vom 26.4.1997, DCE/97-429.

389 Entschließung des Europäischen Parlaments zum Thema Frauenhandel mit dem Ziel der sexuellen Ausbeutung, vom 19.1.1998, A4- 0372/97.

390 Auch die Mitteilung der Kommission hat schon von der Überschrift her nur den Frauenhandel mit dem Ziel der sexuellen Ausbeutung zum Thema.

391 Mitteilung der Kommission an den Rat und das Europäische Parlament zum Thema Frauenhandel mit dem Ziel der sexuellen Ausbeutung, Nr. C.

392 Entschließung des Europäischen Parlaments zum Thema Frauenhandel mit dem Ziel der sexuellen

päischen Dokumenten stehen in den Resolutionen des Europäischen Parlamentes also die Betroffenen des Deliktes, deren Rechte und Schutz bei der Bekämpfung von Frauenhandel im Mittelpunkt.

### 2.2.2 Definition der IOM[393]

Anläßlich einer von der Europäischen Kommission angeregten Konferenz über Migration und Frauenhandel im Juni 1996 in Wien hat sich die mitveranstaltende Nichtregierungsorganisation IOM in einem Grundsatzpapier[394] mit der Definition von Frauen- und Menschenhandel auseinandergesetzt. Die IOM hat dabei die Kernelemente der Definition neu benannt und den Schwerpunkt der Definition auf den Grenzübertritt - und damit auf Migration- gelegt. Diese neue Schwerpunktsetzung hat in der Folge der Konferenz den auf europäischer Ebene sich neu entwickelnden Begriff von Frauen- und Menschenhandel beeinflußt und zu dem heute zumindest in der europäischen Union weitgehend einheitlich verwandten Grundmuster einer Definition geführt.

Die IOM unterscheidet bei ihren Definitionen zwischen Menschenhandel und Frauenhandel:

*„Da Menschenhandel stets mit grenzüberschreitender Migration einhergeht, ist dieser Tatbestand (...) gegeben, wenn*

- *die Grenze zu einem anderen Staat überschritten wird,*
- *daran ein Helfer (der Menschenhändler) beteiligt ist,*
- *eine Geldleistung (oder sonstige Form der Vergütung) erfolgt,*

*die Einreise in das Zielland und/oder der Aufenthalt dort ungesetzlich sind. Anmerkung zu 2): Von diesem „Schleuser" können die folgenden Leistungen in vollem Umfang oder teilweise erbracht werden: Information, Beschaffung gefälschter oder gestohlener Reisepapiere/Personaldokumente, reguläre (...) oder irreguläre (...) Beförderung, sichere Unterbringung an Transitorten, Schleusung über die Grenze, Aufnahme und Beschäftigung im Zielland."* [395]

In dieser Definition wird Menschenhandel im wesentlichen als illegaler Migrationsprozeß unter Zuhilfenahme von Dritten mit entsprechender Bezahlung beschrieben. Die Frage, inwieweit die migrierende Person irgendeiner Art von

Ausbeutung, Nr. 4.

393 International Organisation for Migration (IOM), Internationale Organisation für Wanderungsfragen mit Sitz in Genf.

394 IOM, Die Europäische Union als Zielregion des Frauenhandels: Merkmale, Tendenzen und politische Fragestellungen; Beitrag auf der Konferenz über Frauenhandel und sexuelle Ausbeutung, Wien 1996.

395 IOM, Wien 1996, S. 2.

Zwang oder Ausbeutung ausgesetzt ist, bleibt dabei außer Betracht. Diese Elemente einer Definition werden von der IOM erst bei der Definition des Begriffs Frauenhandel aufgegriffen:

> *„Frauenhandel [wird] vorläufig als das illegale Verbringen von Frauen ins Ausland oder der Handel mit ihnen zum Zweck der Erlangung wirtschaftlicher oder sonstiger persönlicher Vorteile definiert. Dabei können folgende Elemente auftreten:*
>
> - *Schleusung von Frauen in andere Länder mit oder ohne deren Zustimmung bzw. Kenntnis*
> - *Täuschung über den Zweck der legalen bzw. illegalen Migration,*
> - *körperlicher oder sexueller Mißbrauch mit dem Ziel des Frauenhandels*
> - *Verkauf von Frauen und Handel mit Frauen zum Zweck der Beschäftigung,*
> - *Heirat und Prostitution sowie sonstiger Formen des gewinnorientierten Mißbrauchs.“* [396]

Frauenhandel mit dem Ziel der sexuellen Ausbeutung ist danach nur ein Ausschnitt aus dem insgesamt umfassenderen Frauen- und Menschenhandel. Dieser Ausschnitt des Problems hat in der Auseinandersetzung und Arbeit auf der Konferenz eine besondere Rolle gespielt und wurde in den Diskussionen vorwiegend behandelt[397]. Frauenhandel umfaßt nach der Definition der IOM nicht nur den Handel in die Prostitution, sondern auch den Handel mit Frauen für andere Zwecke, wie Beschäftigung oder Heirat. Für das Vorliegen von Frauen- bzw. Menschenhandel ist nach Auffassung der IOM Voraussetzung, daß es dabei ein entgeltliches Moment gibt, wie den Verkauf oder gewinnorientierten Mißbrauch. In dieser Definition klingt an, daß die Behandlung von Menschen als gewinnbringende Ware an sich verwerflich ist.

Die Definition der IOM ist als rechtstechnischer Begriff nicht verwertbar, weil sie zu unpräzise ist. Sie arbeitet z. T. mit Beispielen und benutzt einzelne Begriffselemente zur Definition. Sie ist aber dennoch von hohem Interesse, da

396 IOM, Wien 1996, S. 3, 4.

397 Vgl. Eingangsstatements (S. 11 ff.) und Präsentationen (S. 24 f.) in Tagungsbericht der Europäischen Kommission zum Frauenhandel in Wien, Juni 1996; Die Europäische Kommission hatte darauf Einfluß genommen, daß lediglich der Ausschnitt des Frauenhandels zum Zweck der sexuellen Ausbeutung in den Mittelpunkt des Interesses rückte, indem sie in dem den Arbeitsgruppen zugrundeliegenden Themenpapier diese Fokussierung vornahm. Das Arbeitspapier der Europäischen Kommission trägt den Titel: Workshop Themes for Conference on Trafficking in Women for Purposes of Sexual Exploitation.

sie die Entwicklung einer auf Ebene der europäischen Institutionen verwendeten Definition[398] maßgeblich beeinflußt hat.

### 2.2.3 Definition der Europäischen Kommission

In der Folge der Konferenz über Frauenhandel und sexuelle Ausbeutung im Juni 1996 in Wien erarbeitete die Kommission der Europäischen Gemeinschaft, und zwar unter Federführung der Kommissarin für Einwanderungsfragen sowie Inneres und Justiz, Anita Gradin, eine Mitteilung zum Thema Frauenhandel mit dem Ziel der sexuellen Ausbeutung[399]. Die Mitteilung enthält ein Aktionsprogramm zur Bekämpfung des Frauenhandels mit dem Ziel der sexuellen Ausbeutung. Vor allem aber war mit dieser Mitteilung eine Anregung der internationalen und nationalen Diskussionen auf politischer Ebene zum Thema Frauenhandel beabsichtigt[400].

Die Mitteilung der Kommission beschäftigt sich allerdings ausdrücklich nur mit einem Ausschnitt aus dem Gesamtphänomen Frauenhandel, dem Frauenhandel mit dem Ziel der sexuellen Ausbeutung. Diese Tatsache ist nach der Konferenz in Wien keine Überraschung, denn bereits auf dieser vorbereitenden Konferenz wurde schwerpunktmäßig dieser Aspekt des Frauenhandels diskutiert[401]. Der Blickwinkel der Mitteilung der Kommission ist also schon von vornherein auf einen bestimmten Ausschnitt des Gesamtphänomens gerichtet. Nur vor diesem Hintergrund kann man die nachfolgende Definition einordnen:

> *„In der Mitteilung wird Frauenhandel definiert als das Verschleppen von Frauen aus Drittländern in die Europäische Union zum Zweck sexueller Ausbeutung (eventuell mit weiteren Transporten innerhalb der Mitgliedstaaten). Dabei ist zwischen legaler und illegaler Einreise zu unterscheiden.*
> *(...)*
> *Unter Frauenhandel mit dem Ziel sexueller Ausbeutung fallen Frauen, die durch Einschüchterung oder mit Gewalt zur Prostitution gezwungen werden.*

398 Das Grundsatzpapier der IOM hat die Definition der Europäischen Kommission in der Mitteilung der Kommission, in der Gemeinsamen Maßnahme vom 24.2.1997, und der Ministerkonferenz in Den Haag maßgeblich geprägt. Im Einzelnen dazu die folgenden Ausführungen unter 2.2.3, 2.2.4 und 2.2.5, S. 96 ff.

399 Mitteilung der Kommission an den Rat und das Europäische Parlament zum Thema Frauenhandel mit dem Ziel der sexuellen Ausbeutung, vom 20.11.1996, KOM (96) 567.

400 Mitteilung der Kommission an den Rat und das Europäische Parlament zum Thema Frauenhandel mit dem Ziel der sexuellen Ausbeutung, S. 4.

401 Mitteilung der Kommission an den Rat und das Europäische Parlament zum Thema Frauenhandel mit dem Ziel der sexuellen Ausbeutung, Anhang 2: 4., Empfehlungen der Workshops in Tagungsbericht der Europäischen Kommission zum Frauenhandel in Wien, Juni 1996, S. 41 ff.

*Dabei ist eine etwaige ursprüngliche Einwilligung der Frauen insofern unbedeutend, als einige Frauen zwar wissen, daß sie als Prostituierte arbeiten werden, dann aber erkennen müssen, daß sie ihrer menschlichen Grundrechte beraubt und unter sklavenähnlichen Bedingungen „gehalten" werden. Die Mitteilung läßt die Problematik von Frauen, die nicht von Dritten gezwungen werden, in einem anderen Land als Prostituierte zu arbeiten, unberücksichtigt; auch die Frage von Arbeitskräften für den Schwarzmarkt in anderen Wirtschaftszweigen in der EU wird nicht angesprochen."*[402]

Bei dieser Definition fällt auf, daß der ohnehin bereits verkürzte Blickwinkel der Mitteilung allein auf Frauenhandel mit dem Ziel sexueller Ausbeutung nochmals auf Frauenhandel in die Prostitution verengt wird. Damit fallen die Mail-Order-Brides und die Hausmädchen, die, wie oben dargestellt, nicht selten ebenfalls Opfer sexueller Ausbeutung werden, nicht unter die Definition der Europäischen Kommission. Weitere Schwächen der Definition sind

- die Ungenauigkeit, mit der die Einflußfaktoren beschrieben werden, die Frauen dazu bewegen, der Prostitution nachzugehen;
- daß nur Frauen unter die Definition fallen, die vor dem Frauenhandel nicht als Prostituierte tätig waren;
- daß unklar bleibt, ob Frauenhandel ohne Grenzüberschreitung, also innerhalb eines Landes, unter die Definition fällt.

Neu an dieser Definition ist, daß explizit die Einwilligung einer Frau zum Migrationsprozeß für die Frage, ob Frauenhandel vorliegt oder nicht, unbedeutend ist, weil auch im Laufe des Migrationsprozesses oder während des Aufenthaltes in dem fremden Land noch Umstände eintreten können, die Frauenhandel im Ergebnis vorliegen lassen. Diese Auffassung von Frauenhandel wurde von der Europäischen Kommission in ihrer neuesten Mitteilung über weitere Maßnahmen zur Bekämpfung des Frauenhandels noch einmal ausdrücklich hervorgehoben[403].

Insgesamt ist die Definition der Kommission aber ebenso wie die von der IOM entwickelte Definition eng an den Migrationsprozeß gekoppelt.

### 2.2.4 Definition des Ministerrates der Europäischen Union

Der Ministerrat der Europäischen Union hat am 24. Februar 1997 eine Gemeinsame Maßnahme betreffend die Bekämpfung des Menschenhandels und der

402 Mitteilung der Kommission an den Rat und das Europäische Parlament zum Thema Frauenhandel mit dem Ziel der sexuellen Ausbeutung, S. 5.

403 Mitteilung der Kommission an den Rat und das Europäische Parlament über weitere Maßnahmen zur Bekämpfung des Frauenhandels vom 9.12.1998, KOM (98) 726, S. 2.

sexuellen Ausbeutung von Kindern aufgrund von Art. K 3 des Vertrages über die Europäische Union angenommen[404]. Inhalt ist eine Verpflichtung der Mitgliedstaaten zur Überprüfung und gegebenenfalls Verbesserung der Strafverfolgung von Menschenhandelsdelikten sowie über den Ausbau der grenzüberschreitenden Zusammenarbeit zur Bekämpfung von Frauenhandel. In dieser Gemeinsamen Maßnahme ist der Begriff Menschenhandel ebenso wie der Begriff der sexuellen Ausbeutung für die Durchführung der Gemeinsamen Maßnahme definiert:

*„A (...)*
*i) unter Menschenhandel wird jegliche Handlung verstanden, die die Einreise in und die Durchreise durch das Hoheitsgebiet eines Mitgliedstaates, den Aufenthalt dort oder die Ausreise aus diesem Hoheitsgebiet zu den in Abschnitt B Buchstaben b) und d) genannten Zwecken erleichtert.(...)*
*B (...)*
*a) sexuelle Ausbeutung von Personen, die keine Kinder sind, zu Gewinnzwecken*
*unter Ausübung von Zwang, insbesondere Gewalt oder Drohungen, oder durch arglistige Täuschung oder*
*durch Mißbrauch einer Machtstellung oder durch sonstigen Druck in einer Weise, daß die betroffene Person keine echte und für sie annehmbare andere Wahl hat, als sich diesem Druck oder Mißbrauch zu beugen;*
*b) Handel mit Personen, die keine Kinder sind, zu Gewinnzwecken mit dem Ziel der sexuellen Ausbeutung unter den in a) genannten Bedingungen.*
*c) (...)*
*d) Handel mit Kindern mit dem Ziel ihrer sexuellen Ausbeutung oder ihres sexuellen Mißbrauchs.“* [405]

Die Gemeinsame Maßnahme wendet sich gegen Menschenhandel und nicht explizit gegen Frauenhandel. Wenn man davon ausgeht, daß nach der Gemeinsamen Maßnahme Frauenhandel dem Menschenhandel mit erwachsenden weiblichen Personen entspricht und aus der Gemeinsamen Maßnahme die einzelnen Bausteine unter A i) und B a) zu einer konsistenten Definition zusammenfügt, dann ergäbe sich die folgende Definition von Frauenhandel:

404 Rat der Europäischen Union: Gemeinsame Maßnahme vom 24. Februar 1997 - vom Rat aufgrund von Art. K. 3 des Vertrages über die Europäische Union angenommen - betreffend die Bekämpfung von Menschenhandel und der sexuellen Ausbeutung von Kindern, Amtsblatt Nr. L 063 vom 4.3.1997, S. 2.

405 Gemeinsame Maßnahme vom 24. Februar 1997, S. 2, Titel I.

Frauenhandel ist jegliche Handlung, die die Einreise in, Durchreise durch, Ausreise aus oder den Aufenthalt in dem Hoheitsgebiet eines Mitgliedstaates erleichtert, mit dem Ziel, Frauen zu Gewinnzwecken sexuell auszubeuten und zwar unter Ausübung von Zwang, insbesondere Gewalt und Drohung, arglistiger Täuschung, durch Mißbrauch einer Machtstellung oder durch sonstigen Druck in einer Weise, daß die betroffene Person keine echte für sie annehmbare andere Wahl hat, als sich diesem Druck oder Mißbrauch zu beugen.

Zusammenfassend ist Frauenhandel demnach die gewinnorientierte sexuelle Ausbeutung von Frauen unter Einsatz von Druckmitteln während eines Migrationsprozesses.

Auch in dieser Definition stellt der Migrationsprozeß ebenso wie in dem Entwurf der IOM[406] ein Kernelement dar. Ohne Migration und die Hilfe Dritter bei dieser Migration findet nach dieser Definition kein Frauenhandel statt. Ziel der Gemeinsamen Maßnahme ist die Bekämpfung von Kriminalität und illegaler Immigration und nicht der Schutz von Menschenrechten der betroffenen Frauen[407]. Das spiegelt sich auch in der Definition dessen, was bekämpft werden soll, wieder.

Nach dem Wortlaut müßten unter den vom Ministerrat verwendeten Begriff sowohl Sexarbeiterinnen als auch gehandelte Ehefrauen und Hausmädchen fallen, wenn es zu sexueller Ausbeutung gekommen ist. Ein charakterisierendes Element von Frauenhandel ist folglich die sexuelle Ausbeutung. Unter sexueller Ausbeutung wird in der gemeinsamen Maßnahme verstanden:

> *„A ii) unter „sexueller Ausbeutung" im Fall von Kindern werden folgende Handlungen verstanden:*
> *die Verleitung oder die Nötigung eines Kindes zur Beteiligung an rechtswidrigen sexuellen Handlungen;*
> *die Ausbeutung eines Kindes für die Prostitution oder andere rechtswidrige sexuelle Praktiken;*
> *die Ausbeutung eines Kindes für pornographische Darbietungen und Darstellungen (...);*
> *A iii) unter sexueller Ausbeutung im Fall von Erwachsenen wird zumindest die Ausbeutung von Erwachsenen für die Prostitution verstanden."*[408]

Diese Umschreibung des Begriffs sexuelle Ausbeutung ist insgesamt sehr auf die Ausbeutung von Sexarbeitern, Prostituierten, Pornografiedarstellern und

406 IOM, Wien 1996, S. 3, 4.

407 Brussa, Implications for NGO and GO strategies on Trafficking in Women, in Tagungsunterlagen der NOTRAF Steering Group Protocol, S. 14.

408 Gemeinsame Maßnahme vom 24. Februar 1997, S. 2, Titel I.

verbotenen sexuellen Praktiken ausgerichtet. Auch wenn eine Erweiterung auf andere Personen als Prostituierte in A iii) mit der Formulierung „zumindest" an sich zulässig wäre, zielt die Maßnahme doch auf die Bekämpfung von Menschenhandel in die Sexarbeit ab.

Neu an der Definition in der Gemeinsamen Maßnahme ist die detaillierte und abschließende Auflistung der Druckmittel, denen die Opfer von Frauenhandel ausgesetzt sind.

### 2.2.5 Definition des Verhaltenskodexes der Ministerkonferenz in Den Haag

Unter der EU-Präsidentschaft der Niederlande fand im April 1997 eine gemeinsame Ministerkonferenz der Sozial- und Arbeitsminister sowie der für Gleichstellungsfragen zuständigen Minister und Ministerinnen der Europäischen Union in Den Haag statt. Auf dieser Konferenz wurde eine gemeinsame Erklärung der Ministerkonferenz zu europäischen Leitlinien für wirksame Maßnahmen zur Verhinderung und Bekämpfung des Frauenhandels zum Zweck sexueller Ausbeutung[409] verabschiedet. In der Erklärung wird der seit der Konferenz in Wien von der IOM entwickelte Frauenhandelsbegriff aufgegriffen:

> *„Der Begriff Frauenhandel [bezieht sich] auf jegliches Verhalten, das die legale oder illegale Einreise in, den Transit durch, den Aufenthalt in oder die Ausreise aus dem Staatsgebiet eines Landes von Frauen zum Zweck der gewinnbringenden sexuellen Ausbeutung erleichtert, und zwar mittels Nötigung, insbesondere Gewalt oder Drohungen, oder Täuschung, Autoritätsmißbrauch oder sonstiger Formen von Zwang dergestalt, daß die Person keine reale und zumutbare Alternative hat, als sich dem ausgeübten Zwang oder Mißbrauch zu unterwerfen."*[410]

Diese Definition entspricht inhaltlich, wie oben[411] herausgearbeitet, dem in der gemeinsamen Maßnahme des Ministerrates verwandten Begriff von Frauenhandel. Der einzige Unterschied besteht darin, daß die Gemeinsame Maßnahme sich mit Menschenhandel insgesamt beschäftigt und daher bei konsequenter Anwendung der Begrifflichkeiten Frauenhandel überhaupt nur zum Zweck der sexuellen Ausbeutung existiert, wohingegen die Erklärung der Ministerkonferenz sich von vornherein nur mit diesem Ausschnitt des Gesamtphänomens

409 Erklärung der Ministerkonferenz in Den Haag zu europäischen Leitlinien für wirksame Maßnahmen zur Verhinderung und Bekämpfung des Frauenhandels zum Zweck der sexuellen Ausbeutung, vom 26.4.1997, DCE/97 -429.

410 Erklärung der Ministerkonferenz in Den Haag, I S. 3.

411 Siehe unter 2.2.4, S. 97 f.

beschäftigt und daher nicht ausschließt, daß es auch Frauenhandel zu anderen Zwecken als zur sexuellen Ausbeutung geben kann.

Kernelemente der Definition sind Erleichterung von Migration zum Zweck gewinnbringender sexueller Ausbeutung unter Einsatz von Druckmitteln. Ohne Migration liegt Frauenhandel auch nach der Erklärung der Ministerkonferenz nicht vor.

Hinsichtlich der Beschreibung der Druck- und Zwangsmittel ist diese Definition präziser als die vorangehende aus der Gemeinsamen Maßnahme:

- Nötigung, insbesondere Gewalt oder Drohung,
- Täuschung,
- Autoritätsmißbrauch oder
- sonstige Formen von Zwang dergestalt, daß die Person keine reale zumutbare Alternative hat, als sich dem ausgeübten Zwang oder Mißbrauch zu unterwerfen,

stellen die illegitimen Einflußfaktoren dar, denen Opfer von Frauenhandel ausgesetzt gewesen sein müssen.

### 2.2.6 Definition des Regierungskomitees der Europäischen Sozialcharta

Die dargestellte Definition der Ministerkonferenz in Den Haag hat sich auf europäischer Ebene bisher nicht durchsetzen können. In einer Antwort auf einen Fragebogen über die Bekämpfung des Frauenhandels und der Zwangsprostitution definiert das Regierungskomitee der Europäischen Sozialcharta am 12.5.1997 Frauenhandel geringfügig abweichend von der auf EU-Niveau verwandten Definition als:

> *„Jedes Verhalten, das die legale oder illegale Einreise, Durchreise, Aufenthalt oder Ausreise aus einem Land von Menschen zu Zwecken der sexuellen Ausbeutung mittels Zwangsmaßnahmen begünstigt, insbesondere durch Gewalt, Bedrohung, Irreführung, Machtmißbrauch oder sonstige Druckmittel, und zwar dergestalt, daß der betreffenden Person keine andere realistische oder annehmbare Wahl bleibt, als sich dem ausgeübten Druck oder Mißbrauch zu unterwerfen.“*[412]

Im Vergleich zur Definition der Ministerkonferenz in Den Haag finden sich in dieser Begriffsbestimmung einige redaktionelle Veränderungen vor allem hinsichtlich der Bestimmung der Zwangsmaßnahmen oder Druckmittel, die jedoch nicht zu inhaltlichen Unterschieden führen.

412 Antwort des Regierungskomitees der Europäischen Sozialcharta auf den Fragebogen über die Bekämpfung des Frauenhandels und der Zwangsprostitution, vom 12.5.1997, Üb. Nr. 344/97, Nr. II Begriffsbestimmung.

Inhaltliche Abweichungen gegenüber der Erklärung der Ministerkonferenz in Den Haag ergeben sich aus dem Wegfall des Merkmals „gewinnbringend". Damit begeht auch derjenige Frauenhandel, der selbst nicht an der Migration der Opfer verdient. Dies stellt im Hinblick darauf, daß eine beträchtliche Anzahl von Frauen mit der Hilfe von Freunden und Bekannten migriert, eine wesentliche Unterscheidung dar. Diese Erscheinungen fallen nach dem Begriff des Regierungskomitees der Sozialcharta ebenfalls unter Frauenhandel.

Inkonsequent ist der Begriff des Regierungskomitees insofern, als daß ausdrücklich Frauenhandel definiert wird und im Text der Begriffsbestimmung dann aber von Personen und nicht von Frauen gesprochen wird.

### 2.2.7 Definition des Europarates

In ihrer Empfehlung 1325 aus 1997[413] verwendet die parlamentarische Versammlung des Europarates eine Definition des Begriffs Frauenhandel, die nicht auf die dargestellte Entwicklung in der Europäischen Union zurückgeht:

> *„Die Versammlung definiert Frauenhandel und Zwangsprostitution als jeden legalen oder illegalen Transport von Frauen und/oder Handel mit ihnen, mit oder ohne ihre anfängliche Einwilligung, zu wirtschaftlichen Zwekken mit dem Ziel der Zwangsprostitution, Zwangsheirat oder anderer Formen der erzwungenen sexuellen Ausbeutung. Der Einsatz von Zwang kann dabei physisch, sexualisiert oder psychisch sein und schließt Nötigung, Vergewaltigung, Mißbrauch einer Machtstellung oder einer Abhängigkeitssituation mit ein."*[414]

Anders als die Europäische Union setzt der Europarat damit nicht notwendigerweise einen Grenzübertritt voraus, sondern den Transport von Frauen und/oder den wirtschaftlichen Handel mit ihnen. Kernelement ist also eine menschenunwürdige und degradierende Behandlung[415] von Frauen, die im Zusammenhang mit bestimmten Handlungen, nämlich Transport und wirtschaftlichem Handel[416] mit Frauen, vorkommt. Der Europarat betrachtet Frau-

413 Recommendation 1325 (1997) der parlamentarischen Versammlung des Europarates on Traffic in Women and Forced Prostitution in Council of Europe Member States, vom 23.4.1997.

414 Empfehlung des Europarates von 1997, Nr. 2.; übersetzt von englischer Fassung: *„The Assembly defines traffic in women and forced prostitution as any legal or illegal transport of women and/or trade with them, with or without their initial consent, for economic gain, with the purpose of subsequent forced prostitution, forced marriage, or other forms of forced sexual exploitation. The use of force may be physical, sexual and/or psychological, and includes intimidation, rape, abuse of authority or a situation of dependence."*

415 So auch in Nr. 3 der Empfehlung des Europarates von 1997.

416 Englisch trade.

enhandel also als ein Problem von Menschenrechtsverletzungen und weniger als ein Problem von illegaler Migration. Leider verwendet er bei der Definition von Frauenhandel *(„trafficking in women“)* den Begriff Handel *(„trade“)*, ohne dies näher zu erläutern. Im Zusammenhang mit dem zusätzlichen Kriterium „zu wirtschaftlichen Zwecken“ ist aber davon auszugehen, daß mit „Handel“ im Sinne der Definition ein wirtschaftlich orientierter Handel mit Frauen, als wären sie Waren, gemeint ist.

Nach dieser Begriffsbestimmung kann Frauenhandel auch bei Handel mit Ehefrauen und Arbeitskräften vorliegen, wenn Zwang eingesetzt wird. Die anfängliche Einwilligung ist ebenfalls unerheblich, so daß auch diejenigen Opfer, die sich wissentlich in den Prozeß des Transports oder des Handels zum Zweck der Prostitution, der Heirat oder der anderen Formen begeben haben und erst im Laufe des Prozesses einem Zwang ausgesetzt sind, ebenfalls von Frauenhandel betroffen sind.

Andererseits sind die Druckmittel, denen die Frauen ausgesetzt sind, nach dem Begriff des Europarates auf den Einsatz von Zwang, welcher wiederum sehr weit definiert wird, begrenzt. Täuschung oder Irreführung fehlen in der Aufzählung der Frauenhandel charakterisierenden willensbeeinträchtigenden Maßnahmen.

### 2.2.8 Zusammenfassung der Begriffsentwicklung auf europäischer Ebene

Nach alledem stehen sich auf europäischer Ebene letztlich noch zwei Begriffe gegenüber, einerseits die Definition der Erklärung der Ministerkonferenz in Den Haag[417] als vorläufiger Abschluß einer Begriffsentwicklung in der Europäischen Union und andererseits die Definition des Europarates[418].

Der auf Ebene der Europäischen Union entwickelte Begriff findet sich in Dokumenten wieder, die sich in erster Linie mit Verbrechensbekämpfung und der Bekämpfung illegaler Migration beschäftigen und in denen die Rechte der Opfer von Frauenhandel vor allem im Zusammenhang mit für die Bekämpfung des Deliktes Frauenhandel benötigten Zeugen- und Zeuginnenaussagen vorkommen. Es ist daher konsequent, daß eines der drei Kernelemente der Definition die Migration als legale oder illegale Einreise in, Transit durch, Aufenthalt in oder Ausreise aus dem Staatsgebiet eines Mitgliedstaates darstellt.

417 Erklärung der Ministerkonferenz in Den Haag, Nr. I.

418 Empfehlung des Europarates von 1997, Nr. 2.

Demgegenüber ist der entsprechende Anknüpfungspunkt in der Definition des Europarates Transport oder Handel[419] mit Frauen zu bestimmten Zwecken, so daß dieser Begriff nicht in erster Linie migrationsorientiert ist.

Die Definition in der europäischen Union bezieht sich nur auf Frauenhandel zum Zweck der sexuellen Ausbeutung, der Begriff des Europarates darüber hinaus auch auf Zwangsheirat. Klar ist jedenfalls, daß Frauenhandel nach beiden Definitionen auch jenseits von Prostitution vorkommen kann und daß die Frage der anfänglichen Zustimmung der Frauen keine Rolle spielt.

Die in den beiden Definitionen aufgeführten illegitimen Einflußfaktoren, welchen die Opfer von Frauenhandel ausgesetzt sind, unterscheiden sich inhaltlich nicht wesentlich. Allein die Täuschung fehlt in der Begriffsbestimmung des Europarates, wobei es sich auch um ein redaktionelles Versehen handeln kann.

Nach den vorliegenden Definitionen stellt Frauenhandel im Ergebnis notwendigerweise ein gewinnorientiertes Vorgehen dar. Der in der Erklärung der Ministerkonferenz vorgestellte Begriff von Frauenhandel enthält ausdrücklich das Merkmal *„gewinnbringende sexuelle Ausbeutung"*, ob sich dies auf Ebene der Europäischen Union durchsetzt, ist jedoch noch nicht klar, zumal das Merkmal der Gewinnorientierung ansonsten in der Erklärung kein besonderes Gewicht hat[420]. In die Definition des Europarates ist das Merkmal *„zu wirtschaftlichen Zwecken"* ebenfalls aufgenommen worden. Aber auch hier gilt, daß dieses Merkmal in der Empfehlung sonst keine weitere Rolle spielt.

## 2.3 Definitionen der internationalen Staatengemeinschaft

### 2.3.1 Historische Entwicklung in internationalen Abkommen

Die ersten internationalen Konferenzen zum Thema Verhinderung des Frauen- und Mädchenhandels fanden bereits Ende des 19. Jahrhunderts statt[421]. Als Ergebnis dieser Aktivitäten kam es am 18.5.1904 in Paris zu einem ersten internationalen Abkommen, dem Abkommen über Verwaltungsmaßregeln zur Gewährung wirksamen Schutzes gegen den Mädchenhandel, welches für das Deutsche Reich 1905 in Kraft trat[422]. Lange Jahre blieb dieses Abkommen

419 Englisch trade.

420 Die Erklärung der Ministerkonferenz in Den Haag enthält in ihrem Maßnahmenkatalog beispielsweise keine Maßnahmen zur Abschöpfung der erzielten Gewinne.

421 Wijers/Lap-Chew, S. 20.

422 Abkommen zwischen dem Deutschen Reiche und anderen Staaten über Verwaltungsmaßregeln zur Gewährung wirksamen Schutzes gegen den Mädchenhandel, RGBl. 1905, S. 695 ff.

Grundlage der internationalen Debatte über den Mädchenhandel und wurde insgesamt von 75 Staaten ratifiziert[423]. Das Abkommen wendet sich in seiner Präambel *„gegen das unter dem Namen Mädchenhandel bekannte verbrecherische Geschäftstreiben"*[424] mit dem Ziel, *„volljährigen Frauenspersonen, die getäuscht oder genötigt wurden, sowie minderjährigen Frauen und Mädchen wirksamen Schutz zu gewähren"*[425]. Das Abkommen enthält verschiedene Maßnahmen der Verwaltung zur Bekämpfung des Mädchenhandels unter anderem die Einrichtung einer Behörde zur Sammlung aller Daten *„über die Anwerbung von Frauen und Mädchen zu Zwecken der Unzucht im Ausland"*[426]. Aus dem gesamtem Abkommen spricht demzufolge ein Verständnis des Begriffs Mädchenhandel als ein kriminelles Anwerben zum Zweck der Unzucht von Mädchen und Frauen bei dem die Täter Gewinnabsichten verfolgen[427].

Nach damaliger Sicht war Mädchenhandel untrennbar mit Prostitution verknüpft und der Schwerpunkt der verwerflichen Handlung lag beim Anwerben der Opfer[428]. Die Ausbeutung von bereits tätigen Prostituierten fällt nicht unter den Begriff des Mädchenhandels nach diesem Abkommen. Mädchenhandel liegt außerdem nur dann vor, wenn Minderjährige in die Prostitution angeworben wurden oder aber erwachsene Frauen entweder genötigt oder getäuscht werden. Für Minderjährige liegt Mädchenhandel also auch vor, wenn er mit Einverständnis der Opfer geschieht, bei Erwachsenen Frauen muß eine Täuschung oder Nötigung hinzutreten.

Das Abkommen von 1904 wird 1910 von einem weiteren Übereinkommen ergänzt, das im Laufe der Jahre von annähernd ebenso vielen Staaten ratifiziert wurde[429], dem internationalen Übereinkommen zur Bekämpfung des Mädchenhandels[430]. In diesem Abkommen wird noch deutlicher, daß Mädchenhandel nach dem damaligen Verständnis vor allem im Zusammenhang mit der Anwerbung von Prostituierten im Ausland stattfand. Auch wenn das Festhalten von Frauen in einem Bordell ebenso verwerflich sein kann, so ist es dennoch aus-

423 Fundstellennachweis B des BGBl, S. 188 ff.

424 Abkommen zum Schutz gegen Menschenhandel von 1904, RGBl. 1905, S. 695.

425 Abkommen zum Schutz gegen Menschenhandel von 1904, RGBl. 1905, S. 696.

426 Abkommen zum Schutz gegen Menschenhandel von 1904, RGBl. 1905, S. 698.

427 Vgl. zur Entstehungsgeschichte und Hintergrund, Leue, S. 9.

428 Barry, Prostitution of Sexuality, S. 7.

429 Nach Fundstellennachweis B des BGBl, S. 194, wurde das internationale Übereinkommen zur Bekämpfung des Mädchenhandels vom 4.5.1910 bis 1961 von insgesamt 69 Staaten ratifiziert. Im Vergleich zu dem Abkommen von 1904 ratifizierten dieses Abkommen nicht: Island, Nigeria, Russische Föderation, ehemalige Sowjetunion, Vereinigte Staaten von Amerika.

430 Internationales Übereinkommen zur Bekämpfung des Mädchenhandels, RGBl. 1913, S. 31 ff.

drücklich nicht Bestandteil des Übereinkommens[431]. Es enthält in erster Linie die Verpflichtung der Staaten, das Delikt Mädchenhandel strafrechtlich zu verfolgen[432]. Nach dem Übereinkommen von 1910 begeht Mädchenhandel:

*„Wer, um der Unzucht eines anderen Vorschub zu leisten,*

- *eine minderjährige Frau oder ein minderjähriges Mädchen, selbst mit deren Einwilligung*[433],
- *eine volljährige Frau oder ein volljähriges Mädchen durch Täuschung oder mittels Gewalt, Drohung Mißbrauchs des Ansehens oder durch irgendein anderes Zwangsmittel*[434]
- *zu unsittlichem Zweck anwirbt, verschleppt oder entführt (...), auch wenn die einzelnen Taten, welche die Merkmale der strafbaren Handlung bilden, auf verschiedene Länder entfallen.“*

Bis auf die Tatsache, daß Mädchenhandel nach dieser Definition auch innerhalb der Staatsgrenzen stattfinden kann, entspricht dieser Begriff dem der Konvention von 1904 zugrunde liegendem Verständnis von Mädchenhandel.

Dieser Begriff wurde dann 1921 durch die internationale Übereinkunft zur Unterdrückung des Frauen- und Kinderhandels[435] erweitert auf den Handel mit Jungen[436]. Die internationale Übereinkunft von 1921 wurde ebenso weit wie die beiden Vorgängerübereinkommen ratifiziert[437]. Zusammen bildeten die drei Konvention von 1904, 1910 und 1921 bis zur Ratifizierung des Nachfolgeabkommens von 1949 die Grundlage der Bekämpfung des Frauen- und Kinderhandels auf internationaler Ebene.

1933 wurde die Definition des Straftatbestandes durch die internationale Konvention zur Unterdrückung des Handels mit volljährigen Frauen[438] dahin-

431 Übereinkommen gegen Mädchenhandel von 1910, RGBl. 1913, S. 42.

432 Übereinkommen gegen Mädchenhandel von 1910, RGBl. 1913, S. 32 Art. 1 und 2; vgl. zur Entstehungsgeschichte, Laue S. 9 f.

433 Übereinkommen gegen Mädchenhandel von 1910, RGBl. 1913, S. 32 Art. 1.

434 Übereinkommen gegen Mädchenhandel von 1910, RGBl. 1913, S. 32 Art. 2.

435 Internationale Übereinkunft zur Unterdrückung des Frauen- und Kinderhandels, RGBl. 1924 II, S. 180 ff.

436 RGBl. 1924 II, S. 189.

437 Nach Fundstellennachweis B des BGBl, S. 203, wurde die internationale Übereinkunft zur Unterdrückung des Frauen- und Kinderhandels vom 30.9.1921 bis 1961 von insgesamt 73 Staaten ratifiziert. Im Vergleich zu dem Abkommen von 1904 ratifizierten dieses Abkommen nicht: Island, Niger, Nigeria, Senegal, Sri Lanka, Vereinigte Staaten von Amerika, Zentralafrikanische Republik.
Im Vergleich zu dem Abkommen von 1904 ratifizierten dieses Abkommen außerdem: Afghanistan, Albanien, Belarus, Libyen, Mazedonien, Peru, Philippinen, Rumänien, Syrien.

438 International Convention for the suppression of the Traffic in Women of full age, Genf

gehend modifiziert, daß nach dieser Konvention jeder bestraft werden sollte, der, *„um die Leidenschaften einer dritten Person zu befriedigen, eine Frau oder ein volljähriges Mädchen auch mit ihrer Einwilligung zu unmoralische Zwecken in ein anders Land vermittelt, angeworben oder verbracht hat.“*[439] In dieser Konvention wird auf das Merkmal des Zwanges nunmehr auch für volljährige Opfer von Frauenhandel verzichtet. Außerdem sollen auch der Versuch des Deliktes sowie andere vorbereitende Handlungen bestraft werden[440]. Diese Konvention von 1933 ist nur von 37 Staaten unterzeichnet worden[441]. Deutschland gehört nicht zu den Unterzeichnerstaaten. Letztlich hat sich diese weite und moralisierende Definition, die als Kernelemente die Befriedigung der Leidenschaften eines Dritten und das Verbringen in ein anderes Land zu unmoralischen Zwecken hat, nicht durchsetzen können.

### 2.3.2 Definition in der Konvention von 1949 gegen Frauenhandel

Nach Gründung der Vereinten Nationen wurde dem Generalsekretär die Verwaltung und Überwachung der Konventionen von 1904, 1910, 1921 und 1933 durch Zusatzprotokoll übertragen[442]. Im Zuge der Aufgabenübernahme durch die Vereinten Nationen verabschiedete die Generalversammlung eine Resolution zur Unterdrückung des Menschenhandels und der Ausbeutung von Prostituierten[443]. Diese Resolution wurde am 21.3.50 zur Unterzeichnung als Konvention ausgelegt und bis heute von 71 Staaten angenommen. Die Bundesrepublik Deutschland ist der Konvention nicht beigetreten, wohl aber die ehemalige DDR[444]. Die Bundesrepublik Deutschland hat sich bis heute einer Unterzeichnung dieser Konvention widersetzt, weil die Konvention neben der Bekämpfung

11.10.1933, League of Nations No 3476, Bd. 50 S. 431 ff.

439 Konvention gegen Frauenhandel von 1933, League of Nations Bd. 50, S. 437, 1. Artikel, 1. Absatz.

440 Konvention gegen Frauenhandel von 1933, League of Nations Bd.50, S. 437, 1. Artikel, 2. Absatz.

441 Multilateral Treaties deposited with the Secretary General, Status as at 31st Dec. 1996, S. 316.

442 Protokoll zur Änderung des am 18.5.1904 in Paris unterzeichneten Internationalen Übereinkommens zur Gewährung wirksamen Schutzes gegen den Mädchenhandel und des am 4.5.1910 in Paris unterzeichneten Internationalen Übereinkommens zur Bekämpfung des Mädchenhandels, BGBl. 1992 Teil II, 1075 ff.; Protokoll zur Änderung der am 30.9.21 in Genf geschlossenen Übereinkunft zur Unterdrückung des Frauen- und Kinderhandels und des am 11.10.1933 in Genf geschlossenen Übereinkommens zur Unterdrückung des Handels mit volljährigen Frauen, BGBl. 1992 Teil II, 1081 ff.

443 Text der späteren 1949er Konvention gegen den Menschenhandel Resolution 317 IV vom 2.12.49, (A/125 and Corr 1 und 2).

444 Multilateral Treaties deposited with the Secretary General, Status as at 31st Dec. 1996, S. 324.

von Frauenhandel auch die Bekämpfung von Prostitution selbst anstrebt. Eine Ratifizierung des Übereinkommens würde die Bundesrepublik verpflichten, beispielsweise jede Vermietung oder Bereitstellung von Räumen zum Zweck der Prostitution unter Strafe zu stellen. Mit dem kriminalpolitischen Konzept der Bundesrepublik Deutschland, nach dem nicht die Prostituierten selbst, sondern deren Ausbeutung zu bekämpfen sei, ist die Ratifizierung des Übereinkommens daher nicht vereinbar[445]. Die Konvention von 1979 ist international noch heute die Grundlage für die Bekämpfung des Frauenhandels auf Ebene der Vereinten Nationen, auch wenn sich in den letzten 5-10 Jahren andere Organe der internationalen Gemeinschaft abermals des Themas angenommen haben[446].

Die Konvention zur Unterdrückung des Menschenhandels und der Ausbeutung von Prostituierten[447] stellt bereits im ersten Satz ihrer Präambel die Prostitution als unvereinbar mit der Menschenwürde und Menschenhandel als ein die Prostitution begleitendes Übel hin[448]. Die gesamte Konvention ist von dieser Ablehnung der Prostitution geprägt[449]. Infolgedessen überrascht es nicht, daß Menschenhandel in der Konvention begrifflich auf den Handel in die Prostitution begrenzt ist. Da Prostitution selbst das Übel darstellt, kommt es nicht mehr darauf an, ob die betroffene Person freiwillig der Prostitution nachgeht oder nicht.

Die Konvention hat vor allem zum Ziel, Menschenhandel und die Ausbeutung von Prostitution in den Unterzeichnerstaaten unter Strafe zu stellen. Bestraft werden soll, wer,

„... *um die Leidenschaften einer anderen zu befriedigen:*
*eine andere Person, auch mit Zustimmung jener Person, zum Zweck der Prostitution beschafft, sie zur Prostitution verführt oder verleitet; die Prostitution einer anderen Person, auch mit Zustimmung jener Person, ausnutzt.* “[450]

445 Stellungnahme der Bundesregierung in BT- Drs 11/3580, S. 14.

446 Siehe vor allem: Sonderberichterstatterin der UNO zur Bekämpfung der Gewalt gegen Frauen 1. bis 3. Bericht, A/RES/48/104 vom 23.2.1995; E/CN.4/53 vom 5.2.1996, E/CN.4/1997/47 vom 12.2.1997; 4. Weltfrauenkonferenz in Peking, A/Conf.177/20 vom 17.10.1995; Bericht des Generalsekretärs zum Thema Frauenhandel, E/CN.4/Sub.2/1995/28/add.1 vom 13.6.1995.

447 Konvention zur Unterdrückung des Menschenhandels und der Ausbeutung von Prostituierten, vom 21.3.50, abgedruckt in Fastenrath/Simma S. 136 ff. (bekannt unter 1949er Konvention gegen den Menschenhandel).

448 Konvention zur Unterdrückung des Menschenhandels und der Ausbeutung von Prostituierten, vom 21.3.50, abgedruckt in Fastenrath/Simma S. 136 ff., Präambel 1. Satz.

449 Steinke, Kriminalistik 1992, S. 649; Schroeder, JR 1977, S. 357; Miebach, NStZ 1997, S. 180.

450 Konvention zur Unterdrückung des Menschenhandels und der Ausbeutung von Prostituierten, Fastenrath/Simma, S. 136, 135 Art. 1.

Damit schließt diese 1949er Konvention direkt an die Definition in der Konvention von 1933[451] an. Menschenhandel findet bei der Anwerbung zum Zweck der Prostitution statt und liegt unabhängig davon vor, ob die Opfer einem wie auch immer gearteten Zwang ausgesetzt waren. Rein sprachlich ist die in dieser Konvention verwandte Definition des Deliktes zwar etwas weniger moralisierend als der 1933 entwickelte Begriff, allerdings ist zu berücksichtigen, daß hier Prostitution selbst bereits in der Präambel als Übel bezeichnet wurde und daher eine weitere Moralisierung nicht mehr notwendig war.

Die Konventionen von 1949 schließt sich direkt an die nach wie vor gültigen Vorgängerkonventionen von 1904, 1910, 1921 und 1933 an[452]. Im Zusammenhang mit diesen gelesen, findet Menschenhandel folglich vor allem beim Verbringen des Opfers in ein anderes Land statt. Aus der 1949er Konvention selber ergibt sich dieser notwendige Auslandsbezug jedoch nicht.

Dieses Verständnis von Frauenhandel ist, obwohl bereits Anfang des 20. Jahrhunderts entwickelt, nach wie vor aktuell in der internationalen Staatengemeinschaft[453].

### 2.3.3 Weltfrauenkonferenzen in Nairobi 1985 und Peking 1995

Frauenhandel und Zwangsprostitution wurden auch auf den beiden großen Weltfrauenkonferenzen in Nairobi 1985 und Peking 1995 diskutiert. In der Debatte prallten die beiden divergierenden Positionen der neoabolitionistischen Bewegung mit der Prostituiertenrechtsbewegung aufeinander[454]. Es konnte dennoch jeweils eine gemeinsam Position auf den Weltfrauenkonferenzen zu dem Thema erarbeitet und in den Abschlußdokumenten[455] veröffentlicht werden.

451 Konvention gegen Frauenhandel von 1933, League of Nations, Bd. 50, S. 431 ff., Art. 1 und 2.

452 Konvention zur Unterdrückung des Menschenhandels und der Ausbeutung von Prostituierten, Fastenrath/Simma, S. 136, Präambel.

453 Bezug auf die Konvention nehmen z.B.: Draft Programme of Action on the Traffic in Persons and the Exploitation of the Prostitution of Others, vom 13. Juni 1995, E/CN.4/Sub.2/1995/28/add. 1 in Report of the Working Group on Contemporary Forms of Slavery; Sonderberichterstatterin der UNO zur Bekämpfung der Gewalt gegen Frauen 1. bis 3. Bericht, A/RES/48/104 vom 23.2.1995; E/CN.4/53 vom 5.2.1996, E/CN.4/1997/47 vom 12.2.1997; 4. Weltfrauenkonferenz in Peking, A/Conf.177/20 vom 17.10.1995; Bericht des Generalsekretärs zum Thema Frauenhandel, E/CN.4/Sub.2/1995/28/add.1 vom 13.6.1995.

454 Zu den Positionen der Neoabolutionistinnen und der Prostituiertenrechtsbewegung siehe unter 1.1.1, S. 38 ff.

455 Nairobi Abschlußdokument, Ziffer 290 und 291; Erklärung und Aktionsplattform von Peking, Ziffer 225.

Dem Abschlußdokument von Nairobi liegt ein Verständnis des Begriffs Frauenhandel zugrunde, nach welchem Frauenhandel und Zwangsprostitution gleichzusetzen sind. Das ergibt sich zum einen daraus, daß beide Begriffe synonym verwandt werden, und zum anderen daraus, daß in Ziffer 291 des Abschlußdokumentes die Vertragsstaaten sich ausdrücklich dazu bekennen, die Bestimmungen der 1949er Konvention zur Unterdrückung von Menschenhandel und der Ausbeutung von Prostitution anzuwenden.

Demgegenüber kann der 10 Jahre jüngeren Aktionsplattform von Peking bereits ein verändertes Verständnis des Begriffs Frauenhandel entnommen werden, denn aus den in der Aktionsplattform vorgeschlagenen Maßnahmen gegen Frauenhandel ergibt sich, daß die Regierungen sich verpflichten, die ursächlichen Faktoren für Zwangsheirat, Zwangsarbeit, Prostitution und andere Formen des Sexgewerbes zu ermitteln und so den Frauen- und Mädchenhandel zu bekämpfen[456]. Hier stehen Prostitution, Zwangsheirat und Zwangsarbeit nebeneinander. Damit ist die in dem Abschlußdokument von Nairobi noch zwingende Verknüpfung von Frauenhandel und Prostitution aufgelöst. Außerdem zeichnet sich ab, daß das Zwangselement als Voraussetzung für das Vorliegen von Frauenhandel quasi zurückkehrt[457] wie noch in den allerersten Konventionen gegen Frauenhandel zu Beginn des 20. Jahrhunderts.

### 2.3.4 Jüngere Konventionen und Erklärungen in den Vereinten Nationen

Inzwischen sind seit Anfang der 90er Jahre auf der Ebene der Vereinten Nationen angesichts des wachsenden internationalen Frauenhandels mehrere Erklärungen zu dem Thema verabschiedet oder aber Frauenhandel in anderen Erklärung am Rande mit behandelt worden. Hinter den jüngeren Konventionen und Erklärungen auf Ebene der Vereinten Nationen steht mittlerweile jedoch ein anderes Verständnis des Begriffes Frauenhandel und damit zusammenhängend wohl auch der Prostitution, wie sich aus dem Folgenden ergibt.

#### 2.3.4.1 Konvention für die Beseitigung aller Formen der Diskriminierung der Frau

In dem Übereinkommen zur Beseitigung jeder Form von Diskriminierung der Frau von 1979[458] findet sich zwar keine explizite Definition von Frauenhandel.

456 Aktionsplattform von Peking, Ziffer 130 b.

457 Gemeint ist auf internationaler Konferenzebene im Anschluß an die Konventionen von 1904, 1910 und 1921.

458 CEDAW; Übereinkommen zur Beseitigung jeder Form der Diskriminierung der Frau BGBl. 1985 Teil II, S. 648 ff., abgedruckt in Fastenrath/Simma S. 194 ff.

Nach Art. 6 des Antidiskriminierungsabkommens verpflichten sich die Vertragsstaaten des Übereinkommens jedoch, *„alle geeigneten Maßnahmen zur Bekämpfung (...) aller Formen des Frauenhandels und der Ausbeutung der Prostitution"* zu treffen. Aus dieser Formulierung läßt sich für den dem Abkommen zugrunde liegenden Begriff des Frauenhandels zweierlei entnehmen. Zum einen geht das Übereinkommen offensichtlich davon aus, daß über den Handel von Frauen in die Prostitution hinaus noch andere Formen von Frauenhandel existieren. Sonst hätte die Verknüpfung mit und in der Aufzählung keine inhaltliche Bewandtnis. Zum zweiten wendet sich das Übereinkommen gegen die Ausbeutung der Prostitution und nicht gegen Prostitution selbst, sieht also die Ausübung von Prostitution als solches nicht notwendig als menschenunwürdig an.

### 2.3.4.2 Erklärung der Generalversammlung über die Beseitigung der Gewalt gegen Frauen

Im Februar 1994 hat die Generalversammlung der Vereinten Nationen in ihrer Erklärung über die Beseitigung der Gewalt gegen Frauen[459] ausgesprochen, daß sie Frauenhandel und Zwangsprostitution unter den Begriff der Gewalt im Sinne der Erklärung und zwar insbesondere der körperlichen sexuellen und psychologischen Gewalt faßt[460]. Das bedeutet für die Begriffsdefinition, daß auch die Vereinten Nationen, namentlich die Generalversammlung, unter Frauenhandel ein Phänomen versteht, das a) von dem Begriff Zwangsprostitution verschieden ist, demzufolge also auch andere Formen von Frauenhandel existieren, und für das b) Gewalt und gewaltähnliche Verhältnisse kennzeichnend sind.

### 2.3.4.3 Äußerungen der Generalversammlung und des Generalsekretärs zum Thema Frauenhandel

Die Generalversammlung der Vereinten Nationen nahm im Dezember 1994 eine Resolution zum Thema Handel mit Frauen und Mädchen[461] an. Darin wird

> *„die unerlaubte und heimliche Bewegung von Personen mit Überschreitung nationaler und internationaler Grenzen, zu meist aus sich entwickelnden oder Entwicklungsländern, mit dem Endziel Frauen und Mädchen in sexuell*

459 Erklärung über die Beseitigung der Gewalt gegen Frauen, Resolution 48/104 der Generalversammlung der Vereinten Nationen, A/RES/48/104 vom 23.2.1994, S. 31 f.; abgedruckt in Bundeszentrale für politische Bildung, Menschenrechte, S. 149 ff.

460 Erklärung über die Beseitigung der Gewalt gegen Frauen, Art. 2 b, Bundeszentrale für politische Bildung, Menschenrechte, S. 152.

461 Resolution der Generalversammlung der Vereinten Nationen „Traffic in Women and Girls"; vom 23.12.1994; A/RES/49/166.

*oder wirtschaftlich unterdrückte oder ausgebeutete Verhältnisse zu verbringen, für den Gewinn der Anwerber, Händler und krimineller Syndikate ebenso wie andere kriminelle Aktivitäten, die mit Frauenhandel verwandt sind wie Zwangsarbeit, Heiratshandel, verborgene Beschäftigung und falsche Adoption"* [462]

verdammt.

Daraus ergibt sich zum einen, daß die Generalversammlung die Bereiche Heiratshandel und Handel mit sonstigen Arbeitskräften als verwandte Formen des Frauenhandels ansieht, aber eben nicht unter den Begriff faßt. Die kennzeichnenden Elemente des Begriffsverständnisses in dieser Resolution sind folglich die sexuelle, wirtschaftliche und sonstige Ausbeutung und Unterdrükkung von Frauen (und Mädchen) zum Zweck des Profites einzelner anderer. Dabei tritt Frauenhandel im Zusammenhang mit unerlaubten Grenzübertritten vor allem aus sich entwickelnden und Entwicklungsländern auf. Ohne eine explizite Definition vorzunehmen, bezieht sich die Resolution der Generalversammlung folglich auf drei Merkmale von Frauenhandel: Ausbeutung der Opfer, Profite der Händler oder anderer Dritter, illegaler Grenzübertritt.

Ausgehend von der 1994er Resolution 49/166 forderte die Generalversammlung den Generalsekretär in ihrer nächsten 50. Sitzung zu einem Bericht zum Thema Handel mit Frauen und Mädchen auf[463]. In diesem Bericht ruft der Generalsekretär schließlich dazu auf, die geeigneten Maßnahmen zu treffen,

*„um die Ursachen zu bekämpfen, die den Handel mit Frauen und Mädchen zum Zweck der Prostitution und anderer Formen von kommerzialisiertem Sex, Zwangsheirat und Zwangsarbeit fördern. Um Frauenhandel zu eliminieren, sollen existierende Gesetze gestärkt werden im Hinblick auf die Verbesserung des Schutzes der Rechte von Frauen und Mädchen ebenso wie der Bestrafung der Täter".* [464]

462 Resolution der Generalversammlung von 1994 zu Frauenhandel; 5. Spiegelstrich: übersetzt aus dem Englischen „. *condemming the illicit and clandestine movement of persons across national and international borders, largely from developing countries and some countries with economies in transition, with the end goal of forcing women and girl children into sexually or economically oppressive and exploitative situations, for the profit of recruiters, traffickers and crime syndicates as well as other illegal activities related to trafficking, such as forced domestic labour, false marriages, clandestine employment and false adoption."*

463 Resolution der Generalversammlung der Vereinten Nationen „Traffic in Women and Girls"; vom 22.12.1995; A/RES/50/167.

464 Report of the Secretary General on Traffic in Women and Girls to the Commission of the Advancement of Women, veröffentlicht am 27.8.1996, A/51/309, II A 3. B; übersetzt aus dem Englischen: „*Take appropriate measures to address the root factors, including external factors, that encourage trafficking in women and girls for prostitution and other forms of commercialised*

Hieraus geht nunmehr hervor, daß der Generalsekretär keine klare Unterscheidung mehr zwischen Frauenhandel, Zwangsheirat und Zwangsarbeit trifft. Er geht folglich jedenfalls davon aus, daß die Phänomene Frauenhandel, Zwangsheirat, Zwangsarbeit in dem spezifischen Kontext von Frauenhandel, wenn nicht begrifflich unter eines zu fassen, so zumindest doch eng miteinander verwandt sind. Ferner klingt in dem Bericht des Generalsekretärs an, daß er nicht mehr nur die Seite der Verbrechensbekämpfung, also der Bestrafung der Täter, für die Bekämpfung des Frauenhandels als erforderlich ansieht, sondern auch die Stärkung der Rechte der Opfer. Damit könnte sich eine Wende im begrifflichen Verständnis ankündigen, von Frauenhandel als der Bezeichnung eines Verbrechens hin zu Frauenhandel als einem Thema von Menschenrechtsverletzungen an den Opfern. Dieses gewandelte Verständnis findet sich auch in der Resolution der Generalversammlung zum Thema Frauenhandel aus der dem Bericht des Generalsekretärs folgenden 51. Sitzungsperiode wieder[465]. In der Resolution wurde zum einen der genaue Wortlaut des Berichtes des Generalsekretärs übernommen und zum anderen die Notwendigkeit ausgedrückt,

> *„alle Formen von sexueller Gewalt und sexuellem Handel einschließlich dem zu Zwecken der Prostitution und anderer Formen von kommerziellem Sex zu eliminieren, die Verletzung der Menschenrechte von Frauen und Mädchen darstellen und unvereinbar mit der Würde und dem Wert des Menschen sind.“*[466]

### 2.3.5 Berichte der Sonderberichterstatterin gegen Gewalt gegen Frauen, ihre Gründe und Auswirkungen

Auf ihrer 50. Sitzung hat die Menschenrechtskommission der Vereinten Nationen durch Resolution[467] beschlossen, eine Sonderberichterstatterin für den Zeitraum von drei Jahren zum Thema „Gewalt gegen Frauen, ihre Gründe und

*sex, forced marriages and forced labour in order to eliminate trafficking in women, including by strengthening existing legislation with view to providing better protection of the rights of women and girls and to punishing the perpetrators,( .)“.*

465 Resolution der Generalversammlung der Vereinten Nationen „Traffic in Women and Girls“; vom 12.12.1996; A/RES/51/66.

466 Resolution der Generalversammlung von 1996 zu Frauenhandel, 7. Spiegelstrich.; übersetzt aus dem Englischen: *„Convinced of the need to eliminate all forms of sexual violence and sexual trafficking, including for prostitution and other forms of commercialised sex, which are violations of the human rights of women and girl children and are incompatible with the dignity and worth of human person“.*

467 Resolution 45/1994 der Menschenrechtskommission mit dem Titel „Das Problem der Integration der Rechte der Frau in den Menschenrechtsprozeß der Vereinten Nationen und die Beseitigung von Gewalt gegen Frauen“.

Auswirkungen" zu ernennen. Sonderberichterstatterin wurde die Juristin Radhika Coomaraswamy. Ihr Mandat umfaßt unter anderem auch Frauenhandel und Zwangsprostitution.

In ihrem ersten Bericht[468] handelt die Sonderberichterstatterin dann auch Prostitution und Frauenhandel unter einer Überschrift ab[469], plädiert für die Unterzeichnung der 1949er Konvention gegen Menschenhandel und die Ausbeutung von Prostituierten[470] und trennt überhaupt nicht eindeutig zwischen Frauenhandel und Prostitution. Andererseits weist sie darauf hin, daß die 1949er Konvention insgesamt eher die Prostitution zu bekämpfen versuche als den Frauenhandel[471], daß Heiratshandel zur modernen Form des Frauenhandels dazu gehöre[472], und legt ihren Ausführungen ein entmoralisiertes Verständnis von Prostitution als einer *„Erwerbstätigkeit, die durch ein bestimmtes Maß an wirtschaftlicher Gleichgültigkeit zwischen Kunde und Anbieterin gekennzeichnet"*[473] sei, zugrunde.

Dem ersten Bericht der Sonderberichterstatterin kann man daher zum Verständnis von Frauenhandel nur Widersprüchliches entnehmen. In dem Folgebericht hingegen differenziert die Sonderberichterstatterin bereits deutlich zwischen Prostitution, Zwangsprostitution und Frauenhandel, was sich zum einen daraus ergibt, daß der Bericht einen eigenen Abschnitt Zwangsprostitution[474] enthält, und zum anderen daraus, daß sie zum Frauenhandel im zweiten Bericht nicht detailliert Stellung nimmt, sondern dies explizit ihrem dritten Bericht vorbehält.

468 Erster Bericht der Sonderberichterstatterin zum Thema „Gewalt gegen Frauen- Ursachen und Folgen", Frau Radhika Coomaraswamy, gemäß der Resolution 1994/45 der Menschenrechtskommission vom 22.11.1995, E/CN.4/1995/42.

469 Erster Bericht der Sonderberichterstatterin zum Thema „Gewalt gegen Frauen- Ursachen und Folgen", Nr. IV B 3. Ziffer 205 ff.

470 Erster Bericht der Sonderberichterstatterin zum Thema „Gewalt gegen Frauen- Ursachen und Folgen", Nr. IV B 3. Ziffer 217.

471 Erster Bericht der Sonderberichterstatterin zum Thema „Gewalt gegen Frauen- Ursachen und Folgen", Nr. IV B 3. Ziffer 210.

472 Erster Bericht der Sonderberichterstatterin zum Thema „Gewalt gegen Frauen- Ursachen und Folgen", Nr. IV B 3. Ziffer 211.

473 Erster Bericht der Sonderberichterstatterin zum Thema „Gewalt gegen Frauen- Ursachen und Folgen", Nr. IV B 3. Ziffer 205.

474 Zweiter Bericht der Sonderberichterstatterin zum Thema „Gewalt gegen Frauen- Ursachen und Folgen", Frau Radhika Coomaraswamy, gemäß der Resolution 1995/85 der Menschenrechtskommission der Vereinten Nationen, vom 5.2.1996, E/CN.4/1996/53, IV D, Ziffer 73 ff.

In ihrem dritten Bericht[475] setzt sie Frauenhandel mit Sklaverei oder aber zumindest sklavereiähnlichen Praktiken gleich[476] und nimmt damit zum einen die Position ein, daß Frauenhandel nicht notwendigerweise nur in die Prostitution sondern auch zu Heiratszwecken oder „Sweat-Shop" Arbeiten[477] stattfindet. Zum zweiten kennzeichnet sie Frauenhandel damit gleichzeitig als einen Auswuchs von Gewalt gegen Frauen und auch von Ausbeutung weiblicher Arbeitsmigration. Diese beiden Begriffsansätze erwähnt sie ausdrücklich[478]. Außerdem distanziert sie sich von der Vorstellung, daß Frauenhandel nur bei Überschreitung nationaler Grenzen auftrete, weist aber gleichzeitig auf die Notwendigkeit der internationalen Zusammenarbeit bei der Bekämpfung des Phänomens hin[479].

Damit nimmt sie insgesamt eine vermittelnde Position ein, bezieht aber deutlich Stellung dahingehend, daß es gelte, vor allem die modernen Formen des Frauenhandels zu bekämpfen[480].

### 2.3.6 Zukünftiges Zusatzprotokoll zum Handel mit Frauen und Kindern zum Übereinkommen über Transnationale Organisierte Kriminalität

Seit Januar 1999 tagt in regelmäßigen Abständen das Komitee zur Vorbereitung eines internationalen Übereinkommens über Transnationale Organisierte Kriminalität der Vereinten Nationen in Wien. Dieses Übereinkommen wird auf Initiative der Vereinigten Staaten von Amerika voraussichtlich ein Zusatzprotokoll zur Bekämpfung des Handels mit Frauen und Kindern erhalten[481]. Dieses

475 Dritter Bericht der Sonderberichterstatterin zum Thema „Gewalt gegen Frauen- Ursachen und Folgen", Frau Radhika Coomaraswamy, vom 12.2.1997, E/CN.4/1997/47, abgedruckt in Materialien zur Frauenpolitik Nr. 63 des Bundesministeriums für Familie, Senioren, Frauen und Jugend, Ziffer 98 ff.

476 Dritter Bericht der Sonderberichterstatterin zum Thema „Gewalt gegen Frauen- Ursachen und Folgen", IV A Ziffer 98.

477 Dritter Bericht der Sonderberichterstatterin zum Thema „Gewalt gegen Frauen- Ursachen und Folgen", Ziffer 71, Sweat-Shop: Bezeichnung für einen Betrieb mit Hungerlohn- Akkordsätzen oder einer anderen besonderen Ausbeutungssituation für die Arbeitskräfte.

478 Dritter Bericht der Sonderberichterstatterin zum Thema „Gewalt gegen Frauen- Ursachen und Folgen", Ziffer 71 und 98.

479 Dritter Bericht der Sonderberichterstatterin zum Thema „Gewalt gegen Frauen- Ursachen und Folgen", Ziffer 76.

480 Dritter Bericht der Sonderberichterstatterin zum Thema „Gewalt gegen Frauen- Ursachen und Folgen", Ziffer 71, 74, 75.

481 Draft Protocol to Combat International Trafficking in Women and Children Supplementary to the Draft Convention on Transnational Organized Crime, vorgelegt von den Vereinigten Staaten von Amerika, Wien 19.-29. Januar 1999, Future A/AC.254/4/Add.3.

Zusatzprotokoll könnte als jüngstes Dokument der internationalen Staatengemeinschaft mit Konventionscharakter in seiner Bedeutung die 1949er Konvention gegen den Menschenhandel[482] ablösen. Bereits in dem ersten Entwurf der Vereinigten Staaten befindet sich in dem Zusatzprotokoll unter Art. 2 Nr. 2 eine Definition des Begriffs *„Trafficking in Persons"*. Diese Definition gehört zu den umstrittensten Passagen des Entwurfes und ist bisher mehrmals auch grundsätzlich verändert worden[483]. Bisher ist es nicht zu einem Konsens über die Definition gekommen. Die umstrittenen Punkte sind im Einzelnen die folgenden Fragen:

Wenn es sich um ein Zusatzprotokoll zur Bekämpfung des Handels mit Frauen und Kindern handelt, warum wird dann *„Trafficking in Persons"* und nicht *„Trafficking in Women and Children"* definiert? Diese Frage stellt sich um so mehr, als in der Definition selbst nur von Frauen und Kindern die Rede ist. Ist Prostitution per se eine Form sexueller Ausbeutung oder kann sie als berufliche Tätigkeit verstanden werden? Welche Formen der illegitimen Willensbeinflussung kennzeichnet den Handel mit Personen? In Rede stehen insbesondere die Merkmale Macht- oder Autoritätsmißbrauch und Schuldknechtschaft. Kann der Handel mit Personen nur zum Zweck der sexuellen Ausbeutung oder der Zwangsarbeit erfolgen? Stellt die Bestimmung „zum Zweck sexueller Ausbeutung" eine unstatthafte Beschränkung auf einen kleinen Ausschnitt des Problems dar[484]?

Einigkeit besteht hingegen darüber, daß die Überschreitung nationaler Grenzen für das Vorliegen des Handels mit Personen unerheblich ist. Insofern unterscheidet sich der Entwurf des Zusatzprotokolls deutlich von den neueren Definitionen auf Europaebene.

482 Konvention zur Unterdrückung des Menschenhandels und der Ausbeutung von Prostituierten, vom 21.3.50, abgedruckt in Fastenrath/Simma S. 136 ff. (bekannt unter 1949er Konvention gegen den Menschenhandel).

483 Die aktuelle Formulierung der Definition im revidierten Entwurf des Protocol to Prevent, Suppress and Punish Trafficking in Persons, especially Women and Children auf der 4. Sitzung, A/AC.254/4/Add.3/Rev.2, des Ad Hoc Komitees zur Ausarbeitung der Konvention gegen Transnationale Organisierte Kriminalität in Wien, 28. 6. Bis 9.-7. 1999 lautet: Art. 2.2
*„For the purpose of the protocol, „Trafficking in Persons" means the recruitment, transportation, transfer, harbouring or receipt of persons, either by the threat or use of kidnapping, force, fraud, deception or coercion, or receiving of unlawful payments or benefits to achieve the consent of a person having control over another person, for the purpose of sexual exploitation or forced labour."*

484 Siehe hierzu Stellungnahme der Hohen Kommissarin für Menschenrechte zum revidierten Entwurf des Zusatzprotokolls am 1. Juni 1999, A/AC.254/16, C.8, die sich gegen die Formulierung „zum Zweck sexueller Ausbeutung" ausspricht.

### 2.3.7 Zusammenfassung der Begriffsentwicklung in der internationalen Staatengemeinschaft

Da in der internationalen Staatengemeinschaft die erste Definition des Begriffs Frauenhandel bereits zu Beginn des vorigen Jahrhunderts erarbeitet wurde, ist die Betrachtung der Begriffsentwicklung im Laufe des Jahrhunderts aufschlußreich. In den Konventionen von 1904, 1910 und 1921 stand das Verbrechen an den Opfern und der auf sie ausgeübte Zwang oder die erfolgte Täuschung im Mittelpunkt der Definition. Allerdings ging es damals durchgängig um Frauenhandel zum Zweck der Unzucht. In der Mitte des 20. Jahrhunderts richten sich die Konventionen von 1933 und 1949 zwar noch immer gegen das Verbrechen des Menschen- oder Frauenhandels, aber nunmehr ebenso gegen die Unzucht, namentlich die Prostitution selbst. Die Ausübung der Prostitution wurde als mit der Menschenwürde unvereinbar angesehen.

In den neueren Konventionen und Erklärungen in der internationalen Staatengemeinschaft findet man diese ablehnende Haltung gegenüber der Prostitution immer weniger. Das Problem Frauenhandel wird zunehmend als eine Menschenrechtsfrage betrachtet, weshalb die Merkmale Zwang und Täuschung als Abgrenzungskriterien wieder wichtiger werden.

Durchgängig als für Frauenhandel charakterisierend angesehen wird demgegenüber die Gewinnorientierung von Dritten bzw. der Profit der Täter. Das ist bemerkenswert angesichts der Tatsache, daß auf europäischer Ebene zunehmend die Frage des Grenzübertritts oder illegalen Aufenthaltes als kennzeichnend für das Phänomen Frauenhandel angesehen wird. Diese Frage spielt in den Vereinten Nationen für die Definition des Begriffs Frauenhandel eine untergeordnete Rolle.

## 2.4 Aktuelle Konzepte der Nichtregierungsorganisationen

Seit Anfang der 80er Jahre war das Thema Frauenhandel kontinuierlich Gegenstand sozialwissenschaftlicher Veröffentlichungen und Untersuchungen[485]. Dennoch fand bisher keine abschließende Auseinandersetzung mit dem Begriff des Frauenhandels statt. Mitte der 80er begannen sich Beratungsstellen und Nichtregierungsorganisationen verstärkt mit dem Thema zu beschäftigen. Es ist im wesentlichen den NGOs zu verdanken, daß die Medien und die Politik auf die Problematik aufmerksam wurden. In der Folge kam es auch zu mehreren

485 Z.B. Lipka, 1985; Schmidt, 1985; Renscher, 1987; Niesner, Prostitution auf den Philippinen, 1988; Brötz, 1989; Tübinger Projektgruppe Frauenhandel, 1989; Launer, 1991; Ackermann/Filter, 1994; Henning, 1995; Altink, 1995.

Veröffentlichungen von NGOs zum Thema Frauenhandel[486]. Eine eigene Begriffsdiskussion entstand Anfang der 90er Jahre.

### 2.4.1 Begriff der Koordinationsstelle Ban Ying

Ban Ying[487] e.V. ist ein staatlich gefördertes Projekt in Berlin, das sich mit der Migration von Frauen aus Südostasien beschäftigt und zwar vor allem aus Thailand und den Philippinen. Der Schwerpunkt der Arbeit von Ban Ying liegt auf der „Beleuchtung des Phänomens Frauenhandel"[488]. In der Bestandsaufnahme des Vereins zum Handel mit ausländischen Frauen von 1994 findet sich die folgende Definition des Begriffs Frauenhandel:

> *„Frauenhandel ist für uns der Oberbegriff für alle Formen des Handels mit Frauen, die die Selbstbestimmung von Frauen verletzen, wie dies z.B. beim Zwang zur Prostitution, beim Heiratshandel und beim Zwang zu sexuellen Handlungen an sich oder anderen Personen der Fall ist. Das Wort Frauenhandel ist ein politischer Begriff und soll ausdrücken, daß in der Realität vor allem Frauen von den oben genannten Formen des Handels mit Menschen betroffen sind. Wenn Frauen sich aus eigener Entscheidung an Vermittlungspersonen- oder -institutionen wenden, um nach Deutschland zu kommen und dabei nicht ausgebeutet werden, sehen wir das nicht als Frauenhandel an."*[489]

Für Ban Ying ist die Verletzung der Selbstbestimmung der betroffenen Frau das kennzeichnende Merkmal des Frauenhandels. Damit geht diese Definition von einem ganz anderen Ausgangspunkt aus, als das in den Definitionen in der internationalen und europäischen Staatengemeinschaft zur Zeit der Fall ist. Auch wenn international auf das Selbstbestimmungsrecht der Opfer von Frauenhandel in der jüngeren Zeit mehr Wert gelegt wird[490], ist es dennoch nirgends das einzige Kernelement einer Definition des Begriffs. Die Verfasserin der Bestandsaufnahme Suteera Nittayananta[491] setzt die Verletzung der Selbstbe-

486 Z.B. agisra, Frauenhandel und Prostitutionstourismus; LEFÖ, Frauenhandel; Ban Ying, Der Handel mit ausländischen Frauen in Berlin; Wijers/Lap-Chew, Trafficking in Women; Kalthegener, Frauenhandel; Habermann, Frauenhandel; Mansbrügge, Frauenhandel.

487 Thailändisch für „Haus der Frauen".

488 Ban Ying, S. 3.

489 Ban Ying, S. 6.

490 Wie z. B. in Waddington, Entwurf für den Frauenrechtsausschuß des Europäischen Parlaments F 2. und in Erklärung der Ministerkonferenz in Den Haag, Nr. I.

491 Wissenschaftliche Mitarbeiterin bei Ban Ying e.V.

stimmung inzwischen mit einer Mißachtung von grundlegenden Menschenrechten gleich[492].

Allerdings definiert Ban Ying diesen unbestimmten Begriff - Verletzung des Selbstbestimmungsrechtes - nicht näher, sondern gibt lediglich drei Beispiele für das Vorliegen von Frauenhandel, nämlich Zwangsprostitution, Heiratshandel und Zwang zu anderen sexuellen Handlungen. Damit bleibt der Begriff selbst unklar und schwer verwendbar. Diese Unklarheit ist möglicherweise sogar beabsichtigt, weil es sich nach Angabe der Beratungsstelle Ban Ying um einen politischen Begriff handelt.

Nach dem Wortlaut der Begriffsbestimmung geht Ban Ying davon aus,

- daß Frauenhandel nicht nur in die Prostitution stattfindet, also auch Handel mit Ehefrauen und Arbeitskräften unter den Begriff Frauenhandel fällt,
- daß für das Vorliegen von Frauenhandel kein Grenzübertritt notwendig ist, daß es sich mithin bei den Opfern nicht um eine Migrantin handeln muß, sondern auch Inländerinnen gehandelt werden und
- daß Ausbeutung, vor allem die sexuelle Ausbeutung, charakterisierendes Merkmal von Frauenhandel ist.

Hier wird also einerseits das Bestreben deutlich, den Begriff Frauenhandel nicht zu allgemein zu fassen, andererseits bleiben die eingrenzenden Kriterien „Ausbeutung" und „Verletzung der Selbstbestimmung" zu unbestimmt, so daß eine sinnvolle Eingrenzung nicht stattfindet[493].

### 2.4.2 Begriff von LEFÖ[494]

Die Wiener Nichtregierungsorganisation LEFÖ hat in einem internen Diskussionsprozeß die folgende Definition erarbeitet:

> *„Wir sprechen von Frauenhandel, wenn Frauen aufgrund von Täuschung und falschen Versprechungen durch Vermittler migrieren, dafür hohe Verschuldung in Kauf nehmen und sich in der Folge im Zielland in einer Zwangslage befinden, und wenn sie aufgrund dieser Zwangslage im Zielland zu Tätigkeiten und Dienstleistungen gegen ihren Willen gezwungen werden, in ausbeuterische, sklavenähnliche Arbeitsverhältnisse gebracht werden oder durch Ehemänner und Dienstgeber ihrer persönlichen Freiheit und sexuellen Integrität beraubt werden."*[495]

492 Nittayananta, S. 38.
493 Gleiche Ansicht: Henning, S. 13.
494 LEFÖ: Lateinamerikanische Exilierte Frauen in Österreich, NGO in Wien.
495 LEFÖ, Frauenhandel, S. 20.

Bei dieser Definition handelt es sich um eine Formulierung, die aus der Arbeit von NGOs entstanden ist. Sie ist keine juristisch präzise Definition, sondern spiegelt die Praxiserfahrung wieder. Auffällig an der Begriffsbestimmung ist zunächst, daß für LEFÖ Frauenhandel nur im Zusammenhang mit Migration vorkommen kann. Insofern bestehen Ähnlichkeiten mit dem von der IOM entwickelten Begriff[496], wie er heute auf europäischer Ebene verwendet wird.

Die Definition gebraucht wegen ihrer Entstehungsgeschichte das Stilmittel von Beispielen. Hintereinander gelesen ergeben die verwendeten Beispiele eine Aufzählung von illegitimen Einflußfaktoren auf Opfer von Frauenhandel, die der auf europäischer Ebene neuerdings verwendeten Definition[497] recht nahe kommt. Allerdings legt LEFÖ den Schwerpunkt auf die Zwangslage und die daraus resultierende Willensbeeinflussung der Opfer. Die Opfer von Frauenhandel werden als eigenständig handelnde Personen in auswegloser Lage charakterisiert.

Insgesamt aber ist diese Definition wegen ihrer Unbestimmtheit für eine Erfassung des Phänomens ungeeignet. Sie bleibt schon wegen der exemplifizierenden Methode zu vage.

### 2.4.3 Definition aus den Standard Minimum Rules for the Treatment of Victims of Trafficking, Forced Labour and Slaverylike Practices (SMR)

Auf dem internationalen Workshop über internationale Migration und Frauenhandel im Oktober 1994 in Chiang Mai, Thailand, entstand unter den teilnehmenden NGO-Vertretern und Vertreterinnen die Idee, standardisierte Mindestregelungen für den Umgang mit Opfern von Frauenhandel, Zwangsarbeit und sklavereiähnlichen Praktiken zu entwerfen. Das Dokument sollte die Interessen der NGOs international bündeln, solide und auf die Praxis bezogene Empfehlungen zum Umgang mit Opfern von Frauenhandel und eine umfassende Definition enthalten[498].

Ziel war es, eine Definition zu schaffen, die in internationalen wie nationalen Zusammenhängen gleichermaßen gültig ist und die von NGOs vertretenen Ansichten repräsentiert. Um sowohl ausbeuterische Anwerbungspraktiken als auch ausbeuterische Lebens- und Arbeitsbedingungen in den Zielländern abzu-

496 Siehe unter 2.2.2, S 91 ff.

497 Erklärung der Ministerkonferenz in Den Haag, Nr. I S. 3: „... mittels Nötigung, insbesondere Gewalt oder Drohungen, oder Täuschung, Autoritätsmißbrauch oder sonstiger Form von Zwang dergestalt, daß die Person keine reale und zumutbare Alternative hat, als sich dem ausgeübten Zwang oder Mißbrauch zu unterwerfen.

498 GAATW, S. 7.

decken, unterscheiden die SMR zwischen Frauenhandel und Zwangsarbeit/sklavereiähnlichen Praktiken[499]. In Zusammenarbeit mit der STV[500] aus Uetrecht und der International Human Rights Law Group in New York hat die GAATW[501] in Bangkok die folgenden Arbeitsdefinitionen entwickelt.

*„Frauenhandel:*
*sind alle Handlungen unter Einsatz von Gewalt, Drohung mit Gewalt, Machtmißbrauch, Schuldknechtschaft, Täuschung oder anderen Formen von Zwang, die in Zusammenhang mit der Anwerbung oder dem Transport einer Frau zu Arbeits- oder Dienstleistungszwecken stehen, unabhängig davon, ob nationale Grenzen überschritten werden oder nicht.*[502]

*Zwangsarbeit und sklavereiähnliche Praktiken:*
*sind die Ausbeutung von Arbeit oder Dienstleistungen einer Frau oder die Ausnutzung der rechtlichen oder körperlichen Identität einer Frau unter Einsatz von Gewalt, Drohung mit Gewalt, Machtmißbrauch, Schuldknechtschaft, Täuschung oder anderen Formen von Zwang."*[503]

Nach dieser Definition kann Frauenhandel auch ohne einen Grenzübertritt stattfinden, so daß auch Inländerinnen betroffen sein können. Frauenhandel kann demnach auch unabhängig von Migration auftreten. Die GAATW als eine global operierende Organisation wollte auch die inländischen Wanderarbeitnehmerinnen z.B. Textilarbeiterinnen in Asien als von ihrer Definition mit umfaßt sehen.

Die zugrunde liegende Idee der Definitionen ist, daß Prostitution eine berufliche Tätigkeit darstellt wie jede andere entgeltliche Dienstleistung auch[504]. Diese Anerkennung von Prostitution als Arbeit bedeutet gleichzeitig, daß die

499 Wijers/Lap-Chew, S. 36, zurückgehend auf „Draft Proposal Standard Minimum Rules for the Treatment of Victims of Trafficking in Persons and Forced Labour & Slaverylike Practices" Bangkok, 4.6.1996, abgedruckt in Wijers/Lap-Chew, Annex 6.

500 STV: Stichting tegen Vrouwenhandel.

501 Global Alliance against Trafficking in Women.

502 Übersetzt von englischer Fassung in Wijers/Lap-Chew, S. 36: *„Trafficking in Women: All acts involved in the recruitment and/or transportation of a woman within or across national borders for work or services by means of violence or threat of violence, abuse of authority or dominant position, debt bondage, deception or other forms of coercion."*

503 Übersetzt von englischer Fassung in Wijers/Lap-Chew, S. 36: *„Forced Labour and Slaverylike Practices:*
*The extraction of work or services from any woman or the approbiation of the legal identity and/or physical person of any woman by means of violence or threat of violence, abuse of authority or dominant position, debt bondage, deception or other forms of coercion."*

504 Wijers/Lap-Chew, S. 37; „berufliche Tätigkeit" übersetzt aus dem Englischen: „labour" und „work and services".

Migration in die Sexarbeit eine Form von Arbeitsmigration darstellt. Dadurch wird aus dem sozialen Phänomen Frauenhandel ein Problem der Migration zu Arbeitszwecken. Das bedeutet gleichzeitig, daß diese Form der Migration von allen internationalen Abkommen und nationalen Vorschriften, die Arbeit unter Schutz stellen, mit geschützt wäre. So soll nur über den Begriff ein anderes Problembewußtsein erzeugt werden und ein anderer Schutz der betroffenen Frauen entstehen.

Berücksichtigt man, daß die Definition davon ausgeht, daß Prostitution eine berufliche Tätigkeit, also eine Form von Arbeit darstellt, entzerrt die Definition der SMR die Begriffe Frauenhandel und Prostitution. Sie stellt klar, daß es auch Frauenhandel gibt, wenn die Frauen zu keinem Zeitpunkt mit Prostitution zu tun hatten.

Die Opfer von Handel mit Hausmädchen, Ehefrauen oder zu anderen Arbeitszwecken sind mit gemeint. Auch diejenigen Frauen, die sich freiwillig entscheiden, im Zielland in der Prostitution zu arbeiten, können, sofern sie gezwungen werden, nach einem der beiden Begriffe Betroffene sein. Vor allem erfaßt die Definition auch den typischen Fall, daß das Opfer sich zwar ursprünglich freiwillig für die Tätigkeit der Prostitution im Zielland entschieden hatte, vorort dann aber sehr viel schlechtere konkrete Arbeitsbedingungen vorfindet als erwartet und sich dann in dieser Situation zur Fortführung der Tätigkeit gezwungen sieht. Andererseits verkennt die Definition nicht, daß es auch Migrantinnen gibt, die sich freiwillig für die vorgefundenen Umstände entscheiden und trotz des Wissens über die konkreten Ausbeutungsverhältnisse mehrmals wiederkommen. Diese Frauen sind nach der Definition nicht notwendigerweise Opfer von Frauenhandel.

Frauenhandel bezieht sich nach der Definition der SMR auf mißbräuchliche Vermittlungspraktiken, wohingegen Zwangsarbeit bei mißbräuchlicher Arbeitsnutznießung vorliegt. Kernelement ist demzufolge die mißbräuchliche Willensbeeinflussung. Im Detail heißt es dazu :

„... *Gewalt, Drohung mit Gewalt, Machtmißbrauch, Schuldknechtschaft, Täuschung oder anderen Formen von Zwang*“[505].

Diese Begriffsbestimmung deckt sich nahezu ganz mit der Aufzählung von illegitimen Einflußfaktoren auf Opfer von Frauenhandel der auf europäischer Ebene neuerdings verwendeten Definition[506]. Lediglich das Merkmal „*andere*

505 2. Hs beider Definitionen in Wijers/Lap-Chew, S. 36.

506 Zum Vergleich Erklärung der Ministerkonferenz in Den Haag, Nr. I S. 3: „... *mittels Nötigung, insbesondere Gewalt oder Drohungen, oder Täuschung, Autoritätsmißbrauch oder sonstiger Form von Zwang dergestalt, daß die Person keine reale und zumutbare Alternative hat, als*

*Formen von Zwang"* der SMR bleibt angesichts der vielfältigen Auslegungsmöglichkeiten von *Zwang* zu unbestimmt.

### 2.4.4 Definition der Europäischen NGO-Konferenz NOTRAF[507]

Zur Vorbereitung der Ministerkonferenz in Den Haag im April 1997 fand ein europäisches Treffen von NGOs, die zum Thema Frauenhandel arbeiten, die europäische Konferenz NOTRAF statt. Auf dieser Konferenz wurde eine Stellungnahme von NGOs zu dem im April zu verabschiedenden Verhaltenskodex Frauenhandel der Europäischen Ministerkonferenz[508] erarbeitet. Diese Stellungnahme sollte ursprünglich auch eine eigene von den NGOs getragene Definition enthalten. Während der vorbereitenden Sitzungen zeichnete sich jedoch bereits ab, daß es auf der Konferenz NOTRAF wegen zu großer Meinungsverschiedenheiten zwischen den NGOs nicht zu einer Einigung über eine präzise Definition kommen würde[509]. Daher hat man sich entschlossen, wenigstens die tragenden Kernelemente einer von allen teilnehmenden NGOs befürworteten Definition von Frauenhandel zu postulieren. Dem schließlich verabschiedeten NGO-Statement[510] zufolge sind die entscheidenden Elemente einer Definition von Frauenhandel Zwang und Mißbrauch[511]. Dazu wird in dem Statement ausgeführt:

> *„Frauen können den Mißbrauch auf zwei verwandten aber unterschiedlichen Ebenen erfahren, während der Anwerbung und der Migration oder durch ihre Lebens- und Arbeitsbedingungen im Zielland. Die angewandten Zwangsmechanismen reichen dabei von Entführung und dem Verkauf von Frauen, physischer Gewalt, Drohung mit Gewalt, Erpressung, Freiheitseinschränkungen, über Entziehen der Ausweisdokumente und Entgelte, Nötigung, Isolation, bis zu Täuschung, Machtmißbrauch und Schuldknechtschaft."* [512]

*sich dem ausgeübten Zwang oder Mißbrauch zu unterwerfen."*

507 NOTRAF hieß die European NGO Conference on Trafficking in Women am 5. bis 7. April 1997 in den Niederlanden, an der ca. 90 NGO's aus der Europäischen Union und Osteuropa sowie vereinzelt auch aus Südostasien teilnahmen.

508 Erklärung der Ministerkonferenz in Den Haag siehe hierzu unter 2.2.5, S. 100 ff.

509 Das ergibt sich aus dem Protokoll des Treffens der Steering Group NOTRAF (European NGO Conference on Trafficking in Women) vom 7.-8. Februar 1997 in den Niederlanden.

510 NOTRAF, Europäisches Netzwerk gegen Frauenhandel, NGO Stellungnahme, verabschiedet von der NGO Konferenz in Nordwijkerhout 5.-7. April 1997, zur Vorlage bei der EU Ministerkonferenz, 24.-26. April 1997 in Den Haag, abgedruckt in agisra Rundbrief Nr. 19/20, S. 14 ff.

511 NGO-Statement, agisra-Rundbrief Nr. 19/20 Juli 1997, S. 20, Englisch. „ *. coercion and abuse."*

512 NGO-Statement, agisra-Rundbrief Nr. 19/20 Juli 1997, S. 20, übersetzt aus dem Englischen:

Als Position der NGOs zeichnet sich damit ab, daß Beeinträchtigungen der freien Willensentscheidung, wie im einzelnen in dem NOTRAF-Statement aufgelistet, das eigentlich kennzeichnende Merkmal des Phänomens Frauenhandel darstellen. Darüber, in welchem äußeren Zusammenhang diese von Dritten initiierten Willensbeeinträchtigungen der betroffenen Frauen stattfinden müssen, um von Frauenhandel sprechen zu können, hat es keine endgültige Einigung gegeben. In dem NOTRAF-Statement finden sich allerdings einige Hinweise[513] darauf, welche Handlungen von dem Begriff jedenfalls umfaßt sein sollen.

Frauenhandel findet demnach statt:

*„innerhalb nationaler Grenzen und darüber hinweg;*
*in alle Sphären weiblicher Lebens- und Arbeitsbereiche, einschließlich Ehe, Haushaltstätigkeit, Prostitution und anderer informeller Arbeit“*[514]

Darüber hinaus werden zwei besondere Ausgangshandlungen ausgemacht, die in jedem Fall typisch für Frauenhandel sind: *„mißbräuchliche Anwerbungs- und Maklerpraktiken“*[515] einerseits und andererseits aber auch *„ausbeuterische Lebens- und Arbeitsbedingungen“*[516].

Insgesamt gehen die NGOs letztlich von dem durch die GAATW entwickelten Begriff aus, ohne sich allerdings darauf festzulegen, daß Prostitution eine berufliche Tätigkeit darstellt. Auch wenn sich die NGOs bisher nicht auf eine verbindliche Definition haben verständigen können, ist die begriffliche Grundlage in dem Statement dennoch klar heraus gearbeitet worden.

Frauenhandel ist demnach ein unabhängig vom Überschreiten nationaler Grenzen auftretender Handel mit weiblicher Arbeitskraft in die für Frauen traditionell typischen Lebens- und Arbeitsbereiche einschließlich der Prostitution. Verwerflich daran ist die mißbräuchliche Beeinflussung der Opfer in ihrer freien Willensentscheidung durch die Händler und zwar während der Anwerbung oder Vermittlung der Arbeitskraft oder in bezug auf die Gestaltung der Lebens-

*„Women may experience abuse in two related but separate levels: during the process of recruitment and travel and in their living and working conditions in the destination country. Mechanisms of coercion may vary from kidnapping and sale of women, physical force, threats with violence, blackmail, illegal confinement, withholding of passports and wages, extortion, isolation, deceit, abuse of authority and debt bondage.“*

513 NGO-Statement, agisra-Rundbrief Nr. 19/20 Juli 1997, S. 15.

514 NGO-Statement, agisra-Rundbrief Nr. 19/20 Juli 1997, S. 15, 1. und 2.

515 NGO-Statement, agisra-Rundbrief Nr. 19/20 Juli 1997, S. 15, 3., übersetzt aus dem Englischen: „. . *abusive recruitment and brokerage practices* . “.

516 NGO-Statement, agisra-Rundbrief Nr. 19/20 Juli 1997, S. 15, 3., übersetzt aus dem Englischen: “ . *abusive living and working conditions* . “.

und Arbeitsbedingungen im Zielland. Die mißbräuchliche Willensbeeinträchtigung wird in dem Statement durch eine detaillierte Aufzählung der bekannten Erscheinungsformen erläutert.

### 2.4.5 Definition der Human Rights Standards für den Umgang mit gehandelten Personen von 1999 (HRS)

Ende 1998 entschieden sich die Nichtregierungsorganisationen, die auch die Standard Minimum Rules entwickelten hatten, diese zu überarbeiten und ein weltweit einheitliches Grundsatzdokument zum Umgang mit gehandelten Personen zu verabschieden[517]. Die so Anfang 1999 entstandenen Human Rights Standards für den Umgang mit gehandelten Personen sollen die Lobbyarbeit von NGOs für den Schutz von Betroffenen auf internationaler, nationaler und lokaler Ebene vereinheitlichen und erleichtern[518].

Aktueller Anlaß für die Erarbeitung der HRS war die im Januar 1999 beginnenden Tagungen des Komitees der Kommission on Crime Prevention and Criminal Justice in Wien. Das Komitee bereitet die Konvention über organisierte Kriminalität vor und entwirft unter anderem ein Zusatzprotokoll zum Handel mit Personen zu der Konvention. Aufgrund dieses Anlasses folgt der Aufbau der Definition in den HRS dem der Definition des Entwurfs des Zusatzprotokolls[519].

In den HRS findet sich ein ausführlicher Abschnitt über Definitionen in der auch der Begriff *„Trafficking"* definiert wird[520]. In der Deutschen Übersetzung der HRS wird *„Trafficking"* mit *„Menschenhandel"* übersetzt. Die Übersetzung *„Menschenhandel"* kann jedoch zu Mißverständnissen führen, da in den HRS nicht der strafrechtlich geprägte Begriff Menschenhandel gemeint ist, sondern lediglich nicht zwischen Erwachsenen und Minderjährigen und nicht zwischen Männern und Frauen unterschieden werden soll. Im Folgenden wird daher als Übersetzung *„Handel mit Personen"* verwendet.

517 Human Rights Standards, Menschenrechtsnormen für den Umgang mit den Betroffenen des Menschenhandels vorgelegt von Global Allience against Trafficking in Women (GAATW), Stichting tegen Vrouwenhandel, (STV) und International Human Rights Law Group, Deutsche Fassung von Ban Ying, Berlin, 1999.

518 GAATW/STV/International Human Rights Law Group, Human Rights Standards, Zusammenfassung, S. 1 f.

519 Draft Protocoll to Combat International Trafficking in Women and Children Supplementary to the Draft Convention on Transnational Organized Crime, vorgelegt von den Vereinigten Staaten von Amerika, Art. 2 Nr. 2.

520 GAATW/STV/International Human Rights Law Group, Human Rights Standards, Definitionen S. 3 ff.

In den HRS wird der Handel mit Personen definiert als[521]:

*„Alle vollbrachten und versuchten Handlungen, die mit der Anwerbung, der innerstaatlichen oder grenzüberschreitenden Beförderung, dem Kauf, Verkauf, der Übertragung, der Entgegennahme oder dem Verbergen einer Person in Zusammenhang stehen, und zwar*

*(a) unter Anwendung von List, Zwang (einschließlich Gewaltanwendung oder Drohung von Gewaltanwendung oder Autoritätsmißbrauch) oder Schuldknechtschaft;*

*(b) mit dem Ziel, die betroffene Person gegen Bezahlung oder unentgeltlich in einer anderen als der Gemeinde, in der die Person zu dem Zeitpunkt lebte, als sie erstmals Opfer der Anwendung von List, Zwang oder Schuldknechtschaft wurde, in erzwungene Dienstbarkeit (häuslicher, sexueller oder reproduktiver Art), in Zwangsarbeit oder Schuldknechtschaft oder in ein der Sklaverei ähnliches Verhältnis zu bringen oder hierin zu halten."*

Die Definition der HRS lehnt sich eng an die Sprache und Begrifflichkeiten in internationalen Konventionen wie der Allgemeinen Erklärung der Menschenrechte, den Internationalen Pakten über bürgerliche und politische sowie über wirtschaftliche, soziale und kulturelle Rechte, der Konvention gegen Folter[522], dem Übereinkommen gegen alle Formen der Diskriminierung der Frauen[523] etc. an[524]. Insbesondere der Absatz (b) stützt sich auf Art. 68 Nr. 1 des Internationalen Übereinkommens über den Schutz der Rechte von Arbeitsmigranten und ihrer Familienmitglieder[525]. Die Definition soll den in internationalen Übereinkommen bereits existenten Schutz vor Menschenrechtsverletzungen im Zusammenhang mit dem Handel mit Personen aufgreifen und sich darauf beziehen[526].

521 GAATW/STV/International Human Rights Law Group, Human Rights Standards, Definitionen S. 3.

522 Übereinkommen gegen Folter und andere grausame, unmenschliche oder erniedrigende Behandlung, BGBl. Teil II, S. 247 ff., abgedruckt in Fastenrath/Simma S. 226 ff.

523 Übereinkommen zur Beseitigung jeder Form der Diskriminierung der Frau, BGBl. 1985 Teil II, S. 648 ff., abgedruckt in Fastenrath/Simma S. 194 ff.

524 Weiter werden als Grundlage der HRS in FN 2 auf S. 1 genannt: Übereinkommen über die Rechte des Kindes, Übereinkommen betreffend die Sklaverei und das Zusatzabkommen über die Abschaffung der Sklaverei, des Sklavenhandels und sklavereiähnlicher Einrichtungen und Praktiken, Internationales Übereinkommen über den Schutz der Rechte von Arbeitsmigranten und ihrer Familienmitglieder.

525 International Convention on the Protection of the Rights of all Migrant Workers and Members of their Families der Generalversammlung der Vereinten Nationen von 1990, A/RES/45/158, bisher noch nicht in Kraft.

526 GAATW/STV/International Human Rights Law Group, Human Rights Standards, Kommentar zu

Die Definition der HRS selbst ist angesichts der zahlreichen Aufzählungen und Wiederholungen recht unübersichtlich. Kernelemente sind schwer auszumachen. Erst der Kommentar zu der Definition in den HRS selbst gibt Aufschluß über einige grundsätzliche Fragen[527]. Danach kommt es nicht darauf an, in welchem Bereich das jeweilige Opfer ausgebeutet wird. Gleichwertig genannt werden unter anderem die Bekleidungsindustrie, das Bettelgewerbe, die Sexindustrie, Haushaltstätigkeit und Heirat. Nach dem Verständnis der HRS ist die Sexarbeit eine berufliche Tätigkeit[528]. Zu den Kernelementen zähle List, Zwang und Schuldknechtschaft einerseits und andererseits das Ziel, eine andere Person auszubeuten und zu mißbrauchen, wobei für die Realisierung des Ziels List, Zwang oder Schuldknechtschaft eingesetzt werde. Täter des Handels mit Personen können Anwerber und Käufer oder diejenigen sein, die das Opfer in Empfang nehmen bzw. in sklavereiähnlichen Verhältnissen, Zwangsarbeit oder Ähnlichem halten. In Frage kommen Einzelpersonen ebenso wie eine Kette von Beteiligten[529].

Der Handel mit Personen setzt nach der Definition explizit nicht voraus, daß Landesgrenzen überschritten werden. Das gilt nach den HRS vor allem angesichts der Tatsache, daß ein großer Teil der Betroffenen innerhalb eines Staates von der einen Region in eine andere befördert wird.

Die Definition der HRS ist bei der Aufzählung der illegitimen Einflußfaktoren gerade im Vergleich zu der Vorgängerdefinition der SMR wenig präzise. Deshalb muß der Begriff Zwang exemplarisch in Klammern erläutert werden. Dennoch bleiben die HRS an dieser Stelle verhältnismäßig vage. Das Kernelement der Definition, die Intention des Täters eine dritte Person auszubeuten oder zu mißbrauchen, ergibt sich leider erst aus dem Kommentar zu der Definition. Insgesamt bleibt die Definition der HRS letztlich trotz der Anlehnung an internationale Dokumente mißverständlich und wird erst im Zusammenhang mit den Kommentaren faßbar.

### 2.4.6 Zusammenfassung der auf Ebene der NGOs entwickelten Begriffe

Nach alledem sind von den hier vorgestellten Begriffen auf Ebene der NGOs für eine präzise Definition des Begriffs Frauenhandel nur die drei letztgenannten

Definitionen S. 4/5.

527 GAATW/STV/International Human Rights Law Group, Human Rights Standards, Kommentar zu Definitionen S. 4 f.

528 Die ILO hat Sexarbeit als offizielle Arbeit anerkannt, in The Sex Sector, in Lin Leam Lim, preface S. V.; darauf beziehen sich die HRS ausdrücklich.

529 GAATW/STV/International Human Rights Law Group, Human Rights Standards, Kommentar zu Definitionen S. 4.

überhaupt verwendbar, weil der Begriff von Ban Ying als ein explizit politischer und der von LEFÖ als ein aus der Sozialarbeit entstandener zu vage und unbestimmt bleiben.

Insgesamt sind die Begriffe der SMR und HRS einerseits und die Begriffsprinzipien von NOTRAF andererseits in vielen Punkten deckungsgleich. Der wichtigste Unterschied besteht in der Bewertung der Prostitution. Der erste Begriff setzt voraus, daß Prostitution eine berufliche Tätigkeit darstellt, wohingegen die Prinzipien von NOTRAF zu dieser Frage keine Stellung beziehen, sondern die Prostitution lediglich als eines der möglichen Arbeitsfelder, in denen die Frauen tätig sind, exemplarisch aber eben explizit mit aufführt. Gemein ist aber allen drei Definitionsansätzen eine wertneutrale Haltung gegenüber der Ausübung der Prostitution, in der nicht etwa die Anwerbung in die Prostitution per se mit Frauenhandel gleichgesetzt wird, wie dies vor allem in der UN-Konvention zum Menschenhandel[530] geschieht.

Die zentrale Aussage der von NGOs vorgeschlagenen Definitionen von Frauenhandel ist, daß die mißbräuchliche Willensbeeinflussung der Opfer durch Dritte in ihren mannigfaltigen Erscheinungsformen das Delikt besonders charakterisieren. Diese Willensbeeinflussung findet in zwei spezifischen Situationen statt: entweder bei der Anwerbung bzw. der Vermittlung von weiblichen Arbeitskräften oder bei der Gestaltung der konkreten Lebens- und Arbeitsverhältnisse im Aufenthaltsland. Ob ein von Frauenhandel betroffenes Opfer sich irgendwann in den Prozeß des Frauenhandels freiwillig hinein oder jedenfalls nicht hinaus begibt, ist unerheblich, sofern zu irgendeinem Zeitpunkt der für Frauenhandel typische Druck oder andere Formen der Willensbeeinflussung angewendet werden.

## 2.5 Systematisierung der Definitionen

Ungeachtet der langjährigen internationalen Bemühungen fehlt eine einheitliche und eindeutige Definition des Frauenhandels. Der Begriff wird je nach Entstehungsgeschichte oder Ziel des Verfassers unterschiedlich bestimmt. Im Folgenden sollen die derzeit vorliegenden und soeben vorgestellten Definitionen und Definitionsansätze von Frauenhandel vor dem Hintergrund der Realanalyse des ersten Kapitels zunächst systematisiert und dann diskutiert werden. Ziel ist die Entwicklung einer eigenen Definition. Maßstab dafür, welche Kriterien für diese Definition ausschlaggebend sind, ist, ob das tatsächliche Phänomen ein-

530 1949er Konvention gegen den Menschenhandel, Präambel, Art. 1.

schließlich der Randerscheinungen einerseits ausreichend erfaßt wird und andererseits gegen andere Erscheinungen präzise abgegrenzt wird.

### 2.5.1 Begriffsebenen: Wann liegt Frauenhandel vor?

Zunächst werden die einzelnen Ebenen der Begriffsdiskussion unterschieden. Aus den bekannten Definitionen ergibt sich, daß Frauenhandel letztlich immer unter Zuhilfenahme bestimmter wiederkehrender Merkmale definiert wird, die jedoch im einzelnen unterschiedlich zusammengestellt werden.

Diese Merkmale knüpfen zum einen an die Frage an, ob Frauenhandel nur in die Sexarbeit stattfindet oder auch in Form von Handel mit Ehefrauen oder anderen Arbeitskräften[531]. Eine andere Definitionsebene ist der Zusammenhang zwischen Frauenhandel und Migration. Unterschiede treten bei der Stellungnahme zu den Fragen auf, ob Frauenhandel notwendig mit Migration zusammenhängt, ob ein Grenzübertritt stattfinden muß, ob Frauenhandel sich auch im Inland ohne Überschreitung von nationalen Grenzen abspielen kann oder ob Frauenhandel möglicherweise eine Form von illegaler Migration ist[532]. Wichtigstes Definitionskriterium in jüngerer Zeit vor allem auf europäischer Ebene ist die illegitime Willensbeeinflussung oder die fehlende Freiwilligkeit der Opfer, die jedoch dem nach wie vor herrschenden Protektionismus der Vereinten Nationen gegenübersteht. Nach der protektionistischen Vorstellung kommt es im Zusammenhang mit Prostitution auf die Willensbeeinflussung der Opfer nicht an, da die Prostitution als solche das Übel darstellt[533] und infolgedessen selbst bei freiwilliger Ausübung Frauenhandel vorliegt. Die vierte Merkmalsebene ist die Profitausrichtung der Täter. Immer wieder wird Frauenhandel mit der Behandlung der Opfer als Ware und einer damit einhergehenden Gewinnorientierung der Täter definiert[534].

Es können also vier Begriffsebenen unterscheiden werden, die in den vorgestellten Definitionen immer wieder auftauchen. Im Folgenden werden diese Begriffsebenen voneinander getrennt und nur die einzelnen Merkmale isoliert diskutiert und bewertet. Im Anschluß daran werden die Merkmale zusammengestellt und es wird der Frage nachgegangen, welche von ihnen notwendig zusammentreffen müssen, um das Phänomen Frauenhandel zu erfassen.

531 Dazu unter 2.5.1.1, S. 130 ff.

532 Dazu unter 2.5.1.2, S. 135 f.

533 Dazu unter 2.5.1.3, S. 137 ff.

534 Dazu unter 2.5.1.4, S. 146 ff.

### 2.5.1.1 Prostitution oder Eingriff in die sexuelle Selbstbestimmung

Die internationalen sowie nationalen Medien, die Politik und die staatlichen Organisationen richten besondere Aufmerksamkeit auf den Handel mit ausländischen Prostituierten[535] oder bei weiterem Blickwinkel auf den Handel mit ausländischen Frauen in die Sexindustrie, denn nicht alle Betroffenen waren bereits Prostituierte und nicht alle Sexarbeiterinnen sind Prostituierte[536]. Der Handel mit Migrantinnen in die Sexindustrie und die erzwungene Prostitution ist mittlerweile der Ausschnitt aus dem Phänomen Frauenhandel, der am häufigsten mit dem Wort Frauenhandel assoziiert wird. Auch einige der vorgestellten Definitionen setzen Frauenhandel bzw. Menschenhandel mit dem Handel in die Prostitution gleich, so z.B. die Definition der Europäischen Kommission[537] in ihrer Mitteilung von 1996, sowie die der internationalen Abkommen von 1904[538], 1910[539], 1921[540], 1933[541] und 1949[542]. Demgegenüber gehen einige der sowohl auf europäischer Ebene[543] als auch in der internationalen Staatengemeinschaft[544] entwickelten Definitionen und alle hier vorgestellten von

535 Der Begriff der Prostitution ist umstritten. Die meisten Definitionen verstehen unter Prostitution jedoch „Sex gegen Geld", wobei z.T. zusätzlich Modifikationen vorgenommen werden. Mit dem Begriff der Prostitution setzt sich diese Arbeit nicht auseinander, vielmehr liegt der Arbeit ein einfaches Verständnis von Prostitution als „Sex gegen Geld" zugrunde, und zwar in dem klassischen Sinne als des „Geschlechtsaktes gegen Geld". Mit dem Begriff der Prostitution befaßt sich ausführlich Laskowski, S. 8 ff.

536 Zu den Begriffen Sexarbeit und Sexindustrie siehe unter Fußnote 42.

537 Mitteilung der Kommission I S. 5.

538 Abkommen zwischen dem Deutschen Reiche und anderen Staaten über Verwaltungsmaßregeln zur Gewährung wirksamen Schutzes gegen den Mädchenhandel, RGBl. 1905, S. 695 ff.

538 Fundstellennachweis B des BGBl. ,S. 188 ff.

539 Internationales Übereinkommen zur Bekämpfung des Mädchenhandels , RGBl. 1913, S. 31 ff.

540 Internationale Übereinkunft zur Unterdrückung des Frauen- und Kinderhandels, RGBl. 1924 II, S. 180 ff.

541 International Convention for the Suppression of the Traffic in Women of Full Age, Genf 11.10.33, League of Nations No 3476, Bd. 50 S. 431 ff.

542 Konvention zur Unterdrückung des Menschenhandels und der Ausbeutung von Prostituierten vom 21.3.50, abgedruckt in Simma/Fastenrath, S. 136 ff., UNTS Bd. 96, S. 271.

543 Nach den meisten der neueren Definitionen auf europäischer Ebene findet Frauenhandel nicht nur in die Prostitution sondern auch in andere Arbeitsfelder, sowie in Form von Heiratshandel statt, vgl: IOM, Wien 196, S. 2; Europ.Parl, Initiativbericht des Ausschuß für Grundrechte, Gemeinsame Maßnahme vom 24. Februar 1997, S. 2, Titel I; Erklärung der Ministerkonferenz in Den Haag, Nr. I S. 3; Regierungskomitee der Europäischen Sozialcharta, Nr. II Begriffsbestimmung.

544 Vor allem nach den jüngeren Definitionen in den Vereinten Nationen sind Frauenhandel und Prostitution voneinander getrennt zu betrachtende Phänomene, vgl.: Resolutionen Traffic in Women and Girls vom 12.12.1996, A/RES/66; vom 22.12.1995 A/RES/50/3167; vom 23.12.1994, A/RES/49/166; Report of the Secretary- General on Traffic in women and girls; A/51/309, veröf-

Nichtregierungsorganisationen verwendeten Begriffe[545] davon aus, daß Frauenhandel nicht notwendig mit Prostitution oder anderer Sexarbeit verbunden sein muß.

Für die Definition ist entscheidend, ob das tatsächliche Phänomen erfaßt ist, wenn unter den Begriff Frauenhandel allein der Handel mit Frauen fällt, die in der Sexarbeit tätig sind. Bei einer solchen Eingrenzung ergeben sich schon deshalb Definitionsschwierigkeiten, weil dann auch festgeschrieben werden müßte, zu welchem Zeitpunkt und in welchem Umfang die Betroffene der Sexarbeit nachgegangen sein muß, um als Opfer von Frauenhandel betrachtet zu werden. Sollten also nur Frauen unter die Definition fallen, die vor den Eintritt in den Prozeß des Frauenhandels noch keine Prostituierten waren oder auch solche, die bereits in der Prostitution tätig waren? Und was ist mit denjenigen, die nur vereinzelt oder gelegentlich der Prostitution nachgehen?

Einige von ihnen sind als Ehefrauen nach Europa oder Deutschland gekommen oder heiraten hier, um einen relativ gesicherten Aufenthaltsstatus zu erlangen. Wollte man Frauenhandel allein auf den Handel mit Frauen in die Sexindustrie begrenzen oder noch enger mit Zwangsprostitution gleichsetzen, ergäben sich Abgrenzungsschwierigkeiten mit denjenigen Frauen, die nach Deutschland als Verlobte oder Ehefrau eingereist sind und sich hier entschließen, der Sexarbeit nachzugehen, oder dazu veranlaßt werden[546]. Aber nicht nur diese Abgrenzungsschwierigkeiten sprechen dagegen, den Begriff Frauenhandel nur für die in der Sexindustrie tätigen Frauen zu verwenden. Eine beträchtliche Anzahl von Frauen müssen als Opfer von Heiratshandel ihren Ehemännern zu Diensten stehen. Sie müssen sich zwar nicht gegenüber Fremden prostituieren, können sich aber dafür kaum gegen ihre Ehemänner wehren[547]. Gemeint sind die in Kapitel 1 beschriebenen Mail-Order-Brides[548], für die es bisweilen sogar Umtauschrechte gibt[549]. Dieses Phänomen erscheint dem der Zwangsprostitution so ähnlich, daß es unangemessen ist, einzig deshalb, weil die Betroffenen

fentlicht: 27.8.1996; II A 3. B; Report of the Special Rappteur, its Causes and Consequences vom 12.2.1997, E/CN.4/1997/47.

545 Draft Proposal Standard Minimum Rules for the Treatment of Victims of Trafficking in Persons and Forced Labour & Slaverylike Practices" Bangkok, 4.6.1996, abgedruckt in Wijers/Lap-Chew Annex 6; LEFÖ, Frauenhandel, S. 20; , Ban Ying S. 6; NOTRAF Definition abgedruckt in agisra-Rundbrief Nr. 19/20 Juli 1997, S. 20.

546 Zu der Frage welche Anforderungen in der Definition an die Qualität dieser Veranlassung gestellt werden müssen, siehe unter 2.5.1.3, S. 137 ff.

547 Zu den zu Frauenhandel vorliegenden bzw. fehlenden Zahlen siehe unter 1.2.1.

548 Siehe dazu unter 1.2.4.3.2, S. 61 ff.

549 Siehe Dreixler, S. 201 m.w.N.

mit ihrem Peiniger verheiratet sind, nicht von Frauenhandel zu sprechen. Es müssen also andere Kriterien für die Definition von Frauenhandel gefunden werden.

Seit Beginn der 90er Jahre wird darüber hinaus in den Beratungsstellen zunehmend von sogenannter Haushaltsprostitution berichtet. Es handelt sich dabei um Frauen, die als Hausmädchen in sklavereiähnlichen Verhältnissen leben und nicht selten ihrem Dienstherren oder Bekannten des Dienstherren für sexuelle Dienstleistungen zur Verfügung stehen müssen[550]. In den südlichen Ländern der EU wächst nach Erkenntnissen von Nichtregierungsorganisationen seit Mitte der 90er Jahre der Handel mit Hausmädchen besonders an[551]. Die Betroffenen werden an ihren Arbeitsstellen bisweilen wie Haussklavinnen[552] gehalten[553]. Diese beiden jüngeren Erscheinungsformen der Ausbeutung von Frauen sind Indiz dafür, wie sich das Auftreten der spezifischen Phänomene im Laufe der Jahre verändert. Wollte man den Begriff Frauenhandel allein auf Prostitution festlegen, würde man ihn derart verengen, daß den neuen Entwicklungen nicht mehr Rechnung getragen werden könnte.

Das gilt um so mehr angesichts der neueren Diskussion[554] in Deutschland und Europa darüber, ob Prostitution eine berufliche Tätigkeit darstellt, die unter

550 Bundesministerium für Familie, Senioren, Frauen und Jugend im Vortrag „Frauenhandel in der Bundesrepublik Deutschland“ in Tagungsdokumentation zum Seminar des STOP-Programmes der EU, 1997 in Wien, S. 9.

551 Siehe zu den Hausmädchen unter 1.2.4.3.3, S. 65 ff.

552 Unter Sklavin wird in dieser Arbeit in Anlehnung an die Konventionen zur Bekämpfung des Sklavenhandels *„die Lage einer Person, an der einzelne oder alle der mit dem Eigentumsrecht verbundenen Befugnisse ausgeübt werden“*, verstanden, Zusatzübereinkommen über die Abschaffung der Sklaverei, des Sklavenhandels und sklavereiähnlicher Einrichtungen und Praktiken, vom 7.9.56, BGBl. 1958 Teil II, S. 205 ff., abgedruckt in Fastenrath/Simma S. 116 ff., Art. 7 a); Übereinkommen betreffend die Sklaverei, vom 25. 9.26, BGBl 1972 Teil II, S. 1473, Übersetzung abgedruckt in Fastenrath/Simma S. 113 ff., Art. 1, 1.

553 Ebenso Bundesministerium für Familie, Senioren, Frauen und Jugend im Vortrag „Frauenhandel in der Bundesrepublik Deutschland“ in Tagungsdokumentation zum Seminar des STOP-Programmes der EU, 1997 in Wien, S. 9.

554 Zur Frage, ob die Ausübung der Prostitution einen Beruf darstellt, siehe vor allem Laskowski, Teil II S. 141 ff.; Außerdem siehe schriftliche Stellungnahmen zur öffentlichen Anhörung des Ausschusses für Familie Senioren, Frauen und Jugend und des Rechtsausschusses zum Thema „Beseitigung der Diskriminierung von Prostituierten“ am 14.1.1998, Ausschußdrucksache 13/292; Gesetzentwurf der Fraktion Die Grünen zur Beseitigung der rechtlichen Diskriminierung von Prostituierten, (Antidiskriminierungsgesetz Teil III - ADG III) auf BT- Drs 11/7140; Gesetzentwurf eingebracht von Abgeordneten (SPD) und der Fraktion der SPD, Gesetz zur Beseitigung der Benachteiligung der Prostituierten, BT- Drs 13/8049.

den Schutz von Art. 12 GG fällt[555]. Legt man eine derartige entmoralisierte Betrachtungsweise der Prostitution als Beruf zugrunde, erscheint es um so fragwürdiger, die Ausübung der Prostitution als charakterisierenden Anknüpfungspunkt für das Vorliegen von Frauenhandel zu wählen.

Wenn aber das Unterscheidungsmerkmal Prostitution oder Sexarbeit entfällt, bleibt die Frage, ob das Phänomen Frauenhandel ohne entsprechendes Kriterium hinreichend gekennzeichnet ist. Anstatt der Ausübung von Prostitution oder anderer Sexarbeit ist der Eingriff in die sexuelle Selbstbestimmung der Betroffenen in der Diskussion. Auf europäischer Ebene hat man sich dazu entschlossen, von Frauenhandel zu Zwecken sexueller Ausbeutung[556] zu sprechen, wobei gerade nach der jüngsten Erklärung des Europäischen Parlamentes[557] abzuwarten bleibt, ob darunter in Zukunft wie nach dem Verständnis der Europäischen Kommission[558] nur die Zwangsprostitution oder auch andere Formen von sexueller Ausbeutung z.B. in der Ehe oder in anderen Arbeitsverhältnissen gemeint sein werden. In der internationalen Staatengemeinschaft wird die Debatte über die Frage, ob die Formel *„zum Zweck sexueller Ausbeutung"* für die Definition von Frauenhandel bzw. Handel mit Personen notwendig ist, im Zusammenhang mit dem zukünftigen Zusatzprotokoll zum Handel mit Personen zur Konvention gegen Transnationale Organisierte Kriminalität intensiv geführt[559].

Auf der einen Seite wird ein solches Kriterium als unerläßlich erachtet, damit der Betroffenenkreis nicht unübersehbar ausgeweitet wird. Es bestehe die Gefahr, daß der Begriff verwässere. Wenn aber zu viele Einzelphänomene die jeweils eine spezifische Herangehensweise erfordern, unter den Begriff Frauenhandel gefaßt würden, werde es notwendigerweise immer schwerer, sich auf Maßnahmen zur Bekämpfung von Frauenhandel zu einigen[560]. Das Merkmal *„zu Zwecken sexueller Ausbeutung"* stelle zudem sicher, daß der frauenspezifische Anteil am Begriff des Frauenhandels in die Definition einfließe, da Frauen

555 So im Ergebnis Laskowski, S. 214.

556 Erstmals auf der Europäischen Konferenz zum Frauenhandel im Juni 1996 in Wien, in der Mitteilung der Kommission; anschließend in der Gemeinsamen Maßnahme vom 24. Februar 1997, S. 2, Titel I; Erklärung der Ministerkonferenz in Den Haag, Nr. I; zuletzt in derEntschließung des Europäischen Parlaments, Überschrift.

557 Entschließung des Europäischen Parlaments; siehe hierzu 2.2.1.2, S. 93 f.

558 Mitteilung der Kommission I S. 3, siehe hierzu unter 2.2.3, S. 96 ff.

559 Siehe hierzu unter 2.3.6, S. 115 ff.

560 Kirchenkreis Herne, Ökumenische Asiengruppe, 15 Points concerning Trafficking in Women, 8.-15.

generell insbesondere im Bereich der sexuellen Selbstbestimmung gravierende Eingriffe befürchten müßten[561].

Auf der anderen Seite wird argumentiert[562], daß die Problematik des Handels mit Menschen derart vielschichtig und dynamisch sei, daß die Beschränkung auf die Frage der sexuellen Ausbeutung den Anwendungskreis zu sehr verkürze. Das gelte insbesondere im Hinblick auf zukünftige oder bisher unerkannte Entwicklungen. So spricht sich etwa die Hohe Kommissarin für Menschenrechte gegen die Formulierung *„zum Zweck sexueller Ausbeutung"* aus und schlägt vor, die Begriffe *„Versklavung und Knebelung"* zu verwenden[563]. Von Seiten der Nichtregierungsorganisationen wird außerdem angeführt, daß die Beschränkung auf sexuelle Ausbeutung letztlich willkürlich sei, da es eine Reihe von Erscheinungen gebe, die Frauenhandel insgesamt gleichkommen, in denen es jedoch nicht zu sexueller Ausbeutung komme[564]. Als Beispiele werden der Handel mit Billigarbeitskräften in der Textilindustrie und der kommerzielle Handel mit Kleinkindern und Säuglingen genannt.

Nach allem erscheint es insgesamt willkürlich, Frauenhandel an dem Kriterium des Eingriffs in die sexuelle Selbstbestimmung festzumachen. Insbesondere, wenn man die Labour-Perspektive einnimmt und der Auffassung anhängt, daß Prostitution eine Art beruflicher Betätigung und damit Arbeit darstellt, ist Frauenhandel mit jeglicher Art von Zwangsarbeit eng verwandt. Benutzt man das Unterscheidungsmerkmal *„zu Zwecken sexueller Ausbeutung"* als Abgrenzungskriterium, bleibt man der rein sexuellen und damit der Zwangsprostitutionsperspektive des Frauenhandels verhaftet und kann der Tatsache, daß Frauenhandel auch mit Hausmädchen und Ehefrauen stattfindet, nicht gerecht werden. Im Ergebnis ist das Kriterium des Eingriffs in die sexuelle Selbstbestimmung zur Charakterisierung von Frauenhandel nicht geeignet.

561 Niesner u.a., Ein Traum vom besseren Leben, S. 15 f.

562 Siehe hierzu Stellungnahme der Hohen Kommissarin für Menschenrechte zum revidierten Entwurf des Zusatzprotokolls am 1. Juni 1999, A/AC.254/16, C.8; ebenso gegen die Verwendung des Kriterium „zum Zwecvke sexueller Ausbeutung": GAATW/STV/International Human Rights Law Group Human Rights Standards, Kommentar zu Definitionen S. 5.

563 Stellungnahme der Hohen Kommissarin für Menschenrechte zum revidierten Entwurf des Zusatzprotokolls am 1. Juni 1999, A/AC.254/16, C.8: *„bonded labour and servitude".*

564 Ablehnend gegenüber Sexueller Ausbeutung als Definitionskriterium: NOTRAF, NGO- Statement, Background Spiegelstrich 1-3; Wijers/Lap-Chew, S. 36, zurückgehend auf „Draft Proposal Standard Minimum Rules for the Treatment of Victims of Trafficking in Persons and Forced Labour & Slaverylike Practices" Bangkok, 4.6.1996, abgedruckt in Wijers/Lap-Chew, Annex 6; LEFÖ/FIZ, Discussion Paper, S. 24.

### 2.5.1.2 Grenzüberschreitung oder auch innerhalb nationaler Grenzen; Frauenhandel und illegale Migration

Ausgehend von dem Definitionsentwurf der IOM[565] wird auf europäischer Ebene auf die Überschreitung von nationalen Grenzen abgestellt[566]. Am deutlichsten wird das in der Definition des Verhaltenskodexe der Ministerkonferenz in Den Haag[567]. Ohne legale oder illegale Einreise in, Transit durch, Aufenthalt in ein oder Ausreise aus einem Staatsgebiet liegt demnach kein Frauenhandel vor. Es handelt sich aber um eine neuere Entwicklung, die auch darin eine Erklärung findet, daß gerade die Europäische Union in der letzten Zeit den Zustrom von Migranten zu begrenzen versucht[568]. Betrachtet man das Problem Frauenhandel unter diesem Blickwinkel, liegt es nicht fern, dieses Phänomen in einen Zuwanderungszusammenhang einzuordnen und entsprechend zu definieren.

Andererseits muß man sich vergegenwärtigen, daß diese Betrachtungsweise eine typisch europäische ist und auch hier lediglich auf die jüngere Entwicklung Bezug nimmt. Weder auf Ebene der internationalen Staatengemeinschaft, in den internationalen Konventionen, noch bei den Nichtregierungsorganisationen oder im Strafgesetzbuch findet man die Verknüpfung von Frauenhandel bzw. Menschenhandel mit der Überschreitung von nationalen Grenzen.

Allerdings weisen die NGOs ebenfalls darauf hin, daß Frauenhandel derzeit vor allem in Zusammenhang mit Migration festzustellen ist[569], und tatsächlich ist das auch der gegenwärtig am häufigsten auftretende Fall[570]. Gerade die steigende Anzahl selbständig migrierender Frauen hat entscheidend zur Zunahme von Frauenhandel beigetragen. Dennoch lehnen einige der NGOs es ab, in dem Grenzübertritt das kennzeichnende Merkmal für Frauenhandel zu sehen. Vielmehr weisen sie darauf hin, daß Frauenhandel eine Form der Ausbeutung von Frauen ist, die angesichts der verletzlichen Situation während der Migration und der steigenden Zahl weiblicher Migrantinnen diese besonders oft trifft[571].

565 IOM, Wien 1996, S. 3, 4.

566 Siehe zu diesem Argumentationstrang unter 2.5.1.2, S. 135 ff.

567 Erklärung der Ministerkonferenz in Den Haag, Nr. I.

568 So auch Brussa, Implications for NGO and GO strategies on Trafficking in Women, in Tagungsunterlagen der NOTRAF Steering Group, S. 14.

569 So in Amnesty for Women, Stellungnahme, S. 6; und in LEFÖ, Frauenhandel, S. 20.

570 Zumindest aber ist der Frauenhandel mit ausländischen Opfer der gegenwärtig am umfangreichsten dokumentierte Bereich, siehe hierzu unter 1.2.1, S. 44 ff.

571 So in Amnesty for Women, Stellungnahme, S. 6; LEFÖ, Frauenhandel, S. 20.

Ähnlich knüpft das Strafgesetzbuch zwar an eine auslandsspezifische Hilflosigkeit an, nimmt diese aber nur als ein erschwerendes Moment des Menschenhandels und nicht als Voraussetzung für dessen Vorliegen[572].

Zu unterscheiden ist zwischen denjenigen Definitionen, die den illegalen Aufenthalt oder Eintritt in das Staatsgebiet als Voraussetzung für das Vorliegen von Frauenhandel bestimmen[573], und denjenigen, die allein an den Grenzübertritt als solchen anknüpfen[574]. Die Illegalität des Aufenthalts oder der Einreise kann schon deshalb nicht charakterisierendes Element sein, weil es eine sehr große Anzahl von Betroffenen gibt, die ganz legal in die jeweiligen Zielländer einreist, z. B. als Ehefrauen, Verlobte, Künstlerinnen oder Touristinnen, und die sich, so lange sie sich gesetzeskonform verhalten, legal im Zielland aufhalten.

Vom illegalen Aufenthalt der Opfer ist der bloße Grenzübertritt, sei er legal oder illegal, als Voraussetzung von Frauenhandel zu unterscheiden. Es ist gegenwärtig eine empirische Tatsache, daß Frauenhandel vor allem im Zusammenhang mit der grenzüberschreitenden Migration von Frauen auftritt und zunimmt. Es stellt sich dennoch die Frage, ob der Migrationszusammenhang das kennzeichnende Element des Begriffs Frauenhandel ist oder ob nicht vielmehr die derzeitigen Rahmenbedingungen die Ursache dafür sind, daß Frauenhandel gegenwärtig vor allem im Zusammenhang mit grenzüberschreitender Migration stattfindet, wie beispielsweise das Wohlstandsgefälle oder das abnehmende Risiko für Täter, je arbeitsteiliger und globaler sie agieren. Ein solches Wohlstandsgefälle kann beispielsweise auch in unterschiedlichen Regionen eines Nationalstaates auftreten. Innerhalb eines größeren Nationalstaates ist auch die arbeitsteilige Vorgehensweise der Täter denkbar. Ein Beispiel: Der Vollzug des Beischlafs mit einer Jungfrau soll nach der Vorstellung vieler Chinesen lebensverlängernd und verjüngend wirken. Das ist der Hintergrund für Berichte aus Thailand, wonach vermehrt thailändische Jungfrauen an ältere Chinesen zum Vollzug des Beischlafs verkauft werden. Die Mädchen bleiben regelmäßig in Thailand, der Kunde sucht sie dort auf. Es liegt also kein Grenzübertritt des Opfers vor, weder legal noch illegal. Nach den Definitionen, die einen Grenzübertritt als Voraussetzung von Frauenhandel betrachten, liegt hier schon deshalb kein Frauenhandel vor, weil das Opfer keine nationale Grenze

572 § 180b Satz 2 STGB beginnt mit *oder*, so daß es sich bei der auslandsspezifischen Hilflosigkeit lediglich um eine Alternative handelt.

573 So in Resolution der Generalversammlung von 1994 zu Frauenhandel; 5. Spiegelstrich.

574 Europ. Parl., Initiativbericht des Ausschuß für Grundrechte, Entschließung a.; IOM., Wien 1996, S. 2; Gemeinsame Maßnahme vom 24.2.1997, S. 2 Titel I; Regierungskomitee der Europäischen Sozialcharta, Nr. II Begriffsbestimmung; Empfehlung des Europarats von 1997, Nr. 2.

überschritten hat. Wenn die Betroffene nun aber in die Volksrepublik China transportiert werden würde, läge ein Grenzübertritt vor. Die Situation ist nicht wesentlich anders, wenn das Opfer in Thailand verbleibt. Oder noch deutlicher: wenn ein thailändisches Opfer nach China verkauft und dorthin transportiert wird, könnte Frauenhandel nach den Definitionen vorliegen, die einen Grenzübertritt als Voraussetzung postulieren, nicht hingegen, wenn ein chinesisches Opfer beispielsweise aus der Provinz Yunnan[575] nach Peking verbracht wird und das, obwohl es sich dabei um nahezu die gleiche Entfernung handeln kann, allein wegen des fehlenden Grenzübertritts.

Dieses Beispiel verdeutlicht, daß es letztlich vom Zufall abhängt, ob das Opfer des Frauenhandels zu irgendeinem Zeitpunkt eine nationale Grenze überschreitet oder nicht. Der Grenzübertritt kann daher nicht kennzeichnendes Element einer Definition sein.

Es ist nicht überraschend, daß dieses Defintionselement gerade von den Institutionen der Europäischen Staatengemeinschaft verwendet wird, denn einerseits ist es gegenwärtig in der Europäischen Gemeinschaft ein wichtiges gemeinsames politisches Ziel, die illegale Zuwanderung zu bekämpfen, und zum zweiten liegen die nationalen Grenzen gerade in Europa so nahe beieinander, so daß schon wegen dieses Faktums in der Regel im Zusammenhang mit Frauenhandel in Europa auch eine der Nationalgrenzen überschritten sein wird.

#### 2.5.1.3 Protektionismus oder illegitime Willensbeinflussung der Opfer

Zwei sehr gegensätzliche Positionen sind zum einen der Protektionismus und andererseits diejenigen Definitionen, die von der illegitimen Willensbeeinflussung des Opfers z. B. in Form von Zwang oder Täuschung als Voraussetzung von Frauenhandel ausgehen. Den Vertretern protektionistischer Ansichten zufolge gilt es, Unzucht als solche zu verhindern, und zwar unabhängig davon, ob die einzelne Frau sich für ihre Tätigkeit freiwillig entschieden hat. Folglich müssen die Opfer auch vor ihren eigenen Handlungen geschützt werden. Auffällig ist allerdings, daß diese protektionistische Auffassung überhaupt nur im Zusammenhang mit dem Handel in die Sexarbeit vertreten wird. So betrachtet die Konvention zur Unterdrückung des Menschenhandels und der Ausbeutung von Prostituierten[576] die Prostitution als das zu bekämpfende Übel, unabhängig davon, ob sich die jeweilige Frau für diese Tätigkeit entschieden hat. Diese

575 Die Provinz Yunnan ist die sechstgrößte Provinz der Volksrepublik China und grenzt im Süden an Burma, Laos und Vietnam.

576 Bekannt als 1949er Konvention gegen den Menschenhandel, siehe hierzu auch unter 2.3.2, S. 107 f.

protektionistische Auffassung der Prostitution gegenüber findet sich aber nicht nur in den älteren Konventionen, sondern sie taucht auch in jüngerer Zeit immer wieder auf. So vertrat noch Anfang 1998 die European Womens Lobby[577] die Ansicht, daß es keinen Unterschied zwischen Prostitution und Zwangsprostitution gebe und beide gleichermaßen verwerflich seien[578]. Die Frage, ob es Voraussetzung für das Vorliegen von Frauenhandel ist, daß eine illegitime Willensbeeinflussung auf das Opfer stattgefunden hat oder nicht, läßt sich angesichts der Tatsache, daß die Gegenauffassung nur im Zusammenhang mit Prostitution vertreten wird, nicht von der Frage trennen, ob generell die Ausübung der Prostitution derart verwerflich erscheint, daß jede Frau davor bewahrt werden muß, dieser unsittlichen Tätigkeit nachzugehen.

Gegenwärtig wird in Mitteleuropa und Deutschland, wie bereits mehrfach angesprochen, diskutiert, ob die Ausübung der Prostitution einen Beruf darstellt und welche Maßnahmen getroffen werden können, um die Diskriminierung von Prostituierten zu beseitigen[579]. In den meisten Ländern der Europäischen Union ist die Ausübung der Prostitution nicht verboten[580]. Daraus läßt sich ableiten, daß zumindest in Europa die Ausübung der Prostitution als solche nicht mehr bekämpft, sondern in den meisten Staaten reguliert wird, um die Auswirkungen der Prostitution auf Dritte so gering wie möglich zu halten. Dieser Umgang mit Prostitution ist Ausdruck einer sich wandelnden Sexualmoral vor allem in Europa und läßt sich daher international nicht auf andere Gesellschaften übertragen. Da sich umgekehrt aber auch rigidere Vorstellungen gegenüber der Prostitution nicht auf die derzeitige Situation in Europa und Deutschland übertragen lassen, erscheint jedenfalls eine Position, nach der alle Frauen vor der Prostitution bewahrt werden müssen, nicht mehr haltbar. Angesichts der gegenwärtigen Entwicklung in Europa sollte sich eine Definition des international auftretenden Frauenhandels einer Wertung gegenüber der Prostitution enthalten und andere Merkmale zur Charakterisierung heranziehen.

Dann verbietet sich aber auch die protektionistische Sichtweise in einer Definition insgesamt, denn die Auffassung, nach der Frauen vor ihren freiwillig

577 EWL, Dachverband europäischer Frauenorganisationen.

578 So in EWL, Statement on Prostitution, S. 1.

579 Vergleiche hierzu vor allem Laskowski, Die Ausübung der Prostitution, ein verfassungsrechtlich geschützter Beruf im Sinne von Art. 12 Abs. 1 GG; Ausschuß für Familie, Senioren, Frauen und Jugend und Rechtsauschuß, Ausschußdrucksache 13/292.

580 Trotz möglicherweise stark regulierender Gesetze ist Prostitution für die Prostituierten nicht generell unter Strafe gestellt in: Belgien, Dänemark, Frankreich, Deutschland, Griechenland, Irland, Italien, Portugal, Spanien, Schweden, Niederlande, Großbritannien und Finnland, entnommen EUROPAP, Country Reports.

gewählten Handlungen geschützt werden müssen, wird nur im Zusammenhang mit der Ablehnung von Prostitution vertreten. Es gibt niemanden, der ernsthaft der Ansicht ist, daß Frauen grundsätzlich davor bewahrt werden müssen, etwa ins Ausland zu heiraten oder dort eine Position als Haushaltshilfe anzunehmen.

#### 2.5.1.3.1 Formen illegitimer Willensbeeinflussung

Die Vertreter von nicht protektionistischen Ansichten differenzieren zwischen der freiwilligen auf der Basis von zutreffenden Informationen selbst gewählten Tätigkeit und der illegitimen Beeinflussung dieser Wahl[581]. Die Unfreiwilligkeit wird in der Regel durch eine Aufzählung von Formen illegitimer Einflußnahme beschrieben. Unterschiede treten zwischen den Definitionen dann hinsichtlich der konkreten Formen dieser illegitimen Willensbeeinflussung auf. Manche Definitionen wie die des Regierungskomitees der Europäischen Sozialcharta[582], des Europarates[583] oder der GAATW/STV[584] führen die möglichen Formen enumerativ auf. Andere Definitionen verwenden lediglich den Begriff Ausbeutung[585], ohne ihn weiter zu erläutern.

Nach keiner Definition kommt es darauf an, an welchem Ort, ob im Herkunfts- oder Zielland oder während der Migration, die illegitime Willensbeeinflussung stattfindet, Gewalt geübt oder damit gedroht wurde. Es ist also denkbar, daß eine Frau sich zunächst freiwillig entscheidet, in den Migrationsprozeß einzutreten, und erst im Laufe der Migration bedroht oder getäuscht wird oder aber erst im Zielland feststellt, unter welchen konkreten Arbeitsbedingungen sie tätig sein muß, und erst dort gezwungen wird, diese Arbeitsbedingungen zu akzeptieren.

In den einzelnen enumerativ aufgebauten Definitionen werden jeweils verschiedene Formen der Einflußnahme auf das Opfer aufgeführt. Keine der Aufzählungen ist in sich abschließend, die meisten enthalten explizit eine Art Auffangformel für sonstige Erscheinungen. Im Folgenden werden alle verwendeten Merkmale der vorgestellten Definitionen vollständig aufgeführt. Die jeweils inhaltlich zusammengehörigen Begriffe stehen unter einem Punkt nebeneinander:

581 Siehe zu den jeweiligen Anforderungen an die illegitime Willensbeeinflussung ausführlich unter 2.1, 2.2 und 2.4, S. 87 bis 128.

582 Regierungskomitee der Europäischen Sozialcharta, Nr. II Begriffsbestimmung.

583 Empfehlung des Europarates von 1997, Nr. 2.

584 Wijers/Lap-Chew, S. 36.

585 So Resolutionen der Generalversammlung von 1994, 1995 und 1996 zu Frauenhandel; Bericht des Generalsekretärs von 1996; II A 3. B.

- Anwendung von Zwang[586], von Gewalt[587], von Nötigung[588], körperlicher oder sexueller Mißbrauch[589], Bedrohung[590], Drohung mit Gewalt[591]
- Täuschung[592], Irreführung[593]
- Mißbrauch einer Machtstellung[594], Autoritätsmißbrauch[595]
- Ausnutzung einer schwierigen oder von Behördenwillkür verursachten Situation[596], Ausnutzen einer Zwangslage oder einer auslandsspezifischen Hilflosigkeit[597], Ausnutzen eines Abhängigkeitsverhältnisses[598].
- sonstige Formen des Mißbrauchs oder von Zwang[599]; sonstiger Druck in einer Weise, daß die betroffene Frau keine echte oder annehmbare Alternative hat, als sich diesem Druck oder Mißbrauch zu beugen[600]
- Schuldknechtschaft[601]

Nach dieser vollständigen Auflistung der überhaupt in den vorgestellten Definitionen aufgeführten Beschreibungen soll im Folgenden, nach den Spiegel-

586 Europ. Parl., Initiativbericht des Ausschuß für Grundfreiheiten, 1).

587 Mitteilung der Kommission I S. 5 unten; Erklärung der Ministerkonferenz in Den Haag, Nr. I S. 3; Regierungskomitee der Europäischen Sozialcharta, Nr. II Begriffsbestimmung; Übereinkommen gegen Mädchenhandel von 1910, RGBl. 1913, S. 31 ff.; Wijers/Lap-Chew, S. 36.

588 Erklärung der Ministerkonferenz in Den Haag, Nr. I S. 3; Empfehlung des Europarates von 1997, Nr. 2.

589 IOM, Wien 1996, S. 2; Mitteilung der Kommission, S. 5; Empfehlung des Europarates von 1997, Nr. 2 .

590 Regierungskomitee der Europäischen Sozialcharta, Nr. II Begriffsbestimmung

591 Gemeinsame Maßnahme vom 24. Februar 1997, S. 2; Erklärung der Ministerkonferenz in Den Haag, Nr. I S. 3; Regierungskomitee der Europäischen Sozialcharta, Nr. II Begriffsbestimmung; Übereinkommen gegen Mädchenhandel von 1910, RGBl. 1913, S. 31 ff.; Wijers/Lap-Chew, S. 36.

592 IOM, Wien 1996, S. 2; Gemeinsame Maßnahme vom 24. Februar 1997, S. 2; Erklärung der Ministerkonferenz in Den Haag, Nr. I S. 3; Übereinkommen gegen Mädchenhandel von 191, RGBl. 1913, S. 31 ff.; Wijers/Lap-Chew, S. 36,.

593 Regierungskomitee der Europäischen Sozialcharta, Nr. II Begriffsbestimmung.

594 Gemeinsame Maßnahme vom 24. Februar 1997, S. 2; Regierungskomitee der Europäischen Sozialcharta, Nr. II Begriffsbestimmung; Empfehlung des Europarates von 1997, Nr. 2; Wijers/Lap-Chew, S. 36.

595 Erklärung der Ministerkonferenz in Den Haag, Nr. I S. 3.

596 Europ. Parl., Initiativbericht des Ausschuß für Grundfreiheiten, 1).

597 So in § 181 StGB, vgl.: 2.1, S. 87 ff.

598 Empfehlung des Europarates von 1997, Nr. 2.

599 IOM, Wien 1996, S. 2; Übereinkommen gegen Mädchenhandel von 1910, RGBl. 1913, S. 31 ff.; Wijers/Lap-Chew, S. 36.

600 Gemeinsame Maßnahme vom 24. Februar 1997, S. 2; Erklärung der Ministerkonferenz in Den Haag, Nr. I S. 3; Regierungskomitee der Europäischen Sozialcharta, Nr. II Begriffsbestimmung.

601 Wijers/Lap-Chew, S. 36.

punkten sortiert, erörtert werden, welche der Formulierungen die tatsächlich auftretende Willensbeeinflussung im Zusammenhang mit Frauenhandel jeweils am zutreffendsten beschreibt.

Daraus ergibt sich in der Gesamtschau der Ergebnisse schließlich eine exemplarische, nicht abschließende Auflistung von Faktoren illegitimer Willensbeeinflussung als Definitionsmerkmale von Frauenhandel.

###### 2.5.1.3.1.1 Gewalt, Drohung mit Gewalt

Unter dem ersten und zweiten Punkt finden sich die Merkmale Gewalt und Drohung mit Gewalt in unterschiedlicher Formulierung. Bei Gewalt und Drohung mit Gewalt handelt es sich um die stärksten Einflußfaktoren, so daß es sich von selbst ergibt, daß Frauenhandel jedenfalls dann vorliegt, wenn auf das Opfer Gewalt ausgeübt oder es bedroht wurde. Dabei ist es unerheblich, ob es sich dabei um vis absoluta oder vis compulsiva handelt und ob die Drohung oder die Gewalt gegenüber dem Opfer selbst oder einer dritten Person erfolgt.

###### 2.5.1.3.1.2 Täuschung

Mit dem Merkmal Täuschung werden diejenigen Fälle beschrieben, in denen die Entscheidung der Opfer, sich auf die Migration einzulassen, auf einer bewußt falsch herbeigeführten Informationsgrundlage gefällt wird. Beispiele dafür sind das Angebot einer Arbeit als Kellnerin oder Tänzerin oder das Versprechen, es sei ganz einfach, einen Ehemann in Deutschland zu finden. Die Täuschung führt also unmittelbar dazu, daß sich die Frau auf ein Geschehen einläßt, in dessen Verlauf sie zum Opfer von Frauenhandel wird.

Hinzu kommt oft, daß die Täuschung das Opfer im Zielland in eine Situation bringt, in der es später leicht dazu bewegt werden kann, z.B. der Prostitution nachzugehen, oder auf andere Weise auf die sexuelle Selbstbestimmung zu verzichten. Die Täuschung kann also auch dazu dienen, eine schwierige Lage für das Opfer herbeizuführen, die ihrerseits dann von den Händlern zu ihren Zwecken ausgenutzt werden kann. Insofern wird Täuschung in vielen Fällen angewandt, um anschließend die so entstandene schwierige Situation des Opfers ausnutzen zu können[602].

###### 2.5.1.3.1.3 Mißbrauch einer Machtstellung, Autoritätsmißbrauch

Diejenigen Definitionen, in denen die illegitime Willensbeeinflussung als Voraussetzung von Frauenhandel postuliert wird, verwenden, sofern sie einzelne Merkmale aufzählen, überwiegend das Kriterium des Mißbrauchs einer Macht-

602 Zum Ausnutzen einer schwierigen Situation siehe unter 2.5.1.3.1.4, S. 142.

stellung oder einer Autoritätsstellung. Mit diesem Merkmal sollen verschiedene tatsächliche Phänomene erfaßt werden, unter anderem der Mißbrauch einer dominanten sozialen Stellung oder einer besonderen Vertrauens- oder Machtposition innerhalb der Familie der Betroffenen, aber auch die abhängige Lage einer Frau, die dadurch entsteht, daß ihr vom Täter die persönlichen Dokumente abgenommen wurden[603]. Macht- oder Autoritätsmißbrauch impliziert das Ausnutzen einer besonderen Position des Täters. Das Merkmal eines Macht- oder Autoritätsmißbrauches ist zwar relativ vage, wird jedoch z.B. auch in Zusammenhang mit sexuellem Mißbrauch in der Psychotherapie diskutiert[604] und ist daher im deutschen Rechtsraum nicht völlig unbekannt. Im Rahmen einer Aufzählung kann ein solches Merkmal gerade im Zusammenspiel mit einer anschließenden Auffangformel eine klarstellende Funktion als vorangestelltes Beispiel erfüllen.

2.5.1.3.1.4 Ausnutzung einer schwierigen Lage

Ähnlichkeit mit dem Ausnutzen einer Machtposition hat das Merkmal Ausnutzen einer bereits bestehenden schwierigen Situation durch den Täter, wobei diese bestehende Situation nicht direkt von der Person des Täters auszugehen braucht. In den vorgestellten Definitionen wird das Ausnutzen einer Zwangslage, eines Abhängigkeitsverhältnisses oder einer auslandsspezifischen Hilflosigkeit angeführt, aber auch das Ausnutzen einer schwierigen Situation, die durch Behördenwillkür entstanden ist.

Gemeinsam ist diesen Vorschlägen, daß es sich dabei um Situationen handelt, die bereits aufgrund externer Faktoren bestehen, die den Handlungsspielraum des Opfers einschränken und dann vom Täter dazu benutzt werden, den Willen des Opfers zu beugen. Im deutschen Strafrecht versteht man unter Hilflosigkeit eine konkrete Lage, aus welcher das Opfer sich nicht aus eigener Kraft befreien kann. Auslandsspezifisch ist diese Hilflosigkeit, wenn sie darauf beruht, daß das Opfer sich in einem fremden Land befindet[605]. Vereinzelt wird in eben dieser Ausnutzung der zumeist materiellen Not ausländischer Tatopfer und der daraus resultierenden auslandspezifischen Hilflosigkeit im Zielland gerade

603 So im einzelnen auch Wijers/Lap-Chew, S. 38.

604 Insgesamt erinnern beide Formulierungen an die kürzlich in Deutschland geführte politische Auseinandersetzung im Zusammenhang mit einer eventuellen Einführung eines § 174 c StGB „Sexueller Mißbrauch in der Psychotherapie". In diesem Kontext wurde erstmals das Ausnutzen einer besonderen Stellung (so in dem Gesetzentwurf von Bündnis 90/Die Grünen, BT- Drs 13/8548, S. 4) oder die Ausnutzung eines Betreuungsverhältnisses (so der Gesetzentwurf der Bundesregierung, BT- Drs 13/8267, S. 3) als Tatbestandsmerkmal diskutiert.

605 Lackner § 180 b, RNr. 8.

das besonders Anstößige von Menschen- und Frauenhandel gesehen[606]. Andererseits besteht angesichts der von den Betroffenen verfolgten wirtschaftlichen Ziele in vielen Fällen die eigentliche Bedrohung in der zwangsweisen Aufenthaltsbeendingung[607].

Letztlich handelt es sich folglich ebenso um eine Bedrohung mit einem empfindlichen Übel oder aber um den Einsatz eines Druckmittels, dem sich das Opfer beugt, weil es keine andere Alternative für sich sieht. Die Tatsache, daß eine bereits bestehende Zwangslage ausgenutzt wird, ist insofern nicht wesentlich verschieden von einer Situation, in der die Zwangslage erst geschaffen wird. Ausschlaggebend ist, daß das Opfer keine andere Wahl hat oder zu haben meint. Folglich findet sich das Element des Ausnutzens einer bereits bestehenden schwierigen Situation letztlich in der unten erläuterten Auffangformel wieder. Fügt man in die Aufzählung jedoch Ausnutzen eines Abhängigkeitsverhältnisses mit ein, hat dies einen klarstellenden Charakter. Die Formel *„sonstiger Druck... “* wird dadurch anschaulicher.

#### 2.5.1.3.1.5 Sonstige Formen von Zwang, Auffangformel

Die meisten Aufzählungen von Faktoren illegitimer Willensbeeinflussung enthalten eine Auffangformel[608]. Zum einen wird dadurch verdeutlicht, daß es sich um eine exemplarische und damit nicht abschließende Aufzählung handelt. Zum anderen erscheint eine solche Formel unerläßlich, um der Vielfalt der tatsächlich auftretenden Druckmechanismen und der dynamischen Entwicklung im Zusammenhang mit dem gegenwärtig auftretenden Frauenhandel gerecht werden zu können.

Die einzelnen Definitionen unterscheiden sich lediglich im Hinblick auf ihre konkrete Formulierung. So lauten sie: „sonstige Formen des Mißbrauchs“, „sonstige Formen von Zwang“ oder „sonstiger Druck in einer Weise, daß die betroffene Frau keine echte oder annehmbare Alternative hat, als sich diesem Druck oder Mißbrauch zu beugen“[609]. Die dritte Alternative ist am klarsten gefaßt. Sie geht eindeutig von den Auswirkungen des auf das Opfer ausgeübten Druckes aus, selbst wenn dieser nur subjektiv wahrgenommen wird. Keine echte oder annehmbare Alternative bedeutet, daß es entweder tatsächlich keine andere

606 Schroeder, JZ 1995, 237, m.w.N.

607 Schroeder, JZ 1995, 237.

608 So auch in IOM, Wien 1996, S. 2 Übereinkommen gegen Mädchenhandel von 1910, RGBl. 1913, S. 31 ff.; Wijers/Lap-Chew, S. 36; Gemeinsame Maßnahme vom 24. Februar 1997, S. 2; Erklärung der Ministerkonferenz in Den Haag, Nr. I S. 3; Regierungskomitee der Europäischen Sozialcharta, Nr. II Begriffsbestimmung.

609 Siehe Fußnote 600.

Alternative gibt oder aber bei dem Opfer der Eindruck entsteht, es habe keine Alternative. Das ist auch dann der Fall, wenn jede andere Möglichkeit aus Sicht des Opfers nur eine Verschlechterung der bestehenden Situation darstellen würde, wenn also im Vergleich zu der Fortführung der bestehenden Situation keine andere Alternative für die Frau eine bessere Lebensperspektive bietet. Diese Klarstellung schließt damit auch diejenigen Opfer ein, denen subjektiv jede andere Alternative als bedrohlich erscheint, auch wenn das aus der Perspektive eines objektiven Beobachters bisweilen schwer nachzuvollziehen ist. So stellt z.B. die Vorstellung, ins Heimatland zurückreisen zu müssen oder sogar abgeschoben zu werden, für eine beträchtliche Anzahl von Frauen eine Bedrohung dar.

Die Formulierung einer Auffangformel mit dem Element *„keiner echten oder annehmbaren Alternative"* schließt also auch alle diejenigen Frauen in eine Definition von Frauenhandel mit ein, die sich schließlich aus der vorgefundenen Situation nicht mehr lösen können, weil ihnen jede Alternative als schlechter erscheint, und das obwohl sie sich ursprünglich nicht für die tatsächliche Situation entschieden hätten. Die Sichtweise der Frau kann sich aufgrund ihrer Erfahrungen oder auch ihrer Resignation durch den erlebten Frauenhandel verändern. Wichtig als Anknüpfungspunkt für die Definition von Frauenhandel ist daher nur, daß sie zu irgendeinem Zeitpunkt gezwungen wurde, ihren Willen zu beugen, was gerade mit der fehlenden Lebensalternative als Druckmittel geschehen kann.

Insgesamt erfaßt daher die Formulierung *sonstiger Druck in einer Weise, daß die betroffene Frau keine echte oder annehmbare Alternative hat, als sich diesem Druck zu beugen*, als Auffangformel das tatsächliche Phänomen am besten.

Auffangformeln dieser Art werden gelegentlich als zu unbestimmt und damit wenig nützlich für eine Definition kritisiert. Es ist jedoch zu berücksichtigen, daß die Formulierung lediglich eine Ergänzung der vorangestellten exemplarischen, nicht abschließende Aufzählung von illegitimen Einflußfaktoren darstellt.

#### 2.5.1.3.1.6 Schuldknechtschaft

Schuldknechtschaft als illegitimer Einflußfaktor wurde von den NGOs in die Definitionsdiskussion eingebracht. Unter Schuldknechtschaft wird in diesem Zusammenhang die Verpfändung der eigenen Arbeitskraft als Sicherheit für einen Kredit verstanden, wenn der Wert der Arbeit nicht für die Abzahlung der

Schuld ausreicht oder der Zeitraum des Schuldverhältnisses unbegrenzt ist[610]. Die Schuldknechtschaft ist ein Begriff, der sonst in juristischen Formulierungen nicht auftaucht, verhältnismäßig unbestimmt bleibt und insgesamt wenig handhabbar erscheint. Die dem Begriff zugrunde liegenden realen Fälle derjenigen Opfer, die durch die Aufnahme von Schulden zur Finanzierung ihrer Migration ganz gezielt in ein Abhängigkeitsverhältnis gebracht und anschießend in diesem gehalten werden, indem sich die Schulden aufgrund vielfältigster Umstände immer weiter vermehren, ist jedoch einer der am häufigsten beobachteten Fälle im Zusammenhang mit dem Auftreten von Frauenhandel. Typischerweise existiert die Schuldknechtschaft nicht real, sondern eher in der Vorstellung der Opfer. In den meisten Fällen sind die Schulden der Opfer nicht so groß wie angenommen, die Verzinsung wucherisch oder es werden absurde Entgelte verlangt wie z.B. 100,-- DM für ein Essen oder 50,-- DM für das Öffnen eines Fensters. Real sind oftmals nur die Schulden im Heimatland, die wiederum, wenn das Ausbeutungsverhältnis nicht bestünde, leicht von den Frauen abgearbeitet werden könnten.

Es kommt also abermals darauf an, daß das Opfer den Eindruck einer ausweglosen Situation erhält und für sich keine Alternative sieht, als seinen Willen zu beugen. Dann ist aber auch die Schuldknechtschaft mit der oben formulierten Auffangformel *„sonstiges Druckmittel dergestalt, daß der betreffenden Person keine andere realistische oder annehmbare Wahl bleibt, als sich dem ausgeübten Druck oder Mißbrauch zu unterwerfen"* identisch. Wenn sich das Opfer lediglich aufgrund einer gezielten Desinformation über die Ausweglosigkeit seiner Schuldensituation irrt, ist die Schuldknechtschaft außerdem oder alternativ von dem Merkmal *Täuschung* mit umfaßt. Es ist daher nicht notwendig und angesichts der schwierigen Handhabbarkeit des Begriffs auch nicht geboten, die Schuldknechtschaft in der Aufzählung der Formen illegitimer Willensbeeinflussung explizit mit aufzuführen.

#### 2.5.1.3.2 Zusammenfassung von Faktoren illegitimer Willensbeeinflussung als Definitionsmerkmale von Frauenhandel

Faßt man die Ergebnisse des Vorausgehenden zusammen, so sind diejenigen Formen illegitimer Willensbeeinflussung, die als Anknüpfungspunkt für Frauenhandel geeignet sind, *Gewalt, Drohung mit Gewalt, Täuschung, Mißbrauch einer Machtstellung oder eines Abhängigkeitsverhältnisses.* Dazu tritt zur

610 So Wijers/Lap-Chew, S. 38 in Anlehnung an das Zusatzübereinkommen über die Abschaffung der Sklaverei Art. 1 und 7 und an das Übereinkommen betreffend die Sklaverei, Art. 1; beide Abkommen sind abgedruckt in Fastenrath/Simma, S. 112 ff.

Komplettierung der exemplarischen, nicht abschließenden Aufzählung die als Auffangformel bezeichnete Formulierung: *oder sonstige Druckmittel, dergestalt, daß der betreffenden Frau keine andere realistische oder annehmbare Wahl bleibt, als sich dem ausgeübten Druck zu unterwerfen.*

#### 2.5.1.4 Gewinnorientierung und Behandlung der Frauen als Ware

Das Merkmal der Gewinnorientierung Dritter wird in einigen der vorgestellten Definitionen als kennzeichnend für das Phänomen angeführt[611]. So wird beispielsweise im StGB für Menschenhandel formuliert: *„seines eigenen Vermögensvorteils wegen"*, in der Definition des Verhaltenskodexes der Ministerkonferenz[612] *„zum Zweck gewinnbringender sexueller Ausbeutung"*; die Konvention von 1904 wendet sich gegen *das „verbrecherische Geschäftstreiben"*. Das Merkmal der Gewinnorientierung Dritter wird jedoch nicht durchgängig zur Definition von Frauenhandel herangezogen. Besonders auffällig ist dabei die jüngere Entwicklung auf der Ebene europäischer Institutionen. So ist die Gewinnorientierung Merkmal für die IOM[613] und darauf aufbauend für den Ministerrat[614] und die Ministerkonferenz in Den Haag[615], nicht aber für die Europäische Kommission[616] und das Regierungskomittee der Europäischen Sozialcharta[617], obwohl auch die beiden letzten Definitionen ebenso wie die ersten auf demselben Grundverständnis des Phänomens Frauenhandel beruhen. Die von der internationalen Staatengemeinschaft entwickelten Definitionen hatten ursprünglich, so in der Konvention von 1904[618], das Moment des Geschäftstreibens in der Definition enthalten. Auch in den jüngeren Resolutionen der Generalversammlung[619] und dem Bericht des Generalsekretärs[620] taucht das Merkmal Gewinnorientierung Dritter wieder auf. In der Zwischenzeit von Anfang

611 So unter anderem in den Definitionen der IOM, Wien 1996, S. 2; Erklärung der Ministerkonferenz in Den Haag, Nr. I S. 3; den Resolutionen Traffic in Women and Girls vom 12.12.1996, A/RES/66; vom 22.12.1995 A/RES/50/3167; vom 23.12.1994, A/RES/49/166.

612 Erklärung der Ministerkonferenz in Den Haag, Nr. I S. 3.

613 IOM, Wien 1996, S. 2, siehe hierzu unter 2.2.2, S. 94 ff.

614 Gemeinsame Maßnahme vom 24. Februar 1997, S. 2, Titel I; siehe hierzu unter 2.2.4, S. 97 f.

615 Erklärung der Ministerkonferenz in Den Haag, Nr. I S. 3, siehe hierzu unter 2.2.5, S. 101 f.

616 Mitteilung der Kommission, S. 4; siehe hierzu unter 2.2.3, S. 96 f.

617 Regierungskomitee der Europäischen Sozialcharta, Nr. II Begriffsbestimmung, siehe hierzu unter 2.2.6, S. 101.

618 Abkommen zwischen dem Deutschen Reiche und anderen Staaten über Verwaltungsmaßregeln zur Gewährung wirksamen Schutzes gegen den Mädchenhandel, RGBl. 1905, S. 695 ff.

619 Resolutionen der Generalversammlung von 1994, 1995 und 1996 zu Frauenhandel

620 Bericht des Generalsekretärs von 1996, II A 3. B.

des 20. Jahrhunderts, 1904, bis in die jüngere Zeit hingegen spielte die Gewinnorientierung Dritter in den Definitionen keine Rolle.

Diejenigen Definitionen, die das Element der Gewinnorientierung Dritter nicht als kennzeichnend für den Begriff Frauenhandel betrachten, haben entweder die Bekämpfung der Unzucht und der Prostitution, die Verhinderung des illegalen Grenzübertrittes oder aber wie die Definitionen, die von NGOs entwickelt wurden[621], den auf die Frauen ausgeübten Zwang oder eine sonstige Willensbeeinflussung als besonderen Anknüpfungspunkt für die Erfassung des Phänomens Frauenhandel. Weder die Ausübung der Prostitution noch der legale oder illegale Grenzübertritt stellen jedoch nach der hier vertretenen Auffassung die kennzeichnende Elemente von Frauenhandel dar. Die illegitime Willensbeeinflussung durch Dritte ist hingegen ein kennzeichnendes Merkmal. Ob das allein jedoch ausreicht, um das tatsächliche Phänomen zu erfassen, ist fraglich[622].

Schon aus dem Wortsinn des Begriffs Frauenhandel ergibt sich, daß hier ein auch wirtschaftlicher Vorgang nämlich der Handel mit Frauen bezeichnet wird. Unter Handel versteht man gemeinhin den Kauf und Verkauf von Waren[623]. Dem Wortsinn nach bezeichnet Frauenhandel demnach den Kauf und Verkauf von Frauen. Antrieb für Handel ist zumeist eine Gewinnvorstellung derjenigen, die den Handel betreiben. Zumindest aber versprechen sich die Akteure von dem Handel für sich einen wie auch immer gearteten Vorteil. Auch bei dem gegenwärtig tatsächlich auftretenden Frauenhandel existiert immer eine dritte Person, die den Frauenhandels vorantreibt.

Die Frage ist, ob für alle diese dritten Personen der zu erwartende Gewinn im Sinne eines wirtschaftlichen Vorteils Motiv für Frauenhandel ist. Diese Frage läßt sich für kriminelle Organisationen relativ einfach bejahen. Ebenso ist davon auszugehen, daß auch bei Einzelpersonen, der zweiten typischen Tätergruppe, Tatmotiv der eigene Vermögensvorteil ist. Schwieriger ist diese Frage für die dritte Gruppe der typischen Akteure im Zusammenhang mit Frauenhandel zu beantworten: Familie und Freunde. Wenn die Migrationswege über Familie und Freunde organisiert werden, ist zwar ebenfalls oftmals ein möglicher wirtschaftlicher Nutzen für die Akteure das Motiv, aber nicht immer steht diese Frage so eindeutig im Vordergrund. Zu denken ist beispielsweise an diejenigen

621 Siehe hierzu unter 2.4, S. 117 ff.

622 So wird beispielsweise in der jüngsten Definition von NGOs in den HRS neben der illegitimen Willenbeeinflussung das zusätzliche Vorliegen einer Mißbrauchs- oder Ausnutzungsintention des Täters für das Vorliegen von Handel mit Personen verlangt; siehe hierzu unter 2.4.5, S. 125 ff.

623 So auch Duden, Bedeutungswörterbuch, S. 321.

Frauen, die bereits negative Erfahrungen im Aufenthaltsland gemacht haben und dennoch dabei kooperieren, ihre Verwandten und Freunde nachzuholen. Oftmals profitieren diese nicht materiell von der Migration der nachgeholten Frauen. Dennoch erhalten häufig auch Freunde und Verwandte bei dieser Form des Frauenhandels einen Vorteil[624]. So kann es im Zusammenhang mit sexueller Ausbeutung vorkommen, daß entweder der Kontakterin vermeintliche eigene Schulden teilweise erlassen werden, weil die später nachgeholte Frau nun ebenfalls diese Schulden abarbeitet, oder die Kontaktperson muß selbst nicht mehr so oft sexuelle Dienstleistungen ausführen und übernimmt in Zukunft eher Überwachungs- und Organisationsaufgaben. Auch bei der Heiratsmigration profitieren die Migrationshelfer oft davon, daß sie Frauen in das Zielland holen. Die Ehemänner aus der neuen Verbindung dokumentieren ihre Dankbarkeit über die Herstellung der Verbindung nicht selten durch Geschenke an die vermittelnden Personen oder ähnliches. Oft fällt auch in diesen familiären oder Bekanntschaftsverhältnissen zumindest eine kleine Vermittlungsprovision an, und sei es nur dadurch, daß die Visagebühren oder Verpflegungsaufwendungen bei der Migrationshilfe geringer sind als angenommen und die im Voraus gezahlten Gelder für Auslagen im nachhinein nicht zurückerstattet werden müssen. Es erscheint daher angemessen, das Moment der Bereicherung oder des Vorteils einer dritten Person als wesentliches Merkmal für Frauenhandel aufzuführen, wobei es sich allerdings nicht notwendig um einen Vermögensvorteil handeln muß, denn der Vorteil des Dritten kann auch immateriell sein.

Der hier verwandte Vorteilsbegriff ist angelehnt an den der Vorteilsnahme im deutschen Strafgesetzbuch § 331 StGB. Danach ist jede Leistung, die den Vorteilsnehmenden materiell oder immateriell in seiner wirtschaftlichen, rechtlichen oder auch nur persönlichen Lage objektiv besserstellt -bei Hinzutreten der weiteren Tatbestandsvoraussetzungen nach § 331 StGB wie Amtsträgerschaft etc.- ein Vorteil[625]. Darunter fällt etwa auch die Annahme sexueller Handlungen[626].

Das Merkmal Bereicherung oder Vorteil eines Dritten ist zur Definition des Begriffs Frauenhandel auch wegen der Abgrenzung zu einem bloßen Sexualdelikt z.B. zu sexueller Nötigung unumgänglich. Allein die Beeinträchtigung der Selbstbestimmung mit den aufgeführten Mitteln kennzeichnet Frauenhandel eben nicht. Hinzu treten muß die spezifische Behandlung des Opfers als Ware,

624 Vorteil hier im Sinne von § 331 StGB.

625 Tröndle/Fischer § 331 RNr. 11; Lackner, § 331 RNr. 4 ff.; Schwieger S. 157 ff. m.w.N.

626 BGH v. 29.3.1994 Strafverteidiger 1994, 527, 528.

also als Objekt, mit Hilfe dessen sich der Täter selbst bereichert oder einen sonstigen Vorteil erlangt.

### 2.5.2 Zusammenfassung der aus den bekannten Definitionen abgeleiteten Definitionskriterien

Die vorstehende Diskussion der jeweiligen Definitionsmerkmale führt zusammenfassend zu den folgenden Ergebnissen:

Eine Definition von Frauenhandel sollte sich einer Wertung gegenüber der Prostitution an sich enthalten. Anknüpfungspunkt auf dieser Ebene ist vielmehr der Eingriff in die Selbstbestimmung des Opfers.

Frauenhandel tritt zwar gegenwärtig besonders häufig im Zusammenhang mit Migration auf, der Grenzübertritt oder die Migration selbst stellt jedoch kein charakterisierendes Merkmal des Phänomens dar.

Demgegenüber ist die Frage, ob das Opfer freiwillig handelt, ein charakterisierendes Abgrenzungskriterium. Die im Zusammenhang mit Frauenhandel auftretenden Formen illegitimer Willensbeeinflussung des Opfers können benannt werden als: Gewalt, Drohung mit Gewalt, Täuschung, Mißbrauch einer Machtstellung oder eines Abhängigkeitsverhältnisses oder sonstige Druckmittel dergestalt, daß der betreffenden Frau keine andere realistische oder annehmbare Wahl bleibt, als sich dem ausgeübten Druck zu unterwerfen.

Ferner ist kennzeichnend für das Phänomen Frauenhandel die Behandlung des Opfers als Ware, als Objekt, mit Hilfe dessen sich der Täter selbst bereichert oder sich einen sonstigen Vorteil verschafft. Dieser charakterisierende Aspekt findet in der Formulierung zum Vorteil eines Dritten seinen Ausdruck.

## 2.6 Eigene Definition

Im Ergebnis ergibt sich nach alledem als Definition von Frauenhandel:

Frauenhandel tritt gegenwärtig besonders häufig im Zusammenhang mit Migration auf. Frauenhandel liegt vor, wenn in die Selbstbestimmung einer Frau eingegriffen wird, und zwar mit Gewalt, Drohung mit Gewalt, durch Täuschung, unter Mißbrauch einer Machtstellung oder eines Abhängigkeitsverhältnisses oder durch sonstige Druckmittel, dergestalt, daß der betreffenden Frau keine andere realistische oder annehmbare Wahl bleibt, als sich dem ausgeübten Druck zu unterwerfen, und ein Dritter dadurch einen Vorteil erhält.

## 2.7 Ähnliche Erscheinungen

Dem Frauenhandel ähnliche Erscheinungen sind vor allem der Sklavenhandel, die Zwangsarbeit, sowie bestimmte Straftaten gegen die sexuelle Selbstbestimmung wie Zuhälterei oder Förderung der Prostitution, aber auch das Einschleusen von Ausländern. Ohne jeweils im Detail auf diese verwandten Erscheinungen eingehen zu können, soll auf den Unterschied zum Frauenhandel auf der Basis der entwickelten Kriterien eingegangen werden.

Nach der Sklavereikonvention[627] ist das schwerpunktmäßige Charakteristikum von Sklavenhandel die Anmaßung einer Eigentümerposition gegenüber einem anderen Menschen, der diesen zu einem bloßen Objekt degradiert. Nach den soeben entwickelten Kriterien für Frauenhandel ähneln sich daher Sklaven- und Frauenhandel vor allem im Hinblick auf die Objekthaftigkeit der Opfer. Diese Ähnlichkeit wird auch dadurch bestätigt, daß bestimmte Aspekte des Frauenkaufes wie vor allem der Handel mit Ehefrauen nach dem 1. Zusatzübereinkommen zur Sklavereikonvention Art 1 c)[628] explizit unter Sklaverei fällt[629]. Der Unterschied besteht jedoch darin, daß Frauenhandel nach dem oben entwickelten Verständnis erst dann vorliegt, wenn unter bestimmten Bedingungen in die Selbstbestimmung des Opfers eingegriffen wird und eine dritte Person einen Vorteil aus dem Handel erhält. Nach dieser Definition von Frauenhandel können also durchaus eine Reihe von Überschneidungen mit Sklaverei vorliegen, der typische Anknüpfungspunkt für Frauenhandel ist aber nicht die Anmaßung einer eigentümerähnlichen Position.

Im Unterschied zu dem Begriff der Zwangsarbeit[630] ist Grundlage für die hier entwickelte Definition von Frauenhandel gerade nicht die Arbeit, sondern der Eingriff in die Selbstbestimmung. Dadurch fallen neben typischen Zwangsarbeitsopfern vor allem auch die Opfer von Heiratshandel unter die Definition, allerdings nur, wenn ihr Selbstbestimmungsrecht beeinträchtigt wurde. Zwangsarbeit ist dem Begriff von Frauenhandel aber insgesamt sehr ähnlich, obgleich es sich bisher weder in der internationalen Diskussion noch auf nationaler Ebene durchgesetzt hat, Prostituierte als Sexarbeiterinnen oder Ehefrauen als Ehearbeiterinnen zu betrachten.

Auch gegenüber Straftaten gegen die sexuelle Selbstbestimmung, wie z.B. der Zuhälterei[631] oder der Förderung der Prostitution[632] im Sinne des Strafge-

627 Übereinkommen betreffend die Sklaverei, Art. 1, abgedruckt in Fastenrath/Simma S. 113 ff.

628 Zusatzübereinkommen über die Abschaffung der Sklaverei, des Sklavenhandels und sklavereiähnlicher Einrichtungen und Praktiken vom 7.9.1956, abgedruckt in Fastenrath/Simma S. 116 ff.

629 So auch Frowein/Peukert, Art 4 EMRK, RNr. 2.

630 Wie z.B. in der Konvention zur Bekämpfung von Sklaverei, Sklavenhandel und sklavereiähnlichen Praktiken vom 30.4.57 unter der Verwendung der Begriffe Knechtschaft, Leibeigenschaft und bestimmter Zwangsformen definiert, siehe Art. 1 und Art. 7.

631 § 181 a StGB.

632 § 180 a StGB.

setzbuches besteht nach der oben entwickelten Definition ein Unterschied. Die entsprechenden Straftaten knüpfen an die Prostitution und die Ausübung anderer sexueller Handlungen an, definieren die Ausübung spezifischen Zwanges anders und verwenden das Merkmal Zwang so lediglich als strafschärfendes Merkmal. Allerdings gibt es Fälle, in denen man von Frauenhandel sprechen kann und gleichzeitig Zuhälterei oder Förderung von Prostitution im Sinne des StGB vorliegt. Das ist aber für die Frage der begrifflichen Klarheit der entwickelten Kriterien unschädlich, da eine gewisse Nähe der beiden Delikte zu Frauenhandel auch schon darin begründet ist, daß auch Menschenhandel[633] als die Definition des Phänomens im Strafgesetzbuch in unmittelbarer Nähe der beiden Delikte im gleichen Abschnitt des Strafgesetzbuches aufgeführt ist.

Da es nach den entwickelten Kriterien nicht Voraussetzung für Frauenhandel ist, daß eine nationale Grenze überschritten wird, bleibt als einzige Gemeinsamkeit zu der im übrigen häufig als verwandt angesehenen Schleuserei von Ausländern, wie etwa im Ausländergesetz definiert[634], daß beide Erscheinungen derzeit tatsächlich oft zusammenfallen. Begrifflich wird anhand der entwickelten Kriterien für Frauenhandel zwischen ihnen jedoch klar unterschieden.

Folglich bilden die im Vorstehenden erarbeiteten Abgrenzungskriterien in ihrer Gesamtheit das Phänomen Frauenhandel hinreichend ab und zwar auch im Verhältnis zu verwandten oder ähnlichen Begriffen.

633 §§ 180 b, 181 StGB.

634 §§ 92 a und b AuslG.

# 3. Kapitel: Ausländerrecht: Fördert oder bekämpft das deutsche Ausländerrecht Frauenhandel?

## 3.1 Einführung

In diesem Kapitel wird der Frage nachgegangen, welche Bedeutung das deutsche Ausländerrecht für den Frauenhandel in der Bundesrepublik Deutschland hat.

Methodisch wird in Anlehnung an die jüngsten Untersuchungen zur Wirkungsforschung vorgegangen[635], indem nach den Wirkungen der ausländerrechtlichen Regelungen auf den Frauenhandel gefragt wird und die Ergebnisse so weit möglich auf empirischer Basis abgesichert werden.

Staatliche Strategien zur Bekämpfung von Frauenhandel finden sich gegenwärtig nahezu ausschließlich im Bereich der Verbrechensbekämpfung[636]. Aber diese scheitert in vielen Fällen daran, daß die zur Beweisführung unerläßlichen Zeuginnen nicht zur Verfügung stehen. Die Bekämpfung des Verbrechens Menschenhandel und anderer Straftaten greift außerdem, wie oben ausführlich dargestellt, als ausschließliche Vorgehensweise gegen Frauenhandel zu kurz[637]. Denn eine große Anzahl der Taten ist nicht unter den Straftatbestand Menschenhandel subsumierbar. Zum anderen läßt die Bekämpfung des Verbrechens Menschenhandel, wie sie augenblicklich gehandhabt wird, die Tatsache außer acht, daß die Frauen sich in der Regel selbst graduell in die Situation von Frauenhandel verstricken, also meistens keine unbeteiligten Opfer sind[638].

Eine bisher wenig beachtete Bekämpfungsstrategie besteht darin, die Frauen selbst in die Lage zu versetzen, sich gegen ihre Peiniger zu wehren. Dafür müßten sie in ihren Rechten gestärkt und insgesamt dazu ermächtigt werden,

635 Einführend zur Wirkungsforschung siehe Schmidt-Eichstaedt, DVBl. 1998 S. 323 ff.; zu neueren Erkenntnissen der Wirkungsforschung siehe Hof/Lübbe-Wolff, Wirkungen und Erfolgsbedingungen von Gesetzen; außerdem grundsätzlich zur steuerungswissenschaftlichen Vorgehensweise siehe Schmidt-Assmann, RNr. 33 ff; Mayntz, S. 186 ff.

636 Z. B. in Gemeinsame Maßnahme vom 24. Februar 1997 betreffend die Bekämpfung von Menschenhandel und der sexuellen Ausbeutung von Kindern, ABl.-EG Nr. L 063 vom 4.3.1997; Mitteilung der Kommission an den Rat und das Europäische Parlament zum Thema Frauenhandel mit dem Ziel der sexuellen Ausbeutung, vom 20.11.1996, KOM (96) 567; siehe zu Bekämpfungsstrategien in der Bundesrepublik Protokolle 1-7 der Arbeitsgruppe Frauenhandel.

637 Siehe hierzu unter 2.1.1, S. 91 ff.

638 Siehe hierzu unter 2.2.4, S. 97 f.

ihre Lebenssituation mehr als bisher selbstbestimmt zu gestalten, selbst wenn sie im Laufe ihrer Migration Opfer von Frauenhandel geworden sind[639].

Wie im Vorangegangenen heraus gearbeitet, geraten vor allem Migrantinnen in den Frauenhandel. Deren Lebenssituation wird in der Bundesrepublik wie in anderen Ländern ganz wesentlich durch das Ausländerrecht bestimmt. Es stellt sich daher die Frage, ob das Ausländerrecht in den Zielländern des gegenwärtigen Frauenhandels Rahmenbedingungen setzt, die einen besonders fruchtbaren Boden für Frauenhandel bieten[640].

Die dem Ausländergesetz[641] zugrundeliegenden Ziele sind nach dem Willen des Gesetzgebers vorrangig die Begrenzung der Zuwanderung, die Integration der in Deutschland lebenden Ausländer sowie die Wahrung der öffentlichen Sicherheit und Ordnung. Hinzu tritt die Sicherstellung deutscher wirtschafts- und arbeitsmarktpolitischer Interessen, aber auch die Berücksichtigung entwicklungspolitischer Belange[642]. Im Ausländerrecht sollen die privaten Belange des sich rechtmäßig in der Bundesrepublik aufhaltenden Ausländers[643], dessen persönliche und familiäre Beziehungen, die Dauer, die Art und der Zweck des bisherigen oder beabsichtigten Aufenthaltes, Berücksichtigung finden, wenn und soweit die aufgeführten öffentlichen Interessen nicht überwiegen[644].

Die Regelungen des Ausländergesetzes beruhen auf der grundsätzlichen Entscheidung, daß die Bundesrepublik kein Einwanderungsland ist[645]. Allein eine wirksame Zuzugsbeschränkung von Nicht-EU-Staatsangehörigen gewährleiste die Sicherung der aufgeführten Interessen der Bundesrepublik Deutschland[646]. Inzwischen ist die Einwanderungspolitik für Angehörige von Drittstaa-

639 Das englische Fachwort für eine solche Strategie lautet: Empowerment-Strategy.

640 Siehe zur Rolle des Ausländerrechts bereits in der Einleitung.

641 Das heutige Ausländergesetz geht auf einen Entwurf der Bundesregierung zur Neuregelung des Ausländerrechts zurück; BT- Drs 11/6321; es wurde nach zahlreichen Änderungen im April 1990 im Bundestag verabschiedet, siehe Bericht in ZAR 1990, S. 106 ff; das Gesetz zur Neuregelung des Ausländerrechts vom 9.7.1990 trat am 1.1.1991 in Kraft, BGBl. 1990 Teil I, 1354 ff.

642 Begründung zum Ausländergesetz vom 27.1.1990, BT- Drs 11/6321, S. 3 ff.; siehe zu Zielen des Ausländerrechts auch Renner, Ausländerrecht in Deutschland, § 9, RNr. 80 ff. m.w.N.

643 In dieser Arbeit werden die Termini „Ausländer" oder „Ausländerin" als rechtstechnische Bezeichnungen aus dem Ausländergesetz und den entsprechenden Nebengesetzen verwendet, da dies zur Vermeidung von begrifflichen Ungenauigkeiten notwendig ist.

644 Vgl. Begründung zum Ausländergesetz BT- Drs 11/6321, S. 40; Kloesel/Christ/Häußer Einleitung RNr. 12; Bamberger, RNr. 2; Schmahl, S. 7.

645 Amtliche Begründung Allgemeiner Teil Ziffer II 3., abgedruckt in Kloesel/Christ/Häußer Ordnungsnummer 101.

646 So Begründung zum Ausländerrecht vom 27.1.1990, BT- Drs 11/6321, S. 3 ff.; abermals bekräftigt in Gesetzentwurf zur Änderung straf-, ausländer- und asylrechtlicher Vorschriften in BT- Drs. 13/4948, A 1; Bamberger, RNr. 2 f.; Frings, S. 31; Kloesel/Christ/Häußer Einleitung RNr. 15.

ten in der Europäischen Union durch den Amsterdamer Vertrag vergemeinschaftet worden, so daß die Bundesrepublik einwanderungspolitisch an die Entscheidungen des Rates der Europäischen Union gebunden ist, jedenfalls soweit einstimmige Entscheidungen ergangen sind[647]. Aber auch innerhalb der Europäischen Union bleibt die Beschränkung der Zuwanderung aus Drittstaaten vorrangiges Ziel der Ausländerpolitik[648].

Die nachstehende Untersuchung geht von den Lebenssituationen der von Frauenhandel tatsächlich oder potentiell betroffenen Frauen aus. Das heißt zunächst, daß sich die Ausführungen nur mit der Rechtslage der aus den typischen Herkunftsländern stammenden Frauen beschäftigen und nicht, um ein Beispiel zu nennen, mit der Rechtslage für EU-Inländerinnen. Als weitere Konsequenz dieser Herangehensweise folgt die Arbeit in ihrem Aufbau den unterschiedlichen Aufenthaltssituationen der Frauen, als Touristin, Au-Pair-Mädchen, Ehefrau, Zeugin etc.. Auf diese Weise kann der Frage nach Wirkungen des Ausländerrechts auf Frauenhandel anhand der Situation der jeweiligen Frauengruppe nachgegangen werden.

Es ergeben sich mannigfaltige Fragestellungen: Trägt das Ausländerrecht zum gegenwärtigen Phänomen Frauenhandel bei? Welche Chancen und welche Risiken für die Bekämpfung von Frauenhandel birgt das Ausländerrecht aus der Sicht der Opfer? Wie sieht die ausländerrechtliche Situation der Frauen im einzelnen aus? Trägt diese ausländerrechtliche Situation auch angesichts einer notwendigen Zuwanderungsbegrenzung überproportional zur Schwächung der Frauen gegenüber den Tätern bei? Wenn ja, kann diese Konstellation durch die Stärkung der ausländerrechtlichen Stellung der in den Frauenhandel verstrickten Frauen entschärft werden oder würde dadurch gleichzeitig die Lage der Frauenhändler verbessert?

Die folgende ausländerrechtliche Untersuchung hat zum Ziel, diesem gesamten Fragenkomplex nachzugehen.

Die Arbeit bezweckt nicht, das bestehende Ausländerrecht allgemein anzugreifen oder dessen Verfassungsmäßigkeit zu überprüfen. Im Rahmen der

647 Vertrag zur Gründung der Europäischen Gemeinschaft, konsolidierte Fassung nach Änderungen durch den Vertrag von Amsterdam vom 2.10.1997, Art. 61 ff.

648 Entschließung des Rates vom 26.6.1994 über die Beschränkung für die Einreise von Staatsangehörigen dritter Länder in die Mitgliedstaaten zur Ausübung einer Beschäftigung, ABl.-EG Nr. C 274/3 vom 19.9.1996, A vi), wonach die Beschränkung des Zuzugs mit dem Schutz des inländischen Arbeitsmarktes begründet wird. Außerdem: Empfehlung des Rates vom 22.12.1995 zur Harmonisierung der Mittel zur Bekämpfung der illegalen Einwanderung und der illegalen Beschäftigung sowie zur Verbesserung der einschlägigen Kontrollverfahren, Nr. C 5/1 vom 10.1.1996.

bestehenden Handlungs- und Ermessensspielräume im Ausländerrecht müssen von der Verwaltung jedoch diejenigen Alternativen gewählt werden, die insgesamt Frauenhandel am besten entgegentreten bzw. am wenigsten begünstigen. Das gebietet verfassungsrechtlich die drohende Gefährdung der Menschenwürde durch Frauenhandel. So wird in der vorliegenden Untersuchung zunächst die Verwaltungspraxis ermittelt und vorgestellt und darauf aufbauend erörtert, welche Wirkungen sich aus dieser Praxis auf Frauenhandel ergeben. Gegebenenfalls wird anschließend innerhalb des Ausländerrechts nach alternativen Möglichkeiten des Verwaltungshandelns ohne frauenhandelsfördernde Effekte gesucht. In bezug auf anstehende Gesetzesreformen erfolgen zudem Überlegungen für zukünftige oder gerade erfolgende Gesetzesnovellierungen.

## 3.2 Frauenhandel und Menschenwürde

Nach Art. 1 Abs. 1 GG ist die Würde des Menschen unantastbar. Der normative Gehalt des Menschenwürdeprinzips ist sehr umstritten, denn er enthält eine Wertaussage über den Menschen schlechthin[649]. Trotz der unterschiedlichsten Bestimmungsversuche und Herangehensweisen besteht im Hinblick auf den Kernbereich des Menschenwürdeprinzips ein weitgehender Konsens[650]. Demzufolge schützt Art. 1 Abs. 1 GG primär vor willkürlicher Ungleichbehandlung, Demütigung und Diskriminierung. Individualität, Identität und Integrität der menschlichen Persönlichkeit müssen respektiert werden. Insbesondere die Subjektqualität der einzelnen Person muß gewahrt bleiben. Es besteht ein grundsätzlicher Unterschied zwischen Menschen und Gegenständen[651]. Entsprechend verbietet es die Menschenwürde, *„den Menschen (...) einer Behandlung auszusetzen, die seine Subjektqualität prinzipiell in Frage stellt“*[652]. Im Zusammenspiel von Art. 1 Abs. 1 mit Art. 2 Abs. 1 GG, dem allgemeinen Persönlichkeitsrecht, steht die Autonomie des menschlichen Subjekts im Kernbereich grundgesetzlichen Schutzes[653].

Nach der im Vorangehenden erarbeiteten Definition stellt Frauenhandel die Subjektqualität der einzelnen Frau gerade in Frage. Das Opfer wird wie ein Objekt behandelt, das allein dem Zweck der Bereicherung eines anderen dient. Folglich ist die Menschenwürde durch Frauenhandel angetastet. Hinzu kommt, daß der Eingriff in die persönliche Integrität besonders gravierend ist, da durch

649 Vorstellung der verschiedenen Würdekonzeptionen in Enders, S. 5-22.

650 Vgl. statt aller Dreier in Dreier, Band I, Art. 1 GG, RNr. 44, m.w.N.

651 Überblick zum Schutzbereich Jarraß/Pieroth, Art. 1 GG, RNr. 4.

652 BVerfG v. 17.1.79, BVerfGE 50, 166, 175.

653 Enders, S. 88.

Frauenhandel in die durch Art. 2 Abs. 1 i.V.m. Art. 1 Abs. 1 GG geschützte sexuelle Selbstbestimmung des Opfers eingegriffen wird und damit in den besonderen Intimbereich einer Person[654]. Insgesamt handelt es sich bei Frauenhandel geradezu typischerweise um einen Eingriff in die Menschenwürde nach Art. 1 Abs. 1 GG[655].

Art. 1 Abs. 1 Satz 2 GG verpflichtet den Staat und seine Institutionen, die Menschenwürde zu achten und zu schützen. Darauf aufbauend hat das Bundesverfassungsgericht die Lehre von der allgemeinen Schutzpflicht des Staates entwickelt[656]. Der Schutzpflichtgedanke besagt, daß der Staat durch die Grundrechte und insbesondere durch Art. 1 GG gehalten ist, Verantwortung für Freiheit, Leben und Sicherheit seiner Bürger auch jenseits der Bereiche originär staatlichen Handels zu übernehmen[657]. Diese Pflichten bestehen auch gegenüber Ausländern, da die Gewährleistung der Menschenwürde nicht nach Staatsangehörigkeit differenziert. Ein Grundrechtsverstoß kann bereits dann vorliegen, wenn die entsprechende Schutzpflicht gebietet, *„rechtliche Regelungen so auszugestalten, daß auch die Gefahr von Grundrechtsverletzungen ausbleibt"*[658]. Damit ist der Staat verpflichtet, nicht nur sein eigenes Handeln so auszurichten, daß Grundrechtseingriffe und -gefährdungen ausbleiben, sondern auch vor Grundrechtseingriffen Dritter zu schützen. Daraus resultieren in erster Linie legislative und exekutive Schutzverpflichtungen. Für den Gesetzgeber stellen sich grundgesetzliche Schutzpflichten regelmäßig als Pflichten zur normativen Sicherung gegen privat verursachte Gefährdungen der Grundrechte dar. Für die Exekutive ergibt sich das Gebot, diesen abstrakten Schutz durch Gesetze inhaltlich umzusetzen und zu vollziehen[659].

Entwickelt wurde die Lehre von den Schutzpflichten anhand des Grundrechts auf Leben beim Schwangerschaftsabbruch[660] und Art. 2 Abs. 2 GG. Anschließend wurde der Schutzpflichtgedanke auf andere Grundrechte wie z.B. auf das Grundrecht auf körperliche Unversehrtheit, auf Sicherheit usw. übertragen[661]. Das Schutzpflichtkonzept ist sowohl beim Bundesverfassungsgericht als

654 Ebenso in Entschließung des Europäischen Parlaments zum Thema Frauenhandel mit dem Ziel der sexuellen Ausbeutung, Nr. 4; Empfehlung des Europarates von 1997, Nr. 2.

655 So auch Pieroth/Schlink RNr. 361.

656 Entscheidung zum Schwangerschaftsabbruch BVerfG v. 25.2.75, BVerfGE 39, 1, 41; vgl. Herzog in Isensee/Kirchhof, Handbuch des Staatsrechts, Band III, § 58 RNr. 31.

657 Vgl. statt aller Enders, S. 346 m.w.N.

658 Kalkar-Entscheidung BVerfG, Urt.v. 8.8.1978, BVerfGE 49, 89, 142.

659 Vgl. Dietlein, S. 70 f. m.w.N.

660 Entscheidung zum Schwangerschaftsabbruch BVerfG v. 25.2.75, BVerfGE 39, 1, 41.

661 Entscheidung zu terroristischer Bedrohung BVerfG v. 16.10.77, BVerfGE 46, 160, 164; zu Flug-

auch in der Lehre gegenwärtig noch im Fluß. Vor allem das Ausmaß der staatlichen Verpflichtungen und die Anfordernisse an die Erfüllung der staatlichen Schutzpflicht werden im einzelnen ausgiebig diskutiert[662]. Je mehr der Schutz der bloßen Förderung oder Sicherung des Grundrechtsgebrauches gilt, desto unschärfer und umstrittener werden die Konturen des Schutzpflichtkonzeptes[663]. Einigkeit besteht jedoch dahingehend, daß die grundgesetzliche Schutzpflicht den Staat dazu verpflichtet, jedenfalls dann der Grundrechtsgefährdung entgegenzutreten, wenn die Verwirklichung der Gefahr irreparable Grundrechtsverletzungen zur Folge hätte[664]. In diesem Fall käme der Grundrechtsschutz zu spät, wenn die Verletzung bereits eingetreten ist.

Im Zusammenhang mit Frauenhandel drohen gravierende Grundrechtsverletzungen. Die Menschenwürde der Betroffenen wird durch Frauenhandel massiv verletzt. In vielen Fällen hinterläßt Frauenhandel bei den Opfern irreparable physische und psychische Schäden, zumindest aber einschneidende lebensbiographische Spuren. Angesichts der drohenden Verletzung der Menschenwürde trifft den Staat nach der Lehre von den Schutzpflichten eine weitgehende Verantwortung zur vorbeugenden Abwehr von Frauenhandel.

## 3.3 Rechtsquellen des Ausländerrechts

Die wichtigste Rechtsquelle des Ausländerrechts[665] ist das Ausländergesetz. Daneben finden sich Rechtsquellen im Völkerrecht und im Recht der Europäischen Union, so etwa in dem Schengener Durchführungsübereinkommen[666] und in dem Dubliner Übereinkommen[667], in der Europäischen Menschenrechtskonvention mit mehreren Zusatzprotokollen[668], in der Europäischen Sozialcharta[669], in

und Straßenverkehrslärm BVerfG v. 30.11.1988, BVerfGE 79, 174, 201; zum Grundrecht im privatrechtlichen Konflikt BVerfG v. 7.2.1990, BVerfGE 81, 242, 255 und Urt.v. 10.1.1995, BVerfGE 92, 26, 46.

662 Vgl. Pieroth/Schlink, RNr. 90, m.w.N.

663 Vgl. statt aller zusammenfassend Dreier in Dreier, Art. 1, RNr. 88 ff.

664 Übersichtlich hierzu Enders, S. 347 f.

665 Zur Frage der Rechtsquellen und Normenhierarchie im Ausländerrecht siehe ausführlich Renner, Ausländerrecht in Deutschland, § 10 mit vielen weiteren Nachweisen.

666 Schengener Abkommen zur Durchführung des Übereinkommens vom 14.6.1985 betreffend den schrittweisen Abbau der Kontrollen an den gemeinsamen Grenzen, vom 19.6.1990, BGBl. 1993 Teil II, S. 1010 ff.

667 Dubliner Übereinkommen vom 15.6.1990, BGBl. 1994 Teil II, S. 79 ff.

668 Zusatzprotokoll vom 4.11.50 (BGBl. 1952 Teil II, 685, S. 985); Zusatzprotokoll vom 20.3.52 (BGBl. 1956 Teil II, S. 1880); Protokoll Nr. 3 vom 6.5.63 (BGBl. 1968 Teil II, S. 116); Protokoll Nr. 4 vom 16.9.63 (BGBl. 1968 Teil II, S. 423); Protokoll Nr. 5 vom 20.1.66 (BGBl. 1968 Teil II, S. 1120); Protokoll Nr. 8 vom 19.3.1985 (BGBl. 1989 Teil II, S. 546).

dem Europäischen Übereinkommen zur Verhütung von Folter und unmenschlicher Behandlung oder Strafe[670], in dem Übereinkommen über die Staatsangehörigkeit verheirateter Frauen[671], in dem Internationalen Pakt über bürgerliche und politische Rechte[672], dem Internationalen Pakt über wirtschaftliche, soziale und kulturelle Rechte[673] und in der Konvention zur Beseitigung jeglicher Diskriminierung der Frau[674]. Zukünftig kann die Internationale Konvention zum Schutze der Rechte der Wanderarbeitnehmer Bedeutung erlangen[675].

Weitere Rechtsquellen bestehen im deutschen Verfassungsrecht und auf Ebene der Gesetze, Verordnungen und Verwaltungsvorschriften im deutschen Recht. Besondere Bedeutung kann die auf Bundesebene erlassene Allgemeine Verwaltungsvorschrift zum Ausländergesetz erlangen, die voraussichtlich im Jahr 2000 in einer veränderten Fassung neu erlassen wird[676].

Für die ausländerrechtliche Situation der einzelnen Ausländerin von Belang sind die Verordnung zur Durchführung des Ausländergesetzes (DVAuslG)[677] und die Arbeitsgenehmigungsverordnung (ArGV)[678] mit der Arbeitsaufenthalteverordnung (AAV)[679] und der Anwerbestoppausnahmeverordnung (ASAV)[680], sowie in jüngerer Zeit das Sozialgesetzbuch III § 284 ff. Die Verordnungen und

669 BGBl. 1964 Teil II, S. 1262.

670 BGBl. 1989 Teil II, S. 946.

671 BGBl. 1973 Teil II, S. 1250.

672 BGBl. 1973 Teil II, S. 1533.

673 BGBl. 1973 Teil II, S. 1569.

674 BGBl. 1985 Teil II, S. 648 ff.

675 Diese Konvention ist zwar von der UN-Vollversammlung verabschiedet worden, aber bisher nicht in Kraft getreten, vgl. Renner, Ausländerrecht in Deutschland, § 10 RNr. 7.

676 Mit dem Erlaß durch die Bundesregierung ist im Jahr 2000 zu rechnen, der Bundesrat hat am 9.7.1999 in BR- Drs. 350/99 Veränderungen zu der Grunddrucksache 672/98 der allgemeinen Verwaltungsvorschrift beschlossen. Die allgemeine Verwaltungsvorschrift der BR- Drs 672/98 war vom Bundesinnenminister dem Bundesrat vorgelegt worden. Nach neuester Rechtsprechung, BVerfG v. 2.3.1999, DVBl 1999, 290 ff., ist es jedoch verfassungsrechtlich erforderlich, daß Allgemeine Verwaltungsvorschriften für den Vollzug der Bundesgesetze durch die Länder gem. Art. 85 Abs. 2 Satz 1 GG von der Bundesregierung im ganzen mit Zustimmung des Bundesrates erlassen werden. Um solche Verwaltungsvorschriften handelt es sich auch bei den hier in Rede stehenden.

677 2. Verordnung zur Durchführung des Ausländergesetzes in der Fassung vom 8.7.1996, BGBl. 1996 Teil I, S. 939.

678 Verordnung über die Arbeitsgenehmigung für ausländische Arbeitnehmer, vom 17.9.1998, BGBl.1998, Teil I, S. 2899.

679 Arbeitsaufenthaltsverordnung, in der Fassung vom 15.8.1994, BGBl. 1994 Teil I, S. 2115.

680 Verordnung über Ausnahmeregelungen für die Erteilung einer Arbeitserlaubnis an neueinreisende ausländische Arbeitnehmer, Anwerbestoppausnahmeverordnung, in der Fassung vom: 17.9.1998, BGBl. I998 Teil I, S. 2893.

Gesetze regeln das Nebenrecht zum Ausländerrecht, wie beispielsweise die Erteilung von Arbeitsgenehmigungen[681], aber auch einzelne Aufenthalte wie z.B. den Besuchsaufenthalt als Touristin[682].

## 3.4 Die Aufenthaltskonstellationen

Im Folgenden wird zunächst auf diejenigen Aufenthaltssituationen einzugehen sein, die von den Frauen und ihren Migrationshelfern bzw. Ausbeutern zur Umsetzung des Migrationswunsches benutzt werden und die Grundlage für eine Verstrickung in den Frauenhandel bilden[683]. Die Frauen reisen heutzutage entweder als Touristin, als Künstlerin, als Au-Pair-Mädchen, als Verlobte oder Ehefrau oder ganz ohne legalen Aufenthaltstitel ein.

Wenn sie sich bereits in der Bundesrepublik aufhalten, kommt es vor, daß nachträglich eine Aufenthaltsgenehmigung als Ehefrau oder eine Duldung wegen der Eigenschaft als Zeugin in einem Strafverfahren beantragt wird. In Betracht kommen kann außerdem eine Aufenthaltsbefugnis[684]. In Zusammenhang mit den Opfern von Straftaten wird ein besonderes Augenmerk darauf zu legen sein, inwieweit die ausländerrechtliche Situation dahingehend gestärkt werden kann, daß sie in die Lage versetzt werden, sich selbst gegen ihre Täter zu wehren.

## 3.5 Der Aufenthalt als Touristin

Ein sehr großer, wahrscheinlich sogar der überwiegende Anteil der von Frauenhandel betroffenen Frauen reist mit einem Aufenthaltstitel als Touristin in die Bundesrepublik ein[685].

### 3.5.1 Die Handhabung von Besuchsvisa

Wenn die Einreise als Touristin erfolgt, so ist zunächst je nach Herkunftsland zu unterscheiden, ob der Aufenthalt gem. § 3 Abs. 1 Satz 2 AuslG i. V. m. § 1 ff. DVAuslG genehmigungspflichtig ist oder nicht.

Zu differenzieren ist dafür je nach Herkunftsland zwischen denjenigen Personen, die aus Staaten der Positivliste[686] der Anlage I der DVAuslG stammen[687]

681 Siehe dazu jeweils bei den einzelnen Aufenthalten unter Arbeitsaufnahme.

682 Siehe dazu unter 3.5, S. 160 ff.

683 Siehe hierzu unter 3.5 bis 3.8.

684 Siehe hierzu unter 3.9 und 3.10.

685 Thiemann, Frauenhandel und Prostitutionstourismus, S. 103.

686 Die Positivliste im Anhang 1 der DVAuslG ist gebunden durch die Liste der visumspflichtigen

und denjenigen, auf die die Ausnahme der Anlage I deshalb nicht zutrifft, weil ihr Herkunftsland auf der Liste nicht aufgeführt[688] ist.

Denn Staatsangehörige eines der in Anlage I der DVAuslG aufgeführten Staaten können als Ausnahme von dem Grundsatz der Genehmigungspflicht gem. § 3 Abs. 1 Satz 1 AuslG ohne Genehmigung vorübergehend in die Bundesrepublik einreisen. Neben der Staatsangehörigkeit eines Staates der Positivliste setzt die Genehmigungsfreiheit der Einreise gem. § 1 Abs. 1 DVAuslG voraus, daß die einreisende Person sich in Besitz eines Nationalpasses oder Paßersatzpapiers befindet, sich nicht länger als drei Monate in der Bundesrepublik aufhält und keine Erwerbstätigkeit aufnimmt. Unter diesen Voraussetzungen ist für Positivstaaterinnen jeder Kurzaufenthalt, nicht nur der touristische, für maximal drei Monate genehmigungsfrei. Auf der Positivliste in Anlage I der DVAuslG stehen von den für Frauenhandel typischen Herkunftsländern zur Zeit vor allem die osteuropäischen Länder Polen, die Tschechische und die Slowakische Republik und Ungarn, aber auch Argentinien, Brasilien, Costa Rica, Ecuador, Jamaika, Kenia, Kolumbien, Peru und Venezuela[689]. Reist eine Positivstaaterin in das Bundesgebiet ein, erhält sie in der Regel einen Einreisestempel, der das Einreisedatum dokumentieren soll. Bisweilen bekommen die Frauen beim Grenzübertritt noch nicht einmal diesen Einreisestempel in ihren Paß, so daß sie im Bedarfsfall ihre Einreise mit Hilfe anderer Beweismittel nachweisen müssen[690]. Bei Unklarheiten gilt die Einreise als drei Monate zurückliegend[691].

Wenn das Herkunftsland der als Touristin einreisenden Migrantin nicht auf der Positivliste steht, muß sie vor der Einreise ein Visum bei einer deutschen Auslandsvertretung in ihrem Herkunftsland beantragen. Die Erteilung des Visums steht dann gem. § 7 Abs. 1 AuslG im pflichtgemäßen Ermessen der Behörde, da gem. § 28 AuslG kein Anspruch auf die Erteilung besteht. Die Aufenthaltsbewilligung kann nur erteilt werden, sofern keine Regelversagungsgründe nach § 7 Abs. 2 AuslG und keine besonderen Ausweisungsgründe nach § 8 AuslG vorliegen. Genehmigungsfähig gem. § 28 Abs. 1 AuslG ist allein ein Aufenthalt für einen vorübergehenden Zweck. Der Aufenthalt als Besucher ist ein typischer seiner Natur nach vorübergehender Aufenthaltszweck im Sinne

Drittstaaten in EU-Verordnung Nr. 2317/95 des Rates zur Bestimmung der Drittländer, deren Staatsangehörige beim Überschreiten der Grenzen der Mitgliedstaaten in Besitz eines Visums sein müssen, vom 25.9.1995, Art. 1, ABl.-EG Nr. L 234 vom 3.10.1995.

687 Im Folgenden auch Positivstaater genannt.

688 Im Folgenden auch Negativstaater genannt.

689 Zu den typischen Herkunftsländern siehe TAMPEP 3, S. 2, 4, 19, 24, 43, 50.

690 Als Beweismittel kommen in Betracht: Fahrkarten, Flugtickets, Zeugenaussagen etc.

691 Hailbronner, A1, § 9 AuslG, RNr. 28.

des Gesetzes[692]. Zu den zeitlich begrenzten Aufenthaltszwecken zählen nicht nur Touristen- und Besuchsreisen, sondern auch Geschäftsreisen, Reisen zur Aus- oder Fortbildung, zur ärztlichen Behandlung, aber auch zur Vorbereitung einer weiteren Migration. Die Aufenthaltsbewilligung wird nur für den beantragten Zweck und auf den zur Erreichung des Aufenthaltszweckes erforderlichen Zeitraum befristet erteilt. Die maximale Befristung für ein Besuchsvisum beträgt drei Monate. Ein solches Visum bedarf gem. § 11 Abs. 1 DVAuslG nicht der vorherigen Zustimmung durch die Ausländerbehörde. Ein Daueraufenthalt ist mit der Aufenthaltsbewilligung gem. § 28 AuslG nicht möglich[693].

Die Auslandsvertretungen in den typischen Herkunftsländern von Frauenhandel stellen für die Erteilung von Besuchsvisa gerade gegenüber Frauen und Mädchen im Alter zwischen 15 und 50 Jahren hohe Anforderungen an die Dokumentation der Erteilungsvoraussetzungen. Wegen der Regelversagungsgründe in § 7 Abs. 2 Nr. 2 (Sicherung des Lebensunterhalts aus eigenen Mitteln) und Nr. 3 (Gefährdung der Interessen der Bundesrepublik Deutschland) gelten bei dieser Gruppe von Antragstellerinnen besondere Prüfungsmaßstäbe. Das Erfordernis der Gewährleistung des eigenen Unterhaltes inklusive einer Krankenversicherung gem. § 7 Abs. 2 Nr. 2 AuslG ist für die meisten Frauen aus den typischen Herkunftsländern von Frauenhandel nicht aus eigener Kraft zu erfüllen. In der Praxis wird für ein Besuchsvisum die Vorlage einer Einladung des zu besuchenden Bekannten oder Verwandten mit Kostenübernahmeerklärung auch für den Krankheitsfall oder die Vorlage der Reisedokumente einer gebuchten, organisierten Touristenreise mit Fahrkarte oder Flugticket für Hin- und Rückreise verlangt.

Die Einhaltung der Einreisebestimmungen, vor allem die Verhinderung eines längerfristigen oder dauerhaften Verbleibs der Antragsteller in der Bundesrepublik, stellt ein Interesse der Bundesrepublik Deutschland im Sinne von § 7 Abs. 2 Nr. 3 dar. Um diese Interessen nicht zu gefährden, prüfen die Auslandsvertretungen insbesondere die Rückkehrbereitschaft. Für Antragstellerinnen im Alter von 15-50 Jahre aus den typischen Herkunftsländern von Frauenhandel besteht aus Sicht der Auslandsvertretungen von vornherein gewisser Zweifel am Rückkehrwillen. Solche Antragstellerinnen werden wegen der Zugehörigkeit zu der Altersgruppe quasi automatisch verdächtigt, wegen einer Erwerbstätigkeit, vor allem zur Ausübung der Prostitution, oder mit dem Ziel eines Daueraufenthaltes in die Bundesrepublik einreisen zu wollen. Infolgedessen fordern die Auslandsvertretungen in den spezifischen Herkunftsländern für

692 Renner, Ausländerrecht Kommentar, § 28 AuslG RNr. 3; Bamberger, RNr. 194;

693 Siehe ebenfalls Renner, Ausländerrecht Kommentar, § 28 AuslG RNr. 3; Bamberger, RNr. 194;

die Erteilung eines kurzfristigen Visums außerdem regelmäßig eine starke familiäre Verbundenheit, z.B. mehrere eigene Kinder, bestehende Ehe, versorgungsbedürftige Eltern und den Nachweis eines guten finanziellen Auskommens, z.B. durch Geldanlagen, Grundeigentum oder eine feste, ungekündigte Anstellung. Insgesamt sind die Auslandsvertretungen mit der Erteilung von Visa gegenüber Personen, die sie aufgrund des Alters und des Geschlechts für potentielle Opfer von Frauenhandel halten, sehr zurückhaltend.

Hat die Ausländerin ein Visum zum Besuchsaufenthalt ausgehändigt bekommen, kann sie sich während der Geltungsdauer des Visums innerhalb der Staaten, die das Schengener Übereinkommen[694] unterzeichnet haben, frei bewegen. Entsprechendes gilt für eingereiste Positivstaaterinnen. Seit dem Amsterdamer Vertrag ist die Visapolitik innerhalb der Europäischen Union vergemeinschaftet, Art. 62 EGV. Es wird erwartet, daß der bisher durch die Schengener Übereinkommen erzielte Konsens nunmehr durch Verordnungen in der gesamten Europäischen Union festgeschrieben wird[695].

### 3.5.2 Arbeitsaufnahme

Weil die Verbesserung der wirtschaftlichen Situation auch zugunsten der zurückgelassenen Familie die wichtigste Migrationsmotivation darstellt, nehmen die meisten von Frauenhandel betroffenen Frauen im Laufe der Migration eine bezahlte Tätigkeit auf oder gehen eine Versorgungsehe ein[696]. Folglich kann insbesondere die Voraussetzung in § 1 Abs. 1 Nr. 2 DVAuslG bzw. § 11 Abs. 1 Nr. 2 DVAuslG „keine Erwerbstätigkeit" rechtlich problematisch werden. Ob eine Erwerbstätigkeit vorliegt, richtet sich nach der Legaldefinition in § 12 Abs. 1 DVAuslG[697]. Umstritten ist die Frage, ob der Grenzübertritt auch genehmigungsfrei ist, wenn eine Positivstaaterin schon bei der Einreise beabsichtigt, in der Bundesrepublik einer Erwerbstätigkeit nachzugehen[698]. Es könnte sich dabei auch um eine unerlaubte Einreise im Sinne von § 58 AuslG und § 9 Abs. 2

694 Übereinkommen Schengen II: Übereinkommen zur Durchführung des Übereinkommens vom 14. Juni 1985 betreffend den schrittweisen Abbau der Kontrollen an den gemeinsamen Grenzen, BGBl. 1993 Teil II, S. 1013.

695 Lehngut, Justizministerialblatt für Schleswig-Holstein 1998, 217, 220.

696 Siehe unter 1.2.4.3.2, S. 61 f.

697 Siehe dazu im Detail unter 3.5.2.2.1., angestrebte Erwerbstätigkeit, S. 166 f.

698 Trotz beabsichtigter Erwerbstätigkeit erlaubte Einreise Renner, Ausländerrecht Kommentar, § 3 AuslG RNr. 13; Hailbronner § 3 AuslG RNr. 19; Fraenkel, S. 25, VGH Kassel v. 16.3.1993, NVwZ 1993, 799,799; a. A. Kloesel/Christ/Häußer § 58 AuslG RNr. 5, Bamberger, RNr. 34, 48, 233 m.w.N.; so auch VGH Kassel v. 14.11.1995, InfAuslR 1996, 142, 142.

AuslG handeln[699]. Für eine Positivstaaterin führt aber spätestens die Aufnahme einer Erwerbstätigkeit gem. § 12 Abs. 1 DVAuslG dazu, daß ihr Aufenthalt unerlaubt ist, weil die Voraussetzung für die Genehmigungsfreiheit gem. § 1 Abs. 1 Nr. 2 DVAuslG entfällt.

Nimmt eine visumspflichtige Ausländerin eine Erwerbstätigkeit auf, erfolgt ihr Aufenthalt nicht mehr allein zu Besuchszwecken und entspricht mithin nicht der Zweckbindung der Aufenthaltsbewilligung[700]. Eine Aufenthaltsbewilligung zur Aufnahme einer Erwerbstätigkeit kann, wenn sie überhaupt genehmigt wird, erst nach Ausreise beantragt werden. Sie bedarf nach § 28 AuslG i.V.m. § 10 AuslG gem. § 11 Abs. 1 Nr. 2 DVAuslG der Zustimmung der Ausländerbehörde des beabsichtigten Aufenthaltsortes.

### 3.5.2.1 Erwerbstätigkeit gem. § 12 Abs. 1 DVAuslG.

Der Begriff der Erwerbstätigkeit ist in § 12 Abs. 1 DVAuslG legal definiert. Demnach ist Erwerbstätigkeit weit zu fassen. Nach § 12 Abs. 1 DVAuslG ist Erwerbstätigkeit

> *„jede selbständige und unselbständige Tätigkeit, die auf Erzielung von Gewinn gerichtet oder für die ein Entgelt vereinbart oder üblich ist oder für die eine Genehmigung für die Beschäftigung als Arbeitnehmer oder eine Berufsausübungserlaubnis erforderlich ist."*

Damit ist unter Erwerbstätigkeit jede auf Gewinnerzielung gerichtete Tätigkeit zu verstehen ohne Rücksicht auf deren Dauer, die Höhe des Gewinns oder die Erlaubnisfähigkeit[701].

Die für die Opfer von Frauenhandel typische Tätigkeit als Haushaltshilfe stellt ohne weiteres eine Erwerbstätigkeit im Sinne von § 12 Abs. 1 DVAuslG dar und zwar selbst dann, wenn sie für Verwandte oder Bekannte erbracht und nur mit Kost und Logis entlohnt wird[702]. Aber auch Arbeit in der Sexindustrie kann eine Erwerbstätigkeit im Sinne der DVAuslG sein[703]. Die Frage, ob Prostitution und sonstige Sexarbeit einen Beruf im Sinne von Art. 12 GG darstellt, ist sehr umstritten. Sowohl nach der Auffassung der obersten Gerichte[704] als

699 Siehe dazu unter 3.5.2.2.1, S. 166 f.

700 OVG Schleswig vom 29.3.1996, Az 4 M 22/96.

701 Renner, Ausländerrecht Kommentar, § 3 AuslG RNr. 14.

702 Renner, Ausländerrecht Kommentar, § 10 AuslG RNr. 23.

703 Zu § 1 DVAuslG a.F. BGH v. 12.6.1990, NJW 1990, 2207, 2207, wonach die Prostitution eine Erwerbstätigkeit im Sinne der DVAuslG darstellt; ebenso Renner, Ausländerrecht Kommentar, § 46 AuslG RNr. 28.

704 BGH v. 6.1.76, BGHZ 67, S. 119, 122; BAG v. 1.4.76, BAGE 28 S. 83, 88; BVerwG v. 15.7.1980, BVerwGE 60, 284, 289; BVerwG v. 30.1.1990, BVerwGE 84, S. 314, 319 f.;

auch nach der überwiegenden Meinung in der Literatur[705] handelt es sich bei Prostitution nach wie vor um eine sittenwidrige Tätigkeit und damit nicht um einen verfassungsrechtlich geschützten Beruf[706]. Ob die Prostitution allerdings eine Erwerbstätigkeit im Sinne des Ausländerrechts darstellt, beurteilen die obersten Gerichte unabhängig von den Entscheidungen zur Sittenwidrigkeit und insgesamt nicht einheitlich. Das Bundesverwaltungsgericht[707] sieht in seiner Rechtsprechung zum Aufenthalt nach EWG-Recht Erwerbsunzucht nicht als Erwerbstätigkeit an[708]. Der BGH[709] hingegen ging nach dem Ausländerrecht alter Fassung davon aus, daß Prostitution bei Anwendung des § 47 Abs. 1 Nr. 1 AuslG a.F. als Erwerbstätigkeit im Sinne von § 1 Abs. 2 Nr. 1 DVAuslG anzusehen ist. Parallelen können auch zu Entscheidungen im Zusammenhang mit dem Steuerrecht gezogen werden. So stellen Prostituierte nach der Rechtsprechung des BGH im steuerrechtlichen Sinne Arbeitnehmerinnen dar[710], was unter anderem zur Folge hat, daß diejenigen Personen, die sie im steuerrechtlichen Sinne beschäftigen, Lohnsteuer für ihre Arbeitnehmerinnen abführen müssen.

Einer grundsätzlichen Klärung bedarf die Frage an dieser Stelle jedoch nicht, denn eine Erwerbstätigkeit im Sinne von § 12 Abs. 1 DVAuslG stellt Sexarbeit allgemein und mit ihr die Prostituition unabhängig davon dar, ob es sich dabei um eine sittenwidrige oder eine anerkannte berufliche Tätigkeit handelt. Denn eine Tätigkeit, für die üblicherweise ein Entgelt vereinbart wird, ist die Prostitution selbst dann, wenn man sie für sittenwidrig hält. Gleiches gilt für andere Tätigkeiten in der Sexindustrie. Aber auch dann, wenn man wie hier die Auffassung vertritt, daß es sich bei Prostitution und verwandter Sexarbeit um eine berufliche Tätigkeit handelt[711], wären diese Tätigkeiten jedenfalls eine Erwerbstätigkeit im Sinne von § 12 Abs. 1 DVAuslG.

grundlegend zur Berufsdefinition siehe: BVerwG v. 4.11.65, BVerwGE 22, S. 286, 289.

705 Vgl. Heinrichs in Palandt, BGB, § 138 RNr. 52; Mayer-Maly in MüKo, BGB, § 138 RNr. 50; grundsätzlich mit der Frage, ob die Prostitution einen verfassungsrechtlich geschützten Beruf im Sinne von Art. 12 GG darstellt, beschäftigt sich Laskowski, der im Ergebnis zu folgen ist: Laskowski, Teil II insgesamt, Ergebnis S. 214.

706 Andere Ansicht, mit guten Gründen Laskowski, siehe Teil II insgesamt, Ergebnis S. 214.

707 BVerwG v. 15.7.1980, ZAR 1983, 38, 38; ebenso OVG Hamburg v. 11.7.1989, NVwZ 1990, 286, 286.

708 Im Ergebnis Prostitution keine Beschäftigung im Sinne des AFG a.F. OVG Bremen v. 26.6.1984, GewArch 1984, 300, 300.

709 BGH v. 12.6.1990, NJW 1990, 2207; ebenso SG Berlin v. 12.9.1991, NZA 1992, 143, 143.

710 BGH v. 2.11.1995, NstZ-RR 1996, 83, 83; so auch schon BGH v. 20.5.1981, NJW 1981, 2071, 2071.

711 Zur Frage, ob die Ausübung der Prostitution einen Beruf darstellt, siehe auch Fußnote 34.

Charakterisierend für die Situation des Frauenhandels ist, daß die Frauen zur Aufnahme oder Aufrechterhaltung der entsprechenden Tätigkeiten graduell unterschiedlich stark, mitunter auch nur phasenweise, gezwungen werden. In vielen Fällen profitieren sie noch nicht einmal selbst finanziell, sondern arbeiten für Dritte. Diese Umstände ändern aber ausländerrechtlich nichts daran, daß sie eine Tätigkeit aufgenommen haben, die im Sinne von § 12 Abs. 1 DVAuslG eine Erwerbstätigkeit darstellt.

Konsequenz dessen ist, daß die als Touristin eingereiste Ausländerin, und zwar sowohl eine Positivstaaterin als auch eine visumspflichtige Ausländerin, sich spätestens mit der Aufnahme einer Erwerbstätigkeit im Sinne von § 12 Abs. 1 DV AuslG unerlaubt in der Bundesrepublik aufhält. Dies gilt unabhängig davon, ob sie zur Erwerbstätigkeit in der konkreten Form gezwungen wird, oder freiwillig beginnt zu arbeiten.

### 3.5.2.2 Unerlaubte Einreise gem. § 58 Abs. 1 AuslG

#### 3.5.2.2.1 Angestrebte Erwerbstätigkeit

In Rechtsprechung[712] und Literatur[713] umstritten ist die Frage, ob bereits die Einreise einer Touristin unerlaubt im Sinne von § 58 Abs. 1 Nr. 1 AuslG erfolgt, wenn die Aufnahme einer Erwerbstätigkeit von vornherein beabsichtigt war. Im Zusammenhang mit Frauenhandel ist diese Frage von besonderem Interesse, da die Frauen, wie dargelegt, in aller Regel schon vor ihrer Einreise planen, im Bundesgebiet einer Form von Erwerbstätigkeit nachzugehen.

Die rechtliche Beurteilung differiert in Abhängigkeit davon, ob es sich bei der Einreisenden um eine Positivstaaterin oder eine visumspflichtige Ausländerin handelt.

Für Positivstaaterinnen stellt sich die Frage, ab welchem Zeitpunkt die Genehmigungsfreiheit entfällt, erst bei der tatsächlichen Aufnahme der Erwerbstätigkeit oder bereits vor der Einreise, wenn der Entschluß zur Erwerbstätigkeit gefaßt wird. Nach Auffassung der Vertreter der überwiegenden Meinung[714] kommt es bei einer Positivstaaterin nicht auf den Willen zur Aufnahme einer Erwerbstätigkeit an, sondern auf deren Ausübung selbst. Nach anderer An-

712 Erlaubte Einreise: VGH Kassel v. 16.3.1993, NVwZ 1993, 799, 801 m.w.N.; unerlaubte Einreise: VGH Kassel, Beschluß. V. 14.11.1995, InfAuslR 1996, 142, 142; VGH Kassel v. 25.7.1993, InfAuslR 1993, 369, 370.

713 Renner, Ausländerrecht Kommentar, § 3 AuslG RNr. 23; Hailbronner § 3 AuslG RNr. 19; a.A. Kloesel/Christ/Häußer § 58 AuslG RNr. 5, Bamberger, RNr. 34, 48, 233 m.w.N.

714 Kloesel/Christ/Häußer § 58 AuslG RNr. 8a, Renner, Ausländerrecht Kommentar, § 3 AuslG RNr. 23; Hailbronner § 3 AuslG RNr. 19; VGH Kassel v. 16.3.1993, NVwZ 1993, 799, 801 m.w.N.

sicht[715] führt bereits die beabsichtigte Erwerbstätigkeit zu einer unerlaubten Einreise im Sinne von § 58 AuslG und § 9 Abs. 2 DVAuslG.

In § 1 Abs. 1 Nr. 2 der neuen DVAuslG ist ausdrücklich die fehlende *Aufnahme* einer Erwerbstätigkeit als Bedingung für eine genehmigungsfreie Einreise von Positivstaatern aufgeführt. Diese Textfassung weicht gegenüber der älteren Regelung in der DVAuslG 1965 gerade in dem entscheidenden Punkt ab[716]. Nach dem insofern eindeutigen Wortlaut von § 1 Abs. 1 Nr. 2 DVAuslG in der gültigen Fassung reist eine Positivstaaterin erlaubt ein, selbst wenn sie beabsichtigt, in der Bundesrepublik einer Erwerbstätigkeit nachzugehen[717]. Die Befreiung von der Genehmigungspflicht endet folglich richtigerweise erst mit der tatsächlichen Aufnahme der Erwerbstätigkeit. Selbst wenn diese von Anfang an beabsichtigt war, entsteht keine Rückwirkung. Es bleibt bei der genehmigungsfreien und damit erlaubten Einreise.[718]. Auch auf einen Sinneswandel kommt es nicht an[719].

Für visumspflichtige Ausländerinnen stellt sich die rechtliche Beurteilung der gleichen Situation anders dar. Hat eine Negativstaaterin vor, im Bundesgebiet einer Erwerbstätigkeit nachzugehen, und reist dennoch mit einem Besuchsvisum ein, handelt es sich nach einhelliger Auffassung[720] um eine unerlaubte Einreise. Begründet wird diese damit, daß Einreisebestimmungen umgangen werden. Die Aufenthaltsbewilligung zur Aufnahme einer Erwerbstätigkeit bedarf gem. § 11 Abs. 1 Nr. 2 DVAuslG der vorherigen Zustimmung der Ausländerbehörde, die für den zukünftigen Aufenthaltsort der Ausländerin zuständig ist. Ein Besuchsvisum ist nicht zustimmungsbedürftig, so daß dieses Erfordernis umgangen wird.

#### 3.5.2.2.2 Beabsichtigter Daueraufenthalt

Parallele Rechtsfragen ergeben sich, wenn die einreisende Touristin von vornherein einen Daueraufenthalt anstrebt. Aus den gleichen Gründen, wie eben zur

715 Bamberger, RNr. 34, 48, 233 m.w.N.; VGH Kassel, Beschluß. v. 14.11.1995, InfAuslR 1996, 142, 142; VGH Kassel v. 25.7.1993, InfAuslR 1993, 369, 370.

716 In § 1 Abs. 1 Nr. 1 DVAuslG 65 hieß es *„wenn sie sich nicht länger als drei Monate (. .) im Bundesgebiet ( . .) aufhalten und keine Erwerbstätigkeit aufnehmen wollen"*.

717 So auch Frings, S. 33; Renner, Ausländerrecht Kommentar, § 3 AuslG RNr. 23; Hailbronner § 3 AuslG RNr. 19.

718 So auch Renner, Ausländerrecht Kommentar, § 3 AuslG RNr. 23.

719 Zur früheren Rechtslage siehe BVerwG v. 4.9.1986, BVerwGE 75, 20, 22;

720 Kloesel/Christ/Häußer § 58 AuslG RNr. 5; Renner, Ausländerrecht Kommentar, § 58 AuslG RNr. 5; hamburgisches OVG v. 4.6.1991, ZAR, 1991, 191, 191; VGH Kassel v. 14.11.1995, InfAuslR 1996, 142, 142; OVG Schleswig-Holstein v. 12.3.1992, InfAuslR 1992, 125, 125.

geplanten Aufnahme einer Erwerbstätigkeit dargelegt, bleibt es bei einer Positivstaaterin auch in dem Fall des beabsichtigten Daueraufenthalts bei einer erlaubten Einreise[721]. Eine visumspflichtige Ausländerin reist hingegen bereits unerlaubt ein[722].

### 3.5.3 Strafbarkeit wegen der Aufnahme einer Erwerbstätigkeit gem. § 92 Abs. 1 AuslG

Wenn eine als Touristin in die Bundesrepublik eingereiste Ausländerin einer Erwerbstätigkeit nachgeht, kommt eine Strafbarkeit gem. § 92 Abs. 1 AuslG in Betracht. Mit der Aufnahme einer Erwerbstätigkeit, sei es freiwillig oder gezwungenermaßen, hält sie sich als Positivstaaterin entgegen § 3 Abs. 1 Satz 1 AuslG ohne Aufenthaltsgenehmigung im Bundesgebiet auf und verwirklicht damit den objektiven Tatbestand von § 92 Abs. 1 Nr. 1 AuslG. Für die Strafbarkeit einer Negativstaaterin ist § 92 Abs. 1 Nr. 6 einschlägig, und zwar weil sie bereits unerlaubt eingereist ist[723].

Fraglich ist allerdings, ob bei den Opfern von Frauenhandel Vorsatz vorliegt. Bei der Aufnahme einer Erwerbstätigkeit handeln die meisten vorsätzlich, da die Verdienstabsicht überwiegend bereits Migrationsmotivation war. In der Regel wird vor allem bei den typischen Fällen gradueller Verstrickung in den Frauenhandel zumindest ein bedingter Vorsatz hinsichtlich des Verstoßes gegen das Ausländergesetz vorliegen. Ausnahmen davon können allein die wenigen Entführungsfälle oder besonders schwere Fälle von Täuschung darstellen, da die Handlungen der Frauen in diesen Fällen gerechtfertigt oder entschuldigt sein könnten. Ein Verbotsirrtum wird selten vorliegen, da er nur vereinzelt auch vermeidbar gewesen sein dürfte[724]. Meistens besteht daher mit der Aufnahme einer Erwerbstätigkeit auch eine Strafbarkeit der Frauen.

### 3.5.4 Wirkungen auf Frauenhandel

Für Positivstaaterinnen und visumspflichtige Ausländerinnen existieren ganz verschiedene Einreisevoraussetzungen. Vor dem Hintergrund dieser Gegensätzlichkeit soll im folgenden der Frage nachgegangen werden, ob ein Zusammen-

721 So auch Frings, S. 33; Renner, Ausländerrecht Kommentar, § 3 AuslG RNr. 23; Hailbronner, A1 § 3 AuslG RNr. 19; Kloesel/Christ/Häußer § 58 AuslG RNr. 8a; VGH Kassel v. 16.3.1993, NVwZ 1993, 799, 801.

722 Kloesel/Christ/Häußer § 58 AuslG RNr. 6 und 7; Bamberger RNr. 48 und 233; Renner, Ausländerrecht Kommentar, § 58 AuslG RNr. 5; OVG Hamburg v. 4.6.1991, ZAR 1991, 191, 191; OVG Schleswig-Holstein v. 12.3.1992, InfAuslR 1992, 125, 125.

723 Zur unerlaubten Einreise siehe unter 3.5.2.2. S. 166 ff.

724 So auch Renner, Ausländerrecht Kommentar, § 92 AuslG RNr. 21.

hang zwischen Einreisebedingungen und Frauenhandel besteht und welche Wirkungen auf Frauenhandel von ihnen ausgehen.

#### 3.5.4.1 Von Einreiseerschwernissen ausgehende Wirkungen

Die Bundesregierung ist der Auffassung, das Ausländerrecht könne zur Bekämpfung des Menschenhandels[725] einen wesentlichen Beitrag leisten[726], und dieser Beitrag werde vor allem dadurch erbracht, daß die Einreise der Frauen aus den gängigen Herkunftsländern erschwert werde. Auf diese Weise sollen die Händler bei der „Einfuhr" von Frauen behindert werden. Darüber hinaus sei dem Schutz der Frauen am besten gedient, wenn sie möglichst ganz von der für sie gefährlichen Szene in der Bundesrepublik ferngehalten würden[727]. Aus diesem Grund wurde am 1.6.1989 die Visumspflicht für Staasangehörige Thailands und der Philippinen eingeführt[728].

Es liegt daher nahe, zu untersuchen, ob sich der erhoffte Erfolg aus den Zahlen der Polizeilichen Kriminalstatistik ablesen läßt[729]. Sichere Erkenntnisse werden einerseits dadurch erschwert, daß die Opferzahlen in dieser Statistik nicht nach Staatsangehörigkeiten getrennt ausgewiesen werden. Zum zweiten ist Mitte 1990 für Polinnen, die anteilsmäßig beträchtlich zu der Gesamtzahl der Opfer beitragen[730], generell die visumsfreie Einreise gestattet worden. Zudem wird keine Halbjahresstatistik geführt, aus der sich eine signifikante Änderung der Opferzahlen als Folge der Einführung der Visumspflicht für Staatsangehörige aus Thailand und den Philippinen eindeutiger ablesen ließe. Trotz der somit gebotenen Vorsicht kann dennoch festgestellt werden, daß die Gesamtzahl der Opfer laut Polizeilicher Kriminalstatistik jedenfalls im Jahre 1989 gegenüber dem Vorjahr um 102 Opfer und damit um beachtliche 39 % zurückgegangen ist[731]. Das erneute Ansteigen der Gesamtzahlen der Opfer[732] in den

725 Damit kann nach Auffassung der Bundesregierung mit Hilfe des Ausländerrechts auch gegen Frauenhandel vorgegangen werden, da Menschenhandel im Sinne des Strafgesetzbuches einen Ausschnitt von Frauenhandel nach der in dieser Arbeit verwendeten Definition darstellt.

726 So die Bundesregierung in BT- Drs 11/3250, S. 16 vom 2.11.1988; BT- Drs 11/3257, S. 2 und BT- Drs 11/3580, S. 13.

727 Antwort der Bundesregierung auf die kleine Anfrage der Fraktion Die Grünen vom 9.1.1989, BT-Drs 11/3817 S. 2 zur Begründung der beabsichtigten Einführung der Visumspflicht für Tailand und die Philippinen.

728 So in BT- Drs 13/8193 vom 9.7.1997, S. 5.

729 Zu den Zhalen siehe unter 1.2.2, S. 45 ff.

730 Das ergibt sich aus dem seit 1994 geführten Lagebild Menschenhandel des BKA siehe unter 1.2.4.1, S. 51 ff.

731 PKS 1998, S. 16, PKS 1989, S. 34.

732 1988: 262 Opfer laut PKS 1988, S. 16; 1989: 160 Opfer laut PKS 1989, S. 34; 1990: 210 Opfer

Folgejahren könnte durchaus auf ein vermehrtes Auftreten von Opfern aus den ehemaligen Ostblockstaaten und die diesen gewährten Einreiseerleichterungen zurückzuführen sein.

Allerdings gestattet dieses Zahlenbild keine sichere Aussage im Sinne der Fragestellung. So sind die Zahlen insgesamt nicht sehr hoch und weisen etwa mit Anstieg von 1989 auf 1990 und dem Rückgang auf 1991 ein uneinheitliches Bild auf. Auch ist der Beurteilungszeitraum stark eingeschränkt, da die seit 1993 sprunghaft angeschwollenen Zahlen[733] Folge einer Gesetzesänderung sind. Sodann erfaßt die Statistik nur Menschenhandelsopfer im Sinne von §§ 180 b, 181 StGB, nicht aber diejenigen Fälle in denen zwar Frauenhandel, aber kein Menschenhandel im Sinne des StGB vorliegt[734]. Zusätzlich beeinträchtigt die hohe Dunkelziffer die Stichhaltigkeit der Aussage.

Dunkelfeldschätzungen gehen gegenwärtig immerhin von ca. 10.000 Frauenhandelsopfern in Deutschland jährlich aus[735]. Angesichts dieser Größenordnung fällt eine Abnahme der Zahlen um ca. 100 Frauen in der amtlichen Statistik kaum ins Gewicht. Wie in Kapitel 1 bereits dargelegt[736], hängt die Höhe der Opferzahlen aber zu allererst von der Ermittlungstätigkeit der Behörden ab. Zu einer sprunghaften Zunahme der Zahlen ist es erst nach der Gesetzesnovelle 1992 und der dadurch hervorgerufenen Sensibilisierung der Strafverfolgungsbehörden gekommen. Darüber hinaus können mögliche Verlagerungen von Menschenhandel beispielsweise zu Heiratshandel oder Handel mit Haushaltshilfen, aber auch Abwanderungen in den illegalen Aufenthalt in der Statistik nicht erfaßt werden.

Aus den erst seit 1994 geführten Lagebildern Menschenhandel ergibt sich, daß die absoluten Zahlen der Opfer aus Thailand und den Philippinen nach 1994 wieder durchgängig gestiegen sind[737]. Auch nach dem Eindruck der Beratungsstellen hat die Anzahl der Frauenhandelsopfer aus Südostasien in den

laut PKS 1990, S. 18; 1991: 174 Opfer laut PKS 1991, S. 18, 1992: 217 Opfer laut PKS 1992, S. 20.

733 Siehe zu den Zahlen unter 1.2.2, S. 45 ff.

734 Siehe zum Begriff des Menschenhandels im Strafrecht unter 2.1.1, S. 87 ff.

735 Siehe zu den Zahlen und Dunkelfeldschätzungen unter 1.2.2, S. 45 ff.

736 Siehe ebenfalls unter 1.2.2, S. 45 ff., und 1.2.4.1, S. 51 ff.

737 1994: 17, 1995: 40 und 1996: 28 thailändische Opfer. Ab 1997 werden in den Lagebildern nur noch Gesamtzahlen für die unter *Sonstige* zusammengefaßten Länder mitgeteilt. Zu diesen zählt auch Thailand. Aber auch die Gesamtzahlen steigen: 1994: 79, 1995: 166, 1996: 160, 1997: 141 und in 1998 immerhin 205 Fälle. BKA Lagebild Menschenhandel 1996-1998, siehe auch unter 1.2.4.1, S. 53.

letzten Jahren jedenfalls nicht abgenommen[738], wenngleich sie nicht proportional zu den Zahlen für Mittel- und Osteuropäerinnen gestiegen ist.

Im Ergebnis liegt dennoch nahe, daß die Einführung der Visumspflicht gegenüber Staatsangehörigen aus Thailand und den Philippinen 1989 zumindest vorübergehend zur Verminderung von Frauenhandel beigetragen hat. Der Erkenntniswert der Statistiken ist jedoch begrenzt.

Andererseits können Einreiseerschwernisse Frauenhandel fördernde Effekte hervorrufen, indem sie die Abhängigkeitsverhältnisse der Frauen verstärken und die Verdienstmöglichkeiten der Täter steigern. Frauenhandel stellt in seiner heutigen Erscheinungsform vor allem ein Geschäft mit der Migration von Frauen dar. An der Migration beteiligte Dritte profitieren von der einzelnen Migrantin wirtschaftlich um so mehr, je schwieriger die Einreise sich gestaltet. Je weniger die Frauen ihre Migrationsabsicht allein und ohne fremde Hilfe umsetzen können, desto eher bedienen sie sich der Angebote von professionellen Migrationshelfern. Da sie ohne diese Hilfe nicht migrieren könnten, steigen gleichzeitig die Preise für die „Hilfsangebote“.

Die Einführung der Visumspflicht bewirkt erhebliche faktische Migrationshindernisse[739]. Ein Problem besteht darin, daß die Auslandsvertretungen, die sich lediglich in den Haupt- und größeren Städten eines Landes befinden, für viele migrationswillige Frauen nur schwer zu erreichen sind. Die Auslandsvertretungen haben zudem nur begrenzte Öffnungszeiten und Bearbeitungskapazitäten, weshalb sie in der Hochsaison nicht selten bereits wochenweise im voraus Besuchernummern verteilen. Diese Besuchernummern müssen in der Regel persönlich abgeholt werden, was für die Antragstellerin ein mehrmaliges Aufsuchen der Auslandsvertretung bedeutet. Hinzu kommen die gesteigerten Anforderungen an den Nachweis der Erteilungsvoraussetzungen[740]. Diese besonderen Nachweiserfordernisse zu erfüllen, bedeutet für die meisten Antragstellerinnen erneute Besuche mit der beschriebenen Warteprozedur. Als Folge dieser gesamten Umstände müssen die Antragstellerinnen für die Erteilung eines Besuchsvisums über Wochen, oder gar Monate, von ihrem Heimatort entfernt in der Nähe der Auslandsvertretung verweilen oder mehrfach hin und her reisen. Allein die bürokratischen Hemmnisse stellen daher gerade für jüngere, alleinerziehende oder ärmere Frauen z.T. unüberwindliche Hindernisse für eine selb-

738 Ausschuß für Familie, Senioren, Frauen und Jugend, Ausschußdrucksache 13/350, Ban Ying, S. 5; ebenso die Ergebnisse einer Befragung der Nichtregierungsorganisationen in der Bundesrepublik aus Anlaß der Anfertigung eines Schattenberichtes unter der Frauenrechtskonvention CEDAW im Herbst 1999, siehe Anhang KOK, Schattenbericht.

739 So auch Frings, S. 32.

740 Siehe unter 3.5.1, S. 160 ff.

ständige Antragstellung dar. In dieser Situation bleiben den Migrationswilligen zwei Alternativen. Ein Teil nimmt zwar entsprechend der gesetzgeberischen Intention von der Realisierung des Migrationswunsches ganz Abstand, der andere greift auf die Unterstützung von Migrationshelfern zurück, seien es professionelle Schlepper, Freunde, Verwandte oder Agenturen.

Langfristig hat sich jede der bis heute aufgebauten bürokratischen Hürden als durch die Händler und mit zusätzlichem finanziellen Aufwand überwindbar erwiesen. Kosten fallen dabei vor allem für gefälschte Papiere oder Einladungen aus dem Zielland, manchmal für den Nachweis von eigenem Vermögen, aber auch für Bestechungsgelder an. Alle Kostensteigerungen werden letztendlich überwiegend auf die einreisewilligen Frauen abgewälzt[741]. In der Sexindustrie sind die Gewinnspannen immer noch so hoch, daß es für die Preisstabilität auf dem Markt nur eine untergeordnete Bedeutung hat, wie hoch die Migrationskosten sind. Eine Frau kann pro Arbeitstag ca. 1000 bis 2000 DM einbringen. Für die Händler, die entweder längere Abzahlungsfristen der Frauen akzeptieren müssen oder im Einzelfall die Migrationskosten ganz oder zum Teil selbst tragen, ist es angesichts dieser Umsätze nicht entscheidend, ob die Migrationskosten um 5000 oder 10.000 DM steigen. Lediglich die Schuldensituation der Frauen verschlechtert sich, was sie letztlich stärker an das Ausbeutungsverhältnis bindet. Durch die Verlagerung in die Illegalität werden die Schicksale der einzelnen Frauen zudem weniger sichtbar, wodurch sich gleichzeitig die Gefahr einer Ausbeutung durch die Händler bis hin zur Lebensgefahr erhöht[742].

Insgesamt besteht das Risiko, daß Einreiseerschwernisse wie die Einführung der Visumspflicht die dennoch stattfindende Migration in die Illegalität abdrängt, die Dunkelziffer von Frauenhandel erhöht, die Abhängigkeitsverhältnisse der Frauen verstärkt und die Verdienstmöglichkeiten der Täter steigert.

#### 3.5.4.2 Von der Positivliste ausgehende Wirkungen

Die absoluten Zahlen der Frauenhandelsopfer aus den mittel- und osteuropäischen Ländern und zwar gerade auch aus den Ländern der Positivliste sind in den letzten Jahren exponentiell gewachsen[743]. Zudem werden für osteuropäische Negativstaaterinnen häufig Papiere aus Ländern der Positivliste gefälscht. Trotz der auch hier angebrachten Zweifel an der Aussagekraft der Statistiken sprechen die Fakten insgesamt dafür, das die Einreiseerleichterungen nicht nur die Migration, sondern auch Frauenhandel erheblich vereinfachen.

741 Siehe zum Täterverhalten unter 1.2.3, S. 49 ff.

742 So auch Burgsmüller in agisra, Frauenhandel und Prostitutionstourismus, S. 14 f.

743 Siehe zu den Zahlen unter 1.2.2, S. 45 ff., und 1.2.4.1, S. 51 ff.

Die Händler machen sich die erleichterten Einreisebedingungen für Positivstaaterinnen zu nutze. Der Touristenaufenthalt eignet sich aus Sicht der Frauenhändler gut als Aufenthaltsbasis[744], weil wegen des Verbots der Erwerbstätigkeit eine Restabhängigkeit bestehen bleibt, die ausreicht, die Frauen unter Druck zu setzen. Der hohe Bedarf an ausländischen Sexarbeiterinnen wurde in den letzten Jahren vor allem wegen der geringen Migrationskosten und des minimalen organisatorischen Aufwands durch Frauen aus den osteuropäischen Staaten gedeckt. Die Zunahme der Fallzahlen ist aber nicht nur mit der erleichterten Einreise, sondern auch damit zu erklären, daß es wegen der wirtschaftlichen und politischen Lage in diesen Herkunftsländern leicht ist, migrationsbereite Frauen zu finden oder eine entsprechende Bereitwilligkeit zu erzeugen.

Die für Positivstaaterinnen einfache Einreise führt andererseits dazu, daß diese bei der Vorbereitung ihrer Migration weniger auf Migrationshelfer angewiesen sind als visumspflichtige Ausländerinnen. Die Vermittlung von Arbeitsmöglichkeiten ist allerdings nur über die üblichen Wege, mit Hilfe von Freunden, Verwandten oder eben Frauenhändlern, möglich, denn auch Positivstaaterinnen dürfen keiner Erwerbstätigkeit nachgehen. Die unproblematische Einreise führt zusammen mit den billigen und kurzen Reisewegen aus den osteuropäischen Nachbarländern insgesamt dazu, daß Positivstaaterinnen eher einmal „ihr Glück versuchen" und dann aber nach Mißlingen ihrer Pläne leichter wieder zurückkehren können. Sie sind seltener so tief in Abhängigkeiten verwickelt wie visumspflichtige Ausländerinnen. Infolgedessen gibt es eine größere Anzahl von Positivstaaterinnen, bei denen die Verstrickungen in Frauenhandel vergleichsweise leicht wieder aufzulösen sind, die Situation der beteiligten Frauen sich weniger aussichtslos darstellt und die Frauen insgesamt eher in der Lage sind, ihr Leben ganz oder zum Teil selbst zu bestimmen und zwar auch im Rahmen bestehender Abhängigkeiten. Dadurch, daß das Aufenthaltsrecht der Frauen nicht an ihre Arbeitgebern gebunden und die Einreise verhältnismäßig billig ist, also meist weniger Migrationsschulden entstanden sind, können sie sich gegen die Täter selbst wehren. So findet man etwa die Pendelmigration bei osteuropäischen Frauen besonders häufig[745].

Obwohl die Intensität der Ausbeutungssituation bei Positivstaaterinnen oftmals geringer ist als bei visumspflichtigen Ausländerinnen, sind Einreiseerleichterungen kein geeignetes Mittel, gegen Frauenhandel vorzugehen. Im Ge-

744 So in einem Dokumentarfilm, der vom Global Survival Network 1997 mit versteckter Kamera gedreht wurde. Siehe auch unter 1.2.5.2, S. 69 f.

745 Zur Pendelmigration siehe unter 1.2.4.2, S. 55 f.

genteil, Einreiseerleichterungen vereinfachen die Migration und den Frauenhandel. Dies legen die dargestellten höheren Fallzahlen nahe.

### 3.5.5 Teilergebnis

Die Gestaltung von Einreisebedingungen zieht ambivalente Wirkungen nach sich. Zwar können aus den Fallzahlen der polizeilichen Statistiken keine zweifelsfreien Aussagen abgeleitet werden. Es lassen sich aber plausible Vermutungen anstellen. Danach beschränken Einreiseerschwernisse einerseits die Migration und halten damit sicherlich potentielle Opfer fern. Andererseits bergen sie das Risiko, Frauenhändler zu begünstigen und die Abhängigkeiten der Frauen von den Händlern zu intensivieren. Einreiseerleichterungen hingegen können den Frauenhandel befördern, indem mehr Frauen einreisen und so dem Risiko, sich in Frauenhandel zu verstricken, ausgesetzt werden. Gleichzeitig sind die Ausbeutungssituationen, in die diese Frauen geraten, im Vergleich weniger massiv und die Abhängigkeiten sind leichter zu lösen. Es bleibt die Erkenntnis, daß die Gestaltung der Einreisebedingungen zwar dem Ziel dienen kann, die Bundesrepublik vor illegalen Einwanderern zu schützen. Positive Wirkungen auf den Frauenhandel bezogen auf Ausmaß und Umstände sind dagegen kaum begründbar. Insgesamt läßt sich durch Visumspolitik der Frauenhandel nicht erfolgreich bekämpfen.

## 3.6 Der Aufenthalt als Künstlerin, § 10 AuslG i. V. m. § 5 Nr. 9 AAV

Nach § 10 AuslG i. V. m. § 5 Nr. 9 AAV[746] kann Künstlern und Artisten eine Aufenthaltsgenehmigung zur Ausübung ihres Berufes im Bundesgebiet erteilt werden. Da für Künstler und Künstlerinnen eine Arbeitsgenehmigung unabhängig von der Entwicklung auf dem Arbeitsmarkt erteilt werden kann, war das Künstlerinnenvisum noch vor ca. drei Jahren vor allem für Frauen aus Thailand und den Philippinen, die in der Sexindustrie in Deutschland tätig waren, eine bevorzugte Aufenthaltsform[747]. In den hier zu betrachtenden typischen Fällen von Frauenhandel ergeht eine Arbeitserlaubnis in der Regel für die Tätigkeit als „Tänzerin“ oder „Folkloretänzerin“ in einem bestimmten Etablissement. Tatsächlich werden die Frauen dann zwar auch für Tanzdarbietungen eingesetzt,

746 Verordnung über Aufenthaltsgenehmigungen zur Ausübung einer unselbständigen Erwerbstätigkeit (Arbeitsaufenthalteverordnung) vom 18.12.1990 (BGBl. Teil I, S. 2994); geändert mit Wirkung vom 1.1.1998 durch Gesetz vom 24.3.1997 (BGBl. Teil I, S. 594).

747 Habermann, S. 8.

häufig aber zusätzlich oder sogar ausschließlich als Animierdamen. Die Tätigkeit als Animierdame ist zumeist verbunden mit Prostitution außerhalb des Lokales oder - seltener - in Nebenräumen des Lokales. Andere als Künstlerinnen eingereiste Frauen arbeiten in einem Bordell als Prostituierte. Im Zusammenhang mit dem Künstlerinnenvisum ist es für Händler besonders einfach, die Frauen vor der Migration über ihre tatsächliche Tätigkeit im Zielland zu täuschen, da die falsche Behauptung von den Papieren bestätigt zu werden scheint.

Diese Praxis ist den Auslandsvertretungen in den jeweiligen Herkunftsländern inzwischen bekannt, weshalb heute nur noch sehr wenige Frauen als Tänzerin ein Visum erhalten. Im übrigen werden wegen der Gefahr der Umgehung des Anwerbestopps bei Künstlerinnenvisa besonders hohe Anforderungen an den Nachweis der bisherigen künstlerischen oder artistischen Tätigkeit gestellt[748].

### 3.6.1 Die Handhabung von Künstlerinnenvisa

Das Zusammenspiel von Aufenthaltsgenehmigung und Arbeitsgenehmigung wird von den Behörden wie bei den meisten Arbeitsaufenthalten auch für Künstlerinnen im wesentlichen durch Nebenbestimmungen gesteuert[749]. Im Folgenden wird die herrschende Verwaltungspraxis im einzelnen dargelegt.

Voraussetzung für die Visumserteilung gem. § 10 AuslG i. V. m. §§ 1 und 5 Nr. 9 AAV ist, daß eine unselbständige Tätigkeit als Künstlerin angestrebt wird. Die in Frauenhandelsfällen im Visumsantrag angegebene künstlerische Tätigkeit „Tänzerin“ und auch „Folkloretänzerin“ entspricht den Anforderungen der AAV. Vor Erteilung einer Aufenthaltsgenehmigung muß gem. § 11 Abs. 1 DVAuslG die für den Aufenthaltsort zuständige Ausländerbehörde zustimmen. Eine Aufenthaltsgenehmigung wird nur erteilt, wenn auch eine Genehmigung zur Beschäftigung als Arbeitnehmerin in Aussicht gestellt wird, § 1 AAV.

Die Aufenthaltsgenehmigung nach § 10 AuslG wird als Aufenthaltserlaubnis oder als Aufenthaltsbewilligung erteilt. Eine Bewilligung wird gem. § 28 AuslG verfügt, wenn von vornherein lediglich eine befristete Arbeitsaufnahme geplant ist, beispielsweise bei einem befristeten Engagement. Diese Vorgehensweise entsprach auch den unverbindlichen vorläufigen Anwendungshinweisen

748 Bamberger, RNr. 86.

749 Vgl. Ziffer 10.1.1. der allgemeinen Verwaltungsvorschrift zum Ausländergesetz (AuslG-VwV), BR- Drs 672/98 in der Fassung der BR- Drs 350/99.

zum Ausländerrecht[750] Ziffer 28.1.1. und wird sich nicht durch die Allgemeine Verwaltungsvorschrift zum Ausländergesetz[751] Ziffer 28.1.2.1 verändern.

Entsprechend Ziffer 10.2.3 der vorläufigen Anwendungshinweise zum Ausländerrecht, sowie Ziffer 10.1.1 des AuslG-VwV[752] wird seitens der Behörden die Einhaltung der AAV durch die konsequente Erteilung von Bedingungen und Auflagen gem. § 14 Abs. 2 S. 2 AuslG gewährleistet. Gegenwärtig ist Verwaltungspraxis, daß eine Aufenthaltsgenehmigung auf der Grundlage von § 5 Nr. 9 AAV entsprechend den vorläufigen Anwendungshinweisen nur zusammen mit der Auflage erteilt wird: *„unselbständige Erwerbstätigkeit nur gem. § 5 Nr. 9 AAV und gemäß gültiger Arbeitserlaubnis[753] gestattet"*. Häufig wird die Aufenthaltsgenehmigung außerdem mit der Bedingung: *„Die Aufenthaltsgenehmigung erlischt mit Beendigung der Beschäftigung bei ... (Arbeitgeber)."* versehen. Diese gängige Verwaltungspraxis hat nunmehr auch Eingang in den AuslG-VwV Ziffer 10.2.3.5[754] gefunden. Auf diese Weise wird die Aufenthaltsgenehmigung eng mit dem konkreten Beschäftigungsverhältnis verknüpft.

### 3.6.2 Arbeitsaufnahme

Wegen der eben aufgeführten Nebenbestimmungen und weil eine Aufenthaltsgenehmigung nach § 10 AuslG gem. § 1 AAV nur erteilt werden kann, wenn auch die Aussicht auf Erteilung einer Arbeitserlaubnis besteht, ist das Ausländerbeschäftigungsrecht für die Aufenthaltsgenehmigung von Künstlerinnen unmittelbar von Bedeutung.

750 Als Vorgänger der allgemeinen Verwaltungsvorschrift zum AuslG Entwurf von Verwaltungsvorschriften zum Ausländergesetz liegen vorläufige Anwendungshinweise des Bundesministeriums des Inneren zum Ausländergesetz vor, die allerdings allenfalls im Wege der Selbstbindung der Verwaltung Geltung erfahren konnten. Sie sind ein deutlicher Hinweis auf die Verwaltungspraxis. Die vorläufigen Anwendungshinweise sind abgedruckt in Schiedermeier/Wollenschläger, Handbuch des Ausländerrechts, Band 2, 3 D 1, S. 303 ff.

751 Die allgemeinen Verwaltungsvorschrift zum AuslG (AuslG-VwV) liegt in der Fassung von BR-Drs 672/98 seit Sommer 98 vor. Am 9.7.1999 hat der Bundesrat in BR- Drs 350/99 umfangreiche Änderungen zu BR- Drs 672/98 beschlossen. Es wird erwartet, daß die Bundesregierung demnächst neue Verwaltungsvorschriften erläßt.

752 In der Fassung von BR- Drs 672/98, keine Veränderung durch BR- Drs 350/99.

753 Die vorläufigen Anwendungshinweise zum Ausländerrecht beziehen sich auf das Arbeitserlaubnisrecht a.F. Nach neuem Ausländerbeschäftigungsrecht §§ 284 ff. SGB III wird die entsprechende Auflage nunmehr den Begriff *Arbeitsgenehmigung* verwenden. Auch die allgemeine Verwaltungsvorschrift Ziffer 10.2.3.1 sieht noch den Begriff Arbeitserlaubnis vor BR- Drs 672/98, ebenso auch noch in der Fassung vom BR- Drs 350/99.

754 In der Fassung von BR- Drs 672/98, keine Veränderung durch BR- Drs 350/99.

Für Künstler und Künstlerinnen kann eine Arbeitsgenehmigung unabhängig von der Entwicklung des Arbeitsmarktes nach der Anwerbestoppausnahmeverordnung § 5 Nr. 8 ASAV[755] erteilt werden. Sowohl die ASAV als auch die AEVO sind ursprünglich auf Grundlage von § 19 AFG erlassen worden. Die Ausländerbeschäftigung ist mit Wirkung vom 1.1.1998 neu geregelt worden[756]. In den §§ 284-288 SGB III sind alle Regelungen über Voraussetzungen und Verfahren bei der Ausländerbeschäftigung zusammengefaßt. Seit dem 17.9.1998 sind sowohl ASAV als auch die Arbeitsgenehmigungsverordnung[757] der neuen Rechtslage angepaßt[758]. In den hier relevanten Punkten weichen diese neuen Verordnungen nicht wesentlich von der alten Rechtslage ab. Folglich kann für die hier darzustellende Verwaltungspraxis auf die Erfahrungen und Berichte zu der alten Rechtslage zurückgegriffen werden. Eine wesentliche Änderung der Verwaltungspraxis hat sich in den vergangenen Monaten seit der Verabschiedung der neuen Verordnungen nicht ergeben.

Nach § 5 Nr. 8 ASAV[759] kann als Ausnahme vom allgemeinen Anwerbestopp ohne Prüfung der Lage und Entwicklung des Arbeitsmarktes in Abweichung von § 285 Abs. 1 SGB III, bzw. früher § 19 Abs. 1 S. 2 AFG, eine Arbeitserlaubnis für Künstler erteilt werden. Diese Ausnahme vom Anwerbestopp ist der Hintergrund dafür, weshalb von der hier betrachteten Gruppe von Migrantinnen gerade das Künstlerinnenvisum besonders häufig als Einreiseform gewählt wurde.

Nach altem Recht wurde zwischen der allgemeinen (§ 1 AEVO a. F.) und der besonderen Arbeitserlaubnis (§ 2 AEVO a.F.) unterschieden. Die allgemeine Arbeitserlaubnis entspricht der Arbeitserlaubnis nach § 1 ArGV, die besondere der Arbeitsgenehmigung gem. § 2 ArGV. Die Arbeitserlaubnis gem. § 1 ArGV kann ebenso wie die allgemeine Arbeitserlaubnis nach § 1 AEVO a. F. nach Lage und Entwicklung des Arbeitsmarktes erteilt werden und zwar entwe-

755 Verordnung über Ausnahmeregelungen für die Erteilung einer Arbeitserlaubnis an neueinreisende ausländische Arbeitnehmer (Anwerbestoppausnahmeverordnung) vom 17.9.1998 (BGBl. Teil I, S. 2892).

756 Gesetz vom 24.3.1997 (BGBl. Teil I, S. 589).

757 Verordnung über die Arbeitsgenehmigung für ausländische Arbeitnehmer (Arbeitsgenehmigungsverordnung- ArGV) vom 17.9.1998 (BGBl. Teil I, S. 2899).

758 Nach neuem Ausländerbeschäftigungsrecht kann der Bundesminister für Arbeit und Sozialordnung gem. § 288 eine solche Rechtsverordnung erlassen, ohne daß es einer parlamentarischen Kontrolle bedarf.

759 § 5 Nr. 8 ASAV a.F. ist wortgleich mit § 5 Nr. 8 ASAV n.F.; siehe Verordnung über die Ausnahmeregelungen für die Erteilung einer Arbeitserlaubnis an neu einreisende ausländische Arbeitnehmer (Anwerbestoppausnahmeverordnung) vom 21.12.1990 (BGBl. Teil I, S. 3012), zuletzt geändert durch Verordnung vom 30.9.1996 (BGBl. Teil I, S. 1491).

der auf eine bestimmte berufliche Tätigkeit beschränkt (§ 1 Abs. 1 Nr.2 ArGV) oder ohne solche Beschränkungen (§ 1 Abs. 1 Nr. 2 ArGV). Auf die Arbeitsgenehmigung gem. § 2 ArGV kann unter Umständen für bestimmte Gruppen von Ausländern wie etwa Flüchtlinge oder Familienangehörige von Deutschen ein Anspruch bestehen. Die Arbeitsgenehmigung ergeht ohne Beschränkungen. Gleiches galt für die besondere Arbeitserlaubnis gem. § 2 AEVO a. F. In den hier betrachteten Fällen der Einreise als Künstlerin im Zusammenhang mit Frauenhandel kam allein die Erteilung einer allgemeinen Arbeitserlaubnis in Betracht. Ein Anspruch auf eine besondere Arbeitserlaubnis gem. § 2 AEVO a.F.[760] bestand gewöhnlich nicht, da die Frauen der Untersuchungsgruppe regelmäßig unter keine der in § 2 Abs. 1 AEVO a. F. aufgeführten Fälle von Anspruchsinhabern fielen. Die allgemeine Arbeitserlaubnis wurde von den Behörden regelmäßig entsprechend § 1 Abs. 1 Nr. 1 AEVO a.F. nur für einen bestimmten Arbeitsplatz bei einem bestimmten Arbeitgeber erteilt. Da § 1 Abs. 1 AEVO a.F. und § 1 Abs. 1 ArGV weitgehend textgleich sind, gehen die Verwaltungsbehörden auch nach neuem Recht gleichermaßen vor.

Die Verwaltungspraxis beruht auf Ziffer 2.1.112 der Durchführungsanweisungen zum Arbeitserlaubnisrecht der Bundesanstalt für Arbeit (DA AER). Es handelt sich hier um bundesunmittelbare Verwaltung gem. Art. 86 GG. Die DA AER sind innerbehördliche Weisungen, die lediglich über die Bindung der Verwaltung an ihre eigene Verwaltungspraxis i. V. m. Art. 3 GG Außenwirkung entfalten können. Die DA AER wurden als dienstlicher Runderlaß am 30.6.1995 von der Bundesanstalt für Arbeit erlassen. Die DA AER beziehen sich auf das Arbeitserlaubnisrecht a.F.. Nach der Gesetzesnovelle hat der Bundesarbeitsminister auf Grundlage von § 288 SGB III eine Weisung erlassen, nach der die DA AER vorläufig fortgelten und analog angewandt werden sollen. Neue aktualisierte Dienstvorschriften sind bisher nicht ergangen. Gegenwärtig arbeiten die Arbeitsämter in der Praxis quasianalog gemäß den veralteten Dienstanweisungen[761]. Demzufolge geben die DA AER Hinweise auf die herrschende Verwaltungspraxis im Arbeitsgenehmigungsrecht.

Nach Ziffer 2.1.112 der DA AER wird jede allgemeine Arbeitserlaubnis nur nach Maßgabe von § 1 Abs. 1 Nr. 1 AEVO a.F., respektive jetzt nach § 1 Abs. 1 Nr. 1 ArGV, also nur für einen bestimmten Arbeitsplatz erteilt. Begründet wird

760 Verordnung über die Arbeitserlaubnis für nichtdeutsche Arbeitnehmer (Arbeitserlaubnisverordnung- AEVO) in der Fassung der Bekanntmachung vom 12.9.1980 (BGBl. Teil I, S. 1754), zuletzt geändert durch Verordnung vom 30.9.1996 (BGBl. Teil I, S. 1491).

761 Nach Auskunft von Herrn Albrecht, Rechtsabteilung des Ausländerbeauftragten in Hamburg, August 99.

diese Verwaltungspraxis in Ziffer 2.1.112 der DA AER damit, daß die Beschränkung der allgemeinen Arbeitserlaubnis, bzw. nach neuer Begrifflichkeit der Arbeitserlaubnis, bei der derzeitigen Lage und Entwicklung des Arbeitsmarktes erforderlich sei.

Sofern es überhaupt noch zur Erteilung von Arbeitserlaubnissen für Künstlerinnen nach der ASAV kommt, werden in der Praxis entsprechend der DA AER die Arbeitserlaubnisse nur für bestimmte Arbeitgeber erteilt. Für Künstlerinnen, also auch für die hier zu betrachtende Gruppe von Tänzerinnen aus den einschlägigen Herkunftsländern, bedeutet das, daß sie durch die Arbeitserlaubnis auf eine Tätigkeit für einen bestimmten Arbeitgeber festgelegt sind.

### 3.6.3 Arbeitsplatzwechsel

Für die hier betrachtete Gruppe von Migrantinnen ist es von großer Bedeutung, ob sie bei einem Arbeitsplatzwechsel ihre Aufenthaltsgenehmigung und ihre Arbeitserlaubnis verlieren. Denn wenn sie den Arbeitgeber wechseln können, ohne einen Verlust ihrer Aufenthaltsgenehmigung befürchten zu müssen, können sie von dem derzeitigen Arbeitgeber nicht mit ihrer Aufenthaltssituation unter Druck gesetzt werden.

Für die Rechtslage ist entscheidend, ob die Künstlerin eine Aufenthaltserlaubnis oder eine -bewilligung erhalten hat. Bei einer Aufenthaltsbewilligung ergibt sich das besondere Problem, ob ein Arbeitsplatztausch einen Wechsel des Aufenthaltszweckes gem. § 28 Abs. 3 AuslG darstellt. Das hängt vor allem davon ab, welcher Aufenthaltszweck in der Bewilligung aufgeführt wurde. Wie dargelegt, bezieht sich der entsprechende Zusatz in der Regel auf ein spezifisches Arbeitsverhältnis bei einem bestimmten Arbeitgeber. Unter diesen Bedingungen stellt der Wechsel des Arbeitgebers unmittelbar eine Veränderung des Aufenthaltszweckes dar. Die Veränderung des Aufenthaltszweckes ist nach § 28 Abs. 3 Satz 3 AuslG nur im ersten Jahr des Aufenthaltes möglich. In jedem Fall steht die erneute Erteilung der Aufenthaltsbewilligung und Arbeitsgenehmigung im pflichtgemäßen Ermessen der Behörden.

Wenn die Künstlerin im Besitz einer Aufenthaltserlaubnis ist, kann sich eine andere Rechtslage ergeben. Denn nach altem Recht konnte bei Arbeitsplatzwechsel ein Anspruch auf Erteilung einer Arbeitserlaubnis vorliegen[762]. Nach der Novelle deutet der Wortlaut in § 285 Abs. 1 SGB III *„kann erteilt werden"* darauf hin, daß der Verwaltung für die Erteilung von Arbeitserlaubnis-

762 Zur Frage des Vorliegens eines Anspruchs auf Erteilung einer Arbeitserlaubnis nach altem Recht vgl. Schuler in Huber, Handbuch des Ausländer und Asylrechts, Band 1, Systematische Darstellung, VII, RNr. 57 ff. m.w.N.

sen generell ein Ermessensspielraum eingeräumt werden und sie in ihrer Entscheidung nicht mehr gesetzlich gebunden sein sollte. Die Frage, ob es auch nach der Gesetzesnovelle bei Arbeitsplatzwechsel einen Anspruch auf Erteilung einer Arbeitserlaubnis gibt, ist dennoch umstritten[763]. Marschner begründet seine Ansicht, daß es einen solchen Anspruch auf Erteilung parallel zu § 19 Abs. 1 S. 2 AFG auch in § 285 SGB III gibt, mit der Entstehungsgeschichte des Gesetzes. Aus der in § 284 IV gebrauchten Formulierung *„wird erteilt"* lasse sich in Verbindung mit den amtlichen Materialien[764] entnehmen, daß der Gesetzgeber entgegen der eindeutigen Formulierung in § 285 SGB III *„kann erteilt werden"* auch bei der neuen Arbeitserlaubnis einen Anspruch beabsichtigt habe. Das Ermessen solle sich lediglich auf die Ausgestaltung der Arbeitserlaubnis beziehen[765].

Dem steht der eindeutige Wortlaut des Gesetzes entgegen. In § 284 Abs. 1 SGB III heißt es, *„Die Arbeitserlaubnis kann erteilt werden... "*. Diese Formulierung stellt klar, daß der Behörde nunmehr ein Ermessen eröffnet ist. Hierbei handelt es sich gerade um eine wesentliche Änderung gegenüber § 19 AFG. Daß diese Änderung beabsichtigt war, ergibt sich aus der Begründung des Gesetzes[766]. Auch die Formulierung in § 284 Abs. 3 SGB III stützt diese Interpretation[767]. Dort heißt es, daß die Arbeitsgenehmigung als Erlaubnis erteilt wird, wenn es keinen Anspruch auf sie gibt. Dieser Fassung zu entnehmen, daß wegen der Formulierung „wird erteilt" auch nach neuem Recht ein Anspruch auf Arbeitserlaubnis bestehe, wirkt geradezu widersinnig. Dementsprechend steht die Entscheidung über die Erteilung, aber auch über die Verlängerung oder Erneuerung einer Arbeitserlaubnis auch für die Gruppe von Künstlerinnen, die im Besitz einer Aufenthaltserlaubnis sind, gem. § 285 Abs. 1 SGB III im pflichtgemäßen Ermessen der Behörde.

Die Behörde übt dieses Ermessen bei Künstlerinnen je nach Einzelfall ganz unterschiedlich aus und erteilt nach den Erfahrungen der Fachberatungsstellen gerade für die einschlägigen Etablissements gegenwärtig nur selten eine neue Arbeitserlaubnis. In Folge dessen existiert für Künstlerinnen, die den Arbeitgeber wechseln wollen, keine Sicherheit, daß ihnen auch für einen neuen Arbeitgeber eine Arbeitserlaubnis erteilt wird. Da die Aufenthaltsgenehmigung von

763 Bejahend: Marschner, Neuregelung des Rechts der Arbeitsgenehmigung, BB 98, S. 370, 371; ablehnend: Theuerkauf in Hennig/Henke/Schlegel/Theuerkauf, § 285 SGB III RNr. 1.

764 BT- Drs 13/4941, 206 dort zum Abs. 3 des § 283, der dem heutigen § 284 Abs. IV SGB III entspricht.

765 So Marschner, Neuregelung des Rechts der Arbeitsgenehmigung, BB 98, S. 370, 371.

766 BT- Drs. 13/4941, 206.

767 Ebenso Theuerkauf in Hennig/Henke/Schlegel/Theuerkauf, § 285 SGB III RNr. 1.

der Arbeitserlaubnis abhängt, besteht mithin bei einem Arbeitsplatzwechsel Rechtsunsicherheit auch in bezug auf die Aufenthaltssicherung. So hängt die Gewißheit über die Legalität des Aufenthaltes davon ab, daß das ursprüngliche Arbeitsverhältnis mit dem in der Arbeitserlaubnis angegebenen Arbeitgeber bestehen bleibt.

### 3.6.4 Strafbarkeit gem. § 92 Abs. 1 AuslG

Wenn die als Künstlerin eingereiste Migrantin im Laufe ihres Aufenthaltes der Sexarbeit nachgeht, kann sie sich gem. § 92 Abs. 1 AuslG strafbar machen. Bei den mit der Aufenthaltsgenehmigung erteilten Nebenbestimmungen handelt es sich um vollziehbare Auflagen im Sinne von § 92 Abs. 1 Nr. 3 AuslG. Ein Verstoß gegen die Auflage *„Unselbständige Erwerbstätigkeit nur gem. § 5 Nr. 8 AAV und gemäß gültiger Arbeitserlaubnis gestattet“* ist folglich gem. § 92 Abs. 1 Nr. 3 AuslG strafbar.

Mit einer Erwerbstätigkeit über den in der Arbeitserlaubnis und der Aufenthaltsgenehmigung angegebenen Zweck hinaus, wie z.B. als Sexarbeiterin[768], liegt ein Verstoß gegen eine Auflage nach § 14 II S. 2 AuslG vor. Die Migrantin verwirklicht mit Aufnahme einer Tätigkeit als Sexarbeiterin den objektiven Tatbestand gem. § 92 I Nr. 3 AuslG.

Für das Vorliegen einer Strafbarkeit ist es darüber hinaus notwendig, daß die Frau in bezug auf den Verstoß gegen das Ausländerrecht vorsätzlich handelt. Dieser Vorsatz besteht bei den Frauen, die als Künstlerin eingereist sind, jedoch nicht regelmäßig. Anders als bei den Touristinnen reicht hier nicht nur der diffuse Vorsatz, in der Bundesrepublik einer Erwerbstätigkeit nachzugehen, aus. Die als Künstlerinnen eingereisten Frauen planen, als Künstlerin erwerbstätig zu sein, und befinden sich in Besitz der dafür notwendigen ausländerrechtlichen Genehmigungen. Mit dem Anstreben einer Erwerbstätigkeit schlechthin liegt folglich noch kein vorsätzlicher Verstoß gegen das Ausländerrecht vor. Bei den als Künstlerin eingereisten Frauenhandelsopfern ist die Strafbarkeit in größerem Maße als bei Touristinnen von den Bedingungen des einzelnen Falles abhängig. Einerseits liegen Berichte von Frauen vor, die keine Gelegenheit hatten, ihren Paß einzusehen und von der Auflage überhaupt Kenntnis zu erhalten, weil ihnen der Paß vom Arbeitgeber abgenommen wurde. Andererseits entscheiden sich manche Frauen angesichts der besseren Verdienstmöglichkeiten oder einem sonst drohendem Verlust des Arbeitsplatzes,

768 Zur Frage, ob Sexarbeit und Prostitution eine Erwerbstätigkeit im Sinne des AuslG darstellen, siehe unter 3.5.2.1, S. 164 f.

zusätzlich neben der tänzerischen Tätigkeit der Sexarbeit nachzugehen[769]. Nach Erfahrungen der NGOs wissen allerdings die wenigsten darum, daß die Aufnahme einer Tätigkeit als Sexarbeiterin gegen ausländerrechtliche Vorschriften verstößt, und zwar auch dann, wenn eine Aufenthaltsgenehmigung mit Arbeitserlaubnis als Künstlerin vorliegt[770]. Es könnte sich dementsprechend auch um einen - möglicherweise sogar unvermeidbaren - Verbotsirrtum handeln. Die Frage der Strafbarkeit nach § 92 Abs. 1 AuslG beantwortet sich folglich bei den als Künstlerin eingereisten Frauen je nach Einzelfall ganz unterschiedlich.

### 3.6.5 Ordnungswidrigkeit gem. § 404 Abs. 2 SGB III

Die als Künstlerinnen eingereisten Frauen können mit Aufnahme einer Tätigkeit als Sexarbeiterin eine Ordnungswidrigkeit gem. § 404 Abs. 2 Nr. 3 SGB III, Ausübung einer Beschäftigung ohne Genehmigung, oder § 404 Abs. 2 Nr. 4 SGB III, Erteilung einer falschen Auskunft, begehen. Ob diese Ordnungswidrigkeiten vorliegen entscheidet sich, ähnlich wie eben zur Strafbarkeit dargestellt, vor allem im Bereich des subjektiven Tatbestandes bzw. bei der Frage der Schuld.

### 3.6.6 Wirkungen der Verwaltungspraxis auf Frauenhandel

Für die Wirkungen der dargestellten Handhabung der Künstlerinnenvisa auf den Frauenhandel ist wichtig, daß der Aufenthaltsstatus der als Künstlerinnen eingereisten Frauen von dem konkreten Beschäftigungsverhältnis abhängig ist. Die enge Verbindung zwischen Aufenthalt und Arbeitsplatz erhöht die Abhängigkeit der Frauen von ihrem Arbeitgeber. Bei einem Arbeitsplatzwechsel entfällt in der Regel nicht nur die Arbeitserlaubnis, sondern über die dargestellte Verknüpfung mit Hilfe von Nebenbestimmungen auch die Aufenthaltsgenehmigung. Die Unsicherheit des aufenthaltsrechtlichen Status nutzen die Händler nach Erfahrungen in den Beratungsstellen[771], um die Frauen unter Druck zu setzen und weitere Dienstleistungen als die bloße künstlerische Darbietung zu verlangen. Insofern bietet die Beschränkung der Künstlerinnenvisa einen Ausgangspunkt für Frauenhandel.

Anders wäre es, wenn die Aufenthaltsgenehmigung von Künstlerinnen nicht in Abhängigkeit von dem Beschäftigungsverhältnis, sondern für die künstleri-

769 Beispiele siehe Howe, Arbeits- und Lebensbedingungen gehandelter Frauen, S. 19 f.; siehe zur Einwirkung auf die Betroffenen unter 1.2.5, S. 67 ff.

770 Siehe Howe, Arbeits- und Lebensbedingungen gehandelter Frauen, S. 22.

771 Siehe ebenso Howe, Arbeits- und Lebensbedingungen gehandelter Frauen, S. 22, Rechtsanwältin Sabine Weiss-Uliczka in einem Interview, Die Tageszeitung vom 22.4.1992.

sche Betätigung erteilt würde. Die besondere Erpreßbarkeit der als Künstlerinnen eingereisten Frauen ist vor allem auf die Abhängigkeit von dem in den behördlichen Genehmigungen aufgeführten Arbeitgeber zurückzuführen. Wäre ein Arbeitsplatzwechsel leichter möglich, könnten sich die Frauen besser gegen den auf sie ausgeübten Druck zur Wehr setzen.

Wenn man den dargestellten Zusammenhang zwischen Aufenthalts- und Arbeitserlaubnis in bezug auf Frauenhandel bewertet, ist der Schluß zulässig, daß die Künstlerinnenvisa in Gestalt der gegenwärtigen Verwaltungspraxis den Frauenhandel mit Künstlerinnen erleichtern.

Bei dieser Annahme handelt es sich letztlich im eine Hypothese, da der Nachweis, daß Künstlerinnenvisa in der gegenwärtigen Gestalt Frauenhandel fördern, nicht erbracht werden kann. Die Tatsache, daß viele verschiedene Druckmittel auf die Frauen einwirken und nicht nur die ausländerrechtliche Situation isoliert wirkt, macht einen eindeutigen Nachweis letztlich unmöglich.

Den folgenden Ausführungen liegt gleichwohl die plausible Hypothese zugrunde, daß die Bindung der Künstlerinnenvisa an einen bestimmten Arbeitgeber Frauenhandel fördert. Vor dem Hintergrund dieser Annahme wird die dargestellte Verwaltungspraxis auf ihre Rechtmäßigkeit überprüft. Gegenstand der Prüfung sind die Nebenbestimmungen in der Aufenthaltsgenehmigung und die Beschränkung der Arbeitserlaubnis auf einen bestimmten Arbeitsplatz.

#### 3.6.6.1 Beschränkung der Arbeitserlaubnis auf einen bestimmten Arbeitsplatz

Die Beschränkung der Arbeitserlaubnis auf ein bestimmtes Beschäftigungsverhältnis stellt keine Nebenbestimmung im Sinne von § 36 VwVfG dar, sondern eine inhaltliche Modifizierung der Arbeitserlaubnis[772]. Das geht direkt aus dem Wortlaut von § 1 ArGV. hervor, wonach die Arbeitserlaubnis in der beschränkten Form oder in der inhaltlich unbeschränkten Form ergehen kann.

Wenn eine Arbeitserlaubnis als Künstlerin beantragt wurde, wird die Arbeitserlaubnis für Künstlerinnen entsprechend der Ziffer 2.1.112 DA AER regelmäßig gem. § 1 Abs. 1 Nr. 1 AEVO a.F. nur für die abhängige Beschäftigung in einem bestimmten Betrieb erteilt bzw. nunmehr gem. § 1 Abs. 1 Nr. 1 ArGV. Nach § 1 Abs. 1 ArGV ist der Verwaltung bei der Erteilung der Arbeitserlaubnis ein Ermessen eröffnet. Die Erlaubnis kann je nach Lage und Entwicklung des Arbeitsmarktes entweder gem. § 1 Abs. 1 Nr. 1 ArGV beschränkt oder ohne Beschränkungen gem. Nr. 2 erteilt werden.

772 So auch Renner, Ausländerrecht in Deutschland, § 31 RNr. 590.

Als Einschränkung der allgemeinen Handlungsfreiheit im Sinne von Art. 2 Abs. 1 GG ist die Kopplung eines Arbeitsverhältnisses an einen bestimmten Arbeitgeber nur aus einem besonderen Grund zulässig[773]. Ein allgemeines öffentliches Interesse an Überwachung des Wechsels von Arbeitsplatz und Wohnung reicht dafür nicht aus, denn diesem Zweck dienen bereits die Meldevorschriften[774]. Hierzu bedarf es keiner Beschränkung der Arbeitserlaubnis. Die beschränkte Erteilung der Arbeitserlaubnis erfordert einen anderen Grund.

In der Dienstanweisung für die Arbeitsämter, DA AER Ziffer 2.1.112, wird allgemein für alle Arbeitserlaubnisse festgestellt, daß bei der derzeitigen Lage und Entwicklung des Arbeitsmarktes die Arbeitserlaubnis nach § 1 Abs. 1 Nr. 1 AEVO a.F., bzw. jetzt nach § 1 Abs.1 Nr. 1 ArGV, zu erteilen sei. Mit der Begründung des gegenwärtig besonders angespannten Arbeitsmarktes leitet die Dienstanweisung folglich das Ermessen der Behörde so, daß beschränkte Arbeitserlaubnisse erteilt werden.

Dieser Praxis begegnen gerade bei Arbeitserlaubnissen von Künstlerinnen Bedenken. Künstlerinnen erhalten eine Arbeitserlaubnis auf Grundlage von § 5 Nr. 8 der ASAV. Seit 1973 gilt in der Bundesrepublik ein allgemeiner Anwerbestopp für ausländische Arbeitnehmer[775]. Die ASAV ist ergangen, um Ausnahmen von diesem Anwerbestopp für die Erteilung von Arbeitserlaubnissen von ausländischen Arbeitnehmern machen zu können. Für Künstler und Künstlerinnen gestattet § 5 ASAV ebenso wie für Wissenschaftler oder Seelsorger eine Ausnahme vom allgemeinen Anwerbestopp. Das bedeutet, daß trotz angespannter Lage und Entwicklung des allgemeinen Arbeitsmarktes die Erteilung einer Arbeitserlaubnis für Künstlerinnen möglich sein muß[776]. Allein die pauschale Begründung in DA AER Ziffer 2.1.112 reicht mithin nicht aus, um bei künstlerischen Tätigkeiten eine Beschränkung der Arbeitserlaubnis auf ein bestimmtes Beschäftigungsverhältnis zu rechtfertigen.

Das gilt um so mehr angesichts der Zielsetzung von § 5 ASAV. Anknüpfungspunkt für die in § 5 ASAV aufgelisteten Ausnahmen vom Anwerbestopp sind besondere fachliche Fähigkeiten der jeweiligen Berufsgruppe. Es handelt sich - abgesehen von Nr. 7, Krankenpflegepersonal - um Tätigkeiten, die ihrem

773 So bereits SG Berlin Urteil vom 18.7.79, InfAuslR 3/1979, 22, 26; ausdrücklich in 10.2.3.5 AuslG-VwV aus BR- Drs 672/98.

774 Renner, Ausländerrecht Kommentar, § 14 AuslG RNr. 6; a.A. Kloesel/Christ/Häußer § 14 AuslG RNr. 11.

775 Zur Geschichte der Ausländerbeschäftigung vgl. Herbert, hier S. 217 ff.

776 So auch die Bundesregierung in ihrer Antwort auf die kleine Anfrage der Fraktion Bündnis 90/ Die Grünen vom 12.11.1990 zur Einführung der Rechtverordnungen zum neuen Ausländergesetz, BT- Drs 11/8431, S. 2, 3.

Inhalt nach in besonderem Maße an die persönliche oder kulturelle Qualifikation des Antragstellers oder der Antragstellerin gebunden sind, so etwa an die besondere wissenschaftliche Qualifikation von Forschern (§ 5 Nr. 1 ASAV), die besonderen fachlichen Kenntnisse von Ausbildern an der Hoch- oder Fachhochschule (§ 5 Nr. 2 ASAV), die fachliche Qualifikation von Seelsorgern bestimmter Religionsgemeinschaften (§ 5 Nr. 6 ASAV) oder die einzigartige künstlerische Befähigung bei Künstlern und Artisten (§ 5 Nr. 8 ASAV). Infolge dessen machen sich die entsprechenden Arbeitnehmer und Arbeitnehmerinnen in aller Regel nicht im Rahmen der allgemeinen Konkurrenz auf dem Arbeitsmarkt bemerkbar. Lage und Entwicklung des Arbeitsmarktes werden daher auch nicht dadurch beeinflußt, daß die entsprechenden Personengruppen eine Arbeitserlaubnis erhalten.

Damit widerspricht es dem Ziel der ASAV, wenn die Begründung der ermessensleitenden Dienstvorschrift in Ziffer 2.1.112 DA AER ohne weiteres auf Berufsgruppen aus § 5 ASAV übertragen wird. Folglich kann die regelmäßig erteilte Beschränkung der Arbeitserlaubnis von Künstlerinnen auf ein bestimmtes Beschäftigungsverhältnis nicht allein aus diesem Grunde ergehen.

Ein anderer Grund für die Beschränkung der Arbeitserlaubnis auf einen bestimmten Betrieb könnte sein, daß ein Hineinwachsen der einzelnen Arbeitnehmer gem. § 286 Abs. 1 Nr. 1 a) SGB III in einen Anspruch auf eine Arbeitsberechtigung verhindert werden soll. Künstlerinnen erhalten jedoch schon wegen der erteilten Befristung der Arbeitserlaubnis regelmäßig eine Aufenthaltsbewilligung und keine Erlaubnis oder Befugnis. Infolgedessen können sie gem. § 286 Abs. 1 SGB III auch keinen Anspruch auf eine Arbeitsberechtigung erwerben, da es dafür Voraussetzung ist, daß der Ausländer oder die Ausländerin eine Aufenthaltserlaubnis oder –befugnis besitzt. Eine Beschränkung der Arbeitserlaubnis auf einen bestimmten Betrieb ist folglich jedenfalls nicht nötig, um einen Anspruch auf Arbeitsberechtigung zu verhindern.

Möglicherweise wird die Beschränkung auf einen bestimmten Arbeitgeber ausgesprochen, damit ein Arbeitsverhältnis mit einem als zuverlässig angesehenen Arbeitgeber sichergestellt werden kann. Nach § 285 Abs. 1 Nr. 3 SGB III kann eine Arbeitserlaubnis nur erteilt werden, wenn der Ausländer nicht zu ungünstigeren Arbeitsbedingungen als vergleichbare deutsche Arbeitnehmer beschäftigt wird. Eine Kontrolle dieser Vorschrift ist nur möglich, wenn die Arbeitserlaubnis auf ein bestimmtes Arbeitsverhältnis beschränkt wird. Allerdings setzt die Vorschrift voraus, daß es ein vergleichbares Arbeitsverhältnis mit einem deutschen Arbeitnehmer geben kann. Das ist gerade bei künstlerischer Betätigung höchst fraglich, da diese gerade von höchst persönlichen Qualifikationen geprägt ist. Die Tätigkeit von Tänzerinnen hingegen und noch mehr von Bartänzerinnen ist nicht besonders einzigartig, so daß in der Regel vergleichbare Arbeitsverhältnisse mit Deutschen existieren.

Ein weiterer Gesichtspunkt, der dafür spricht, im Fall von Künstlerinnen generell die Erteilung der Arbeitserlaubnis gem. § 1 Abs. 1 Nr. 1 ArGV auf ein bestimmtes Beschäftigungsverhältnis zu beschränken, ist nicht ersichtlich.

Andererseits sprechen einige Gesichtspunkte für eine unbeschränkte Erteilung einer Arbeitserlaubnis an abhängig beschäftigte Tänzerinnen. Das gilt vor allem angesichts der Tatsache, daß gerade die Beschränkung auf einen bestimmten Arbeitgeber einen den Frauenhandel fördernden Effekt nach sich zieht. Dieser Umstand wird bei der Erteilung der Arbeitserlaubnis, soweit ersichtlich, bisher nicht berücksichtigt. Angesichts der Gefährdung so elementarer Grundrechte wie des Allgemeinen Persönlichkeitsrechts, Art. 2 GG, und der Menschenwürde, Art. 1 GG, muß dieser Gesichtspunkt aber gerade bei der Ausübung einer Ermessensentscheidung durch die Behörde eine Rolle spielen. Bei der pauschalisierten Vorgehensweise, wie sie zur Zeit gehandhabt wird, werden demnach nicht alle für die Ausübung des Ermessens relevanten Gesichtspunkte bei der Entscheidung berücksichtigt.

Im Ergebnis kann die Beschränkung der Arbeitserlaubnis auf einen bestimmten Arbeitgeber wegen § 285 Abs. 1 Nr. 3 SGB III gerechtfertigt sein, wenn die Gewährleistung vergleichbarer Arbeitsbedingungen im Einzelfall überwiegende Bedeutung hat.

### 3.6.6.2 Nebenbestimmungen in der Aufenthaltsgenehmigung

Die Aufenthaltsgenehmigung für Künstlerinnen, sei es eine Erlaubnis oder eine Befugnis, wird seitens der Verwaltung regelmäßig mit der Nebenbestimmung versehen: *„Unselbständige Erwerbstätigkeit nur gem. § 5 Nr. 8 AAV und gemäß gültiger Arbeitserlaubnis gestattet“* oder sogar in manchen Fällen darüber hinausgehend mit der Bestimmung *„Die Aufenthaltsgenehmigung erlischt mit Beendigung der Beschäftigung bei ... (Arbeitgeber).“*.

§ 36 VwVfG unterscheidet zwischen Nebenbestimmungen zu Verwaltungsakten, auf die ein Anspruch besteht, und Ermessensverwaltungsakten. Für die Rechtmäßigkeit von Nebenbestimmungen zu Ermessensgrundverwaltungsakten, wie der Aufenthaltserlaubnis oder -befugnis für Künstlerinnen, ist entscheidend, daß die Nebenbestimmung nicht im Widerspruch zum Grundverwaltungsakt steht. Die Nebenbestimmung selbst muß außerdem sachbezogen und sachgerecht sein[777]. Ermächtigungsgrundlage für die Erteilung solcher Nebenbestimmungen nach dem Ausländergesetz ist § 14 AuslG.

777 Zu Rechtmäßigkeitsanforderungen an Nebenbestimmungen siehe statt aller Erichsen in Erichsen,

3.6.6.2.1 Verknüpfung von Aufenthaltsgenehmigung und Arbeitserlaubnis

Bei der Bestimmung *„Unselbständige Erwerbstätigkeit nur gem. § 5 Nr. 8 AAV und gemäß gültiger Arbeitserlaubnis gestattet“* handelt es sich um eine Auflage gem. § 14 Abs. 2 AuslG.

Nach § 14 Abs. 2 AuslG ist die anfängliche Erteilung einer die Erwerbstätigkeit regelnden Auflage ausdrücklich zulässig. Daß die Erwerbstätigkeit nur nach Maßgabe einer gültigen Arbeitserlaubnis gestattet ist, ergibt sich bereits aus §§ 284 ff. SGB III. Insofern ist der materielle Regelungsgehalt der Auflage allein auf die Verknüpfung der Aufenthaltsgenehmigung mit der künstlerischen Tätigkeit gem. § 5 Nr. 8 AAV beschränkt. Da die Erwerbstätigkeit als Künstlerin die Basis der Aufenthaltsgenehmigung gem. §10 AuslG i.V.m. § 5 AAV darstellt, ist die Auflage folglich sachgerecht und steht im Einklang mit dem Grundverwaltungsakt. Die Problematik entsteht erst im Zusammenhang mit dem Erlöschen der Aufenthaltsgenehmigung bei einem Arbeitsplatzwechsel[778]. Gegen die Auflage in der Aufenthaltsgenehmigung bestehen hingegen keine Bedenken.

3.6.6.2.2 Auflösende Bedingung

Bei der Bestimmung, *„Die Aufenthaltsgenehmigung erlischt mit Beendigung der Beschäftigung bei ... (Arbeitgeber).“*, handelt es sich um eine auflösende Bedingung gem. § 14 Abs. 1 AuslG.

Der Erteilung dieser Bedingung liegt gem. § 14 Abs. 1 AuslG eine Ermessensentscheidung der Verwaltung zu Grunde. Es ist also zunächst zu untersuchen, ob die Erteilung einer solchen auflösenden Bedingung sachgerecht und sachbezogen sein kann.

Welche Gesichtspunkte bei der Ermessensentscheidung der Verwaltung regelmäßig eine Rolle spielen, kann nur vermutet werden. Ein Anhaltspunkt dafür, welche Überlegungen bei der Ermessensentscheidung einfließen, könnte sich aus Ziffer 10.2.3.5 AuslG-VwV[779] ergeben, zumal die AuslG-VwV auf der Basis der Verwaltungspraxis der letzten Jahre entwickelt wurde. Demnach soll der Ausländer im allgemeinen nicht durch eine Nebenbestimmung an einen bestimmten Arbeitgeber gebunden werden. Wenn aber ein Ausnahmetatbestand wie beispielsweise bei Spezialitätenköchen gem. § 4 Abs. 4 AAV vorliegt, der nur für einen bestimmten Arbeitsplatz bei einem bestimmten Arbeitgeber erfüllt

§ 14 Rnr. 11 m.w.N.

778 Siehe hierzu oben unter 3.6.6.1, S. 183 ff.

779 In der Fassung von BR- Drs 672/98, keine Veränderung durch BR- Drs 350/99.

ist, kann eine auflösende Bedingung, die die Aufenthaltsgenehmigung mit dem Bestand des Beschäftigungsverhältnisses verknüpft, angeordnet werden.

Ein solcher Ausnahmefall liegt bei der hier betrachteten Gruppe von Künstlerinnen regelmäßig nicht vor. Die künstlerische Betätigung des Tanzens ist Anknüpfungspunkt für eine Ausnahme gem. § 5 AAV. Danach ist der Ausnahmetatbestand an die persönlichen Begabungen und Fähigkeiten der Antragstellerin geknüpft und nicht an die Ausgestaltung des Arbeitsplatzes. Eine Parallele zu den Entscheidungen für Spezialitätenköche kann daher für Künstlerinnen nicht gezogen werden. Folglich liefert die neue AuslG-VwV auch keine Anhaltspunkte dafür, nach welchen Kriterien die Verwaltung ihr Ermessen ausübt, wenn sie die auflösende Bedingung im Fall von Künstlerinnen mit der Aufenthaltsgenehmigung verbindet.

Die Ausgestaltung des konkreten Arbeitsverhältnisses spielt bei Künstlerinnen nur im Zusammenhang mit § 285 Abs. 1 Nr. 3 SGB III eine Rolle. Danach muß zur Gewährleistung von mit deutschen Verhältnissen vergleichbaren Arbeitsbedingungen das jeweilige Arbeitsverhältnis kontrolliert werden. Diese Kontrolle kann jedoch bereits dadurch, daß die Arbeitserlaubnis nur für einen bestimmten Arbeitgeber erteilt wird, gewährleistet werden. Für die Überwachung ist das automatische Erlöschen der Aufenthaltsgenehmigung bei Arbeitsplatzwechsel nicht notwendig.

Andere für die auflösende Bedingung sprechende Gesichtspunkte sind nicht ersichtlich. Nach den oben zur beschränkten Arbeitserlaubnis erläuterten Zusammenhängen erscheint es vielmehr widersinnig, eine solche auflösende Bedingung anzuordnen. Künstlerinnen erhalten ihre Aufenthaltsgenehmigung in Folge einer Ausnahme vom Anwerbestopp, die in § 5 AAV ausdrücklich geregelt ist. Die enge Verknüpfung von Aufenthalt und Arbeitsplatz fördert das Phänomen des Frauenhandels in seiner gegenwärtigen Ausprägung und verstößt damit gegen die Interessen der Bundesrepublik. Im Ergebnis erscheint die auflösende Bedingung in der vorliegenden Form also bereits nicht sachgerecht.

Ob eine solche auflösende Bedingung rechtmäßig ergehen kann, hängt wegen des verfassungsmäßigen Bestimmtheitsgebotes im übrigen davon ab, ob die Nebenbestimmung im Widerspruch zum Grundverwaltungsakt selbst und der gesetzlichen Ermächtigung zum Erlaß des Grundverwaltungsaktes ergangen ist[780]. Die Aufenthaltsgenehmigung für Künstlerinnen erteilt die Behörde gem. § 10 AuslG i. V. m. § 5 Nr. 9 AAV und § 11 DVAuslG. Künstlerinnen erhalten die Aufenthaltsgenehmigung also allein wegen der von ihnen geplanten Auf-

780 so auch Erichsen in Erichsen § 14 RNr. 11; Meyer in Meyer/Borgs, VwVfG § 36 RNr. 33; Ramsauer, RNr. 34.27.

nahme einer Erwerbstätigkeit in der Bundesrepublik. Es besteht folglich ein unmittelbarer innerer Zusammenhang zwischen Aufenthaltsgenehmigung und Arbeitserlaubnis. Damit ist die in Rede stehende auflösende Bedingung auch dann rechtswidrig, wenn sie im Widerspruch zu dem hinter der Aufenthaltsgenehmigung stehenden Arbeitsverhältnis steht.

Ein solcher Widerspruch könnte sich daraus ergeben, daß die Bedingung in das Arbeitsverhältnis selbst eingreift. Grundsätzlich gelten für die Beschäftigung von Ausländern und Ausländerinnen die allgemeinen arbeitsgesetzlichen Vorschriften im Rahmen des Arbeitsverhältnisses[781]. Diese arbeitsrechtlichen Schutzvorschriften werden der ausländischen Arbeitnehmerin durch die auflösende Bedingung abgeschnitten. Eine solche Verkürzung ergibt sich beispielsweise im Kündigungschutzrecht. Wegen der auflösenden Bedingung in der Aufenthaltsgenehmigung gilt diese nur dann fort, wenn das konkrete Beschäftigungsverhältnis auch während eines etwaigen Kündigungsschutzprozesses andauert. Ob das Arbeitsverhältnis während des gerichtlichen Kündigungschutzverfahrens fortbesteht, ist rechtsdogmatisch sehr strittig[782]. So wirft bereits der Status des im Kündigungsrechtsstreits weiter beschäftigten Arbeitnehmers verschiedene Rechtsfragen auf[783]. Wenn der Arbeitnehmer beispielsweise zum Zwecke der Schadensbegrenzung während des andauernden Kündigungsrechtsstreits weiter beschäftigt wird, ist arbeitsrechtlich jedenfalls davon auszugehen, daß dieses Weiterbeschäftigungsverhältnis ein anderes Arbeitsverhältnis als das ursprüngliche darstellt[784]. Das bedeutet, daß das ursprüngliche Arbeitsverhältnis selbst bei Weiterbeschäftigung für die Zeit des Kündigungsschutzprozesses nicht fortbesteht. Damit entfällt für die hier in Rede stehende Personengruppe wegen der auflösenden Bedingung sofort mit Kündigung auch das Aufenthaltsrecht. Als Konsequenz erübrigt sich für die Arbeitnehmerin damit auch, durch eigene Präsenz die Aufrechterhaltung des Arbeitsverhältnisses anzubieten. Vielmehr wird, selbst wenn die Rechtsunwirksamkeit der Kündigung gerichtlich festgestellt werden sollte, in der Regel in der Zwischenzeit das Beschäftigungshindernis fehlende Aufenthalts- und Arbeitserlaubnis eingetreten sein. Auch wenn das Kündigungsschutzrecht im Prinzip auch für ausländische Arbeitnehmerinnen gilt, kann sich eine Künstlerin folglich wegen der auflösenden Bedingung in ihrer Aufenthaltsgenehmigung nicht gegen eine Kündigung

781 Becker/Braasch, RNr. 192 f.

782 Vgl. Zöllner/Loritz, S. 270 ff. m.w.N..

783 Dazu BAG v. 17.1.1991, NJW 1991, 2589, 2589; Zöllner/Loritz S. 272 m.w.N.

784 Zöllner/Loritz, S. 272, zur Weiterbeschäftigung während des Kündigungsrechtsstreits übersichtlich ArbG Gelsenkirchen, Urt.v. 13.3.1998, NZA-RR 1998, 352, 354.

wehren. Eine wie hier nur am Beispiel der Kündigung ausgeführte Verkürzung des arbeitsrechtlichen Schutzes steht im Widerspruch zu dem Grundverwaltungsakt und ist damit rechtswidrig[785].

Da die auflösende Bedingung ihrer Natur nach von der Aufenthaltserlaubnis trennbar ist, handelt es sich um eine Teilrechtswidrigkeit der Aufenthaltserlaubnis. Die Verknüpfung von Aufenthaltsgenehmigung und Arbeitserlaubnis kann auch durch eine andere Nebenbestimmung gewährleistet werden, wie etwa *„Erwerbstätigkeit nur als Künstlerin (respektive Tänzerin) gem. § 5 Nr. 8 AAV und gemäß Arbeitserlaubnis gestattet."*

### 3.6.6.3 Zusammenfassung und Zwischenergebnis

Die eingangs beschriebene Praxis der Ausländerbehörden und Auslandsvertretungen im Umgang mit Künstlerinnenvisa begegnet rechtlichen Bedenken. Es gibt Anhaltspunkte dafür, daß Bestimmungen, die das Aufenthaltsrecht einer Frau von einem spezifisches Beschäftigungsverhältnis abhängig machen, den internationalen Frauenhandel fördern. Die auflösende Bedingung, wonach die Aufenthaltserlaubnis mit Auflösung des Arbeitsverhältnisses erlischt, ist auf Grundlage dieser Annahme rechtswidrig. Zudem verstößt sie gegen das zu Grunde liegende Arbeitsverhältnis. Über den Umweg der auflösenden Bedingung wird der Arbeitnehmerin der arbeitsrechtliche Schutz im Zusammenhang mit dem Beschäftigungsverhältnis beschnitten.

Die Einhaltung der aufenthalts- und arbeitsrechtlichen Bestimmungen kann auf andere Weise als durch die auflösende Bedingung in der Aufenthaltsgenehmigung gewährleistet werden. Für abhängig beschäftigte Tänzerinnen kann zwar eine arbeitsplatzabhängige Arbeitserlaubnis gem. § 1 Abs. 1 Nr.2 ArGV erteilt werden. Die zusätzliche Auflage, daß die Aufenthaltsgenehmigung mit Beendigung der spezifischen Beschäftigung erlischt, ist jedoch entbehrlich. Damit wird die verhängnisvolle Festlegung auf einen bestimmten Arbeitgeber und damit die Abhängigkeit und Erpreßbarkeit der einzelnen Frau vermieden, gleichzeitig die Einhaltung der ausländerrechtlichen Bestimmungen gewährleistet.

## 3.6.7 Wirkungen des Künstlerinnenvisums in bezug auf Frauenhandel

Unabhängig von den sich durch die Verwaltungspraxis ergebenden Folgen kann auch das Künstlerinnenvisum selbst Effekte auf Frauenhandel auslösen.

785 Ebenso, Renner, Ausländerrecht Kommentar, § 14 AuslG RNr. 6; Renner, Ausländerrecht in Deutschland, § 31 RNr. 578.

Die als Künstlerinnen eingereisten Frauen werden häufig Opfer von Täuschungen über die von ihnen im Zielland geforderten Tätigkeiten. Die Händler geben im Herkunftsland vor, daß die Frau in der Bundesrepublik tatsächlich als Tänzerin arbeiten wird. Das klingt namentlich im Fall von Folkloretänzerinnen glaubwürdig, wenn eine ganze Gruppe von Frauen unter Vorspiegelung falscher Tatsachen angeworben wird, und die Frauen sich nicht selten bereits vor der gemeinsamen Ausreise begegnen. Hinzu kommt, daß die Angaben des Händlers durch die Eintragung „*Tänzerin*" in der Aufenthaltsgenehmigung im Paß verifiziert zu werden scheinen. Künstlerinnenvisa für Tänzerinnen lassen sich folglich besonders gut für die Zwecke von Frauenhändlern mißbrauchen. Aus dieser Perspektive betrachtet, begünstigen Künstlerinnenvisa den Frauenhandel.

Der aufenthaltsrechtliche Status einer Künstlerin birgt andererseits bedeutende Vorteile für die betreffenden Frauen. Als Angestellte sind sie sozial- und krankenversichert und in Besitz eines Arbeitsvertrages, aus welchem sie entsprechende Rechte gegenüber dem Arbeitgeber ableiten und auch durchsetzen könnten, vorausgesetzt es gäbe die durch die gegenwärtige Verwaltungspraxis entstandene Festlegung auf ein bestimmtes Arbeitsverhältnis nicht. Die Sozialversicherungsfähigkeit der Tätigkeit, die Krankenversicherung und ein geregeltes Arbeitsverhältnis sind die wichtigsten Ausgangspunkte für gesicherte, annehmbare Arbeitsbedingungen und selbstbestimmte Entscheidungen der Frauen.

### 3.6.8 Teilergebnis

Als Ergebnis der vorstehenden Ausführungen läßt sich festhalten, daß die gegenwärtige Verwaltungspraxis bei der Erteilung von Künstlerinnenvisa vermutlich Frauenhandel fördert und bei Zugrundelegen dieser Annahme rechtswidrig ist.

Das Künstlerinnenvisum selbst bietet zwar einerseits die Möglichkeit der rechtlich abgesicherten Berufstätigkeit für die Frauen, eignet sich für den Frauenhandel andererseits besonders, weil es falsche Versprechungen von Tätern im Vorwege zu verifizieren scheint.

## 3.7 Der Aufenthalt als Au-Pair

Auch unter den als Au-Pair Mädchen eingereisten Migrantinnen finden sich Opfer von Frauenhandel.

### 3.7.1 Die Handhabung von Au-Pair-Aufenthalten

Aus der Beratungspraxis sind zweierlei Arten von Frauenhandel auszumachen, die typischerweise im Zusammenhang mit Au-Pair-Aufenthalten auftreten. Den

Fachberatungsstellen liegen zum einen Berichte von jungen Frauen vor, die als Au-Pair einreisten und in den Gastfamilien als preiswerte Haushaltshilfen ausgebeutet oder zu sexuellen Dienstleistungen in der Familie oder mit Bekannten der Arbeitgeber gezwungen werden[786]. Vielfach ist in den Heimatländern nicht bekannt, daß es sich bei einem Au-Pair-Aufenthalt um einen Ausbildungsaufenthalt zum Erlernen der deutschen Sprache handelt. Die Au-Pair-Tätigkeit wird häufig als eine gewöhnliche Haushaltstätigkeit angesehen, bei der das Dienstmädchen in der Familie des Arbeitgebers wohnt. Dieses ist eine Ursache dafür, daß über das Ausmaß von Frauenhandel unter Au-Pair-Mädchen besonders wenig bekannt ist[787].

Zum zweiten nutzen eine Reihe von unseriösen Agenturen den Aufenthalt als Au-Pair dazu, Frauen in die Prostitution zu vermitteln. Dabei kann es sich um Schleuserei handeln, bei der die Migrantinnen vorher Kenntnis davon hatten, daß sie in der Sexarbeit tätig werden sollten. In diesem Fall kann es im Laufe der Migration zum Beispiel im Wege der Schuldknechtschaft dazu kommen, daß die Frauen sich in die Situation von Frauenhandel verstricken. Es kommt aber auch vor, daß die Klientinnen der Vermittlungsagenturen bei der Anwerbung getäuscht werden und tatsächlich davon ausgehen, daß sie im Zielland als Au-Pair arbeiten werden, allerdings in Deutschland dann zur Prostitution gezwungen werden.

Au-Pairs erhalten eine Aufenthaltsbewilligung gem. § 28 Abs. 1 AuslG i. V. m. § 2 Abs. 2 Nr. 4 AAV. Bei einem Au-Pair-Aufenthalt handelt es sich um einen zeitlich begrenzten Aufenthalt zum Zwecke der Sprachausbildung. Der Aufenthalt ist gem. § 2 Abs. 2 AAV auf maximal ein Jahr begrenzt. Die Tätigkeit als Au-Pair stellt außerdem eine Erwerbstätigkeit im Sinne von § 12 DVAuslG dar und ist damit entsprechend § 11 Abs. 1 DVAuslG vorab zustimmungspflichtig durch die lokale Ausländerbehörde. Die Aufenthaltsbewilligung wird für maximal ein Jahr erteilt, § 2 Abs. 2 AAV. Gem. § 2 Abs. 2 Nr. 4 AAV ist Voraussetzung für die Erteilung der Aufenthaltsbewilligung, daß das Au-Pair-Mädchen nicht älter als 25 Jahre ist und daß in der Gastfamilie Deutsch als Muttersprache gesprochen wird. Die Eignung der Gastfamilie wird in der Regel von der für ihren Wohnort zuständigen Ausländerbehörde überprüft. Die Auslandsvertretungen des auswärtigen Amtes untersuchen darüber hinaus, ob der Antrag auf einen Au-Pair-Aufenthalt plausibel ist. Zu dem Zweck überprüfen sie die bisherigen Bemühungen der Antragstellerin, Deutsch als Fremdsprache

786 Telefonische Auskunft von Jutta Wache, Leiterin der ökumenischen Asiengruppe, Frankfurt/Main, Dezember 1998.

787 Zur Situation der Hausmädchen siehe unter 1.2.4.3.3, S. 65 f.

zu erlernen, beispielsweise indem die Vorlage von entsprechenden Zertifikaten verlangt wird. Diese tatsächlichen Voraussetzungen stellen in der Praxis bei den typischen Herkunftsländern zum Teil ganz erhebliche Zugangsbeschränkungen dar.

### 3.7.2 Arbeitsaufnahme

Weitere Voraussetzung für die Aufenthaltsbewilligung als Au-Pair ist gem. § 1 AAV die voraussichtliche Erteilung einer Arbeitsgenehmigung. Für die Au-Pair-Tätigkeit kann eine Arbeitserlaubnis gem. § 285 SGB III i. V. m. § 2 Abs. 2 Nr. 4 ASAV verfügt werden. Aus der internen Dienstanweisung zum Arbeitserlaubnisrecht Ziffer 3.2.241 ergibt sich, daß dabei die Eignung der Gastfamilie eine besondere Rolle spielt. Es muß sich um mindestens zwei Personen handeln, von denen mindestens eine Deutsch als Muttersprache spricht. Nur, wenn sich die Gastfamilie als für einen Au-Pair-Aufenthalt geeignet erweist, wird die Arbeitserlaubnis erteilt.

### 3.7.3 Arbeitsplatzwechsel

Die Aufenthaltsbewilligung erhält von der erteilenden Behörde in der Regel als Zweckbestimmung *„Au-Pair-Tätigkeit bei Familie ... “*. Will das Au-Pair die Familie wechseln, liegt somit eine Veränderung des Aufenthaltszwecks vor. Ein Wandel des Aufenthaltszwecks ist gem. § 28 Abs. 3 Satz 3 AuslG während des ersten Jahres des Aufenthaltes nicht ausgeschlossen. Die erneute Erteilung einer Bewilligung für eine andere Gastfamilie liegt im pflichtgemäßen Ermessen der Behörde, die bei Eignung der Ersatzfamilie in der Regel eine neue Bewilligung erteilt[788]. Das gilt um so mehr, als daß sich das dem Aufenthalt zugrunde liegende Ziel des Spracherwerbs im Rahmen eines Au-Pair-Aufenthaltes auch bei Familienwechsel nicht ändert. Ein Wechsel des Arbeitgebers unter Beibehaltung des Au-Pair-Verhältnisses ist bürokratisch aufwendig, aber möglich. Die bürokratische Hürde führt in der Praxis dazu, daß zwar die Familie gewechselt wird, dies aber nicht immer gegenüber der Ausländerbehörde angezeigt wird. Das gilt für die gesamte Zeit des Au-Pair-Aufenthaltes, da der Au-Pair-Aufenthalt gem. § 2 Abs. 2 Nr. 4 AAV insgesamt längstens für ein Jahr bewilligt werden kann und diese Frist mit § 28 Abs. 3 Satz 3 AuslG korreliert. § 28 Abs. 3 Satz 3 AuslG bestimmt, daß der Wechsel des Aufenthaltszweckes bei der Aufenthaltsbewilligung nur innerhalb des ersten Aufenthalts-

788 Nach telefonischer Auskunft von Herrn Albrecht, Rechtsabteilung des Ausländerbeauftragten in Hamburg, Februar 99.

jahres möglich ist. Damit steht aus aufenthaltsrechtlicher Sicht dem Wechsel des Arbeitgebers nichts entgegen.

### 3.7.4 Strafbarkeit bzw. Ordnungswidrigkeit

Wenn die als Au-Pair-Mädchen eingereiste Migrantin während ihres Aufenthaltes einer anderen Erwerbstätigkeit als der des Au-Pairs nachgeht, kann sie sich gem. § 92 AuslG strafbar machen oder gem. § 404 SGB III eine Ordnungswidrigkeit begehen. Es gilt hier das oben zu den Künstlerinnen Ausgeführte sinngemäß[789].

### 3.7.5 Wirkungen in bezug auf Frauenhandel

Da bisher so gut wie keine gesicherten Erkenntnisse über die Situation von Au-Pair-Mädchen im Zusammenhang mit Frauenhandel vorliegen, können Wirkungen dieser ausländerrechtlichen Handhabung von Au-Pair-Aufenthalten lediglich vermutet werden. Nach den mündlichen Auskünften der Fachberatungsstellen[790] sind jedenfalls unter den Au-Pair-Mädchen auch Opfer von Frauenhandel und sogar von Zwangsprostitution zu finden. Dabei scheinen die Agenturen eine fragwürdige Rolle zu spielen. Da der Au-Pair Aufenthalt nicht selten über Agenturen organisiert wird, werden diese oft dazu benutzt, den drängenden Migrationswunsch umzusetzen. Angesichts der großen Nachfrage nach Agenturdiensten, und zwar sowohl seitens der migrationswilligen Frauen in den Herkunftsländern, als auch seitens der Nachfrager in der Bundesrepublik, scheint die Versuchung für Agenturbetreiber groß zu sein, ihre Agentur zum Zwecke der Schleusung im Zusammenhang mit Frauenhandel einzusetzen. Diese Tatsache steht nicht in einem besonderen Zusammenhang mit dem Ausländerrecht. Vielmehr handelt es sich um eine Problematik, die im Bereich des Gewerberechts geregelt ist. Denn zum Betreiben einer Au-Pair-Agentur ist die Erlaubnis zur privaten Arbeitsvermittlung gem. § 291 SGB III notwendig. Voraussetzung für eine solche Erlaubnis ist nach § 293 Abs. 1 SGB III Eignung und Zuverlässigkeit der Agentur. Eben diese Voraussetzungen liegen bei den beschriebenen unseriösen Agenturen offensichtlich nicht oder zumindest nicht mehr vor. Damit muß die Erlaubnis den entsprechenden Vermittlungsagenturen gem. § 295 Nr. 2 SGB III versagt oder entzogen werden. Mithin könnte eine konsequentere Kontrolle der Vemittlungserlaubnisse der Agenturen nach § 291 SGB III im Zusammenhang mit Au-Pair-Verhältnissen zur Bekämpfung von

789 Siehe vor allem zur Vorsatz und zur Schuld unter 3.6.4 und 3.6.5, S. 181.

790 Auskünfte von Jutta Wache, ökumenische Asiengruppe, Frankfurt/Main, und Pat Mix, Amnesty for Women, Hamburg, beide Dezember 98.

Frauenhandel beitragen. Zusätzlich könnte eine weitere Regulierung der Vermittlungsleistungen derartiger Agenturen erfolgen. Dies ist beispielsweise in bezug auf die maximal abrechenbare Vergütung in den §§ 10 und 12 AVermV[791] bereits erfolgt.

Hinzu kommt, daß es sich bei Au-Pair-Aufenthalten um eine der wenigen legalen, Migrationschancen handelt, so daß diese Möglichkeit in Anbetracht des Migrationsdruckes so weit irgend möglich ausgenutzt wird. Aus dieser Perspektive führt eine Beschränkung der Au-Pair Aufenthalte, oder auch nur eine Erhöhung der bürokratischen Hindernisse für Au-Pairs z.B. im Zusammenhang mit dem Nachweis der bisher erlangten Deutschkenntnisse regelmäßig dazu, daß die Dienste der Agenturen noch mehr in Anspruch genommen werden oder schlicht deren Preise steigen und mit ihnen die Gefahr der Verstrickung in Frauenhandel.

### 3.7.6 Teilergebnis

Im Zusammenhang mit Au-Pair-Aufenthalten sind keine Auswirkungen der ausländerrechtlichen Regelungen auf den Frauenhandel erkennbar. Allein die Tatsache, daß insgesamt legale Migrationsmöglichkeiten fehlen, die dem bestehenden Migrationsdruck von Frauen aus den spezifischen Herkunftsländern gerecht werden können, führt dazu, daß auf den aufenthaltsrechtlichen Status als Au-Pair ausgewichen wird. Die von den Auslandsvertretungen angewandten Plausibilitätsprüfungen sind soweit erkennbar hinreichend, um dieser Gefahr zu begegnen. Es bietet sich mit dem Ziel der Bekämpfung von Frauenhandel jedoch eine weitere Kontrolle der Au-Pair-Aufenthalte vermittelnden Agenturen an. Instrument dafür ist jedoch nicht das Ausländer-, sondern das Gewerberecht.

## 3.8 Der Aufenthalt als Ehefrau oder wegen bevorstehender Eheschließung

Rechtsgrundlage des Aufenthaltes kann auch die Lebenspartnerschaft mit einem deutschen oder einem ausländischen Mann, der eine Aufenthaltsgenehmigung besitzt, sein. Allerdings nur, wenn eine Ehe besteht, oder zumindest die Eheschließung unmittelbar bevorsteht.

791 Die gem. § 24 c AFG erlassene Arbeitsvermittlerverordnung vom 11.3.1994 in der Fassung des Arbeitsförderungsreformgesetzes vom 24.3.1997 (BGBl. Teil I, 594, S. 713) bleibt bis zu einer § 301 Abs. 1 Nr. 2 SGB III entsprechenden Regelung in Kraft,; ebenso: Theuerkauf in Hennig, Henke, Schlegel, Theuerkauf § 301 SGB III RNr. 2.

Viele der im Laufe ihrer Migration von Frauenhandel betroffenen Migrantinnen besitzen eine Aufenthaltserlaubnis als Ehefrau eines Ausländers mit verfestigtem Aufenthaltsstatus oder eines Deutschen gem. §§17 ff., 23 AuslG. Die Ehe mit einem in Deutschland lebenden Partner begründet bei Vorliegen der zusätzlichen Voraussetzungen in §§17 ff. AuslG einen Anspruch auf Erteilung einer Aufenthaltserlaubnis. Die ausländerrechtlichen Regelungen für den Aufenthalt von Ehepartnern beruhen auf Art. 6 Abs. 1 GG, der Ehe und Familie unter dem besonderen Schutz der staatlichen Ordnung stellt, sowie auf den völkervertraglichen Verpflichtungen aus der EMRK Art. 8 und der Europäischen Sozialcharta Art. 19 Nr. 6[792]. Das Gebot des Schutzes und der Förderung von Ehe und Familie gilt auch gegenüber ausländischen Familienangehörigen[793]. Kennzeichnend für alle diese Aufenthaltssituationen ist, daß sich das Aufenthaltsrecht von der familiären Verbundenheit mit dem Partner ableitet und dadurch auch von dem Bestehen der familiären Lebensgemeinschaft abhängig ist.

Die Erscheinungsformen von Frauenhandel im Zusammenhang mit der Ehe sind vielfältig. Zum einen kommt Frauenhandel bereits bei der Organisation der Einreise vor; am augenscheinlichsten ist in diesem Kontext das Mail-Order-Brides System[794]. Aber auch wenn die Frau zunächst mit einem anderen Aufenthaltstitel oder illegal eingereist war, existiert Frauenhandel, und zwar im Zusammenhang mit der Organisation von Eheschließungen zur Sicherung des Aufenthaltes[795]. Schließlich werden Frauen auch sukzessive in die Situation des Frauenhandels hineingezogen, selbst wenn die Ehe zunächst aus ganz anderen Motiven eingegangen wurde. Insgesamt aber werden auffällig viele Eheschließungen von Dritten organisiert. Auch Schein- oder Aufenthaltsehen sind nicht selten.

Im Folgenden wird zunächst auf die Besonderheit der Aufenthalts- und Scheinehen eingegangen. Im Anschluß daran wird die Situation von Migrantinnen, die eine herkömmliche Ehe im Gegensatz zu der aufenthaltsrechtlich irrelevanten Scheinehe führen oder schließen wollen, Gegenstand der Erörterungen sein.

792 So auch Renner, S. 437.

793 BVerfG v. 18.7.1979, BVerfGE 51, 386, 395; BVerfG v. 12.5.1987, BVerfGE 76, 1, 1, Renner, Ausländerrecht in Deutschland, § 12 RNr. 31 m.w.N.

794 Siehe hierzu unter 3.8.1, S. 61 ff.

795 Siehe hierzu unter 3.8.3, S. 203 ff.

### 3.8.1 Die Aufenthaltsehe (Exkurs)

Die beträchtliche Anzahl von Schein- oder auch Aufenthaltsehen stellt ein ausländerpolitisches Problem dar, das sich nicht nur in der Bundesrepublik Deutschland stellt, sondern in allen Ländern, die aus verschiedenen Gründen wie Wohlstand oder Rechtsstaatlichkeit einwanderungswillige Migranten anziehen. Zumindest aber handelt es sich um ein aktuelles europäisches Problem, wie eine Entschließung des Ministerrates der Europäischen Union zur Bekämpfung von Scheinehen von Dezember 1997 zeigt[796].

Gerade auch in Frauenhandelsfällen wird immer wieder versucht, den Aufenthalt durch eine Ehe mit einem Deutschen oder einem aufenthaltsberechtigten Ausländer zu legalisieren[797]. In diesem Zusammenhang stellt sich die Frage, wie eine schützenswerte Ehe, auch wenn sie mit dem Ziel der Aufenthaltssicherung geschlossen wurde, von einer aufenthaltsrechtlich irrelevanten Scheinehe, die nach § 92 Abs. 2 Nr. 2 AuslG wegen Benutzung unzutreffender Angaben sogar strafbar sein kann, abzugrenzen ist.

Für die Anerkennung einer Ehe im Sinne des AuslG entscheidend ist das rechtlich gebilligte Zustandekommen einer auf Dauer angelegten, umfassenden und grundsätzlich auf Fortbestand gerichteten Lebensgemeinschaft zwischen Mann und Frau[798]. Die Motivation für die Heirat ist dabei nicht von Belang. Die der Eheschließung zugrundeliegenden Motive sind derart unterschiedlich, daß allgemeingültige Vorstellungen nicht mehr auszumachen sind. Welche Absicht für die Ehe letztendlich ausschlaggebend war, sei es aus Zuneigung oder um Steuervorteile zu erwerben, Vermögensvorteile zu sichern, Erbnachfolgen zu regeln, Sorgerechtsfragen zu klären, die wirtschaftliche Versorgung zu garantieren oder um den Aufenthalt eines Partners zu sichern, ist für die Frage, ob eine rechtsgültige Ehe vorliegt, belanglos[799].

Die Scheinehe stellt demgegenüber einen Mißbrauch des Rechtsinstituts Ehe dar[800]. Eine Scheinehe liegt jedenfalls dann vor, wenn von vornherein und auch

796 Entschließung über Maßnahmen zur Bekämpfung von Scheinehen vom 4.12.1997, EG - Amtsblatt C 382/1 v. 16.12.1997; vgl. Hierzu auch Hepting, FamRZ 1998, 713, 714.

797 So auch Renzikowski, ZRP 1999, 53, 56.

798 BVerfG v. 30.11.1982, BVerfGE 62, 323, 229; so auch Renner, Ausländerrecht in Deutschland, § 33 RNr. 174.

799 Vgl. Renner, Ausländerrecht in Deutschland, § 33 RNr. 176.

800 Umfassend und rechtsvergleichend zur Scheinehe siehe Kretschmer, Scheinehen, Mißbrauch des Instituts der Ehe (und der Adoption) zu aufenthaltsrechtlichen Zwecken in der Bundesrepublik Deutschland und in den USA; siehe zur alten Rechtslage Diekmann, S. 80 ff.; Außerdem BVerfG v. 12.5.1987, BVerfGE 76, 1, 1; Hamburgisches OVG v. 23.11.1990 , FamRZ 1991, 1433, 1433 f.

im Laufe der Ehezeit keine Absicht einer gemeinsamen Lebensführung besteht und die Ehe allein zum Zwecke der Aufenthaltserlangung geschlossen wurde[801]. Als Orientierungslinie für den Verdacht einer Scheinehe kann eine Indikatorenliste dienen, die sich in der Entschließung des Rates der Europäischen Union findet[802]. Die Tatsache allein, daß die Aufenthaltssicherung bei der Eheschließung Motiv war, schließt ein Aufenthaltsrecht nach § 17 AuslG noch nicht aus.

Nach der jüngsten Eheschließungsrechtsreform[803] ist das Vorliegen einer Scheinehe nunmehr ein förmlicher Eheaufhebungsgrund. Das ergibt sich aus §§ 1310 Abs. 1 Satz 2, 1314 Abs. 2 Nr. 5 BGB und § 5 Abs. 4 PStG. Die neu in § 1315 eingefügte Nr. 5 hat vor allem die Fälle der Scheinehen im Visier, auch wenn sich das aus dem reinen Wortlaut nicht zweifelsfrei entnehmen läßt[804]. Außerdem ist der Standesbeamte neuerdings nach § 5 Abs. 4 PStG n. F. zu Nachforschungen hinsichtlich der Ernsthaftigkeit der Eheschließungsabsicht berechtigt und muß bei Offenkundigkeit eines Eheaufhebungsgrundes seine Mitwirkung an der Eheschließung verweigern[805]. Damit stellt eine Scheinehe nunmehr nicht nur einen Aufhebungsgrund dar, sondern der beabsichtigte Mißbrauch ist ein Ehehindernis[806].

801 Nach der Entschließung des Rates der EU vom 4.12.1997 zur Bekämpfung von Scheinehen *„ist die Ehe eines Staatsangehörigen eines Mitgliedstaates oder eines sich in einem Mitgliedstaat legal aufhaltenden Angehörigen eines Drittstaates (. ), mit der allein der Zweck verfolgt wird, die Rechtsvorschriften über die Einreise und den Aufenthalt von Angehörigen dritter Staaten zu umgehen und dem Drittstaatsangehörigen eine Aufenthaltsgenehmigung oder -erlaubnis in einem Mitgliedstaat zu verschaffen."*

802 Faktoren, die den Verdacht einer Scheinehe begründen, sind danach z.B. das Fehlen einer für beide Partner verständlichen Sprache, der Umstand, daß sich die Partner vor der Eheschließung nie begegnet sind, widersprüchliche Angaben hinsichtlich der Personalien, der Umstände des beiderseitigen Kennenlernens oder sonstiger sie betreffender wichtiger Informationen, die Zahlung eines Geldbetrages für die Eingehung der Ehe; ferner der Umstand, daß ein oder beide Partner bereits früher Scheinehen eingegangen sind oder sich unbefugt in einem Mitgliedstaat aufgehalten haben; vgl. Finger, FuR 1998, 289, 291.

803 Das Eheschließungsreformgesetz ist in Kraft seit 1.7.1998; Entwurf siehe BT- Drs 13/4898; Beschluß des Rechtsausschusses BT- Drs 13/9416 mit ausführlicher Stellungnahme.

804 Laut Beschlußempfehlung und Bericht des Rechtsausschusses, BT- Drs 13, 9416, S. 30.

805 Diese Überprüfung wird in der Zukunft vermutlich an Hand der Faktorenliste in der Entschließung zur Bekämpfung von Scheinehen des Rates der Europäischen Union vorgenommen werden, ebenso Hepting, FamRZ, 713, 720.

806 So auch Finger, FuR 1998, 289, 292; vgl. Bosch, NJW 1998, 2004, 2005.

### 3.8.2 Die Handhabung des Aufenthalts wegen bevorstehender Eheschließung

Unter die Überschrift Aufenthalt wegen bevorstehender Eheschließung fallen zwei unterschiedliche Ausgangssituationen. Zum einen kann bereits vor der Einreise ein Visum zum Zwecke der Heirat beantragt werden. Zum zweiten fällt unter diesen Aufenthalt auch die Situation, in der bereits in Deutschland aufhältige Frauen versuchen, durch die Ehe mit einem Deutschen oder einem aufenthaltsberechtigten Ausländer ihren bisherigen Aufenthalt zu legalisieren oder zu verfestigen. In der Übergangszeit, in der die Ehe noch nicht geschlossen ist, können sich aus der unmittelbar bevorstehenden Heirat bereits aufenthaltsrechtliche Konsequenzen ergeben. In beiden Konstellationen kommt Frauenhandel vor[807].

#### 3.8.2.1 Aufenthalt wegen bevorstehender Eheschließung

Zunächst stellt sich grundsätzlich die Frage, wie die Situation der bevorstehenden Eheschließung aufenthaltsrechtlich zu beurteilen ist und sie vom Schutz des Art. 6 GG mit umfaßt ist. Nicht nur Ehe und Familie, auch die Eheschließungsfreiheit ist grundsätzlich vom Schutzbereich des Art. 6 Abs. 1 GG erfaßt[808]. Damit fällt die unmittelbar bevorstehende Heirat grundsätzlich unter den Schutz des Art. 6 Abs. 1 GG. Ein Einreise- oder Aufenthaltsrecht kann aus der bevorstehenden Hochzeit allein jedoch nicht abgeleitet werden[809]. Da es an speziellen Regelungen fehlt, müssen die allgemeinen Aufenthaltsregelungen etwa zur Aufenthaltsbewilligung, § 28 AuslG, oder zur Duldung, § 55 AuslG, herangezogen werden.

Erst die bereits eingegangene Ehe berechtigt gem. §§ 17 ff. AuslG zu einem Aufenthalt in der Bundesrepublik[810]. Die bevorstehenden Eheschließung berechtigt nicht zur Einreise. Will die zukünftige Ehefrau vor der Heirat das Heimatland des Partners besuchen, ist dies unter den für Touristinnen geltenden Voraussetzungen möglich[811]. Besuchsvisa werden für heiratsfähige Frauen aus

807 Siehe hierzu unter 1.2.4.3.2, S. 61 ff.

808 BVerfG v. 4.5.71, BVerfGE Bd. 31, 58, 58; Renner, Ausländerrecht in Deutschland, § 33 RNr. 179.

809 Vgl. BVerwG v. 30.5.1983 1 B 75/83; BVerwG v. 9.7.1989, 1 B 75/87; OVG Düsseldorf v. 11.1.1999, 18 B 2712/98; OVG Weimar v. 14.11.1997 ZAR 1998, 141, 141; OVG Weimar v. 31.1.1996, NVwZ-RR 1996, 710, 710.

810 Siehe ebenfalls BVerwG v. 30.5.1983 1 B 75/83; BVerwG v. 9.7.1989, 1 B 75/87; OVG Düsseldorf v. 11.1.1999, 18 B 2712/98; OVG Weimar v. 14.11.1997 ZAR 1998, 141, 141; OVG Weimar v. 31.1.1996, NVwZ-RR 1996, 710, 710.

811 Siehe zum Aufenthalt als Touristin unter 3.5, S. 160 ff.

den für Frauenhandel typischen Herkunftsländern der Positivliste so gut wie nie erteilt. Wenn eine Frau aus diesen Ländern eine Ehe mit einem in Deutschland lebenden Partner eingehen möchte, muß sie das folglich in aller Regel in ihrem Heimatland tun.

Manche Auslandsvertretungen erteilen für Frauen mit festen Heiratsabsichten eine befristete Aufenthaltsbewilligung zum Zwecke der Eheschließung gem. § 28 AuslG[812]. Die Erteilung solcher Heiratsvisa ist in den letzten Jahren seltener geworden und erfolgt nur dann, wenn bereits die Mitteilung über die Anmeldung zur Eheschließung gem. §§ 4, 6 PStG n. F.[813] vorliegt, ein Hochzeitstermin also feststeht. Das bedeutet für das Paar einen erheblichen bürokratischen Aufwand, da sämtliche Hochzeitspapiere für die Anmeldung und die vorausgehende Prüfung der Ehevoraussetzungen bereits in Übersetzung vorliegen müssen. Bei der Bewältigung dieser organisatorischen Schwierigkeiten für die Durchführung der Einreise werden häufig Heiratsagenturen in Anspruch genommen. Die Dienste dieser Agenturen sind z. T. sehr teuer und können die Frauen über die Schuldknechtschaft in die Situation des Frauenhandels führen. Das gilt vor allem, wenn es schließlich doch nicht zu einer Eheschließung kommt.

Eine besondere Form dieses Agenturgeschäftes stellt das Mail-Order-Brides System dar[814]. In den 80er Jahren haben die entsprechenden Vermittlungsagenturen zumeist auch die Einreiseformalitäten für die bestellte, noch unverheiratete Frau erledigt. Die Hochzeit fand dann gewöhnlich in der Bundesrepublik statt. Nachdem die Praktiken der Agenturen bekannt geworden sind, erteilen die Auslandsvertretungen heutzutage sehr viel seltener ein Einreisevisum mit dem Ziel der Eheschließung im Inland. Auf diese Weise sollen die Machenschaften der Katalogvermittler bekämpft werden. Demzufolge findet auch bei Mail-Order-Ehen die Heirat heute in der Regel im Herkunftsland der Frau statt, so daß in der Folge der Familiennachzug gem. §§ 17, 18, 23 AuslG beantragt werden kann.

Für diejenigen Frauen, die erst nach der Einreise eine Aufenthaltsgenehmigung zum Zwecke der Eheschließung beantragen, kommt eine auf den Heiratstermin befristete Aufenthaltsbewilligung nach § 28 AuslG in Betracht. Eine solche Aufenthaltsbewilligung wird nur erteilt, wenn die Eheschließung unmittelbar bevorsteht, der Heiratstermin also bereits feststeht. Als Besonderheit sind

812 Art. 6 Abs. 1 GG garantiert auch die Eheschließungsfreiheit und schließt damit das Verlöbnis in seinen Schutz mit ein, dazu BVerfG v. 4.5.1991, BVerfGE 31, 58, 58.

813 Eingeführt durch das Eheschließungsreformgesetz vom 04.05.1998 - BGBl. Teil I, S. 833.

814 Siehe hierzu unter 1.2.4.3.2. S. 61 ff.

die Auswirkungen des Schutzes von Ehe und Familie nach Art. 6 GG zu beachten. Art. 6 Abs. 1 GG kann bereits vor der Eheschließung Vorwirkungen in dem Sinne entfalten, daß eine Aufenthaltsbewilligung im Einzelfall sogar erteilt werden muß[815]. Umstritten ist, ob eine Aufenthaltsbewilligung nach § 28 AuslG oder aber eine Duldung für die kurze Zeitspanne bis zur Heirat der richtige Aufenthaltsstatus ist.

Wenn eine Aufenthaltsbewilligung nicht erteilt werden kann, z.B. weil ein besonderer Versagungsgrund nach § 8 AuslG vorliegt, kann für Verlobte eine Duldung nach § 55 in Betracht kommen. Besonderer Versagungsgrund kann die Einreise ohne erforderliches Visum sein[816]. Grundsätzlich schützt eine beabsichtigte Eheschließung nicht vor der Abschiebung[817]. Da Art. 6 GG aber auch die Eheschließungsfreiheit garantiert, kann zur Gewährleistung dieses Schutzes im Einzelfall bei unmittelbar bevorstehender Heirat eine Duldung nach § 55 AuslG notwendig werden[818]. Darüber, ob es sich in diesen Fällen um einen Anspruch auf eine Duldung aus rechtlichen Gründen gem. § 55 Abs. 2 AuslG oder um eine Ermessensduldung nach § 55 Abs. 3 AuslG handelt, besteht keine Einigkeit[819]. Nach der Auffassung, daß es sich um eine Ermessensduldung nach § 55 Abs. 3 AuslG handelt, ist den Antragstellern die Trennung vom Partner zuzumuten, die dadurch entsteht, daß vom Ausland aus die Entscheidung über die beantragte Aufenthaltsgenehmigung abgewartet werden muß. Einen Anspruch auf Duldung gebe es angesichts dieser Alternative nicht, Art. 6 GG sei durch die Möglichkeit, das Aufenthaltsverfahren vom Ausland aus zu betreiben, Genüge getan[820]. Da es sich hier aber um eine Duldung handelt, die einzig zur Gewährleistung eines grundgesetzlich garantierten Schutzes erteilt wird, bleibt nach der hier vertretenen Auffassung kein Platz für Ermessensüberlegungen der Behörde. Art. 6 GG gebietet die Erteilung einer Duldung, was regelmäßig dann der Fall sein wird, wenn die Eheschließung unmittelbar bevorsteht, der Hochzeitstermin anhand der standesamtlichen Mitteilung über die Anmeldung zur

815 Vgl. BVerwG v. 2.10.1984, InfAuslR, 1985. 130, 130; Verwaltungsgericht Halle v. 14.7.1998, InfAuslR 98, 501, 501 zu den tatsächlichen Voraussetzungen einer solchen Erteilungsverpflichtung.

816 Siehe zur Frage der erlaubten Einreise von Touristinnen unter 3.5.2.2, S. 166 f.

817 OVG Düsseldorf v. 7.2.1991, DÖV 1991, 515, 515.

818 So auch in AuslG-VwV Ziffer 55.3.2.2 in der Fassung von BR- Drs 672/98, keine Veränderung durch BR- Drs 350/99.

819 Für einen Anspruch nach § 55 Abs. 2 AuslG: Renner, Ausländerrecht Kommentar, § 55 RNr. 7; AuslG VwV Ziffer 5.2.3 in der Fassung von BR- Drs 672/98, keine Veränderung durch BR- Drs 350/99; andere Ansicht Bamberger RNr. 364; Renner, Ausländerrecht in Deutschland, § 43 RNr. 696 und RNr. 716.

820 Vgl. statt aller Kloesel/Christ/Häußer § 55 RNr. 17.

Eheschließung nachgewiesen werden kann oder nur noch unwesentliche Formalien fehlen[821]. Anderenfalls ist bereits der Schutzbereich von Art. 6 GG nicht mehr betroffen, da nach einhelliger und zutreffender Auffassung[822] nicht die Verlobung selbst, sondern lediglich die Eheschließungsfreiheit vom Schutzbereich des Art. 6 GG umfaßt ist. Dann besteht aber weder ein rechtlicher Grund gem. § 55 Abs. 2 AuslG noch ein dringender persönlicher Grund gem. § 55 Abs. 3 AuslG für eine Duldung. Im Ergebnis führt nur eine unmittelbar bevorstehende Eheschließung dazu, daß die Abschiebung, und zwar aus rechtlichen Gründen gem. § 55 Abs. 2 AuslG unmöglich ist. In diesem Fall besteht ein Anspruch auf Erteilung einer Duldung zur Ermöglichung der Eheschließung[823].

### 3.8.2.2 Arbeitsaufnahme

Während des Aufenthaltes wegen bevorstehender Eheschließung erhält die Frau in der Regel keine Arbeitserlaubnis. Bei einer Aufenthaltsbewilligung gem. § 28 AuslG zum Zwecke der Eheschließung ist eine Erwerbstätigkeit gewöhnlich nicht erlaubt. In der Regel wird die Aufenthaltsbewilligung entsprechend Ziffer 10.1.5.1 AuslG-VwV[824] mit der Auflage *„Erwerbstätigkeit nicht gestattet."* erteilt. Das gleiche gilt für eine Duldung gem. § 55 AuslG.

Wenn eine solche Auflage nicht verfügt wurde, richtet sich die Erteilung einer Arbeitserlaubnis im übrigen nach den allgemeinen Regeln. Folglich kann eine Arbeitserlaubnis nur erteilt werden, wenn sich gem. § 285 Abs. 1 Nr. 1 SGB III daraus keine nachteiligen Entwicklungen für den Arbeitsmarkt ergeben und gem. § 285 Abs. 1 Nr. 2 SGB III keine Deutschen oder bevorrechtigten Ausländer zur Verfügung stehen. Das bedeutet in der Praxis, daß keine Arbeitserlaubnis erteilt wird, weil bei der gegenwärtigen Lage auf dem Arbeitsmarkt regelmäßig die sich aus § 285 Abs., 12 Nr. 1 oder 2 SGB III abzuleitenden Voraussetzungen nicht erfüllt werden können.

821 Wie im Fall eines Inhaftierten beispielsweise die Meldebestätigung, die naturgemäß erst nach Entlassung aus der Abschiebehaft beigebracht werden kann, vgl. Verwaltungsgericht Halle Beschluß vom 14.7.1998, InfAuslR 1998, 501, 501.

822 Siehe BVerfG v. 4.5.71, BVerfGE Bd. 31, 58, 58; Renner, Ausländerrecht in Deutschland, § 33 RNr. 179.

823 So auch VG Frankfurt/Oder v. 27.10.1998, InfAuslR 1999, 33, 33; VG München v. 11.3.1996, InfAuslR 1996, 178; Sächsisches OVG v. 20.12.1995 SächsVBl 1996, 119, 119; a. A. Sächsisches OVG Beschluß v. 14.1.0.1998, SächsVBl. 1999, 90; OVG NRW v. 11.1.1991, FamRZ 1991, 1052, 1053.

824 In der Fassung von BR- Drs 672/98, keine Veränderung durch BR- Drs 350/99.

### 3.8.3 Handhabung des Aufenthalts von Ehefrauen

Auch im Rahmen von Ehen, die aus schützenswerten Motiven eingegangen worden sind, wenn also keine ohnehin aufenthaltsrechtlich irrelevante Scheinehe vorliegt, tritt Frauenhandel im Sinne der hier verwendeten Definition auf[825]. Unter Frauenhandel mit Ehefrauen fällt beispielsweise die Situation, daß Frauen innerhalb einer Ehe von ihrem Ehemann zu sexuellen Handlungen auch mit Dritten angehalten werden, die sie ohne entsprechende Drohungen nicht ausüben würden. Auch die graduelle Verstrickung in die Zwangsprostitution ist nicht selten. Eine andere typische Konstellation ist die Vermittlung der Ehe von einer Agentur gegen ein derartig hohes Entgelt, daß die Frau dieses mit den verschiedensten Dienstleistungen mühsam abbezahlen muß oder sogar die Situation der Schuldknechtschaft entsteht.

Allen Frauen, die ihr Aufenthaltsrecht von der Ehe ableiten, ist gemein, daß der Aufenthalt letztlich von der Kooperation und Beziehungsbereitschaft des Ehemannes abhängig ist. Diese Abhängigkeit wird in einigen Fällen dazu ausgenutzt, die Partnerin unter Druck zu setzen. Es wird daher im Folgenden im einzelnen der Frage nachzugehen sein, wie die aufenthaltsrechtliche Situation von Ehefrauen gerade im Hinblick auf diese Erpreßbarkeit aussieht.

#### 3.8.3.1 Aufenthalt

Der Aufenthalt von ausländischen Ehefrauen fällt unter den besonderen Schutz von Art. 6 GG[826]. Das gilt sowohl für die Ehe mit einem Deutschen als auch zwischen nicht-deutschen Partnern. Für die Ehe mit einem deutschen Partner besteht ein Rechtsanspruch auf eine Aufenthaltserlaubnis gem. § 23 Abs. 1 Nr. 1 i. V. m. § 17 AuslG.

Für den Aufenthalt von Ehefrauen ausländischer Partner bestehen Ansprüche nach § 18 Abs. 1 AuslG und Ermessensregelungen nach § 18 Abs. 2 bis Abs. 4 AuslG. Außerdem sind stets die zusätzlichen Genehmigungsvoraussetzungen zu beachten, die in § 17 Abs. 2 AuslG aufgeführt sind, wie ausreichender Wohnraum und gesicherter Lebensunterhalt. Für die Situation der hier betrachteten Frauen ist jedoch nicht entscheidend, ob sie mit einem Deutschen oder einem Ausländer mit Aufenthaltsgenehmigung verheiratet sind und welche Voraussetzungen im einzelnen vorliegen müssen, damit sich aus der Ehe mit einem Ausländer ein Aufenthaltsrecht ergibt. Entscheidend ist vielmehr, daß

825 Siehe zu den Erscheinungsformen unter 1.2.4.3.2, S., 61.

826 Vgl. Vgl. BVerwG v. 30.5.1983 1 B 75/83; BVerwG v. 9.7.1989, 1 B 75/87; OVG Düsseldorf v. 11.1.1999, 18 B 2712/98; OVG Weimar v. 14.11.1997 ZAR 1998, 141, 141; OVG Weimar v. 31.1.1996, NVwZ-RR 1996, 710, 710.

der Bestand der aufgrund der Ehe erteilten Aufenthaltsgenehmigung und ihre Verlängerung an die bestehende Ehe und die eheliche Lebensgemeinschaft geknüpft sind. Maßgeblich für die Verselbständigung ist § 19 AuslG[827]. Diese Vorschrift regelt wann und unter welchen Voraussetzungen das Aufenthaltsrecht der Ehefrau sich vom Bestand der Ehe löst und selbständig wird.

### 3.8.3.2 Arbeitsaufnahme

Jede Ausübung einer Beschäftigung ist für die ausländische Frau gem. § 284 SGB III genehmigungspflichtig. Ob die Ehefrau eine solche Genehmigung erhält, differiert je nach Aufenthaltsstatus.

Eheleute von deutschen Partnern sind gem. § 286 SGB III i.V. m. § 2 Abs. 1 Nr. 1 ArGV bei der Arbeitsaufnahme privilegiert. Sie haben Anspruch auf eine Arbeitsberechtigung unabhängig von Lage und Entwicklung des Arbeitsmarktes und ohne Beschränkung, wenn sie in familiärer Lebensgemeinschaft mit ihrem Ehegatten leben und eine Aufenthaltserlaubnis gem. § 23 Abs. 1 besitzen. In der Praxis[828] müssen sie daher meistens lediglich den Nachweis erbringen, daß ihre Aufenthaltserlaubnis auf § 23 AuslG beruht.

Die Ehefrau eines Ausländers besitzt keine Aufenthaltserlaubnis gem. § 23 AuslG und kann daher zunächst lediglich eine Arbeitserlaubnis erhalten. Für die Erteilung einer Arbeitserlaubnis gilt § 3 Nr. 1 und Nr. 2 ArGV. Demnach ist die Erteilung einer Arbeitserlaubnis vor allem abhängig von dem Verstreichen einer Wartefrist, innerhalb derer sich die Antragstellerin erlaubt oder geduldet in der Bundesrepublik aufgehalten haben muß. Die Arbeitserlaubnis wird gem. § 1 Abs. 1 ArGV nach Lage und Entwicklung des Arbeitsmarktes erteilt. Folglich ergeht die Arbeitserlaubnis nur, wenn Lage und Entwicklung des Arbeitsmarktes nicht entgegenstehen und weder ein anderer deutscher noch ein bevorrechtigter ausländischer Arbeitnehmer durch die Erteilung der Arbeitserlaubnis benachteiligt wird. In der Praxis dürfte eine Arbeitserlaubnis demzufolge gegenwärtig nur sehr selten an die gem. §§ 17, 18 AuslG zu Ausländern nachziehenden Ehefrauen erteilt werden. Wenn es doch zur Erteilung einer Arbeitserlaubnis kommt, übt die Verwaltungsbehörde das ihr eingeräumte Ermessen in der Regel dahingehend aus, daß sie lediglich gem. § 1 Abs. 1 Nr. 1 ArGV eine auf ein bestimmtes Beschäftigungsverhältnis beschränkte Arbeitserlaubnis verfügt. Für alle diejenigen, deren Aufenthaltsrecht sich von der Ehe mit einem Ausländer ableitet, bedeutet das insgesamt, daß sie in der Anfangszeit nicht und nach Ablauf der Wartefrist nur unter schwierigen Bedingungen

827 Siehe unter 3.8.4, S. 214 ff.

828 Vgl. Ziffer 2.2.112 DA AER.

eine Arbeitserlaubnis erhalten können, die dann in der Regel auf ein bestimmtes Arbeitsverhältnis beschränkt sein wird. Für die Aufnahme einer Erwerbstätigkeit vermittelt eine Ehe mit einem Ausländer also keine guten Voraussetzungen. Im Zusammenhang mit Frauenhandel ist festzuhalten, daß diejenigen, die sich als Ehefrau eines Ausländers in der Bundesrepublik aufhalten, in der Regel keiner legalen Beschäftigung nachgehen können. Das gilt insbesondere für die Anfangszeit des Aufenthaltes.

Die unbeschränkte Arbeitsberechtigung für mit deutschen Ehemännern verheiratete Frauen hingegen erlaubt grundsätzlich jede Art der Beschäftigung. Der Umschreibung in § 7 SGB IV nach ist Beschäftigung jede unselbständige Arbeit, insbesondere in einem Arbeitsverhältnis. Für die hier betrachtete Zielgruppe bedeutet das zunächst, daß jedenfalls die Tätigkeit als Haus- oder Dienstmädchen in Haushalten Dritter mit einer Arbeitsberechtigung ohne weiteres ausgeübt werden darf. Für die Ausübung der Prostitution und anderer sexueller Dienstleistungen gilt das indes nicht ohne weiteres.

Unabhängig davon, ob eine Arbeitsgenehmigung in Form der Arbeitsberechtigung oder als Arbeitserlaubnis vorliegt, ergibt sich im Zusammenhang mit einer Tätigkeit in der Sexarbeit eine besondere Rechtslage. Zunächst ist zwischen selbständiger und unselbständiger Ausübung der Sexarbeit zu unterscheiden. Legt man den Beschäftigungsbegriff aus § 7 SGB IV zu Grunde, liegt eine von der Arbeitsberechtigung umfaßte Beschäftigung dann vor, wenn ein Arbeitsverhältnis zwischen Arbeitnehmer und Arbeitgeber existiert. Demnach müßte, wenn es sich um eine von der Arbeitsberechtigung umfaßte Beschäftigung handelt, eine abhängig ausgeübte Tätigkeit vorliegen. Wie auch im allgemeinen Arbeitsrecht besteht eine solche Abhängigkeit, wenn die Tätigkeit fremdbestimmt und weisungsgebunden ausgeübt wird[829], eben ohne Autonomie in der Auswahl und Ausübung der konkreten Dienstleistung, der Preise, der Arbeitszeiten, der Reihenfolge oder der Kunden. Die meisten der in der Bundesrepublik in der Sexarbeit tätigen Migrantinnen gehen ihrer Erwerbstätigkeit unter solchen fremdbestimmten Rahmenbedingungen nach. Weil sie ihre Tätigkeit im kriminellen Umfeld ausüben, sich unter Umständen selbst strafbar machen und als Migrantin häufig nicht über die finanziellen Ressourcen, Kontakte oder Sprachkenntnisse verfügen, um ihre Arbeit selbst zu organisieren, wird die Ausübung der Sexarbeit überwiegend von Dritten organisiert[830]. Das gilt unabhängig davon, aus welchem Grund sie die Sexarbeit aufgenommen haben, sei es

829 Vgl. zum Arbeitsverhältnis: Putzo in Palandt, Einführung vor § 611 RNr. 5 ff.

830 Zur besonderen Situation lateinamerikanischer Prostituierter in Frankfurt/Main siehe Henning, Kolumbianische Prostituierte in Frankfurt/Main, Diplomarbeit, Frankfurt/Main, 1995;

aus freiem Entschluß, unter Einwirkung Dritter oder aus Zwang. Der weitaus größere Anteil der in der Sexarbeit tätigen Migrantinnen arbeitet folglich nicht selbständig.

3.8.3.2.1 Unselbständige Ausübung von Sexarbeit

Bei der unselbständigen Tätigkeit in der Sexindustrie ist zwischen deutschverheirateten Frauen, die einen Anspruch auf die Erteilung einer Arbeitsberechtigung besitzen, und Ehefrauen ausländischer Partner zu unterscheiden, die in der Regel lediglich eine Arbeitserlaubnis erhalten können.

3.8.3.2.1.1 Arbeitsberechtigung und Sexarbeit

Wegen des Beschäftigungsbegriffes stellt sich, wie dargelegt, für die unselbständigen Tätigkeiten in der Sexarbeit die Frage, ob deren Ausübung von einer Arbeitsberechtigung gedeckt wäre. Um eine Beschäftigung im Sinne von § 7 SGB IV handelt es sich insbesondere im Rahmen eines Arbeitsverhältnisses.

Ob von Rechts wegen ein Arbeitsverhältnis denkbar ist, hängt vor allem davon ab, ob man in der Ausübung der Prostitution und sonstiger Sexarbeit[831] eine berufliche Tätigkeit im Sinne von Art. 12 GG bzw. für Migrantinnen i. S. v. Art. 2 Abs. 1 GG sieht. Nach der gegenwärtig herrschenden Auffassung ist Prostitution kein Beruf, sondern eine sittenwidrige Tätigkeit[832]. Zwar ist die Prostitution selbst nicht strafbar. Die Förderung und Nutznießung der Prostitution durch Dritte hingegen ist im 13. Abschnitt des StGB „Straftaten gegen die sexuelle Selbstbestimmung" mit Strafe bedroht, beispielsweise in § 180 a StGB Förderung der Prostitution und § 181 a StGB Zuhälterei. Geschützte Rechtsgüter in diesen Vorschriften sind vor allem die Selbstbestimmung der Prostituierten und ihre persönliche und wirtschaftliche Freiheit[833]. Der BGH hat diese Schutzfunktion im Laufe seiner Rechtsprechung dahingehend interpretiert, daß Prostituierte in erster Linie gegen eine weitere Verstrickung in das Milieu geschützt werden sollen. Diese Auslegung hat zu dem Paradoxon geführt, daß

831 Die folgenden Ausführungen beziehen sich vor allem auf die Ausübung der Prostitution und nicht explizit auf andere sexuelle Dienstleistungen. Hinsichtlich der Prostitution besteht das hier kritisierte Sittenwidrigkeitsverdikt fort, andere sexuelle Dienstleistungen wie beispielsweise der Stripteasetanz sind von der Sittenwidrigkeit nicht in dem Umfang wie die Prostitution betroffen.

832 Siehe schriftliche Stellungnahmen zu der Frage der Auswirkungen der Sittenwidrigkeit von Prostitution in Ausschuß-Drs 13/292 vom 14.1.1998 zur öffentlichen Anhörung des Ausschusses für Familie, Senioren, Frauen und Jugend und des Rechtsausschusses zum Thema „Beseitigung der Diskriminierung von Prostituierten".

833 BGH v. 13.5.1982, NStZ 1982, 507, 507; Lenckker, in Schönke/Schröder StGB § 181 a StGB, RNr. 1.

gerade besonders günstige und sichere Arbeitsbedingungen im Sinne von § 180 a StGB Förderung der Prostitution darstellen, weil sie dazu geeignet sind, die Prostituierten an ihre Tätigkeit zu binden. Ein potentieller Arbeitgeber einer Prostituierten würde folglich wegen der Schaffung akzeptabler Arbeitsbedingungen, aber auch wegen seines Direktions- und Weisungsrechtes regelmäßig in Konflikt mit den strafrechtlichen Regelungen des 13. Abschnittes des StGB geraten. Auf Grund dessen ist nach gegenwärtiger überwiegender Rechtsauffassung ein Arbeitsvertrag mit einer Prostituierten gem. § 134 BGB wegen Verstoßes gegen das Strafrecht nichtig[834]. Zu einem Arbeitsverhältnis kann es also schon deshalb nicht kommen, weil keine rechtswirksame vertragliche Vereinbarung mit einem Arbeitgeber über eine abhängige Beschäftigung als Prostituierte abgeschlossen werden kann.

Wenn man sich dieser Auffassung anschließt, dann ist ein Beschäftigungsverhältnis als Prostituierte nicht rechtswirksam, mit der ausländerrechtlichen Folge, daß selbst bei weisungsabhängiger Tätigkeit einer Prostituierten z.B. für einen Clubbesitzer keine Beschäftigung im Sinne von § 284 SGB III i. V. m. § 7 SGB IV vorliegt und entsprechend diese Tätigkeiten auch nicht von einer Arbeitsberechtigung gedeckt wären.

Die Gegenauffassung sieht in der Ausübung der Prostitution eine berufliche Tätigkeit, die verfassungsrechtlich von Art. 12 Abs. 1 GG geschützt sei[835]. Demzufolge wären die hier in Rede stehenden strafrechtlichen Regelungen, mit denen etwaige Arbeitgeber von Prostituierten in Konflikt geraten könnten, als Eingriff in die Berufsfreiheit zu qualifizieren. Allein eine Auslegung von § 180 a StGB Förderung der Prostitution und § 181 a StGB Zuhälterei, nach der nur noch Fälle der gewerbsmäßigen Vermittlung unfreiwilliger Prostitutionstätigkeiten erfaßt und mit Strafe bedroht würden, wäre verfassungsmäßig[836]. Folgt man dieser Auffassung, dann ist grundsätzlich der rechtswirksame Abschluß eines Arbeitsverhältnisses zwischen Prostituierter und Arbeitgeber wegen des Schutzes durch Art. 12 Abs. 1 GG möglich. Bei Art. 12 Abs. 1 GG der Berufsfreiheit handelt es sich jedoch um ein Grundrecht, auf dessen Schutz sich nur Deutsche berufen können. Die berufliche Betätigung Nichtdeutscher wird durch Art. 2 Abs. 1 GG geschützt[837]. Das Verhältnis von Art. 2 Abs. 1 GG und Art. 12 GG ist umstritten. Umstritten ist vor allem das Ausmaß des durch Art . 2

834 Vgl. Laskowski, S. 131 m.w.N.

835 Vgl. statt aller Laskowski, Die Ausübung der Prostitution ein verfassungsrechtlich geschützter Beruf im Sinne von Art. 12 Abs. 1 GG.

836 Laskowski, S. 318.

837 Gubelt in Münch/König Art. 12 GG RNr. 5 m.w.N.; BVerfG v. 5.10.1988, BVerfGE 78, 179, 196 f.; Jarraß/Pieroth, Art. 12 GG, RNr. 9 m.w.N..

Abs. 1 vermittelten Schutzes für Ausländer[838]. In dem hier betrachteten Zusammenhang ist dieser Streit jedoch nicht von Belang, da es um die Interpretation des Berufsbegriffes geht und nicht um die Frage, wie weitreichend der aus Art. 2 Abs. 1 GG abgeleitete Schutz im einzelnen anzusetzen wäre.

Aus Art. 2 Abs. 1 GG ergeben sich als wesentliche Prüfungsschritte, daß eine berufliche Betätigung von Nichtdeutschen nicht gegen die verfassungsmäßige Rechtsordnung, Rechte Dritter oder das Sittengesetz verstoßen darf. Diese Kriterien stimmen im vorliegenden Fall inhaltlich mit den auch nach Art. 12 GG zu prüfenden Kriterien überein. Insofern lassen sich die Ergebnisse von Laskowski zum Deutschenrecht der Berufsfreiheit Art. 12 Abs. 1 GG auf Art. 2 Abs. 1 GG für Ausländer inhaltlich übertragen. Letztlich ist demzufolge mit Laskowski das Verbot der Förderung der Prostitution in § 180 a StGB sowie die Regelungen zur Zuhälterei in § 181 a StGB auch für Ausländerinnen unverhältnismäßig und verstößt damit gegen die verfassungsgemäße Ordnung[839]. Das gilt vor allem, da nicht ersichtlich ist, inwiefern die Frage der Staatsangehörigkeit der zu schützenden Personen ein geeignetes Differenzierungskriterium im Rahmen der Berufsfreiheit in Art. 12 GG bzw. Art. 2 GG darstellen könnte. In der Konsequenz müssen nach Laskowski die strafrechtlichen Regelungen, mit denen potentielle Arbeitgeber von Prostituierten in Konflikt geraten können, namentlich § 181 a StGB Förderung der Prostitution und § 181 a StGB Zuhälterei, verfassungskonform ausgelegt werden. Da die Vertreter dieser Ansicht davon ausgehen, daß es sich bei Prostitution um eine sittengemäße berufliche Tätigkeit handelt, kann nach dieser Auffassung dann auch ohne weiteres ein Arbeitsvertrag abgeschlossen werden und damit ein Beschäftigungsverhältnis im Sinne von § 7 Abs. 1 SGB IV und § 286 SGB III eingegangen werden. Im Ergebnis würde eine unbeschränkte Arbeitserlaubnis einer mit einem Deutschen verheirateten Frau gem. § 286 SGB III dieser Auffassung zur Folge die abhängige Erwerbstätigkeit als Prostituierte und damit auch die als Sexarbeiterin allgemein umfassen.

Je nachdem, welcher Meinung man sich anschließt, kommt man demnach entweder mit Laskowski zu dem Ergebnis, daß die Erwerbstätigkeit als Prostituierte von einer Arbeitsberechtigung nach § 286 SGB III umfaßt wäre. Oder man folgt der gegenwärtig herrschenden Meinung. Dann wäre die unselbständige Ausübung der Prostitution von einer Arbeitsberechtigung nicht gedeckt.

838 BVerfG v. 10.5.1988, BVerfGE 78, 179, 196 f.; BVerwG v. 9.5.1986, BVerwGE 74, 165, 173; Dürig in Maunz/Dürig Grundgesetz Art. 1 Abs. 2 GG, RNr. 85 und Art. 2 Abs. 1 GG, RNr. 66; Pieroth/Schlink, Grundrechte RNr. 112; Jarass in Jarass/Pieroth Art. 2 GG RNr. 9 m.w.N.

839 So auch Leo, S. 174 ff.

Sie könnte einen strafbaren Verstoß gegen das Ausländergesetz gem. § 92 Abs. 1 Nr. 3 AuslG darstellen[840].

Das Verdikt der Sittenwidrigkeit[841] von Prostitution und käuflichen sexuellen Dienstleistungen entspricht nach der hier vertretenen Auffassung nicht mehr den heutigen Vorstellungen von Sitte und Moral. Wenn man von den aus den Sitten- und Moralvorstellungen vergangener Jahre basierenden Anschauungen der obersten Gerichte[842] absieht und Werturteile der Sittengemäßheit aus heutiger Sicht ermittelt, kommt man sowohl im Wege empirischer Erhebung als auch an Hand verfassungsrechtlicher Kriterien der Menschenwürde gem. Art. 1 GG zu dem Ergebnis, daß Prostitution eine gewöhnliche berufliche Betätigung darstellt[843]. Für den Bereich des Ausländerrechtes gilt dies um so mehr, als Prostitution sowie andere entgeltliche sexuellen Dienstleistungen ohne weiteres als Erwerbstätigkeit im Sinne von § 12 DVAuslG behandelt werden[844]. Die Frage, ob sexuelle Dienstleistungen unter den ausländerrechtlichen Erwerbstätigkeitsbegriff fallen, ist zwar bisher nur im Zusammenhang mit Verstößen gegen das Ausländergesetz wegen fehlender Aufenthaltsgenehmigung oder Arbeitserlaubnis entschieden worden[845]. Konsequenterweise müßte aber auch die Ausübung von Tätigkeiten in der Sexindustrie bei Vorliegen einer unbeschränkten Arbeitsberechtigung eine Erwerbstätigkeit in Sinne des Ausländerrechts sein.

Nach der hier vertretenen Auffassung ist folglich die Ausübung von Tätigkeiten in der Sexindustrie von der Arbeitsberechtigung gedeckt.

840 Vgl. hierzu OLG Karlsruhe, Urteil vom 23.9.1997, NStZ-RR 61, 63; BVerwG Urteil vom. 30.1.1990, BVerwGE 84, 314, 319 m. w. N.

841 Zu den Auswirkungen der Sittenwidrigkeit siehe Ausschuß für Familie, Senioren, Frauen und Jugend und Rechtsauschuß, Ausschußdrucksache 13/292, Drößler, S. 6; ferner von Galen in Leopold/Steffan Paul, S. 37 ff.

842 BGH, Urteil vom 6.7.76, BGHZ 67, S. 119, 122; BAG, Urteil vom 1.4.76, BAGE 28, S. 83, 88; BVerwG Urteil vom 15.7.1980, BVerwGE, 60, S. 284, 289; BVerwG, Urteil vom 30.1.1990, BVerwGE 84, S. 314, 319.

843 Siehe Ausschußdrucksache 13/292 vom 14.1.1998, schriftliche Stellungnahmen zur öffentlichen Anhörung“ Beseitigung der Diskriminierung von Prostituierten“ und im einzelnen Laskowski, Teil III, S. 215 ff. m.w.N.

844 Siehe zur Frage, ob Prostitution eine Erwerbstätigkeit im Sinne des AuslG darstellt, unter 3.5.2.1, S. 164 f.

845 BGH, Urteil vom 12.6.1990, NJW 1990, S. 2207, 2207; BVerwG, Urteil vom 30.1.1990, BVerwGE 84, S. 314, 319; zuletzt OLG Karlsruhe Urteil vom 23.09.1997, NStZ-RR 1998, S. 61, 62 mit eingehender Begründung und w. N.

### 3.8.3.2.1.2 Arbeitserlaubnis und Prostitution

Die Arbeitserlaubnis gem. § 285 SGB III kann von Ehefrauen nicht-deutscher Partner gem. § 3 ArGV beantragt werden. Im Zusammenhang mit Frauenhandel handelt es sich um eine in der Praxis selten auftretende Konstellation. Die wenigsten Frauen aus der hier untersuchten Gruppe leiten ihr Aufenthaltsrecht von einem nicht-deutschen Partner ab, nicht zuletzt deswegen, weil es im Hinblick auf die angestrebte oder ausgeübte Erwerbstätigkeit kaum oder keine Vorteile bietet. Dennoch stellt sich die Frage, ob die Ausübung der Sexarbeit und der Prostitution überhaupt genehmigungsfähig wäre. Anders als bei der unbeschränkten Arbeitsberechtigung wird die Arbeitserlaubnis nach der gegenwärtigen Verwaltungspraxis wegen der allgemein angespannten Lage auf dem Arbeitsmarkt gem. § 1 Abs. 1 Nr. 1 ArGV nur für ein bestimmtes Beschäftigungsverhältnis erteilt. Eine Arbeitserlaubnis für Prostitution kommt daher nur in Betracht, wenn es ein der Ausübung der Prostitution zugrunde liegendes Beschäftigungsverhältnis gibt. Insoweit kann auf die vorangegangenen Ausführungen zum Beschäftigungsverhältnis und etwaiger Sittenwidrigkeit von Prostitution verwiesen werden[846]. Betrachtet man, wie hier vertreten, die Ausübung der Prostitution als eine berufliche Tätigkeit, kann über diese Tätigkeit auch ein Arbeitsvertrag geschlossen, mithin eine genehmigungsfähige Beschäftigung eingegangen werden. Die Erteilung der Arbeitserlaubnis hängt dann gem. § 285 SGB III wesentlich von der Beurteilung der Lage und Entwicklung auf dem Arbeitsmarkt ab. Gegenwärtig besteht offensichtlich eine besondere Nachfrage nach sexuellen Dienstleistungen gerade von ausländischen Anbieterinnen[847]. Eine Beurteilung dieses speziellen Arbeitsmarktes abweichend von der generellen gesamtwirtschaftlichen Lage wäre also denkbar, so daß es grundsätzlich zu der Erteilung einer Arbeitserlaubnis nach § 285 SGB III kommen könnte. Allerdings ist bei der Beurteilung von Lage und Entwicklung des Arbeitsmarktes nach der Rechtsprechung des BSG[848] nicht allein auf den Arbeitskräftebedarf im Inland abzustellen. Es muß darüber hinaus die Sicherung der Ordnung des Arbeitsmarktes beachtet werden. Dieser qualitative Aspekt verbietet nach dem BSG[849] beispielsweise die Erteilung einer Arbeitserlaubnis für ein Arbeitsverhältnis mit tarifwidrigen Bedingungen. Entsprechend könnten auch wenn man die Auffassung vertritt, daß Prostitution eine berufliche Betätigung ist, z.B.

846 Siehe unter 3.8.3.2.1, S. 206 ff.

847 Zur Nachfrage siehe unter 1.3.2, S. 74 ff.

848 BSG vom 4.12.1997, Az: 7 RAr 24/96, Leitsatz Nr. 4, zitiert nach Juris.

849 Siehe FN 848.

bei schlechten Arbeitsbedingungen weiterhin gewichtige Gründe gegen die Erteilung einer Arbeitserlaubnis sprechen.

Die aktuelle Rechtsprechung und Verwaltungspraxis geht nach wie vor von der Sittenwidrigkeit der Prostitution aus mit der Folge, daß kein arbeitsgenehmigungsrechtlich erlaubnisfähiges Beschäftigungsverhältnis vorliegen kann und daher eine Arbeitserlaubnis für unselbständig ausgeübte Sexarbeit nicht in Betracht kommt.

3.8.3.2.2 Selbständige Ausübung der Prostitution

In der Praxis ist die Gruppe derjenigen Migrantinnen, die selbständig der Prostitution oder anderer Sexarbeit nachgehen verschwindend gering. Die selbständige Tätigkeit als Sexarbeiterin oder Prostituierte ist wie jede andere selbständige Tätigkeit nicht arbeitserlaubnispflichtig, da die Arbeitserlaubnispflicht an den Begriff der Beschäftigung in § 284 Abs. 1 SGB III i. V. m. § 7 SGB IV und nicht an den der Erwerbstätigkeit gem. § 12 DVAuslG anknüpft. Die Ausübung einer selbständigen Tätigkeit wird daher in der Verwaltungspraxis über die Erteilung von Auflagen zur Aufenthaltsgenehmigung geregelt.

Nach dem AuslG-VwV Ziffer 10.1.5.2[850] wird jede befristete Aufenthaltsgenehmigung, abgesehen von den nach § 10 AuslG erteilten Erlaubnissen, mit der folgenden Auflage versehen:

*„Selbständige Erwerbstätigkeit oder vergleichbare unselbständige Erwerbstätigkeit nicht gestattet."*

Für Ehefrauen nicht-deutscher Partner ist nach der AuslG-VwV Ziffer 10.1.5.2 davon auszugehen, daß eine selbständige Tätigkeit generell durch die eben aufgeführte Auflage bereits bei der Erteilung der Aufenthaltsgenehmigung verboten wird.

Für eine Genehmigung als selbständige Tätigkeit kommt entsprechend Ziffer 10.3.3.0 AuslG-VwV[851] zur Anwendung. Danach kann die Verwaltung die selbständige Tätigkeit von deutsch-verheirateten Migrantinnen dann genehmigen, wenn sie im öffentlichen Interesse liegt, also vor allem dann, wenn ein übergeordnetes wirtschaftliches Interesse oder ein besonderes örtliches Bedürfnis besteht[852]. Für die Ausübung der Prostitution und sonstiger Sexarbeit dürfte

850 BR- Drs 672/98; Veränderungen sind nach BR- Drs 350/99 nur für Ehegatten deutscher Partner zu erwarten.

851 In der Fassung von BR- Drs 672/98, keine Veränderung durch BR- Drs 350/99; entspricht im Wesentlichen der alten Regelung der vorläufigen Anwendungshinweise zum Ausländerrecht Ziffer 10.0.3.

852 Ziffer 10.3.2.1 AuslG-VwVE in der Fassung von BR- Drs 672/98, keine Veränderung durch BR- Drs 350/99

es bei der gegenwärtigen herrschenden Auffassung, daß es sich weitgehend um sittenwidrige Tätigkeiten handelt[853], schwer fallen, ein öffentliches Interesse an der Tätigkeit nachzuweisen. Zwar legt die offensichtlich existierende Nachfrage den Gedanken nahe, daß sich durchaus in vielen Gebieten der Bundesrepublik ein örtliches Bedürfnis gerade für das Angebot sexueller Dienstleitungen von Migrantinnen findet. Eine solche Argumentation hat bisher jedoch noch nicht dazu geführt, daß die Ausübung der selbständigen Prostitution ausländerrechtlich erlaubt worden wäre. Angesichts der Tatsache, daß die Bundesregierung in der Koalitionsvereinbarung beschlossen hat, eine gesetzliche Regelung zu schaffen, die die rechtliche und soziale Situation von Prostituierten verbessert[854], könnte es jedoch nach der Verabschiedung eines entsprechenden Gesetzes zu einschlägigen Anträgen kommen.

Für Ehefrauen deutscher Männer gilt hinsichtlich der selbständigen Betätigung das zu den Ehefrauen nicht-deutscher Partner Ausgeführte. Nach der neuen Allgemeinen Verwaltungsvorschrift[855], werden sich hier vermutlich Veränderungen ergeben. Entsprechend den neuen Allgemeinen Verwaltungsvorschrift ist voraussichtlich in Zukunft nach Ziffer 10.3.3.2.0 den deutschverheirateten Ausländern eine selbständige Erwerbstätigkeit zu erlauben.

Es wird in diesem Zusammenhang von Bedeutung sein, ob die Ausübung der Prostitution und sonstiger Sexarbeit als Erwerbstätigkeit im Sinne der neuen Allgemeinen Verwaltungsvorschrift Ziffer 10.3.3.2.0 betrachtet werden wird. Nach der hier vertretenen Auffassung handelt es sich, wie dargelegt, sogar um berufliche Tätigkeiten im Sinne von Art. 12 GG[856], so daß mit dieser Auffassung ohne weiteres eine Erwerbstätigkeit im Sinne der neuen Allgemeinen Verwaltungsvorschrift vorliegt. Aber auch nach der Gegenauffassung dürfte die Prostitution und Sexarbeit eine Erwerbstätigkeit im Sinne von Ziffer 10.3.3.2.0 der neuen Allgemeinen Verwaltungsvorschrift darstellen. Der Begriff der Erwerbstätigkeit im Ausländerrecht ist gem. § 12 DVAuslG legal definiert. Wie

853 Vgl. BVerwG v. 30.1.1990 zur Sittenwidrigkeit von Peep-shows, BVerwGE 84, 314, 319 mit zahlreichen weiteren Nachweisen, a. A. Laskowski, die Ausübung der Prostitution, Teil II, S. 141 ff.

854 Koalitionsvertrag vom 20.10. 1998 unter Ziffer VIII Neuer Aufbruch für die Frauenpolitik: „ . *Wir werden eine gesetzliche Regelung schaffen, die die rechtliche und soziale Situation von Prostituierten verbessert . .*"; In einem Interview vom 5.8.1999 mit der Märkischen Zeitung kündigte die Bundesfrauenministerin Bergmann für Anfang 2000 einen Gesetzentwurf zur Beseitigung der Sittenwidrigkeit von Prostitution an.

855 Siehe BR- Drs 350/99; in vielen Bundesländern ist die neue AuslG- VwV bereits als Anwendungshinweis in Gebrauch, obwohl sie noch nicht wirksam erlassen worden ist.

856 Siehe ausführlich unter 3.8.3.2.1.1, S. 206 f.

oben ausführlich dargestellt[857], fällt die Prostitution und auch die sonstige Sexarbeit unter den Begriff der Erwerbstätigkeit im Sinne von § 12 DVAuslG[858]. Es ist mithin zu erwarten, daß diese ausländerrechtliche Auslegung des Begriffes Erwerbstätigkeit in bezug auf die Ausübung von Prostitution auch auf die neue Allgemeine Verwaltungsvorschrift übertragen werden wird. Demzufolge wird die selbständige Ausübung der Prostitution und entsprechend auch der sonstigen Sexarbeit von Ehefrauen deutscher Partner vermutlich in Zukunft gem. Ziffer 10.3.3.2.0 der neuen Allgemeinen Verwaltungsvorschrift zu erlauben sein.

Dies wird allerdings nur die kleine Minderheit von Migrantinnen begünstigen, die ihr Aufenthaltsrecht von einem deutschen Partner ableiten und der Sexarbeit selbständig nachgehen. Im Zusammenhang mit Frauenhandel wird Selbständigkeit kaum vorliegen können, da es gerade kennzeichnend für Frauenhandel ist, daß eine dritte Person von dem Eingriff in die sexuelle Selbstbestimmung profitiert.

### 3.8.3.3 Arbeitsplatzwechsel

Für einen Arbeitsplatzwechsel kommt es darauf an, ob eine Arbeitsberechtigung nach § 286 SGB III oder eine Arbeitserlaubnis nach § 285 SGB II zu Grunde liegt. Bei einer unbeschränkten Arbeitsberechtigung, wie sie Ehefrauen von deutschen Partnern erteilt wird, ist der Arbeitsplatzwechsel aus arbeitsgenehmigungsrechtlicher Sicht unproblematisch. Die Arbeitserlaubnis wird hingegen, wie bereits erläutert, entsprechend Ziffer 2.1.112 DA AER auf ein bestimmtes Arbeitsverhältnis beschränkt erteilt. Die sich daraus ergebenden Komplikationen im Hinblick auf Frauenhandel wurden bereits oben zur künstlerischen Betätigung ausführlich erörtert[859].

### 3.8.3.4 Strafbarkeit bzw. Ordnungswidrigkeit

Eine Strafbarkeit wegen der Ausübung einer Erwerbstätigkeit kommt für Frauen, die ihr Aufenthaltsrecht von der Ehe mit einem deutschen Partner oder einem ausländischen Aufenthaltsrechtsinhaber ableiten, lediglich nach § 92 Abs. 1 Nr. 3 AuslG wegen Verstoßes gegen eine vollziehbare Auflage in Betracht. Als Auflage kommt prinzipiell die regelmäßig erteilte Auflage *„Selb-*

857 Siehe ausführlich unter 3.5.2.1, S. 164 f.

858 Für Erwerbstätigkeit im Sinne von § 12 DV AuslG BGH v. 12.6.1990, NJW 1990, 2207; ebenso SG Berlin v. 12.9.1991, NZA 1992, 143, 143.

859 Siehe unter 3.6.3, S. 179 f.

*ständige Erwerbstätigkeit oder vergleichbare unselbständige Erwerbstätigkeit nicht gestattet.* " in Betracht.

Problematisch ist hier vor allem, wie es rechtlich zu beurteilen ist, wenn eine Migrantin, der diese Auflage erteilt wurde, der Prostitution oder anderer Sexarbeit nachgeht. Handelt es sich dabei um eine selbständige Tätigkeit, verstößt sie gegen das Verbot der selbständigen Erwerbstätigkeit in der Auflage. Bei einer abhängigen Beschäftigung mit entsprechender Arbeitsgenehmigung kommt es für die Strafbarkeit wiederum darauf an, welcher Interpretation der Ausübung der Prostitution man anhängt. Nach der hier vertretenen Auffassung ist diese Konstellation rechtlich unproblematisch, weil die abhängige Beschäftigung als Prostituierte oder sonstige Sexarbeiterin von der Arbeitsgenehmigung nach § 286 SGB III gedeckt wäre. Folgt man der herrschenden Meinung, ist Prostitution hingegen nicht von der Arbeitsgenehmigung umfaßt.

Damit kann es zu einer Strafbarkeit nach § 92 AuslG kommen. Um eine Ordnungswidrigkeit gem. § 404 Abs. 2 SGB III handelt es sich zudem, wenn die Erwerbstätigkeit in Form einer Beschäftigung ohne Genehmigung ausgeübt wird.

Trotz solcher Verstöße und einer Strafbarkeit nach Ausländergesetz wird eine Frau, die in der Bundesrepublik eine Ehe führt, in der Regel nicht ausgewiesen. Für eine Ehe zwischen einem Deutschen und einer ausländischen Prostituierten ist mehrfach entschieden worden, daß sie keinem minderen Schutz aus Art. 6 GG unterliegt als andere Ehen[860]. Demnach geht das private Interesse an der familiären Lebensgemeinschaft mit dem deutschen Ehemann dem öffentlichen Interesse an der Aufenthaltsbeendigung, z.B. einer migrierten Sexarbeiterin, in der Regel vor. Dies ist für Ehen zwischen Ausländern, soweit ersichtlich, bisher nicht entschieden worden.

### 3.8.4 Eheunabhängiges Aufenthaltsrecht

Mit Auflösung der ehelichen Lebensgemeinschaft[861] entfällt das auf § 17 Abs. 1 AuslG basierende Aufenthaltsrecht aufgrund der familiären Bindung[862]. Eine selbständige Aufenthaltsgenehmigung erhält die Ehefrau nur unter den Bedingungen des § 19 AuslG. Wenn bei Aufhebung der ehelichen Lebensgemeinschaft die Voraussetzungen des § 19 Abs. 1 AuslG nicht erfüllt sind, und der nachgezogene Ehegatte nicht über ein Aufenthaltsrecht aus einem anderen

860 OVG Münster v. 8.9.1988, NWVBL 1989, 61, 61; VG Gelsenkirchen v. 26.11.1987, InfAuslG 1988, 220, 221; VG Frankfurt v.9.10.1984, Streit 1986, 66, 66.

861 Zum Begriff der ehelichen Lebensgemeinschaft siehe unter 3.8.4.1.1, S. 216 ff.

862 GK-AuslR, § 19 RNr. 12.

Grund verfügt, hat die Behörde den Aufenthalt grundsätzlich zu beenden[863]. Für die aufenthaltsrechtliche Situation der hier betrachteten Gruppe von Migrantinnen ist folglich § 19 AuslG von besonderer Bedeutung. Diese Vorschrift wurde durch die grundlegende Neuregelung des AuslG 1990 erstmals eingeführt, war seitdem ununterbrochen Gegenstand einer heftigen Debatte und wurde folglich mehrmals novelliert und zwar 1997[864] und zuletzt im Frühjahr 2000[865]. Für die von Frauenhandel betroffenen Ehefrauen sind die Voraussetzungen, nach denen sich ihr Aufenthaltsrecht von dem Bestand der Ehe lösen kann, essentiell. Diese sind die Prämissen einer Trennung vom Ehemann, ohne das Migrationsziel aufgeben zu müssen.

### 3.8.4.1 § 19 AuslG, Aufenthalt

Einen Rechtsanspruch auf eine von der Ehe unabhängige Verlängerung der Aufenthaltserlaubnis steht der Ehefrau zu, wenn die tatbestandlichen Voraussetzungen des § 19 AuslG erfüllt sind. § 19 Abs. 1 AuslG enthält die folgenden tatbestandlichen Alternativen:

- rechtmäßiger Bestand der ehelichen Lebensgemeinschaft auf deutschem Boden seit einer bestimmten Frist - alte Regelung vier Jahre, nach der Novelle 2000 zwei Jahre (§ 19 Abs. 1 Nr. 1 AuslG),
- rechtmäßiger Bestand der ehelichen Lebensgemeinschaft im Bundesgebiet und Vorliegen einer Härte – bisher außergewöhnliche Härte nach der Novelle 2000 besondere Härte (§ 19 Abs. 1 Nr. 2 AuslG),
- Tod des Ehepartners während der Ehebestandszeit in der Bundesrepublik (§ 19 Abs. 1 Nr. 3 AuslG).

Eine selbständige Aufenthaltsgenehmigung kann außerdem nur erteilt werden, wenn kein Ausweisungsgrund vorliegt (§ 19 Abs. 3 AuslG) und sich die Frau bis zur Antragstellung rechtmäßig mit Aufenthaltsberechtigung oder -erlaubnis im Bundesgebiet aufgehalten hat (§ 19 Abs. 1 Nr. 4 AuslG). Grundsätzlich muß die Antragstellerin darüber hinaus aus eigener Kraft für ihren Unterhalt aufkommen können.

863 Kloesel/Christ/Häuser, § 19 RNr. 4.

864 Gesetz zur Änderung ausländer- und asylverfahrensrechtlicher Vorschriften vom 29.10.1997, BGBl. Teil 1, S. 2584.

865 Gesetzbeschluss des Deutschen Bundestages BR- Drs 157/00 vom 17.3.2000. Die Verkündung im Bundesgesetzblatt steht bei Abschluß dieser Arbeit unmittelbar bevor.

### 3.8.4.1.1 Bestand der ehelichen Lebensgemeinschaft

Hat die Migrantin eine Aufenthaltsgenehmigung als Ehefrau gem. § 17 Abs. 1 AuslG, ist diese gem. § 19 AuslG vier Jahre lang, bzw. in Zukunft nur noch zwei Jahre lang abhängig von dem Bestand der ehelichen Lebensgemeinschaft. Aufgelöst ist die eheliche Lebensgemeinschaft, wenn sich die Partner auf Dauer trennen. Maßgeblich ist der innere Entschluß zur Trennung. Leben die Ehegatten wegen äußerer Zwänge getrennt, halten an der Ehe jedoch grundsätzlich fest, besteht die eheliche Lebensgemeinschaft hingegen fort. Ist eine endgültige Trennung von einem der beiden Partner intendiert, spielt die Dauer des Getrenntlebens keine Rolle[866]. Eine Trennung ist zu bejahen, wenn nach dem Willen beider Ehepartner oder eines Ehegatten die eheliche Lebensgemeinschaft endgültig nicht mehr fortgesetzt werden soll[867]. Nicht ausreichend ist eine vorübergehende Trennung, wenn absehbar ist, daß die eheliche Lebensgemeinschaft wiederhergestellt werden soll[868]. Nach ganz überwiegender Auffassung kommt es für die Frage, ob eine Trennung vorliegt, nicht auf die familienrechtlichen Trennungszeiten an[869]. Das familienrechtliche Trennungsjahr muß also nicht abgewartet werden[870]. Zwar ist noch nicht jedes Getrenntleben auf Zeit als Auflösung der ehelichen Lebensgemeinschaft zu werten, spätestens ein Scheidungsantrag dokumentiert jedoch den Trennungswillen.

Aber auch schon vor dem Scheidungsantrag kann die eheliche Lebensgemeinschaft endgültig aufgelöst sein und können von der Ausländerbehörde aufenthaltsbeendende Maßnahmen eingeleitet werden. Wenn die eheliche Lebensgemeinschaft aufgelöst ist, entfällt eine für die Erteilung der Aufenthaltserlaubnis wesentliche Voraussetzung im Sinne von § 12 Abs. 2 Satz 2 AuslG[871]. Folglich kann die Behörde nachträglich die Befristung der Aufenthaltserlaubnis der ausländischen Ehefrau zeitlich beschränken. In der Praxis kommt es bisher regelmäßig zu derartigen aufenthaltsbeendenden Maßnahmen, wenn die Behörde von der Auflösung der ehelichen Lebensgemeinschaft Mitteilung erhält[872].

866 Dazu BVerwG v. 9.1.1995, InfAuslR 1995, 154, 154; BVerwG v. 21.2.1994, InfAuslR 1994, 252, 252; BVerwG v. 6.12.1992, InfAuslR 1992, 305, 305; BVerwG v. 3.3.1989, NVwZ 1989, 759; VGH Mannheim v. 6.5.1991, InfAuslR 1991, 221.

867 Renner, Ausländerrecht in Deutschland, § 33 RNr. 333.

868 BVerwG v. 6.12.1992, InfAuslR 1992, 305, 305.

869 Hailbronner, § 17 AuslG RNr. 28; BVerwG v. 6.12.1992, InfAuslR, 1992, 305, 305 f.

870 BVerwG v. 30.9.1998, InfAuslR 1999, 72, 73.

871 BVerwG v. 9.1.1995, InfAuslR 1995, 154, 154.

872 Eine dokumentierte Einzelfalldarstellung siehe Amnesty for Women in Rundbrief Nr. 3/95, S. 11 f.; Zu der Problematik insgesamt Bundesweite Initiative zu § 19 AuslG Dokumentation 1993/94 und 1995/96.

Nach ganz überwiegender Auffassung läßt sich ein Aufenthaltsrecht bis zur Scheidung aus §§ 17, 23 AuslG nicht ableiten[873]. Daran wird sich grundsätzlich auch nach der neuerlichen Novelle nichts ändern. Einzig die notwendige Ehebestandsfrist für die Verselbständigung des Aufenthaltsrechtes wird verkürzt. Ob dies dazu führt, daß die Behörden in Zukunft die aufenthaltsbeendenden Maßnahmen beschleunigen, um eine solche Verselbständigung zu verhindern, oder aber eher geneigt sein werden, das Trennungsjahr angesichts der ohnehin kurzen Verselbständigungsfristen verstreichen zu lassen, ist nicht absehbar[874].

Der Begriff der ehelichen Lebensgemeinschaft in § 19 Abs. 1 AuslG wird eng interpretiert[875]. Aus der Entwicklungsgeschichte des § 19 AuslG ergibt sich, daß der Gesetzgeber damit zwar nicht allein die häusliche Gemeinschaft innerhalb einer Wohnung meinte[876]. Dennoch wird in der Regel eine gemeinsame Ehewohnung existieren müssen[877]. Zumindest aber mußte während der Ehe die tatsächliche Möglichkeit für eine regelmäßige familiäre Kommunikation bestehen und diese auch praktiziert worden sein[878]. Gefordert wird ein gemeinsamer Lebensmittelpunkt, eine bloße Begegnungsgemeinschaft reicht nicht aus[879].

In der Praxis erweist sich die Feststellung einer solchen Lebensgemeinschaft nach den Erfahrungen der Beratungsstellen als schwierig, wenn die Eheleute nicht in einer Wohnung wohnen[880]. Die Ausländerbehörde kann schon vor der

873 BVerwG Urt.v. 6.12.1992; InfAuslR 1992, 305, 305; VGH Mannheim v. 6.5.1991, NVwZ-RR 1991, 430.

874 Für eine in Deutshcland geführte Ehe einer EU-Ausländerin mit einem nichtdeutschen EU-Inländer ergibt sich die Besonderheit, daß während des Trennungsjahres keine aufenthaltsbeendenden Maßnahmen eingeleitet werden dürfen. Dies hat der EuGH in seiner Entscheidung vom 13.2.1985, NJW 1985, 2099, 2100 damit begründet, daß der staatliche Schutz der Institution Ehe den Ablauf des Trennungsjahres erfordere.

875 Jüngst in BVerwG v. 30.9.1998, InfAuslR 1999, 72, 73: *„Die eheliche Lebensgemeinschaft besteht, wenn außer dem formalen rechtlichen Band der Ehe eine tatsächliche Verbundenheit der Ehegatten vorliegt, die regelmäßig in der Pflege einer häuslichen Gemeinschaft zum Ausdruck kommt.“*

876 Nach dem Bericht des Innenausschusses des Bundestages, abgedruckt in Kloesel/Christ/Häußer zu § 19 AuslG, wurden die Worte *„häusliche Gemeinschaft der Ehegatten“* im Gesetzgebungsverfahren durch die Worte *„eheliche Lebensgemeinschaft“* ersetzt.

877 Hailbronner § 17 AuslG RNr. 23; ebenso vermutlich in Zukunft in AuslG-VwV Ziffer 17.1.2.2. laut BR- Drs 350/99.

878 Renner, Ausländerrecht in Deutschland, § 33 RNr. 175; Renner, Ausländerrecht Kommentar, § 17 AuslG RNr. 11; GK AuslR § 19 RNr. 17.

879 Renner, Ausländerrecht Kommentar, § 17 AuslG RNr. 11.

880 Siehe dokumentierte Einzelfalldarstellung in Amnesty for Women Rundbrief Nr. 3/95, S. 11 f.; außerdem zu der Problematik Bundesweite Initiative zu § 19 AuslG Dokumentation 1993/94

Erteilung und bei jeder Verlängerung prüfen, ob die eheliche Lebensgemeinschaft tatsächlich besteht[881]. Nach den Erfahrungen der Beratungsstellen werden derartige Überprüfungen je nach Bundesland und Region mit unterschiedlicher Intensität durchgeführt. Dabei werden auch Nachbarn befragt und Plausibilitätsbefragungen des Paares sowie gelegentlich auch des Umfeldes durchgeführt. Bei Besonderheiten, z.B. bei einer Fernbeziehung wegen beruflich bedingter Abwesenheit eines Partners, entsteht zumindest ein gesteigerter Erklärungsbedarf.

Will man die Verlängerung der Aufenthaltserlaubnis erreichen, müssen die Eheleute in einer Wohnung zusammenwohnen[882]. Dazu gehört auch die gemeinsame polizeiliche Meldung an einem Ort. Diejenigen Frauen, die ihren Aufenthalt über eine Ehe sichern wollen, müssen also mit ihrem Ehepartner in einer Wohnung zusammen leben. Anderenfalls besteht die Gefahr, daß die eheliche Lebensgemeinschaft bezweifelt wird.

Das eigenständige Aufenthaltsrecht gem. § 19 Abs. 1 Nr. 1 und 2 AuslG setzt voraus, daß die eheliche Lebensgemeinschaft rechtmäßig im Bundesgebiet bestanden hat. Nach allgemeiner Auffassung wird allein die bürgerlichrechtliche Einehe als rechtmäßig in diesem Sinne verstanden[883]. Auch die Ehe mit einer Prostituierten steht grundsätzlich nicht unter einem minderen Schutz[884]. Begründet wird diese Auffassung damit, daß der Verfassungsgeber bei der Abfassung von Art. 6 Abs. 1 GG nicht zum Ausdruck gebracht habe, daß nur eine bestimmte Form der ehelichen Lebensgemeinschaft geschützt werden solle[885].

#### 3.8.4.1.2 Ehebestandsfrist § 19 Abs. 1 Nr. 1 AuslG

Abgesehen von Härtefällen und dem Tod des Ehepartners entsteht ein eigenständiges Aufenthaltsrecht erst, wenn die eheliche Lebensgemeinschaft mindestens vier Jahre lang, nach der Novelle 2 Jahre, rechtmäßig in der Bundesrepublik bestanden hat. Es soll dem Umstand Rechnung getragen werden, daß sich die Lebensverhältnisse des nachgezogenen Ehegatten in Deutschland so verfe-

und 1995/96.

881 Eine solche Informationsbeschaffung ist jedenfalls nicht von vorneherein unstatthaft, so zumindest in der Tendenz BVerfG v. 12.7.1987, BVerfGE 76, 1, 22 ff.

882 So auch Oberlies, Streit 2000, 24, 25.

883 GK-AuslR § 19 RNr. 26; Renner, Ausländerrecht in Deutschland, § 33 RNr. 174; BVerfG v. 30.11.1982, BVerfGE 62, 323, 328.

884 So auch VG Frankfurt/Main v. 9.10.1984, Streit 1986, 66, 66.

885 A.A. wird zum Ausdruck gebracht in Verfügung der Ausländerbehörde der Stadt Frankfurt/Main vom 11.5.1983, abgedruckt in Streit, 1986, S. 66.

stigt haben, daß er in seinem Aufenthalt schutzwürdig ist und es unverhältnismäßig wäre, seinen Aufenthalt zu beenden[886]. Die Verkürzung der Frist auf 2 Jahre wird in den Gesetzesmaterialien damit begründet, daß diese Frist gerade noch ausreichend sei, der Gefahr der Scheinehe zu begegnen[887].

Während der Vier- bzw. zukünftig Zweijahresfrist muß der Aufenthalt beider Ehegatten durchgängig rechtmäßig gewesen und die Lebensgemeinschaft ununterbrochen geführt worden sein. Eine Addition von Ehezeiten verschiedener Ehen, die nacheinander geführt wurden, reicht nicht aus, da diese nach ganz überwiegender Auffassung die Eingliederung in die bundesdeutschen Lebensverhältnisse nicht hinreichend dokumentieren[888]. Die Trennungszeit während des familienrechtlichen Trennungsjahres wird nicht zur Ehezeit hinzugerechnet[889].

3.8.4.1.3 Härtefallregelungen

Von der grundsätzlichen Ehebestandsfrist in Höhe von früher vier und zukünftig zwei Jahren kann in Härtefällen abgesehen werden. Die Handhabung dieser Härtefälle war seit Einführung des § 19 AuslG Gegenstand heftiger Diskussionen und daran anschließend Kern der Gesetzesnovellen von 1997 und auch von 2000. Zunächst gab es in der ursprünglichen Fassung von § 19 AuslG aus dem Jahre 1990 eine Ermessensregelung, nach der in Fällen besonderer Härte nach Ablauf von drei Jahren ein eigenständiges Aufenthaltsrecht erteilt werden konnte. Nach der Novelle 1997 mußte der weitere Aufenthalt ermöglicht werden, wenn dies zur Vermeidung einer außergewöhnlichen Härte erforderlich war[890]. Nach der neuen Fassung von § 19 Abs. 1 Nr. 2 AuslG wird in Zukunft der Aufenthalt zu verlängern sein, wenn dies zur Vermeidung einer besonderen Härte erforderlich ist. Die vor allem im Zusammenspiel mit dem ebenfalls mehrfach veränderten Satz 2 des § 19 Abs. 1 AuslG komplexe Textfassung ist nur vor dem Hintergrund der alten Rechtslage und der Textgeschichte zu verstehen. Das gilt um so mehr angesichts der Tatsache, daß die abermaligen Reform des § 19 AuslG das Ziel hatte, Korrekturen an der Novelle 1997 vorzunehmen, deren Notwendigkeit sich aus der Rechtspraxis[891] ergeben hatten. Die

886 Hailbronner § 19 RNr. 5; Kloesel/Christ/Häußer § 19 RNr. 13.

887 BT- Drs 14/2368, S. 4; BT- Drs 14/2902, S. 6.

888 Renner, Ausländerrecht in Deutschland, § 33 RNr. 333; Hailbronner § 19 AuslG RNr. 5; Kloesel/Christ/Häußer § 19 RNr. 13.

889 So zuletzt BVerwG v. 30.9.1998, InfAuslR 1999, 72, 72.

890 Gesetz zur Änderung ausländer- und asylverfahrensrechtlicher Vorschriften vom 29.10. 1997, BGBl. Teil 1, S. 2584.

891 Z. B. BVerwG v. 30.9.1998, InfAuslR 1999, 72; OVG Mannheim, v. 3.2.1999, InfAuslR 1999,

unübersichtliche Rechtslage ist außerdem Anlaß dafür, daß in der neuen Verwaltungsvorschrift zum Ausländergesetz[892], im Zusammenhang mit § 19 AuslG wesentliche Veränderungen gegenüber der bestehenden AuslG-VwV[893] vorgenommen werden.

Im Zusammenhang mit Frauenhandel ist aus Sicht der Frauen vor allem von Interesse, ob auch Inlandshärten, die Anlaß für die Trennung waren als Härten im Sinne von § 19 anerkannt wurden und werden.

#### 3.8.4.1.3.1 Rechtsentwicklung

##### 3.8.4.1.3.1.1 § 19 Abs. 1 Nr. 2 AuslG a.F.

Nach § 19 Abs. 1 Nr.2 AuslG alte Fassung[894] war für die Verlängerung der Aufenthaltserlaubnis eines Ehegatten unabhängig von dem Aufenthaltszweck der familiären Lebensgemeinschaft in § 17 Nr. 1 AuslG keine außergewöhnliche, sondern lediglich eine besondere Härte erforderlich. Die Verlängerung wegen besonderer Härte war außerdem erst nach mindestens dreijähriger Ehebestandszeit in der Bundesrepublik möglich. Eine den weiteren Aufenthalt des Ehegatten rechtfertigende besondere Härte war grundsätzlich nur dann anzunehmen, wenn die durch die Verweigerung des Aufenthalts entstehende Rückkehrverpflichtung den ausländischen Ehepartner ungleich härter als andere Ausländer in der vergleichbaren Situation traf[895]. Damit schieden alle Gründe aus, die jeden Ausländer bzw. jede Ausländerin auf Grund der in dem Heimatland herrschenden Verhältnisse getroffen hätten. Grundlage für eine den weiteren Aufenthalt rechtfertigende Härtelage konnten daher nur aktuell bestehende oder in der Zukunft liegende individuelle Schwierigkeiten sein, die durch eine Rückkehr in das Heimatland entstanden wären[896]. Als anzuerkennende Fälle besonderer Härte hatten sich die folgenden Fallgruppen herausgebildet:

233.

892 Laut BR- Drs 350/99.

893 In der Fassung von BR- Drs 672/98.

894 § 19 Abs. 1 Nr. 1 AuslG in der Fassung vom 9. 7. 1990 (BGBl. Teil 1, S. 1354) lautete: *„Die Aufenthaltserlaubnis ( ) wird verlängert, wenn 1.) (...) 2. sie [die eheliche Lebensgemeinschaft] seit mindestens drei Jahren rechtmäßig im Bundesgebiet bestanden hat und es zur Vermeidung einer besonderen Härte erforderlich ist, dem Ehegatten den weiteren Aufenthalt zu ermöglichen, ...“*

895 Vgl. Frings, S. 94; GK-AuslR in der Fassung vom April 1995 § 19 AuslG RNr. 44; Hess VGH, Urteil vom 24.6.1994, InfAuslR 1994, 313 f.

896 A. A. Bamberger, RNr. 134f., der sich gegen die Berücksichtigung von Nachteilen im Heimatland wendet, weil diese zum einen schlecht zu ermitteln seien und zum anderen das Instrument der Härteklausel überhaupt ungeeignet sei, gesellschaftlich bedingte Defizite in anderen Staaten aus-

1. Erhebliche Nachteile wegen der Auflösung der Ehe im Heimatland

Eine besondere Härte wurde vor allem dann bejaht, wenn im Heimatland die Scheidung nicht staatlich anerkannt war und infolgedessen zumindest zu einem teilweisen Verlust der bürgerlichen Rechte oder sogar strafrechtlicher Verfolgung geführt hätte[897]. Eine solche Situation konnte für Frauen unter bestimmten Bedingungen beispielsweise im Iran entstehen[898]. Die bloße Tatsache, daß eine Scheidung nach Heimatrecht nicht zulässig war, wie z.B. in katholisch geprägten Ländern, insbesondere in den Philippinen, reichte nicht aus, um eine besondere Härte zu begründen. Hingegen wurde die zu erwartende gesellschaftliche Diskriminierung im Falle einer aus ländlichen Gebieten der Türkei stammenden Frau als Härtefall anerkannt[899].

2. Längerfristige Erkrankung

Eine besondere Härte lag ebenfalls vor, wenn der Ehepartner längerfristig erheblich erkrankt war und die Erkrankung im Herkunftsstaat nicht oder nur unter besonderen Schwierigkeiten behandelt werden konnte oder aber wegen der Erkrankung besondere Wiedereingliederungsschwierigkeiten zu erwarten waren[900]. Eine bloß vorübergehende Erkrankung oder auch eine Schwangerschaft in fortgeschrittenem Stadium wurde hingegen nicht als Härte im Sinne von § 19 akzeptiert. Bei solchen vorübergehenden Härtelagen kam lediglich die Erteilung einer Duldung gem. § 55 AuslG in Betracht[901].

3. Betreuung eines darauf angewiesenen Familienangehörigen

Eine besondere Härte konnte ferner vorliegen, wenn der Ehegatte selbst lebensnotwendige Hilfeleistungen gegenüber einem Familienangehörigen erbrachte und diese Hilfe nur in Deutschland erbracht werden konnte[902].

4. Besonders fortgeschrittene Integration und fehlende Bindungen an den Aufnahmestaat

Ein Härtefall wurde auch dann bejaht, wenn sich der Ehegatte in der dreijährigen Ehebestandszeit im Vergleich zu anderen Ausländern außergewöhnlich weit in die Gesellschaft der Bundesrepublik Deutschland eingegliedert hatte

zugleichen.

897 GK-AuslR in der Vorauflage § 19 a.F. RNr. 52 m.w.N.

898 Vgl. Dollinger/Speckmaier S. 80 RNr. 168.

899 VG Berlin v. 26.6.1995, InfAuslR 1995, 410, 411 m.w.N.; Ebenso Kloesel/Christ/Häußer § 19 RNr. 18.

900 Vgl. GK-AuslR in der Vorauflage § 19 a.F. RNr. 54 m.w.N.

901 Vgl. GK-AuslR in der Vorauflage § 19 a.F. RNr. 56 m.w.N.

902 Vgl. GK-AuslR in der Vorauflage § 19 a.F. RNr. 52.

oder sich von den im Heimatland herrschenden Verhältnissen in besonderem Maße entfremdet hatte[903]. Diese Fallgruppe wurde vor allem dann angenommen, wenn der Ehepartner in dem Heimatland nicht aufgewachsen war oder sich in der Bundesrepublik sowohl sprachlich als auch gesellschaftlich voll eingegliedert hatte, z.B. indem er oder sie sich bereits eine eigene Existenz aufgebaut hat[904].

Für die Personengruppe der potentiellen oder tatsächlichen Opfer von Frauenhandel lag eine besondere Härte nach den aufgeführten Fallgruppen so gut wie nie vor. Namentlich die letzte Fallgruppe kam wegen der spezifischen Situation des Frauenhandels in aller Regel nicht in Betracht. Eine von Frauenhandel betroffene Person wird durchweg nicht die Gelegenheit haben, sich derart außergewöhnlich in Deutschland einzugliedern. Im Gegenteil ist gerade die auslandsspezifische Hilflosigkeit immer wieder Ausgangspunkt für die für Frauenhandel typische Ausbeutungssituation.

Ebenso wurde psychische oder physische Mißhandlung während der Ehe nicht als eine besondere Härte im Sinne von § 19 Abs. 1 Nr. 2 AuslG a.F. verstanden. Genauso wenig stellten andere Mißhandlungen wie beispielsweise die im hier betrachteten Zusammenhang besonders interessierende Zwangsprostitution eine solche besondere Härte dar. Die Gerichte begründeten dies damit, daß unter Härten nur solche Härten verstanden werden, welche die Migrantin im Vergleich zu anderen rückkehrverpflichteten Migranten ungleich härter treffen. Härten, die hier in der Bundesrepublik entstanden waren, wurden nicht als Härten im Sinne von § 19 Abs. 1 Nr. 2 AuslG a.F. anerkannt, zumal die so entstandenen Härten bereits mit der Auflösung der ehelichen Lebensgemeinschaft behoben seien[905].

#### 3.8.4.1.3.1.2 Kritik an der alten Rechtslage

An § 19 AuslG a.F. wurde von verschiedenen Seiten scharfe Kritik geäußert. Vor allem Frauenorganisationen kritisierten die Regelungen angesichts der Realitäten, in denen sich ausländische Ehefrauen befanden, in zwei Punkten[906]. So wurde die Dreijahresfrist für Härtefälle als zu lang beanstandet. Das gelte vor allem im Zusammenhang damit, daß eine Verselbständigung des Aufenthaltsrechts ohnehin nur bei Vorliegen der besonderen Härte im Rahmen der

903 Vgl. GK-AuslR in der Vorauflage § 19 a.F. RNr. 62 m.w.N.

904 Ebenso auch nach neuer Rechtslage vgl. zu eherenamtlicher sozialer Tätigkeit und besonders guten Deutschkenntnissen VGH Stuttgart v. 28.7.1998, InfAuslR 1999, 27, 28.

905 Vgl. BVerwG v. 7.4.1997, DÖV 1997, 835, 835; VG Hannover v. 13.1.1997, AuAs 1998, 98, 98; VGH Kassel v. 26.4.1994, InfAuslR 1994, 313, 313.

906 Vgl. dazu Bundesweite Initiative zu § 19 AuslG Dokumentation 1993/94 und 1995/96.

beschriebenen restriktiven Handhabung in Betracht kam. Zusätzlich eine dreijährige Ehebestandszeit zu verlangen, bedeutete, daß die Betroffenen, wenn die dreijährige Ehebestandszeit noch nicht vorlag, nach Auflösung der ehelichen Lebensgemeinschaft in jedem Fall ausreisen mußten, selbst wenn eine besondere Härte bestand.

Mindestens ebenso heftig attackiert wurde die Auslegung des Begriffs *„besondere Härte"*, und zwar vor allem deshalb, weil Mißhandlungen während der Ehe dieses Tatbestandsmerkmal nicht erfüllten. In der Realität resultierte aus dieser restriktiven Auslegung immer wieder, daß Ehefrauen keine andere Alternative sahen, als in einer gewalttätigen Beziehung auszuharren, denn bereits die Flucht ins Frauenhaus konnte als Auflösung der ehelichen Lebensgemeinschaft gewertet werden, womit das Aufenthaltsrecht nach § 17 AuslG entfiel[907]. Viele Frauen entschieden sich angesichts dieser Situation, in z.T. lebensbedrohliche Ehen zurückzukehren. Wenn sie keine Chance zur Rückkehr in ihr Heimatland erblickten, sahen sich Migrantinnen gezwungen, in Gewaltbeziehungen auszuharren, bis sie die Frist von vier Jahren bzw. drei Jahren Inlandsaufenthalt erduldet hatten[908].

In den Fachberatungsstellen und Frauenhäusern liegen zahlreiche Berichte[909] vor, nach denen Frauen von ihren Ehemännern mit der aufenthaltsrechtlichen Situation unter Druck gesetzt, zu Dienstleistungen und zur Befriedigung sexueller Wünsche gezwungen werden[910].

#### 3.8.4.1.3.2 Die erste Novelle zu § 19 AuslG aus 1997

Die dargestellte Kritik war Anlaß dafür, daß im Rahmen der anstehenden Ausländer- und Asylrechtsnovelle im Jahre 1997[911] auch die Härtefallregelung des § 19 AuslG reformiert wurde. Der ursprüngliche Gesetzesentwurf der Fraktion der CDU/CSU und der FDP[912] sah zunächst eine Verkürzung der notwendigen Ehebestandszeit auf ein Jahr vor. Gleichzeitig sollte die Verlängerung einer Aufenthaltserlaubnis nur unter den Bedingungen einer außergewöhnlichen

907 Siehe zum Begriff der ehelichen Lebensgemeinschaft unter 3.8.4.1.1, S. 216 ff.

908 Zur Frage der Rückkehrbereitschaft siehe unter 1.2.4.2, S. 55 ff.

909 Mündend in Kampagne zur Änderung des § 19 AuslG siehe Dokumentationen 1993/94 und 1995/96 über Verlauf und Stand.

910 So auch BT- Drs 13/767 S.7 Begründung zur Änderung von § 19 AuslG.

911 Gesetz zur Änderung ausländer- und asylverfahrensrechtlicher Vorschriften vom 29.10. 1997, BGBl. Teil 1, S. 2584.

912 Entwurf eines Gesetzes zur Änderung straf-, ausländer- und asylverfahrensrechtlicher Vorschriften BT- Drs. 13/4948.

Härte möglich sein. Beide Veränderungsvorschläge wurden im Laufe des Gesetzgebungsverfahrens heftig diskutiert[913].

In der Begründung des Gesetzesentwurfes der Koalitionsparteien hieß es zum Begriff der außergewöhnlichen Härte, daß es sich im Hinblick auf die vorherige Begrifflichkeit der besonderen Härte lediglich um eine redaktionelle Änderung handele, nicht um eine Verschärfung der materiellen Voraussetzungen für eine Verlängerung. Die Novelle zum Ausländer- und Asylrecht sollte nach dem Entwurf durchgängig zu einer Vereinheitlichung der Härtebegriffe führen[914]. Eine außergewöhnliche Härte sollte nach dem Gesetzesentwurf der Koalitionsparteien vorliegen, *„wenn das drohende Schicksal einer Person im Zusammenhang mit der bestehenden Rückkehrverpflichtung eine andere Entscheidung als nicht vertretbar erscheinen läßt."*[915] Diese Definition erinnerte dem Wortlaut nach sehr an die vorherige Auslegung der besonderen Härte durch die Gerichte[916], wonach die durch die Beendigung des Aufenthalts entstehende Rückkehrverpflichtung den ausländischen Ehepartner ungleich härter als andere Ausländer in der vergleichbaren Situation getroffen haben mußte, mit der Konsequenz, daß im Bundesgebiet bestehende Härten während der Ehe in der Regel unberücksichtigt blieben. Allerdings sollte die zitierte Definition der außergewöhnlichen Härte nach dem Koalitionsentwurf ausdrücklich die Berücksichtigung von Härten zulassen, die in der Bundesrepublik existierten und nicht erst nach der Rückkehr in das Herkunftsland entstanden. In dem Gesetzesentwurf hieß es dazu explizit, daß eine außergewöhnliche Härte auch dann vorliege, wenn psychische oder physische Mißhandlungen in der Ehe zu deren Aufhebung geführt haben. Als Beispiele für derartige Mißhandlungen wurden angeführt: Straftaten gegen die sexuelle Selbstbestimmung, Zwangsabtreibung, Zwangsprostitution und schwere Körperverletzung[917]. Damit sollte der Kritik an der bis dahin restriktiven Auslegung der besonderen Härte Rechnung getragen werden. Intention des Gesetzesentwurfes war also trotz der Ähnlich-

913 Änderungsanträge der Fraktion der SPD BT- DRs 13/5986 S.11.

914 Siehe hierzu Entwurf eines Gesetzes zur Änderung straf-, ausländer- und asylverfahrensrechtlicher Vorschriften BT- Drs. 13/4948, S. 8; danach sollten Härten in Zukunft entweder als *außergewöhnliche* oder als *besondere* Härte gekennzeichnet werden, die Bezeichnungen *unbillige* und *unzumutbare* Härte sollten mit Hilfe des Gesetzesnovelle aus dem Ausländerrecht entfernt werden.

915 Entwurf eines Gesetzes zur Änderung straf-, ausländer- und asylverfahrensrechtlicher Vorschriften BT- Drs. 13/4948, S. 8 zu Nummer 2.

916 Vgl. Frings, S. 94; GK-AuslR in der Fassung vom April 1995 § !9 AuslG RNr. 44; Hess VGH, Urteil vom 24.6.1994, InfAuslR 1994, 313 f.; VGH Berlin v. 26.6.1995, InfAuslR 1995, 410f.

917 Entwurf eines Gesetzes zur Änderung straf-, ausländer- und asylverfahrensrechtlicher Vorschriften BT- Drs. 13/4948, S. 8 zu Nummer 2 unten 1. Spiegelstrich.

keit im Wortlaut mit der alten Interpretation der besonderen Härte, daß auch Härten, die zur Auflösung der Ehe geführt haben, im Rahmen der neuen Regelung mit berücksichtigt werden konnten.

Die zitierte Definition der außergewöhnlichen Härte ist im Rahmen des parlamentarischen Verfahrens im Vermittlungsausschuß später in die Textfassung des neuen § 19 Abs. 1 Satz 2 1. Hs AuslG eingegangen[918].

Der Gesetzesentwurf der CDU/CSU und FDP zu § 19 AuslG wurde nicht von Bundestag und Bundesrat verabschiedet. Die anderen Parteien, vor allem die SPD und die entsprechende Mehrheit im Bundesrat, kritisierten an dem Entwurf, daß die Frist für die Ehebestandszeit in Härtefällen nicht ganz abgeschafft werden sollte[919]. Der Vermittlungsausschuß wurde angerufen[920]. Im Vermittlungsausschuß mußte abgewogen werden zwischen der Abschaffung der Frist zur Verselbständigung des Ehegattenaufenthaltes in Härtefällen und damit dem Schutz der Ehefrauen und andererseits der Besorgnis vor weiteren Mißbrauchsmöglichkeiten. Als Kompromiß wurde die Formulierung des Gesetzesentwurfes zu § 19 Abs. 1 Nr. 2 AuslG unter Streichung der Einjahresfrist, also ganz ohne Frist, aufgenommen. Als Gegengewicht wurde ein Satz 2 in § 19 Abs. 1 AuslG eingefügt, der die außergewöhnliche Härte in Anlehnung an die bereits zitierte Begriffsbestimmung aus dem Gesetzesentwurf definierte. Außerdem wurde im Vermittlungsausschuß dieser Legaldefinition ein 2. Hs und ein Satz 3 hinzugefügt : „... *hierbei* [bei der Feststellung der außergewöhnlichen Härte] *ist die Dauer der ehelichen Lebensgemeinschaft in der Bundesrepublik zu berücksichtigen. Zur Vermeidung von Mißbrauch kann die Verlängerung der Aufenthaltserlaubnis in den Fällen des Satzes 1 Nr. 2 versagt werden, solange die Voraussetzungen für die unbefristete Verlängerung nicht vorliegen.*" Damit sollte in Härtefällen eine flexible Handhabung der Ehebestandsfrist und der Inanspruchnahme von Sozialhilfe ermöglicht werden.

Im Ergebnis hatte der Vermittlungsausschuß eine zwar flexible, aber umständliche Regelung hervorgebracht. Aus dem Wortlaut selbst ergab sich weder, wie lange eine Ehe nunmehr im Bundesgebiet bestanden haben mußte, bevor eine außergewöhnliche Härte angenommen werden konnte, noch ob Inlandshärten, die zur Auslösung der Ehe geführt haben, Berücksichtigung finden konnten.

918 Beschluß des Vermittlungsausschusses siehe BR- Drs 476/97.

919 Siehe hierzu auch Begründung der Beschlußempfehlung des Innenausschusses BT- Drs 13/5986, S. 12.

920 Anrufung des Vermittlungsausschusses: BR- Drs 870/96.

Der Vermittlungsausschuß hatte aus diesem Grund weiterhin beschlossen, daß die Berichterstatter zum Ausländerrecht in Bundestag und Bundesrat eine Erklärung abgeben, in der nochmals darauf hingewiesen wurde, daß auf die Frist verzichtet werden sollte, wenn eine außergewöhnliche Härte vorlag. Außerdem wurden in dieser Erklärung die Fallbeispiele, die sich bereits aus dem Koalitionsentwurf ergaben, zur Veranschaulichung der Definition der außergewöhnlichen Härte nochmals aufgeführt[921].

3.8.4.1.3.3 Kritik an der Reform von 1997 und Weisungen

Die 1997 novellierte Härtefallregelung in § 19 Abs. 1 Nr. 2 AuslG wurde bereits kurz nach dem Kompromiß im Vermittlungsausschuß heftig kritisiert[922]. Grund für die Kritik war zum einen die Unübersichtlichkeit der Regelung hinsichtlich der erforderlichen Ehebestandszeit. Zum anderen war die Interpretation des Begriffes außergewöhnliche Härte umstritten und wurde in manchen Bundesländern als materiellrechtliche Verschärfung gegenüber der alten Rechtslage verstanden[923]. Diese Umstände hatten in der Realität zur Folge, daß Frauen noch immer Gewalttätigkeiten und Straftaten ihres Ehepartners erduldeten und eine gewisse bzw. eben gerade eine ungewisse Zeitspanne lang ertrugen, weil

921 Vermittlungsverfahren, Plenarprotokoll 13/184 vom 26.6.1997, 16590 D f.: *„Der Vermittlungsausschuß verständigte sich darauf, daß in der Person des ausländischen Ehepartners eine außergewöhnliche Härte auch dann gegeben sein kann, wenn er wegen physischer oder psychischer Mißhandlung durch den anderen Ehegatten die eheliche Lebensgemeinschaft aufgehoben hat, zum Beispiel wegen schwerer Körperverletzung, strafbarer Handlungen gegen die sexuelle Selstbestimmung oder die persönliche Freiheit, Zwangsprostitution, Zwangsabtreibung. Die weiteren Fälle: wenn der andere Ehegatte sein eheliches Kind sexuell mißbraucht oder mißhandelt hat und bei Verpflichtung zur Rückkehr das Kindeswohl gefährdet wäre; wenn die Betreuung eines behinderten Kindes, das auf Beibehaltung des spezifischen sozialen Umfeldes existentiell angewiesen ist, ansonsten nicht sichergestellt werden kann; wenn davon auszugehen ist, daß ihm im Heimatland jeglicher Kontakt zu dem eigenen Kind willkürlich und zwangsweise auf Dauer untersagt wird und dadurch das Kindeswohl gefährdet wäre oder wenn - letzter Fall - eine Schwangerschaft besteht und davon auszugehen ist, daß im Ausland eine Zwangsabtreibung droht.“*

922 So z.B. in einem Rundschreiben vom 13.6.1997 der Bundestags-Abgeordneten Schewe-Gerick, Bündnis 90/Die Grünen, an die Fraueninitiativen zur Änderung des § 19 AuslG, in dem es heißt: *„Dieser vom Vermittlungsausschuß präsentierte Kompromiß ist ein Schlag ins Gesicht der betroffenen Frauen.“*

923 So kritisiert die Fraktion der SPD in ihrer Begründung von Änderungsanträgen BT- Drs 13/5986 S. 11, ebenso Erlaß des Innenministeriums Mecklenburg-Vorpommern 5/98 vom 11.2.1998; a. A. Hailbronner § 19 RNr. 6 b; siehe auch OVG Berlin, v. 6.2.1998, AuAS 1998, 146, 147; VG Hannover vom 13.1.1997, AuAS 1997, 98, 98.

die Voraussetzungen für einen Anspruch auf Verselbständigung des Aufenthaltsrechts unklar waren.

Aus der 1997 novellierten gesetzlichen Regelung ließ sich außerdem nicht zweifelsfrei entnehmen, ob auch im Inland aufgetretene Härten zu einer außergewöhnlichen Härte im Sinne des Gesetzes führen konnten. Zwar drängte es sich angesichts der Textgeschichte auf, daß der Gesetzgeber die Anerkennung von Härten, die zur Auflösung der Ehe geführt hatten, beabsichtigt hatte[924]. Diese Interpretation wurde jedoch nicht von allen Ausländerbehörden und Gerichten geteilt[925].

In dieser Situation waren zur Auslegung und Handhabung des neuen § 19 AuslG in einer Reihe von Bundesländern innerbehördliche Dienstanweisungen ergangen[926]. Diese Weisungen wichen in ihrem Inhalt zum Teil erheblich voneinander ab. So führte das Innenministerium Mecklenburg-Vorpommern[927] zum Begriff der außergewöhnlichen Härte vor allem aus, daß es sich dabei um eine Heraufsetzung der materiellen Anforderungen in der Norm handele. Der Gesetzgeber bringe seinen Willen zur Verschärfung des Härtebegriffs zum Ausdruck. Eine außergewöhnliche Härte könne nicht schon mit häuslicher Gewalt oder Gewalttätigkeiten begründet werden. Eine Härte entstünde in einer solchen Situation erst dann, wenn sich die ohnehin bestehenden Schwierigkeiten auf Grund der Ausreise verschlimmerten und im Zusammenhang mit der Ausreise erhebliche Schwierigkeiten im Heimatland zu erwarten seien. Nach diesem Erlaß in Mecklenburg-Vorpommern führten jedenfalls Inlandshärten wie psychische oder physische Gewalt in der Ehe nicht zu der Erteilung einer eigenständigen Aufenthaltserlaubnis.

Die in anderen Bundesländern ergangenen Weisungen stimmen in ihrem Wortlaut weitgehend überein. Inhalt der Hinweise und Weisungen war jeweils die Klarstellung, daß sowohl Inlandshärten als auch erst nach der Rückreise im Ausland entstehende Härten zu einem Anspruch nach § 19 Abs. 1 Nr. 2 AuslG n. F. führen können. Außerdem wurden die bereits in dem Koalitionsentwurf

924 Ebenso: BVerwG v. 30.9.1998, InfAuslR 1999, 72, 73; OVG Mannheim v. 17.12.1998, Az 10 B 12559/98; VG München v. 25.5.1998, InfAuslR 1998, 451, 452.

925 So OVG Mannheim v. 3.2.1999, InfAuslR 1999, 233, 233.

926 Erlassse und Weisungen sind ergangen vom Innenministerium Baden-Württemberg, Hinweise vom 2.2.1998, Az 4-1310/86; von der Behörde für Inneres der Stadt Hamburg, Weisung vom 6.4.1998 Nr. 2/98; vom Hessischen Ministerium des Inneren, Hinweis vom 5.11.1997; vom Innenministerium Nordrhein-Westfalen Runderlaß vom 2.6.1998, in Abänderung des Runderlasses vom 28.11.1996; vom Innenministerium Mecklenburg-Vorpommern, Erlaß 5/98 vom 11.2.1998; vom Innenministerium Schleswig-Holstein, Hinweise IV 602-212-29.111.1-19 vom 27.4.1998.

927 Innenministerium Mecklenburg-Vorpommern, Erlaß 5/98 vom 11.2.1998.

aufgeführten Fallbeispiele für Härten übernommen, nach denen insbesondere eine Härte auch dann vorliegen sollte, wenn ein Ehegatte die eheliche Lebensgemeinschaft wegen psychischer und physischer Mißhandlung aufgegeben hatte. Als Beispiele für derartige Mißhandlungen werden Straftaten wie Zwangsprostitution oder Zwangsabtreibung genannt. Außerdem greifen die Weisungen noch andere Probleme aus der Praxis auf, wie etwa besondere Sprachschwierigkeiten im Verfahren oder Vorliegen von Abschiebungshindernissen, selbst wenn keine Aufenthaltserlaubnis nach § 19 AuslG erteilt werden kann.

Die unübersichtliche Rechtslage nach der Novellierung von § 19 AuslG war außerdem Anlaß, Veränderungen der Regelungen zu § 19 AuslG in den Vorschlag für die neue Verwaltungsvorschrift zum AuslG aufzunehmen[928], die demnächst von der Bundesregierung erlassen werden soll. In der neuen AuslG-VwV sollte die oben dargestellte Erläuterung der außergewöhnlichen Härte aus dem Gesetzesmaterialien von 1997 aufgenommen werden[929]. Damit hätte eine weitere Klarstellung der oben erläuterten Problematik voraussichtlich auch durch die neue AuslG-VwV nicht erfolgen können, da es lediglich bei der Wiederholung der in den Gesetzesmaterialien zu findenden Formulierungen geblieben wäre. Welchen Inhalt die neue AuslG– VwV angesichts der neuerlichen Novellierung von § 19AuslG haben wird, zeichnet sich bisher noch nicht ab und muß daher abgewartet werden.

Insgesamt rief die Neufassung des § 19 AuslG von 1997 also erhebliche Kritik hervor und hinterließ einen beträchtlichen Klarstellungsbedarf, wie sich aus der Vielzahl der in der Kürze der Zeit ergangenen Weisungen und Erlasse sowie deren unterschiedlichem Inhalt ergibt.

#### 3.8.4.1.3.4 Die zweite Novelle von § 19 AuslG aus 2000

Die dargestellte Situation fand die neue Koalition aus SPD und Bündnis 90/Die Grünen bei ihren Koalitionsverhandlungen im Oktober 1998 vor und verein-

928 Beschluß des Bundesrates vom 9.7.1999 in BR-Drs 350/99.

929 Ziffer 19.1.2.1 lautet in der neuen AuslG-VwV entsprechend der BR-Drs 13/4948:
*„ Der außergewöhnlichen Härte können besondere Umstände im In- und Ausland zugrunde liegen. Fälle einer außergewöhnlichen Härte liegen vor, wenn das drohende Schicksal einer Person im Zusammenhang mit der bestehenden Rückkehrverpflichtung einen andere Entscheidung als nicht vertretbar erscheinen lassen.*
*Sie können insbesondere dann gegeben sein,*
*- wenn der nachgezogene Ehegatte wegen physischer oder psychischer Mißhandlung (.. ) die eheliche Lebensgemeinschaft aufgehoben hat (z.B. wegen erheblicher oder fortgesetzter Körperverletzung, strafbarer Handlungen gegen die sexuelle Selbstbestimmung oder die persönliche Freiheit, Zwangsprostitution, Zwangsabtreibung), ( )"*

barte im Koalitionsvertrag, die Reformen des § 19 AuslG fortzuführen. Die Reform des eigenständigen Ehegattenaufenthaltes sei im Vermittlungsverfahren nur unzureichend umgesetzt worden. Die Wartefrist solle auf zwei Jahre verkürzt werden und die Härtefallklausel so gestaltet werden, „*daß die unerträglichen Lebenssituationen der Betroffenen angemessen berücksichtigt werden können.*“[930].

Auf Initiative der Regierungsparteien wurde daher am 17.3.2000 ein Gesetz zur Änderung des Ausländergesetzes beschlossen[931], wonach

1. wie bereits erwähnt[932], die Ehebestandsfrist von vier auf zwei Jahre verkürzt wird,
2. eine *besondere* anstatt einer *außergewöhnlichen* Härte nach § 19 Abs. 1 Satz 1 Nr. 2 ausreicht,
3. die Legaldefinition aus § 19 Abs. 1 Satz 2 wie folgt gefaßt wird: „*Eine besondere Härte im Sinne von Satz 1 Nr. 2 liegt insbesondere vor, wenn dem Ehegatten wegen der aus der Auflösung der ehelichen Lebensgemeinschaft erwachsenden Rückkehrverpflichtung eine erhebliche Beeinträchtigung seiner schutzwürdigen Belange droht, oder wenn dem Ehegatten wegen der Beeinträchtigung seiner schutzwürdigen Belange das weitere Festhalten an der ehelichen Lebensgemeinschaft unzumutbar ist; zu den schutzwürdigen Belangen zählt auch das Wohl eines mit dem Ehegatten in familiärer Lebensgemeinschaft lebenden Kindes.*“
4. Satz 3 wie folgt gefaßt wird: „*Zur Vermeidung von Mißbrauch kann die Verlängerung der Aufenthaltserlaubnis in den Fällen des Satzes 1 Nr. 2 versagt werden, wenn der Ehegatte aus einem von ihm zu vertretenen Grund auf die Inanspruchnahme von Sozialhilfe angewiesen ist.*“

Im Hinblick auf die Neuregelung des Härtefalles beabsichtigt der Gesetzentwurf zwei wesentlich Korrekturen der vorherigen Gesetzesreform. Es soll durch den Ersatz der *außergewöhnlichen* durch die bloß *besondere* Härte klargestellt werden, daß im Verhältnis zur ursprünglichen Fassung vor 1997 trotz Wegfall der zusätzlichen Dreijahresfrist keine materiellrechtliche Verschärfung der Erteilungsvoraussetzungen bezweckt ist. Damit ist kein Raum mehr für erhöhte Härteanforderungen, wie sie etwa der Erlaß in Mecklenburg-Vorpommern vorsieht[933].

930 Koalitionsvertrag vom 20.10. 1998 unter Ziffer VIII Neuer Aufbruch für die Frauenpolitik.

931 Gesetzbeschluss des Deutschen Bundestages BR- Drs 157/00 vom 17.3.2000. Die Verkündung im Bundesgesetzblatt steht bei Abschluß dieser Arbeit unmittelbar bevor.

932 Siehe unter 3.8.4.1.2, S. 218 ff.

933 Innenministerium Mecklenburg- Vorpommern, Erlaß 5/98 vom 11.2.1998.

Ausweislich der Gesetzesbegründung bezweckt die neuerliche Reform von § 19 AuslG zudem, daß allein das Vorliegen von Inlandshärten für die Verselbständigung des Aufenthaltes ausreichend ist. Wörtlich heißt es in der Gesetzesbegründung dazu:

> *„Die Änderung berücksichtigt daneben besondere Umstände während der Ehe in Deutschland, die es dem Ehegatten unzumutbar machen, zur Erlangung eines eigenständigen Aufenthaltsrechtes an der ehelichen Lebensgemeinschaft festzuhalten (2. Alternative). Solche Fälle liegen zum Beispiel vor, wenn*
> *der nachgezogenen Ehegatte wegen physischer oder psychischer Mißhandlungen durch den anderen Ehegatten die Lebensgemeinschaft aufgehoben hat (...).“*[934].

Insofern ist die Begründung des Gesetzesentwurfs eindeutig.

Dennoch kann auch diese neuerliche Korrektur möglicherweise nicht alle Auslegungsschwierigkeiten beseitigen. Nach wie vor ist Grundlage der Verselbständigung des Aufenthaltsrechtes gem. § 19 Abs. 1 Nr. 2 *„daß es zur Vermeidung einer besonderen Härte erforderlich ist, dem Ausländer den weiteren Aufenthalt zu ermöglichen.“*[935]

Immerhin hatte die Rechtsprechung den insoweit gleichlautenden § 19 AuslG a.F. dahingehend ausgelegt, daß in der Vergangenheit liegende Umstände, die zur Auflösung der ehelichen Lebensgemeinschaft geführt hatten nur berücksichtigt werden können, wenn aus ihnen Folgewirkungen resultieren, die die Rückkehr in besonderer Weise erschweren[936]. Damit ist bei jeder Härte, und zwar gerade auch bei den Inlandshärten, die zur Auflösung der Ehe führen, zu überprüfen, ob aus Ihnen Wirkungen folgern, die eine Rückkehr erschweren. Diese Interpretation wäre zumindest dem Wortlaut nach auch nach der neuen Gesetzesreform möglich. Ob aber die Neuregelung, wie Oberlies[937] postuliert, tatsächlich an den Ausgangspunkt zurückkehrt, weil in jedem Fall der weitere Aufenthalt in Deutschland erforderlich sein muß und zwar auch wenn *„wegen der Beeinträchtigung der schutzwürdigen Belange das weitere Festhalten an der ehelichen Lebensgemeinschaft unzumutbar ist“*, kann erst die praktische Handhabung und die zukünftige Rechtsprechung zeigen.

Gleichwohl wurde bereits in der abschließenden Debatte im Bundestag darauf hingewiesen, daß eine eindeutige Klarstellung, erst dadurch erfolgen kann,

934 BT- Drs 14/2368, S. 4.

935 So auch Oberlies, Streit 2000, 24, 32.

936 Hess. VGH vom 26.4.1994, InfAuslR 1994, 313, 314.

937 Oberlies, Streit 2000, 24, 32.

daß die Regelbeispiele, die in den Gesetzesmaterialien zu der aktuellen Novelle[938] ebenso wie in denen aus der Reform von 1997[939] aufgeführt sind, in den Gesetzestext selbst einfließen[940].

### 3.8.4.2 Inanspruchnahme von Sozialhilfe

Für das erste Jahr des selbständigen Aufenthaltes steht die Inanspruchnahme von Sozialhilfe der Genehmigungserteilung nicht entgegen (§ 19 Abs. 2 AuslG). Danach gelten die allgemeinen Regelungen. Die Inanspruchnahme von Sozialhilfe stellt dann gem. § 46 Nr. 6 AuslG einen Ausweisungsgrund dar.

Allerdings kann nach dem 1997 neu eingefügten Satz 3 des § 19 Abs. 1 AuslG, zur Vermeidung von Mißbrauch die Verlängerung der Aufenthaltserlaubnis auch bei Inanspruchnahme von Sozialhilfe auch innerhalb des ersten Jahres versagt werden kann. Dieser Satz steht in einem Spannungsverhältnis zu dem weiterhin geltenden § 19 Abs. 2 AuslG, demzufolge die Inanspruchnahme von Sozialhilfe einer Verlängerung für eine Frist von einem Jahr nicht entgegensteht. Zur Klarstellung hieß es in den Weisungen[941] dann auch weitgehend[942], daß allein die Inanspruchnahme von Sozialhilfe einen Mißbrauchsverdacht nicht rechtfertige und darüber hinaus für eine Versagung noch weitere Anhaltspunkte für Mißbrauch vorliegen müssen.

Nunmehr wird § 19 Abs. 1 Satz 3 AuslG abermals novelliert[943]. Danach kann die Inanspruchnahme von Sozialhilfe nur noch dann einer Aufenthaltsverlängerung entgegenstehen, wenn sie vom Antragsteller selbst zu vertreten ist. Diese Änderung soll mehr Einzelfallgerechtigkeit zulassen[944].

### 3.8.4.3 Arbeitsaufnahme

Für Frauen, die ihr Aufenthaltsrecht aus § 19 AuslG ableiten, stellt sich die Frage nach der Aufnahme einer Erwerbstätigkeit. Die Ehefrau eines Deutschen

938 BT- Drs 14/2368, S. 4.

939 Plenarprotokoll 13/184 vom 26.6.1997, 16590 D f.

940 Protokoll der 93. Sitzung des Deutschen Bundestages vom 16. 3. 2000, Ilse Falk, S. 8560.

941 Innenministerium Baden-Württemberg, Hinweise vom 2.2.1998, Az 4-1310/86; Behörde für Inneres der Stadt Hamburg, Weisung vom 6.4.1998 Nr. 2/98; Innenministerium Nordrhein-Westfalen Runderlaß vom 26.2.1998, in Abänderung des Runderlasses vom 28.11.1996.

942 In Erlaß 5/98 vom 11.2.1998 des Innenministerium Mecklenburg-Vorpommern finden sich zur Frage der Sozialhilfe keine Angaben.

943 BR- Drs 157/00, S. 2: *„Zur Vermeidung von Mißbrauch kann die Verlängereung der Aufenthaltserlaubnis in den Fällen des Satzes 1 Nr. 2 versagt werden, wenn der Ehegatte aus einem von ihm zu vertretenden Grund auf die Inanspruchnahme von Sozialhilfe angewiesen ist."*

944 Änderungsantrag der Fraktion der FDP, BT- Drs 14/2917.

hat, wie dargestellt[945], nach § 286 Abs. 1 SGB III i.V.m. § 2 Abs. 1 Nr. 1 ArGV einen Anspruch auf eine Arbeitsberechtigung ohne Beschränkungen und unabhängig von Lage und Entwicklung des Arbeitsmarktes, wenn sie in familiärer Lebensgemeinschaft mit ihrem deutschen Ehepartner lebt und eine Aufenthaltserlaubnis gem. § 23 Abs. 1 AuslG besitzt. Diesen Ehefrauen gleichgestellt sind gem. § 2 Abs. 2 ArGV diejenigen, in deren Person die Voraussetzungen für eine Verlängerung der Aufenthaltserlaubnis nach § 19 Abs. 1 Nr. 1 oder 3 und 4 AuslG vorliegen. Diese Gleichstellung gilt damit ausdrücklich nicht für eine Verlängerung nach § 19 Abs. 1 Nr. 2 AuslG, der Härtefallregelung. Damit werden die Härtefälle hinsichtlich der Arbeitsgenehmigung auf die allgemeinen Regelungen der Arbeitserlaubnis nach § 1 ArGV verwiesen. Folglich haben die Ehefrauen, deren Aufenthaltserlaubnis nach der Trennung von ihren Ehemännern aus Härtegründen verlängert wird, keinen Anspruch auf eine Arbeitsberechtigung, unterliegen also der Ermessensregelung mit Überprüfung von Lage und Entwicklung des Arbeitsmarktes.

Möglicherweise kann hier über § 1 Abs. 2 ArGV in besonderen Einzelfällen Abhilfe geschaffen werden, denn die Härtefälle nach § 19 Abs. 1 Nr. 2 AuslG können auch Härtefälle nach § 1 Abs. 2 ArGV darstellen. Nach § 1 Abs. 2 ArGV kann unter der Voraussetzung, daß eine Versagung der Arbeitserlaubnis unter Berücksichtigung des Einzelfalles eine besondere Härte bedeuten könnte, unabhängig von Lage und Entwicklung des Arbeitsmarktes eine Arbeitserlaubnis erteilt werden. § 1 Abs. 2 ArGV löst § 2 Abs. 7 AEVO a. F. ab. Nach der alten Regelung wurde bei der Beurteilung, ob eine besondere Härte vorliegt, an die nach in § 19 AFG aufgeführten Integrationsindikatoren sowie die familiäre Verbundenheit also Art. 6 GG angeknüpft[946]. Es hatte sich eine umfangreiche Kasuistik herausgebildet, nach welcher im Ergebnis jedenfalls die bei der Auflösung der Ehe entstehenden Härten im Rahmen von § 19 Abs. 1 Nr. 2 AuslG keine Berücksichtigung fanden[947]. Die neue Regelung in § 1 Abs. 2 ArGV führt, im Gegensatz zu der alten Regelung in der AEVO, auch bei der Entscheidung über einen Härtefall eine Ermessensentscheidung der Behörde ein. Darüber hinaus wird nach der Formulierung von § 1 Abs. 2 ArGV klargestellt, daß nicht nur in der Person des Antragstellers liegende Gründe die Erteilung einer Arbeitserlaubnis rechtfertigen können. Nach der Begründung für den

945 Siehe unter 3.8.2.2, S. 202 f.

946 Frings, S. 90 f.; Schuler in Huber, Handbuch des Ausländer- und Asylrechts, Band 1, Systematische Darstellung, VII, RNr. 119 ff. m.w.N.

947 Vgl. zu den Kriterien der Härte BSG, Urteil vom 11.2. 1988, InfAuslR 1988, 180 ff.; siehe auch Frings, S. 91; vgl. zur Kasuistik Schuler in Huber, Handbuch des Ausländer und Asylrechts, Band 1, Systematische Darstellung, VII, RNr. 121-124, m.w.N.

Entwurf soll durch die Novelle auch besonders gelagerten Einzelfällen Rechnung getragen werden können, sofern der sonst bestehende Vorrang von deutschen und bevorrechtigten ausländischen Arbeitnehmern nicht mehr ins Gewicht falle[948]. Als Beispielsfälle werden bestehender Kündigungsschutz wegen Schwerbehinderung oder Betriebsratsmitgliedschaft, sowie die Haushaltsführung für einen ausländischen Priester durch ein Familienmitglied angegeben. Auch aus diesen Erläuterungen ergibt sich kein Hinweis auf die Härten, die im Zusammenhang mit § 19 Abs. 1 Nr. 2 AuslG entstehen können.

Im Ergebnis zieht demnach angesichts der Einzelfallformulierung in § 1 Abs. 2 ArGV und der bisher fehlenden gerichtlichen Interpretation des Härtebegriffes nicht nur die aufenthaltsrechtliche, sondern auch die arbeitsgenehmigungsrechtliche Situation der Frauen, die sich in den Härtefällen vor Ablauf der vierjährigen Ehebestandszeit von ihren Ehemännern trennen, Unsicherheiten und Schwierigkeiten nach sich. Es ist davon auszugehen, daß diejenigen, die sich vor Ablauf der Ehebestandsfrist von ihren Ehepartnern lösen, keine Arbeitsgenehmigung erhalten.

Die Frage der Arbeitsgenehmigung ist vor dem Hintergrund, daß die Aufenthaltserlaubnis nach § 19 Abs. 2 AuslG zunächst nur für ein Jahr verlängert wird, von besonderer Bedeutung. Nur bei dieser ersten Erteilung steht die Inanspruchnahme von Sozialhilfe der Verlängerung nicht entgegen. Ziel dieser Regelung ist es, daß der Ehegatte eine Frist erhält, sich auf die neuen Verhältnisse einzustellen und sich eine eigenständige wirtschaftliche Existenz aufzubauen. Nach Ablauf dieses ersten Jahres muß sich die getrenntlebende Ehefrau unabhängig von den sozialen Sicherungssystemen selbst unterhalten, da das Angewiesensein auf Sozialhilfe gem. § 46 Nr. 6 AuslG einen Ausweisungsgrund darstellt und damit einer Verlängerung der Aufenthaltserlaubnis entgegensteht. Da nun aber kein Anspruch auf die Erteilung einer Arbeitsgenehmigung besteht, sind auch die Möglichkeiten, für den eigenen Lebensunterhalt aufzukommen, ausgesprochen schlecht. Das gilt um so mehr angesichts des typischen finanziellen Dilemmas des hier betrachteten Personenkreises. Einzig ein Unterhaltsanspruch, meist aus der Ehe, kommt zur Sicherung der Lebenshaltung in Betracht. Aber auch solche Unterhaltsansprüche sind in Fällen von § 19 Abs. 1 Nr. 2 AuslG gerade im Zusammenhang mit Frauenhandel angesichts der kurzen Ehezeit und des oft geringen Lebensalters der betroffenen Frauen keine Selbstverständlichkeit.

948 Begründung zur Arbeitsgenehmigungsverordnung vom 10.8.1998; AZ des Bundesministeriums für Arbeit und Sozialordnung VIIIa 3 -20034 -1 (resc0372).

Dieses Problematik soll nunmehr in der neuen Allgemeinen Verwaltungsvorschrift zum AuslG[949] aufgegriffen werden. Nach dem Vorschlag des Bundesrates zu der neuen AuslG-VwV Ziffer 19.2.2[950] soll in Zukunft ausnahmsweise von der Versagung der Verlängerung wegen Inanspruchnahme von Sozialhilfe abgesehen werden können, wenn außergewöhnliche Härtegründe eine Ausnahme rechtfertigen. Ziel dieser Änderung ist es, daß die Verwaltung im Ermessenswege eine Verlängerung des Aufenthalts über ein Jahr hinaus genehmigen kann, wenn die Umstände, die den Betroffenen eine Bleiberecht nach § 19 verschaffen, auch Ursache für den Sozialhilfebezug sind[951].

### 3.8.4.4 Strafbarkeit und Ordnungswidrigkeit

Soweit eine Arbeitsberechtigung nach § 2 Abs. 2 ArGV, also in den Fällen von § 19 Abs. 1 Nr. 1, 3 und 4 vorliegt, gilt das zu der Strafbarkeit von in familiärer Lebensgemeinschaft lebenden Ehefrauen Ausgeführte entsprechend auch nach der Trennung[952]. Wenn aber tatsächlich eine Strafbarkeit vorliegt, ist hier, anders als bei bestehender ehelicher Lebensgemeinschaft, zu berücksichtigen, daß der Schutz aus Art. 6 GG dem öffentlichen Interesse an einer Aufenthaltsbeendigung nicht mehr vorgehen kann, da die eheliche Lebensgemeinschaft nicht mehr besteht[953]. Wenn also eine Migrantin, die im Besitz einer Aufenthaltserlaubnis gem. § 19 AuslG ist, der Prostitution nachgeht und dabei gegen Vorschriften, welche die Erwerbsunzucht regeln, verstößt, kann sie nach § 46 Nr. 3 AuslG ausgewiesen werden[954].

Für die Härtefälle nach § 19 Abs. 1 Nr. 2 AuslG ergibt sich wegen der oft fehlenden Arbeitsgenehmigung verhältnismäßig leicht eine Strafbarkeit. In der Regel wird die Aufenthaltserlaubnis, wie in allen anderen Fällen auch, von der Verwaltung gem. Ziffer 10.1.5.2 und 10.1.5.1 mit der bereits mehrfach erörterten Auflage *„Erwerbstätigkeit nicht gestattet"* versehen werden[955]. Liegt eine solche Auflage vor, zieht jede Aufnahme einer Erwerbstätigkeit, auch die Ausübung von Prostitution eine Strafbarkeit nach § 92 Abs. 1 Nr. 3 AuslG nach

949 BR- Drs 350/99.

950 BR- Drs 350/99.

951 So in der Begründung zu Ziffer 19.2.2 in BR- Drs 350/99.

952 Siehe unter 3.8.3.4, S. 213.

953 Siehe dazu im einzelnen unter 3.8.4, S. 214 ff.

954 Nach dem Vorschlag des Bundesrates für die neue allgemeine Verwaltungsvorschrift zum AuslG, BR- Drs 350/99, Ziffer 46.3.1 soll die Ausweisung gem. § 46 Nr. 3 bei Zwangsprostitution nicht in Betracht kommen.

955 Anders nach dem Vorschlag des Bundesrates für die neue AuslG-VwV, BR- Drs 350/99, Ziffer 10.3.3.2.0 für Ehegatten deutscher Partner, siehe hierzu unter 3.8.3.2.2, S. 211 f.

sich, und zwar unabhängig davon, aus welchem Grund und in welchem Umfang die Erwerbstätigkeit aufgenommen wurde. Wenn die Erwerbstätigkeit als Beschäftigung[956], also in einem abhängigen Arbeitsverhältnis ausgeübt wird, stellt dies zusätzlich eine Ordnungswidrigkeit gem. § 404 Abs. 2 Nr. 3 SGB III dar.

### 3.8.5 Wirkungen in bezug auf Frauenhandel

Die ausländerrechtlichen Regelungen des mit der Ehe oder Eheschließung zusammenhängenden Aufenthaltes wirken sich auf mehrfache Weise auf den Frauenhandel aus. Besonders augenscheinlich sind die Effekte, die sich im Zusammenhang mit der Migrationsvorbereitung in der Phase unmittelbar vor der Eheschließung ergeben. Während des Ehegattenaufenthaltes sind vor allem die arbeitsgenehmigungsrechtlichen Regelungen von Belang. Den dritten Schwerpunkt der Auswirkungen der ausländerrechtlichen Regelungen für den Ehegattenaufenthalt bilden die aus der Vorschrift für das eigenständige Aufenthaltsrecht nach der Trennung gem. § 19 AuslG und den damit zusammenhängenden arbeitsgenehmigungsrechtlichen Bestimmungen resultierenden Effekte.

#### 3.8.5.1 Wirkungen im Zusammenhang mit der Migrationsvorbereitung

Dadurch, daß Frauen aus den einschlägigen Herkunftsländern im heiratsfähigen Alter in der Regel kein oder nur sehr schwierig ein Besuchsvisum in die Bundesrepublik erhalten, und auch bei konkreten Heiratsabsichten die bürokratischen Hindernisse beträchtlich sind, nehmen sie gerne die Hilfe von Agenturen und gerade auch von Heiratsagenturen in Anspruch. Die Tatsache, daß eine Heirat vielfach den einzigen legalen Migrationsweg darstellt, verleitet viele dazu, obwohl sie ihre zukünftigen Ehepartner oft kaum oder gar nicht kennen, dennoch das Risiko einer Heirat zu wagen. Die restriktive Erteilungspraxis der Auslandsvertretungen kann zusätzlich in den Herkunftsländern den Eindruck entstehen lassen, eine Heirat noch vor der ersten Reise nach Deutschland mit nahezu unbekannten Partnern sei der Normalfall. Dadurch heben sich die Machenschaften der Heiratshandelsagenturen nicht mehr oder nur wenig von herkömmlicher Heiratsmigration ab[957]. Auf diese Weise werden die Agenturen

956 Zum Beschäftigungsbegriff im SGB siehe unter 3.8.3.2. S. 204 ff.

957 Die Nicht-Regierungsorganisation Amnesty for Women e.V. hat daher die Präventionsbroschüre „Deutschland ein Paradies für Frauen?“ herausgegeben und in den Herkunftsländern verteilt, um über die tatsächlichen Verhältnisse in Deutschland und die Risiken gerade einer solchen Heiratsmigration zu informieren. Die Broschüre wird vom Bundesministerium für Familie, Jugend, Senioren und Frauen finanziert und über die Auslandsvertretungen und Nicht-Regierungsorganisationen in den Herkunftsländern verteilt. Sie ist in 12 Sprachen übersetzt worden.

insgesamt indirekt von der restriktiven Gesetzgebung und deren Handhabung begünstigt.

Hinzu kommen die oft schwierigen finanziellen Verhältnisse. Schon die einfachen Reisekosten sind für viele kaum zu bezahlen. Dennoch gilt dies nicht für alle betroffenen Frauen. Die Erscheinungsformen von Frauenhandel sind so vielschichtig, daß eine pauschalisierte Betrachtungsweise den Besonderheiten des Einzelfalles nicht gerecht werden kann. Möglicherweise wäre manche migrationswillige Frau wirtschaftlich in der Lage, eine Besuchsreise in die Bundesrepublik zu unternehmen, bevor die Heiratsmigration umgesetzt wird. Daß ein Besuch in der Bundesrepublik vor der Heirat nicht genehmigt wird und zwar selbst dann, wenn die Frau sich finanziell eine Besuchsreise leisten könnte, trägt dazu bei, daß die Frauen vor der Heirat das konkrete Migrationsrisiko nicht abschätzen können. Sie sind nach und zunehmend sogar bereits vor der Einreise von der Kooperation des Ehepartners abhängig und zwar nicht nur aufenthaltsrechtlich, sondern zusätzlich ohnehin in nahezu allen Fragen des täglichen Lebens. Im Zielland können eigene Kontakte und Orientierungen über das konkrete Umfeld nicht im Vorwege aufgebaut werden. Die einzige Informationsquelle ist daher meistens der Ehemann, wobei gerade in Frauenhandelsfällen zwischen den Eheleuten häufig zusätzlich noch Sprachbarrieren zu überwinden sind. Unzutreffende oder unzureichende Angaben beispielsweise über Wohnform und finanzielle Verhältnisse des Ehepartners, aber auch in bezug auf die Erwartungen in der Ehe können erst nach der Einreise aufgedeckt werden. Diese Umstände schwächen die Position der Frauen und machen sie für Frauenhandel angreifbar.

Hintergrund für die regelmäßige Verweigerung von Besuchsvisen ist die mit der Erteilung solcher Visa verbundene Mißbrauchsgefahr. Bei Frauen aus den typischen Herkunftsländern von Frauenhandel, die sich zudem in dem Alter befinden, indem sie potentiell Opfer von Frauenhandel werden können, vermuten die Auslandsvertretungen regelmäßig, daß keine hinreichende Rückkehrbereitschaft vorliegt. Indiz dafür ist gerade die Tatsache, daß zur Umsetzung des Migrationswunsches zunehmend auf Heiratsagenturen zurückgegriffen wird. Die Notwendigkeit von Migrationsbeschränkungen und die Vermeidung von Mißbrauch sind mit den Risiken, die aus der gegenwärtigen Erteilungspraxis resultieren abzuwägen.

Angesichts der durch Frauenhandel drohenden Beeinträchtigung der Menschenwürde und den sonstigen gravierenden Eingriffen in hohe grundgesetzlich geschützte Rechtsgüter[958] wäre insgesamt eine genauere Individualprüfung zu

958 Siehe zur Menschenwürde und den daraus abgeleiteten Schutzpflichten unter 3.2, S. 156 ff.

Gunsten von mehr Einzelfallgerechtigkeit dem gegenwärtigen Verfahren vorzuziehen.

### 3.8.5.2 Wirkungen im Zusammenhang mit der Prostitutionsausübung

Besonders deutlich werden die Wirkungen des Arbeitsgenehmigungsrechts im Zusammenhang mit der umstrittenen rechtlichen Einordnung der Prostitution auf den Frauenhandel, wenn gem. der §§17 ff., 23 AuslG dem Aufenthalt eine bestehenden Ehe zu Grunde liegt. Insbesondere als Ehefrau eines Deutschen besteht grundsätzlich ein Anspruch auf eine Arbeitsberechtigung. Aber selbst diese berechtigt, wie oben dargestellt[959], nach herrschender Auffassung und der gegenwärtigen Verwaltungspraxis nicht zur Ausübung der Prostitution und sonstiger Sexarbeit, mit der Begründung, es handele sich um eine sittenwidrige Betätigung.[960] Die gegenwärtige Verwaltungspraxis erlaubt die Ausübung der Prostitution wegen deren Einstufung als sittenwidrig weder in abhängiger Beschäftigung noch als selbständige Betätigung[961]. Dies gilt, obwohl die Ausübung der Prostitution andererseits aufenthaltsrechtlich als Erwerbstätigkeit im Sinne von § 12 DVAuslG gewertet wird[962].

So kann nach herrschender Rechtsauffassung eine Migrantin die Prostitution nur unter Verstoß gegen das Arbeitsgenehmigungsrecht ausüben. Zudem wird die Migrantin bei Ausübung der Prostitution wegen der bestehenden strafrechtlichen Regelungen in ein kriminelles Milieu abgedrängt. Legale Wege, der Prostitution nachzugehen, existieren für Migrantinnen gegenwärtig nicht. Auf diese Weise werden selbst diejenigen Frauen, die einen durch die Ehe abgesicherten Aufenthaltsstatus innehaben, dem Risiko des Frauenhandels ausgesetzt, wenn sie der Prostitution nachgehen wollen.

Diesem Mißstand kann dadurch begegnet werden, daß die Ausübung der Prostitution als grundrechtlich geschützte berufliche Betätigung anerkannt wird, wie Laskowski es vorschlägt[963]. Insofern wird sich die von der Regierung in ihrem Koalitionsvertrag vereinbarte Verbesserung der rechtlichen und sozialen Lage von Prostituierten[964] vermutlich auch zu Gunsten von Migrantinnen auswirken.

959 Siehe unter 3.8.3.2.1, S. 206 ff.

960 Siehe zur Arbeitsberechtigung und Sexarbeit unter 3.8.3.2.1.1, S. 206 ff.

961 Siehe auch unter 3.8.3.2.1.2. S. 210 f. und 3.8.3.2.2, S. 211 ff.

962 Siehe zur Erwerbstätigkeit unter 3.5.2.1, S. 164 ff.

963 Laskowski, Die Ausübung der Prostitution ein verfassungsrechtlich geschützter Beruf im Sinne von Art. 12 Abs. 1 GG.

964 Koalitionsvertrag vom 20.10. 1998, Ziffer VIII.

### 3.8.5.3 Wirkungen im Zusammenhang mit § 19 AuslG

Während der ersten vier - zukünftig zwei Jahre - der Ehe in der Bundesrepublik Deutschland ist der Aufenthaltsstatus der Frau wie dargestellt grundsätzlich, außer in Härtefällen, abhängig von der Kooperationsbereitschaft des Ehemannes. Diese ausländerrechtliche Abhängigkeit führt in der Ehe zu einem Ungleichgewicht der Partner, das auch funktionierende Ehen belasten kann. Gerade vor dem Hintergrund, daß eine beträchtliche Anzahl von Frauen aus den spezifischen Herkunftsländern die Ehe als Versorgungs- und Migrationsperspektive wählen, führt die ausländerrechtliche Abhängigkeit dazu, daß die Frauen für Drohungen durch den Ehepartner empfänglich und damit leicht erpreßbar sind. Aus der Praxis der Fachberatungsstellen und Frauenhäuser ist bekannt, daß es vor dem ausländerrechtlichen Hintergrund immer wieder zu Drangsalierungen bis hin zu Straftaten in der Ehe kommt, die in die Situation des Frauenhandels münden können, z.B. wenn der Ehemann erreicht, daß seine Frau der Prostitution nachgeht oder ihm oder Bekannten gegen ihren Willen gefügig ist.

Problematisch ist daneben, daß Frauenhandel in der Ehe nicht immer auch einen Härtefall nach § 19 Abs. 1 Nr. 2 AuslG darstellt. Einzelne Umstände, die für Frauenhandel typisch sind, werden in den Erläuterungen zu den Gesetzesentwürfen aus 1997 und 2000 explizit aufgeführt[965], so beispielsweise die Zwangsprostitution und Straftaten gegen die sexuelle Selbstbestimmung. Ob darüber hinaus beispielsweise bei Heiratshandel, insbesondere dem Mail-Order-Brides-Business, ein Härtefall im Sinne von § 19 Abs. 1 Nr. 2 AuslG vorliegt, bleibt aber zweifelhaft. Der Handel mit Ehefrauen in der dargestellten Form, mit entsprechenden „Umtauschrechten" etc., wird weder von Menschenhandel nach §§ 180 b, 181 StGB noch von anderen Straftaten gegen die sexuelle Selbstbestimmung strafrechtlich erfaßt[966].

Die Rechtslage blieb, wie dargelegt, nach der ersten Novelle der Härtefallregelung für die Frauen undurchsichtig und wenig verläßlich. Ob nach der neuerlichen Reform tatsächlich mehr Rechtssicherheit eintritt, wird die Zukunft erweisen müssen. Erste Kritiker bezweifeln den Erfolg der Neuformulierung[967].

965 Entwurf des Gesetzes zur Änderung straf-, ausländer- und asylverfahrensrechtlicher Vorschriften BT- Drs 13/4948, S. 8 zu Nummer 2 unten 1. Spiegelstrich und Gesetzentwurf BT- Drs 14/2368, S. 4.

966 Es kommen einzig Vergewaltigung, § 177 StGB, oder sexuelle Nötigung, § 178 StGB , in Betracht. Es sind eine Reihe von Fällen denkbar, in denen es nicht zu einer strafbaren Handlung nach StGB gekommen ist und dennoch Frauenhandel im Sinne der hier verwandten Definition vorliegt.

967 Oberlies, Streit 2000, 24, 32.

Neben dieser Unsicherheit über die künftige Rechtsanwendung besteht für die Frauen selbst im Falle der Erteilung einer Aufenthaltserlaubnis das schwierige Problem der wirtschaftlichen Existenzsicherung. Das gilt gerade auch, weil ihnen eine Arbeitsgenehmigung in den wenigsten der Härtefällen nach § 19 Abs. 1 Nr. 2 AuslG erteilt werden dürfte. Es besteht weiterhin die Gefahr, daß die unkalkulierbare Rechtssituation dazu führt, daß die Ehefrauen versuchen, auch schwerste Belastungen in der Ehe bis zum Ablauf der Zweijahresfrist zu ertragen. Bisher zumindest war die Alternative der Rückkehr ins Heimatland für viele Frauen offenbar derart bedrohlich, daß sie Gewalt in der Ehe in der Bundesrepublik als das kleinere Übel hinnahmen. Die betroffenen Frauen entschieden sich in dieser Konfliktsituation nicht selten, in lebensbedrohliche Verhältnisse zurückzukehren. Auf diese Weise haben sich in der Vergangenheit sogar Todesfälle ereignet[968].

Die Ehefrauen sind im Trennungsfall in der Regel aus § 1361 oder § 1569 BGB unterhaltsberechtigt und die Ehemänner nicht selten auch zu Unterhaltszahlungen in der Lage. Es ist ein sachlich nicht gerechtfertigtes Vorurteil, daß überwiegend Männer der unteren Einkommensgruppen, Arbeitslose und Sozialhilfeempfänger Ehefrauen aus den typischen Herkunftsländern von Frauenhandel ehelichen. So ist nach Erkenntnissen von Nichtregierungsorganisationen im Gegenteil die Erwerbstätigenquote und der Bildungsstand der Ehemänner in solchen Verbindungen im Bundesvergleich überdurchschnittlich hoch[969]. Die meisten der im Rahmen der Untersuchung befragten Ehemänner waren erwerbstätig und zwar 82,1 %, und hatten eine Berufsausbildung abgeschlossen. Sie übten insbesondere technische bzw. handwerkliche oder naturwissenschaftliche Berufe (54,2 %), aber auch kaufmännische oder verwaltende (11,8 %) oder soziale, erzieherische oder pflegende Tätigkeiten (7,6 %) aus.

Der Ehepartner kann mit einem Anruf bei der Ausländerbehörde bewirken, daß die Ausländerbehörde gegenüber der Frau aufenthaltsbeendende Maßnahmen einleitet, indem er lediglich mitteilt, daß die eheliche Lebensgemeinschaft nicht mehr besteht[970]. Die Ehefrau erhält dann regelmäßig eine nachträgliche zeitliche Beschränkung ihrer Aufenthaltserlaubnis[971]. Die Befristung reicht meistens nicht bis zum Scheidungsverfahren. Nach der Ausreise ist es den

968 So vorläufige Ergebnisse einer Fragenbogenerhebung der Frauenhauskoordinierung in Frankfurt/Main 1998.

969 Auswertung einer Beratungsfallstatistik des FIZ, Fraueninformationszentrum Stuttgart in Niesner u.a. S. 94 ff.; Grundlage der ermittelten Prozentzahlen sind Angaben von 196 Ehemännern von mit aus typischen Herkunftsländern verheirateten Migrantinnen.

970 Amnesty for Women, Einzelfalldarstellung, S. 11; Mentz, S. 15.

971 Siehe hierzu auch unter 3.8.4.1.1, S. 216 f.

Frauen von den Heimatländern aus dann vielfach unmöglich, Unterhaltsansprüche oder andere zivilrechtliche Ansprüche gegenüber ihrem Ehemann geltend zu machen.

In den typischen Herkunftsländern von Heiratshandel gibt es vielfach keine oder nur sehr teure Rechtsanwälte, die ein solches Verfahren durchführen könnten. Durchweg sind diese den zurückgekehrten Frauen nicht zugänglich. Die Ausländerbehörde setzt dieser offenbaren Benachteiligung das Argument entgegen, daß es den betroffenen unbenommen bleibe vor ihrer Ausreise einen hiesigen Anwalt mit der Durchsetzung ihrer Ansprüche zu bevollmächtigen[972]. In den meisten Fällen sind die Frauen jedoch über diese Möglichkeit nicht informiert oder haben vor ihrer Abschiebung keine Gelegenheit, sie zu ergreifen. Es fehlt ihnen an Sprachkenntnissen, qualifizierter Beratung, Information oder Begleitung. Obendrein sind sie vielfach auch finanziell nicht in der Lage, einen Vorschuß für den Anwalt oder die Anwältin zu zahlen. Leider zeigte sich in der Beratungspraxis, daß bereits das Verschaffen der Telefonnummer eines Rechtsanwaltes ein unüberwindliches Hindernis darstellen kann.

Diese Situation hat zur Folge, daß sich die Ehemänner relativ sicher sein können, daß sie nach einer Trennung nicht mit finanziellen Ansprüchen aus der Ehe konfrontiert werden. Unterhaltsansprüche müßten sie hingegen durchaus befürchten, wenn die Ehefrauen bis zur Scheidung in Deutschland verbleiben und ihre Ansprüche sowohl für die Zeit des Getrenntlebens als auch für die Zeit nach der Scheidung geltend machen könnten. Infolgedessen fällt es leicht, eine Frau aus einem anderen Kulturkreis zu ehelichen, die Ehe eine Zeit lang zu probieren und dann wieder aufzulösen. Ob diese Haltung sich jedoch angesichts der in Zukunft auf zwei Jahre verkürzten Ehebestandsfrist auch weiterhin auszahlt, wird sich erweisen. In der Beratungspraxis sind aus der Vergangenheit Fälle bekannt geworden, in denen Ehemänner nacheinander verschiedene Frauen aus den unterschiedlichsten Ländern geheiratet haben und diese jeweils nach einer unter vier Jahren liegenden Frist haben ausweisen lassen, um sich dann nach der Scheidung eine neue Frau zu „besorgen"[973].

Der dargestellte Mechanismus wird auch von professionellen Heiratshandelsagenturen ausgenutzt. So heißt es in einer Werbebroschüre:

972 Nach telefonischer Auskunft von Herrn Albrecht, Rechtsabteilung des Ausländerbeauftragten in Hamburg, Februar 99.

973 So vorläufige Ergebnisse einer Fragenbogenerhebung der Frauenhauskoordinierung in Frankfurt/Main 1998.

„... *ohne Risiko, wenn es nicht klappt, werden Sie Ihre Frau leicht wieder los.*"[974].

Den meisten Migrantinnen ist vor ihrer Abreise oder vor der Eheschließung diese Sachlage nicht bekannt. Viele der Frauen, die sich zu einer Eheschließung entschieden haben - nicht selten mit ihnen kaum bekannten Ehemännern - sind für die Umsetzung ihres Migrationswunsches ein hohes Risiko eingegangen. Gerade sie können oft nicht ohne weiteres in ihr Heimatland zurückkehren, weil eine Trennung oder Scheidung sie dort als Gescheiterte stigmatisiert oder aber zu großer Enttäuschung und Vorwürfen von den Verwandten und Bekannten führen kann. Die eingeschränkte Möglichkeit eines eigenständigen, eheunabhängigen Aufenthaltsrechtes gem. § 19 AuslG zieht folglich eine heikle Erpreßbarkeit nach sich. Der Ehemann hat jederzeit ein Druckmittel zur Hand, das nicht zuletzt auch dazu eingesetzt werden kann, die Frau zur Prostitution zu bewegen.

### 3.8.6 Teilergebnis

Die gegenwärtigen ausländerrechtlichen Regelungen der Ehe ziehen mehrere den Frauenhandel fördernde Auswirkungen nach sich. So fehlt es an der Möglichkeit einer Kennenlernphase in Deutschland. Die mit der Visumsregelung einhergehenden Einreiseerschwernisse begünstigen die Heiratsagenturen und bieten gerade im Zusammenhang mit den Regelungen zum eheunabhängigen Aufenthaltsrecht günstige Ausgangsbedingungen für Frauenhandel insbesondere in der Form des Heiratshandels.

Hinsichtlich des eigenständigen Aufenthaltsrechts gem. § 19 AuslG bleibt abzuwarten, ob die erneute Novellierung der Härtefallregelung die Bedürfnisse der betroffenen Frauen hinreichend berücksichtigt. Die Frauen haben in ihrer spezifischen Situation keinen Spielraum auszuprobieren, ob sie persönlich unter die Härtefallregelung fallen. Bei einer Novellierung wurde im Umfeld von § 19 AuslG der Zusammenhang mit dem Arbeitsgenehmigungsrecht nicht gesehen oder zumindest vernachlässigt. Sachgerecht wäre die Aufnahme der Härtefallregelung in § 2 Abs. 2 ArGV.

Zu einer erfolgreicheren Bekämpfung des Frauenhandels in der Form des Handels mit Ehefrauen würde insbesondere eine Regelung beitragen, die es den Frauen rechtlich und faktisch erleichterte, ihre aus der Ehe erwachsenden Ansprüche gegen ihren Ehemann durchzusetzen. Allein die Befürchtung, für ein

974 Rechtanwältin Kalthegener in ihrer mündlichen Stellungnahme zur öffentlichen Anhörung des Ausschuß für Familie, Senioren, Frauen und Jugend des deutschen Bundestages „Frauenhandel mit dem Ziel der sexuellen Ausbeutung" am 27.5.1998.

Eheexperiment mit einer Migrantin im nachhinein jahrelang finanzielle Verantwortung tragen zu müssen, dürfte viele Männer von Anfang an von der Verwirklichung entsprechender Pläne abhalten. Durch die zu erwartende Reduktion der Nachfrage könnte der Heiratshandel insgesamt wirksam vermindert werden.

## 3.9 Aufenthalt als Opfer einer Straftat

Ein anderer Anknüpfungspunkt für den Aufenthalt der Frauenhandelsopfer ist die Tatsache, daß sie als Zeugin im Zusammenhang mit der Strafverfolgung benötigt werden. Allerdings war die Strafverfolgung von Menschenhandel gem. §§ 180 b, 181 StGB und der im Zusammenhang mit Frauenhandel begangenen weiteren Straftaten trotz vermehrter Anstrengungen in den letzten Jahren wenig effizient[975]. Das Risiko bleibt für die Täter gering[976].

Die Gründe für die Erfolglosigkeit der Strafverfolgung sind vielfältig. Nicht nur die durch die Eigenart des Deliktes bedingte Langwierigkeit und Personalintensität der Ermittlungsverfahren und der oftmals für die Aufklärung hinderliche Auslandsbezug komplizieren die Strafverfolgung. Problematisch war in der Vergangenheit vor allem, daß die notwendigen Beweise fehlten, daß es an aussagebereiten und -fähigen Zeuginnen mangelte[977]. Bei der Bekämpfung von Frauenhandel sind die Aussagen von Zeuginnen unerläßlich für eine erfolgreiche Strafverfolgung. Zeuginnen sind in den meisten Fällen das einzige Beweismittel für die Straftaten[978].

In den meisten westlichen Industriestaaten stellt die möglichst konsequente strafrechtliche Verfolgung des Deliktes Menschenhandel, §§ 180 b, 181 StGB, oder vergleichbarer Delikte die hauptsächliche oder einzige Methode zur Bekämpfung von Frauenhandel dar.

In der Vergangenheit zeigte sich in der Praxis der deutschen Polizei und der Ausländerbehörden[979], daß die bei Razzien aufgegriffenen, sich illegal in der Bundesrepublik aufhaltenden Prostituierten von der Ausländerbehörde zumeist binnen weniger Tage abgeschoben wurden. Die Frauen wurden entweder gar nicht als Zeugin vernommen oder primär selbst als Straftäterinnen behandelt.

975 Sozialministerium Baden-Württemberg, S. 10.

976 Siehe hierzu unter 1.3.4, S. 78 f.

977 So erkannte die Bundesregierung bereits in BT- Drs 11/3580, S. 3; und in BT- Drs 10/3753, S. 6.

978 Die Bedeutung der Zeugenaussagen wurde insbesondere von der Staatsanwaltschaft immer wieder betont, vgl. Antwort der Bundesregierung auf die kleine Anfrage der Gruppe der PDS vom 9.7.1997, BT- Drs 13/8193 S. 5.

979 Vgl. statt aller Rayanakorn, S.54.

Entsprechend konnten sie auch nicht zur Strafverfolgung beitragen. Andere wurden zwar als Zeugin befragt, aber in der Folge kurzfristig abgeschoben. In diesen Fällen wurde gelegentlich eine richterliche Vernehmung veranlaßt.

In nahezu allen Abschiebungsfällen standen die Frauen nicht mehr als Zeuginnen für die Prozesse gegen ihre Zuhälter und Menschenhändler zur Verfügung, denn nach der Rückkehr konnte entweder der Kontakt mit der Zeugin nicht mehr gehalten werden, oder aber sie war nicht bereit, zur Aussage in die Bundesrepublik zurückzukehren[980]. Selbst richterliche Vernehmungen wiesen aus den verschiedensten Gründen oftmals größere Lücken auf, mit der Folge, daß das Urteil nicht auf die Aussage gestützt werden konnte. Es kam zu Freisprüchen, oder es wurde gar nicht erst angeklagt. Diese Ausgangslage war Grund für eine Reihe von Weisungen und Erlassen in den einzelnen Bundesländern[981] und Anlaß für Vorschläge zu einer neuen Fassung der Allgemeinen Verwaltungsvorschrift zum AuslG[982].

Ziel aller Weisungen und Erlasse ist es, die Strafverfolgung im Zusammenhang mit Menschen- und Frauenhandel zu verbessern. Um die Anzahl der aussagewilligen und aussagebereiten Zeuginnen zu erhöhen, findet sich in den meisten Weisungen ein ganzes Paket von einzelnen Anweisungen. So soll beispielsweise mit Hilfe der Weisungen und Erlasse an die Strafermittlungs- und die Ausländerbehörden das Problembewußtsein der beteiligten Behörden geschärft werden, damit die betroffenen Frauen in ihrer Eigenschaft als Zeugin wahrgenommen und nicht nur selbst als Straftäterinnen verfolgt werden. Alle Weisungen und Erlassen sind innerbehördliche Anweisungen, die keine Rechtsqualität nach außen entfalten. Außenwirkung kann nur die an ihnen orientierte Verwaltungspraxis i.V.m. Art. 3 GG, dem Gleichbehandlungsgrundsatz, nie die Weisung selbst entfalten. Dennoch spiegeln sie die gegenwärtige Verwaltungspraxis wieder. Auch eine Allgemeine Verwaltungsvorschrift kann eine Rechtswirkung nach außen nur über sich aus ihr ergebende Verwaltungspraxis i.V.m. Art 3 GG entwickeln[983].

In der folgenden Tabelle werden die jeweils in den Bundesländern zum Thema Menschenhandel, Frauenhandel/Zwangsprostitution ergangenen Weisungen und Erlasse aufgeführt.

980 Lenz/Ramil-Weiss/Thiemann, S. 17.

981 Siehe Tabelle 1: In den Bundesländern ergangene Weisungen und Erlasse zu den Themen Menschenhandel/Frauenhandel/Zwangsprostitution

982 In Rede steht laut Vorschlag des Bundesrates in BR- Drs 350/99 die Einführung einer vierwöchigen Frist zur freiwilligen Ausreise, Ziffer 42.3.2.

983 Zum Verhältnis zwischen AuslG-VwV und landesrechtlichen Weisungen und Erlassen siehe unter 3.9.3.2, S. 254 f.

**Tabelle 1: In den Bundesländern ergangene Weisungen und Erlasse zu den Themen Menschenhandel/Frauenhandel/Zwangsprostitution**

| **Bundesland:** | **Datum; Weisungs- oder Erlaß Nr.** |
|---|---|
| Baden-Württemberg | 11.6.1996; 4-1346/24 |
| Bayern | keine Weisung |
| Berlin | 23.3.1998; B. 55.3.2 |
| Brandenburg | 24.2.1994; I 5.2-50.55 |
| Bremen | keine Weisung |
| Hamburg | 18.5.1999; 0.428.39-3782 |
| Hessen | 6.7.1988; II a 5 - 23 d |
| Mecklenburg-Vorpommern | 2.2.1994; 217.211-55 |
| Niedersachsen | 16.4.1997; 45.21-12231/4-1 |
| Nordrhein-Westfalen | 11.4.1994; I C 2/43.33<br>18.4.1995; IV D 1 - 6503<br>10.7.1995; I C 2/43.33<br>11.10.1995; I C 2/43.33/I C 5<br>27.10.1995; I C 2/43.33<br>10.1.1997; IV D 1 - 6504<br>28.8.1997; I B 5/3 |
| Rheinland-Pfalz | 16.4.1998; 316/19 341-4 |
| Saarland | 27.2.1991; D 3 - 5512/1-01<br>6.1.1998; B 5 - 51.2 |
| Sachsen | 1.2.1996, 62a-1351/51<br>26.2.1998; 62a-1351/51 |
| Sachsen-Anhalt | 9.3.1994; 42.21-12230-84.3<br>19.11.1996; 24.21-12231<br>17.11.1994; 42.2-12230<br>21.1.1997; 24.21/42.21-12231-84<br>15.3.2000; 42./24-12331-12197 |
| Schleswig-Holstein | 27.8.1999; IV 602- 212-29.222-7 |
| Thüringen | keine Weisung |

Im Folgenden soll der Inhalt der Weisungen im einzelnen dargestellt und im Hinblick auf die Auswirkungen auf Frauenhandel untersucht werden.

### 3.9.1 Strafrechtliche Rahmenbedingungen

Um die komplexe Situation, in der sich Zeuginnen von Frauenhandel befinden, zu erfassen, ist zuerst auf die strafrechtlichen Rahmenbedingungen einzugehen und zwar zunächst auf die Straftaten, die sich gegen die Frauen richten[984]. Anschließend wird die Doppelrolle der Zeuginnen verdeutlicht, die sich daraus ergibt, daß sie sich in der Regel selbst strafbar gemacht haben[985].

### 3.9.1.1 Straftaten gegen die betroffenen Frauen

Als Straftaten, die sich gegen die Frauen richten, kommen mehrere Delikte des StGB in Betracht. Als Straftatbestand existiert Frauenhandel als solcher im StGB nicht. Die naheliegenden Straftatbestände sind Menschenhandel und schwerer Menschenhandel gem. §§ 180b, 181 StGB. Wie bereits ausführlich zur Frage der Begriffsdefinition erörtert[986], decken die §§ 180 b und 181 StGB Menschenhandel und schwerer Menschenhandel nur einen Teil des Phänomens Frauenhandel ab. So ist der Handel in unregulierte Arbeitsverhältnisse oder der Heiratshandel von dem strafrechtlichen Menschenhandelsbegriff nicht umfaßt.

Schutzgut des § 180 b StGB ist nach der bisherigen Handhabung in der Rechtsprechung allein die sexuelle Selbstbestimmung[987] des Opfers. § 180 b und § 181 StGB stellen unabhängig davon, ob es sich um eine Deutsche oder eine Migrantin handelt, unter Strafe,

- daß eine Person, die bisher noch nicht Prostituierte war, zur Aufnahme der Prostitution oder anderer sexueller Handlungen gezwungen wird,
- daß Personen, die zwar bereits Prostituierte sind oder waren, aber der Prostitution nicht mehr nachgehen wollen, zur Prostitution oder anderen sexuellen Handlungen gezwungen werden und
- daß Personen, die der Prostitution nachgehen, zu einer andersartigen, von ihnen nicht gewollten Form der Prostitutionsausübung gezwungen werden.[988]

Tatbestandsmäßig gem. § 180 b StGB handelt, wer seines Vermögensvorteils wegen auf eine Person einwirkt, um sie in Kenntnis einer Zwangslage zur Prostitution zu bestimmen oder in Kenntnis der Hilflosigkeit wegen des Aufenthaltes im Ausland zu sexuellen Handlungen an oder vor Dritten oder von einer dritten Person an sich vornehmen zu lassen.

Qualifiziert gem. § 180 b Abs. 2 StGB handelt, wer in Kenntnis der mit dem Auslandsaufenthalt verbundenen Hilflosigkeit oder auf eine minderjährige Per-

984 Siehe 3.9.1.1, S. 245 ff.

985 Siehe 3.9.1.2, S. 248 ff.

986 Siehe hierzu unter 2.1.1, S. 87 ff.

987 BGH v. 8.8.1994, MDR 1994, 1070, 1070.

988 Grundsätzlich mit §§ 180 b, 181 StGB beschäftigen sich Schroeder JR 1997, 357 ff., 1997, 53 ff.; Steinke, Kriminalistik 92, 649 ff.; Dencker, NStZ 89, 149 ff.

son einwirkt, um sie zur Aufnahme oder Fortsetzung der Prostitution zu bestimmen.

Bei § 181 StGB handelt es sich um eine Qualifikation von § 180 a StGB. Schwerer Menschenhandel liegt vor, wenn das Grunddelikt entweder mit Gewalt, Drohung mit einem empfindlichen Übel oder List oder aber gewerbsmäßig in Kenntnis der Hilflosigkeit des Opfers in einem fremden Land begangen wird.

Neben oder anstelle von Menschenhandel kommen noch weitere Straftatbestände in Betracht, wie insbesondere § 181 a StGB, Zuhälterei. Strafbar nach § 181 a StGB sind die ausbeuterische, die dirigierende und die kupplerische Zuhälterei[989]. Ausbeuterische Zuhälterei liegt vor, wenn die wirtschaftliche Lage der Prostituierten sich spürbar verschlechtert und ein Abhängigkeitsverhältnis planmäßig ausgenützt wird[990]. Dirigierende Zuhälterei liegt vor, wenn die Ausübung der Prostitution kontrolliert wird, wenn Ort, Zeit, Ausmaß oder andere Umstände bestimmt werden, oder wenn Maßnahmen getroffen werden, die davon abhalten sollen, die Prostitution aufzugeben. Kupplerische Zuhälterei ist das gewerbsmäßige Fördern der Prostitutionsausübung durch Vermittlung sexuellen Verkehrs. Migrierte Sexarbeiterinnen sind von allen drei Formen der Zuhälterei besonders betroffen, weil sie wegen ihres oft komplizierten Aufenthaltsstatus auf die Organisation von Dritten in einem besonderen Maße angewiesen sind[991].

Daneben könnten die folgenden Strafvorschriften des StGB und anderer Gesetze zusätzlich im Zusammenhang mit Frauenhandel einschlägig sein:

§ 177 StGB Vergewaltigung, § 178 StGB sexuelle Nötigung, § 180 StGB Förderung sexueller Handlungen Minderjähriger, § 180 a Förderung der Prostitution, §§ 223 ff. StGB Körperverletzung, § 239 Freiheitsberaubung, § 240 StGB Nötigung, § 241 Bedrohung, aber auch §§ 249 ff StGB Raubdelikte, § 263 StGB Betrug, § 302 a StGB Wucher, sowie außerhalb des StGB § 92 Abs. AuslG Verstoß gegen das Ausländergesetz, § 370 Abs. 1 und Abs. 2 AO[992] Steuerhinterziehung und besonders schwerer Fall der Steuerhinterziehung.

Im Zusammenhang mit Frauenhandel können also vielfältige Straftatbestände verwirklicht sein. Gleichzeitig ist zu bedenken, daß die Menschenhandelsdelikte in §§ 180b, 181 StGB nicht den gesamten Bereich von Frauenhandel abdecken.

989 Tröndle/Fischer, Kommentar zum StGB, Anm. 3 zu § 181 a StGB.

990 Macht, Handbuch Prostitution, S. 80.

991 Thiemann, Frauenhandel und Prostitutionstourismus, S. 102.

992 BGH v. 1.8.1994; NJW 1985, 208, 208.

Die Weisungen und Erlasse der Bundesländer richten sich an unterschiedliche Zielgruppen[993]. Die Zielgruppen unterscheiden sich vor allem hinsichtlich der Frage, ob nur Zeuginnen von Menschenhandelsdelikten oder auch von anderen Straftaten oder möglicherweise sogar potentielle Zeuginnen unter die Weisung fallen.

**Tabelle 2: Zielgruppe der Weisungen**

| Zielgruppe: | Bundesland, Weisungs-/Erlaßdatum |
|---|---|
| ausländische Zeugen/innen im Verfahren wegen Menschenhandel | Brdbg, 24.2.1994<br>MvP, 2.2.1994<br>NRW, 11.4.1994 bis 28.8.1997<br>Sachs-A, 9.3.1994 |
| ausländische Zeugen/innen im Ermittlungs- oder Strafverfahren | Ba-W, 11.6.1996,<br>Hessen, 6.7.1988<br>Saarland, 24.8.1998<br>Sachsen, 1.2.1996<br>Schl-H, 27.8.1998 |
| mutmaßliche und tatsächliche Opfer von Menschenhandel | Hamb., 18.5.1999<br>NRW, 11.4.1994, Ziffer 2 |
| ausländische Prostituierte | Berlin, 23.3.1998 |
| von Frauenhandel betroffene Frauen | Nds, 16.4.1997<br>Rh-Pf, 16.4.1998 |

Die Weisungen und Erlasse lassen sich im Hinblick auf die Zielgruppe in 5 Gruppen einteilen. So beziehen sich einige Bundesländer in ihren Weisungen und Erlasse nur auf ausländische Zeuginnen in Menschenhandelsverfahren, die tatsächlich ausgesagt haben. Demgegenüber existieren andere Weisungen, die sich an mutmaßliche und tatsächliche Opfer von Menschenhandel richten, was in der Praxis bedeutet, daß die Frauen noch nicht ausgesagt haben müssen, noch nicht einmal potentiell Zeuginnen zu sein brauchen, sondern lediglich Opfer von Menschenhandel. Eine dritte Gruppe von Bundesländern richtet ihre Weisungen pauschal an alle ausländischen Zeuginnen in Straf- und Ermittlungsverfahren, also auch an diejenigen Frauen, die zu Straftaten ausgesagt haben, die nicht durch §§ 180 b, 181 abgedeckt sind. Als einziges Bundesland hat Berlin lediglich „ausländische Prostituierte" als Zielgruppe in seiner Weisung genannt und verkürzt damit den Anwendungsbereich der Weisung auf einen

993 Siehe hierzu unter Tabelle 2: Zielgruppe der Weisungen.

Ausschnitt des Problems Frauenhandel. Am weitesten gesteckt ist die Zielgruppe in den Weisungen, die sich an von Frauenhandel betroffene Frauen richten.

### 3.9.1.2 Straftaten der betroffenen Frauen

Die Opfer von Frauenhandel selbst machen sich vielfach nach den verschiedensten Vorschriften strafbar[994].

Im Zusammenhang mit der Ausübung von Prostitution kann sich in mehrerlei Hinsicht eine Strafbarkeit ergeben. So ist der beharrliche Verstoß gegen eine rechtmäßig nach Art. 297 EGStGB ergangene Sperrgebietsverordnung gem. § 184 a StGB strafbar. Ein einmaliger Verstoß gegen die Sperrgebietsverordnung stellt gem. § 120 Abs. 1 Nr. 1 OWiG eine Ordnungswidrigkeit dar. In einigen Bundesländern sind Gesundheitszeugnisse für Prostituierte vorgeschrieben[995]. Die Benutzung von gefälschten Gesundheitszeugnissen ist gem. § 279 StGB unter Strafe gestellt. Besonders oft macht sich eine Migrantin, die in der Sexarbeit arbeitet, eines Verstoßes gegen das Ausländergesetz gem. § 92 Abs. 1 AuslG strafbar[996]. Wer trotz Geschlechtskrankheit im Sinne des GeschlKG geschlechtlich verkehrt, kann sich gem. § 6 Abs. 2 GeschlKG strafbar gemacht haben. Einkünfte aus gewerbsmäßiger Unzucht sind auch von den Sexarbeiterinnen als sonstige Einkünfte gem. § 2 Abs. 1 EStG zu versteuern[997]. Werden diese Einnahmen nicht versteuert, handelt es sich um Steuerhinterziehung gem. § 370 AO. Für migrierte Sexarbeiterinnen, die Opfer von Frauenhandel sind, wird dieses Vergehen nicht im Vordergrund stehen, da sie nur einen geringen Anteil ihrer Einnahmen selber erhalten. Wer gefälschte Ausweispapiere gebraucht, kann sich außerdem gem. § 267 StGB der Urkundenfälschung in der Alternative des Gebrauchens verfälschter Urkunden strafbar gemacht haben. Das gilt auch für gefälschte Sichtvermerke in Pässen.

Aber auch Verstöße gegen das Ausländergesetz gem. § 92 Abs. 2 AuslG liegen häufig vor[998]. Den vorangegangenen Ausführungen zum Status als Tou-

994 Zur Strafbarkeit im Zusammenhang mit Erwerbstätigkeit siehe jeweils bei den einzelnen Aufenthaltsformen für Touristinnen unter 3.5.3, S. 168, für Künstlerinnen unter 3.6.4, S. 181, für Au-Pair-Mädchen unter 3.7.4, S. 194, und für Ehefrauen und vor der Eheschließung Stehende unter 3.8.3.4, S. 213, und 3.8.4.4, S. 234.

995 Heinz-Trossen, Das öff. Gesundheitswesen, 1991, 311, 316 ff.; in einigen Bundesländern gibt es eine Pflichtuntersuchung für Prostituierte, die durch ein gesundheitsärztliches Zeugnis, den sogenannten Bockschein, belegt werden muß und bei Kontrollen auch verlangt wird.

996 Siehe hierzu jeweils bei den einzelnen Aufenthaltsformen für Touristinnen 3.5.3, S. 168, für Künstlerinnen unter 3.6.4, S. 181, für Au-Pair-Mädchen unter 3.7.4, S. 194, und für Ehefrauen und vor der Eheschließung Stehende unter 3.8.3.4, S. 213, und 3.8.4.4, S. 234.

997 BFH v. 23.6.1994, NJW 1995, S. 79; BGH v. 6.1.1989, NstZ 1990, 80, 80 m.w.N.

998 Siehe hierzu ebenfalls bei den einzelnen Aufenthaltsformen, siehe FN 994.

ristin, als Künstlerin, als Au-Pair-Mädchen, Ehefrau oder wegen bevorstehender Eheschließung ist zu entnehmen, daß sich gerade im Zusammenhang mit Frauenhandel sehr häufig eine Strafbarkeit der Opfer nach dem Ausländergesetz oder dem StGB ergibt. Das hängt vor allem damit zusammen, daß die Erwerbstätigkeit der Frauen in der Regel nicht genehmigt ist.

Festzuhalten ist an dieser Stelle, daß sich eine von Frauenhandel betroffene Frau für gewöhnlich im Laufe ihrer Migration und der Verstrickung in den Frauenhandel selbst strafbar gemacht hat.

### 3.9.2 Ausgangssituation für den Aufenthalt als Opfer

Wenn die Aufenthaltsgewährung an die Eigenschaft als Zeugin oder Opfer von Frauenhandel[999] anknüpft, hängt die konkrete ausländerrechtliche Situation der jeweiligen Frau davon ab, in welcher Phase sich das strafrechtliche Verfahren und die Beteiligung der einzelnen Frau daran befindet. Aus der Perspektive des ausländerrechtlichen Status der Frauen lassen sich drei verschiedene Phasen ausmachen.

Da ist zunächst der Status als potentielle Zeugin unmittelbar nach Aufgreifen durch die Polizei, noch bevor eine Aussage getätigt wurde. Mit dieser Situation werden sich die nachfolgenden Ausführungen zunächst beschäftigen[1000].

Eine Veränderung der ausländerrechtlichen Situation tritt ein, wenn die Frau ausgesagt hat und diese Aussage im Rahmen eines Ermittlungsverfahrens benötigt wird[1001]. Als Zeuginnen kann sie eine Duldung nach § 55 AuslG erhalten. Diese ausländerrechtliche Situation besteht, wenn sich die persönlichen Verhältnisse der betroffenen Frau nicht verändern, in der Regel bis zur Beendigung des Strafverfahrens oder der Beteiligung der Zeugin am Strafverfahren fort.

Aus ausländerrechtlicher Sicht beginnt in diesem Moment, in dem die Aussage der Frau für die Strafverfolgungsbehörden nicht mehr von Interesse ist, wegen Wegfall des öffentlichen Interesses im Sinne von § 55 Abs. 3 AuslG ein drittes Stadium, dasjenige nach dem Prozeß. Diese spezifische Situation wird im Zusammenhang in dem Abschnitt Daueraufenthalt unter 3.10 behandelt.

Der folgende Abschnitt beschäftigt sich zunächst mit der ausländerrechtlichen Situation der Opfer unmittelbar nach dem Aufgreifen durch die Polizei[1002]

999 Zur Zielgruppe der einzelnen Weisungen siehe Tabelle 2: Zielgruppe der Weisungen, S. 247.

1000 Siehe unter 3.9.3, S. 250 ff.

1001 Siehe unter 3.9.4, S. 257 ff.

1002 Siehe hierzu unter 3.9.3, S. 250 ff

und anschließend mit dem Aufenthalt als Zeugin während des Ermittlungs- oder Strafverfahrens[1003].

### 3.9.3 Aufenthalt unmittelbar nach Aufgreifen durch die Polizei

Für die rechtliche Situation von Frauenhandelsopfern ist typisch, daß sie sich nicht rechtmäßig in der Bundesrepublik aufhalten[1004] und zumeist selbst verschiedene Straftaten begangen haben. Das gilt vor allem für Opfer, die hier in der Sexarbeit tätig sind, den zahlenmäßig größten Anteil unter den Betroffenen.

Unmittelbar nach Aufgreifen durch die Polizei sind die Frauen durchweg ausreisepflichtig gem. § 42 AuslG und könne abgeschoben werden. Bei den Frauen, die über eine Aufenthaltsgenehmigung verfügen, kommt als Ausweisungsgrund regelmäßig § 46 Nr. 2 AuslG wegen Verstoßes gegen das Ausländergesetz oder § 46 Nr. 3 wegen Verstoßes gegen die Gewerbsunzucht regelnde Vorschriften in Betracht[1005]. Diejenigen, die unerlaubt eingereist waren[1006], sind auch ohne vorangegangene Ausweisung gem. § 42 Abs. 2 Nr. 1 AuslG vollziehbar ausreisepflichtig. So ist es in den letzten Jahren nach Razzien der Polizei immer wieder zu Inhaftierungen der Betroffenen gekommen, sei es in Untersuchungshaft oder in Abschiebehaft[1007]. Im Anschluß daran wurde in der Regel zügig abgeschoben. Als Zeugin einer Straftat können sie hingegen eine Duldung gem. §§ 55, 56 AuslG erhalten und bis zum Abschluß des strafrechtlichen Verfahrens in der Bundesrepublik verweilen. Nach den Feststellungen des Bundeskriminalamtes wurden 1997 43,6 % (524 Frauen) der Opfer von Menschenhandel abgeschoben. Lediglich 1,66 % (20 Frauen) wurden in ein Zeugenschutzprogramm aufgenommen, 4,4 % (53 Frauen) erhielten eine Duldung[1008].

In der Praxis hat sich der Übergang der ausreisepflichtigen Straftäterin zur geduldeten Zeugin im Strafprozeß als schwierig erwiesen. Zum einen bestand seitens der Ausländerbehörden, aber auch der Strafverfolgungsbehörden vielfach keine Sensibilität für das Problem, so daß die an den Frauen begangenen Straftaten nicht sichtbar wurden[1009]. Zum anderen hängt der Übergang in die

1003 Siehe hierzu unter 3.9.4, S. 257 ff.

1004 Zur ausländerrechtlichen Lage im einzelnen siehe unter 3.5 bis 3.8.

1005 Vgl. Bamberger RNr. 303.

1006 Zur unerlaubten Einreise siehe unter 3.5.2.2, S. 166 f.

1007 Siehe etwa Hamburger Abendblatt v. 13.3.1998; Süddeutsche Zeitung v. 22.1.1996, wonach es sich dabei um die gängige Praxis in Bayern handeln soll; vgl. auch berliner Fachkommission, S. 29.

1008 BKA, Lagebild Menschenhandel 1997, S. 9.

1009 Zur Steigerung der Sensibilität sollen die ausländerrechtlichen Weisungen insofern beitragen, als daß sie die Problematik ansprechen und die Weisungsadressaten zu Handlungen auffordern.

Zeuginnenrolle maßgeblich davon ab, ob sich die Frau zu einer Aussage entschließt. Die Aussagebereitschaft im Zusammenhang mit Frauenhandel war jedoch in der Vergangenheit relativ gering[1010]. Die Gründe für diese fehlende Aussagebereitschaft sind wie bereits mehrfach angesprochen mannigfaltig, heterogen und zum Teil individuell äußerst komplex. Nicht alle betroffenen Frauen vermögen, die neue Situation nach dem Aufgreifen innerhalb der kurzen Zeit zu überblicken. Die oft traumatischen Erfahrungen liegen erst kurz zurück, möglicherweise wird der Polizei mißtraut, sei es wegen schlechter Erfahrungen aus dem Heimatland, eigener Erfahrungen hier oder auch wegen gezielter Desinformation seitens der Täter. Es ist unklar, wie sich die Situation weiterentwickeln kann, vor allem in bezug auf zukünftige Verdienstmöglichkeiten und auf eventuelle Bedrohungen der Familie im Heimatland. Auch Bindungen an die Täter und an Kolleginnen können eine ausschlaggebende Rolle spielen. Insgesamt ist die Lage direkt nach dem Aufgreifen unübersichtlich und wenig geeignet, unmittelbar eine so weitreichende Entscheidung wie die zu einer wahrheitsgemäßen und umfassenden Aussage gegenüber der Polizei zu treffen.

Auf der Wache bleibt jedoch häufig nur ein sehr kurzer Zeitraum für die Entscheidung zu einer Aussage. In dieser angespannten Lage entschließen sich viele Betroffene, ihren Leidensweg zu verschweigen, ihre Schilderungen abzumildern oder sonst falsche, sie und ihre Familie vermeintlich schützende Behauptungen aufzustellen. In Belgien und den Niederlanden hat man sich daher entschlossen, Frauen, bei denen konkrete Anhaltspunkte dafür sprechen, daß sie von Frauenhandel betroffen sind, eine Art Überlegensfrist von bis zu drei Monaten einzuräumen, damit sie die Aussageentscheidung in Ruhe überdenken können[1011]. Es hat sich gezeigt, daß sich eine beträchtliche Zahl betroffener Frauen innerhalb einer solchen Frist zu einer Aussage durchringen konnte[1012]. Während der Frist werden die Frauen von spezialisierten Beratungsstellen betreut, so daß sie ihre Perspektiven neu ordnen können[1013].

Diese Regelungen der europäischen Nachbarländer sind auch in Deutschland Anlaß für ähnliche Initiativen einzelner Bundesländer gewesen. So ist die Einräumung einer gewissen Zeit zur Klärung der Aussagebereitschaft Inhalt einiger ausländerrechtlicher Weisungen und Erlasse zum Thema Menschenhandel, Frauenhandel, Zwangsprostitution[1014].

1010 Zu den Hintergründen siehe auch Renzikowski, ZRP 1999, 53, 54.

1011 STV, Background Study within the EU Member Countries, S. 28, 31.

1012 Mündliche Angaben von Marjan Wijers, STV, anläßlich eines Expertengesprächs im Hamburger Senatsamt für Gleichstellung am 26.11.1998.

1013 STV, Background Study within the EU Member Countries, S. 29, 33.

1014 Siehe Tabelle 3: Frist zur freiwilligen Ausreise, S. 253.

In der Praxis wurden bisher in den Fällen, in denen es nicht zu einer verwertbaren Aussage gekommen ist, keine Duldung erteilt. Die Behörden setzen statt dessen in entsprechenden Fällen eine Frist zur freiwilligen Ausreise gem. § 42 Abs. 3 AuslG. Innerhalb dieser Frist soll die Aussagebereitschaft geklärt oder die Rückreise vorbereitet werden. Die Erteilung einer Frist zur freiwilligen Ausreise gem. § 42 Abs. 3 AuslG steht im Ermessen der Ausländerbehörde. Ohne Rücksicht auf Besonderheiten wird für den Normalfall eine Frist von einem Monat für angemessen gehalten[1015]. Daß die Behörde bei der Ausübung ihres Ermessens im Einzelfall die individuellen Verhältnisse beachten muß, bedeutet bei Opfern von Frauenhandel regelmäßig, das staatliche Interesse an baldiger Beendigung des unrechtmäßigen Aufenthaltes der Vorbereitung einer geordneten Rückkehr gegenüberzustellen. Dabei gilt es zu vermeiden, daß die Frauen nach ihrer Rückkehr von den Tätern oder deren Komplizen unmittelbar wieder abgefangen und in die Bundesrepublik zurückgebracht werden oder aber aus mangelnder Alternative umgehend einen neuen Migrationsversuch unternehmen. Deshalb sollte die Rückkehr in das Heimatland möglichst zusammen mit einer Fachberatungsstelle vorbereitet werden[1016]. Die Fachberatungsstellen haben vielfache Kontakte in die Heimatländer und gegebenenfalls mit dort operierenden Hilfsorganisationen. Auch aus diesem Grund erfolgt in den Weisungen der Länder Brandenburg, Hamburg, Niedersachsen, Nordrhein-Westfalen und Rheinland-Pfalz gegenüber den Ausländerbehörden ein expliziter Hinweis auf die Existenz der jeweiligen Fachberatungsstellen. Das Ergebnis der behördlichen Ermessensabwägung für die Setzung einer Ausreisefrist war und ist in manchen Bundesländern noch heute dennoch vor allem bei illegal arbeitenden migrierten Sexarbeiterinnen häufig die umgehende Abschiebung[1017].

### 3.9.3.1 Weisungs-/Erlaßlage

Die zum Thema Menschenhandel, Frauenhandel und Zwangsprostitution ergangenen Weisungen enthalten unterschiedliche Ausreisefristen[1018]. Die Weisungen unterscheiden sich bereits darin, wie diejenigen Frauen, die in den Genuß einer verlängerten Ausreisefrist gelangen können, ermittelt werden[1019]. In einigen Bundesländern werden konkrete Anhaltspunkte für Frauenhandel oder

1015 GK-AuslR § 42 AuslG RN. 74, Hailbronner § 42 AuslG RNr. 29; VGH Kassel v. 20.6.1989, ZAR 19989, 135, 135.

1016 STV, Background Study within the EU Member Countries, S. 28, 31.

1017 BKA, Lagebild Menschenhandel 1997, S. 9.

1018 Siehe Tabelle 3: Frist zur freiwilligen Ausreise, S.253.

1019 Siehe Tabelle 2: Zielgruppe der Weisungen, S. 247.

Menschenhandel verlangt, in anderen bedarf es einer Wahrscheinlichkeitsanalyse durch die ermittelnden Behörden.

Je nach Weisungslage sind die Befristungen unterschiedlich lang. In manchen Ländern wird entsprechend der zugrunde liegenden gesetzlichen Regelung nach Maßgabe des Einzelfalls individuell befristet. Die Weisung zielt dann einzig darauf, daß bei Opfern von Frauen- bzw. Menschenhandel die Erteilung einer verlängerten Ausreisefrist besonders erwogen wird. In anderen Ländern existiert laut Weisungen für Frauenhandelsfälle ein standardisiertes Vorgehen mit einer generellen Vierwochenfrist. In vielen Ländern soll nach Ablauf der ersten Frist die Ausreisefrist zur Klärung der Aussagebereitschaft nicht erneut verlängert werden, in Nordrhein-Westfalen hingegen werden auch Verlängerungen der Ausreisefrist für von Frauenhandel betroffene Frauen zur Klärung ihrer individuellen Situation ausdrücklich nicht ausgeschlossen.

**Tabelle 3: Frist zur freiwilligen Ausreise**

| Bundesland, Weisungs-/Erlaßdatum | Frist | Weitere Voraussetzung |
|---|---|---|
| Rh-Pf, 16.4.1998 | ohne Fristangabe, Verzicht auf Abschiebung, | zur Klärung der Aussagebereitschaft |
| Berlin, 1.3.1996 | ohne Fristangabe, Verzicht auf Abschiebung, | in Zweifelsfällen, bis der Bedarf der Strafverfolgungsbehörden geklärt ist |
| Schl-H 27.8.1998 | Vierwochenfrist zur freiwilligen Ausreise | wenn Anhaltspunkte dafür sprechen, daß die Ausländerin Opfer von Menschenhandel oder Zwangsprostitution ist |
| Nds, 16.4.1997<br>NRW, 11.4.1994 | Vierwochenfrist zur freiwilligen Ausreise | wenn konkrete Tatsachen dafür sprechen, daß die Ausländerin von Menschenhandel betroffen ist. |
| Hamb., 18.5.1999 | Vierwochenfrist als Bedenkfrist | Ob ein geeigneter Fall vorliegt, ist vom LKA festzustellen. |
| alle übrigen Bundesländer | Keine besondere Regelung | |

Ob die Gewährung einer Frist zur freiwilligen Ausreise das geeignete Mittel für potentielle Zeuginnen darstellt, ist fragwürdig. Von einer Duldung unterscheidet sich eine Frist zur freiwilligen Ausreise nur wenig. Ein Unterschied ergibt sich daraus, daß gem. § 56 Abs. 6 Satz 2 AuslG diejenigen Personen, die sich bereits mehr als ein Jahr geduldet in der Bundesrepublik aufhalten, wiederum mindesten einen Monat Frist erhalten, um sich auf die Beendigung des geduldeten Aufenthaltes einzustellen. Diese Regelung ist nach herrschender Meinung[1020] nicht auf die Ausreisefrist übertragbar, auch wenn sie im Einzelfall insgesamt mehr als ein Jahr betragen sollte.

Für den Klärungszeitraum wird den Betreffenden nach bisheriger Praxis keine Duldung gem. §§ 55, 56 AuslG erteilt. Eine solche Duldung wäre jedoch gem. § 55 Abs. 3 AuslG aus erheblichem öffentlichen Interesse möglich[1021]. Bisher wird eine Duldung nur dann erteilt, wenn feststeht, daß die betreffende Person als Zeugin benötigt wird. Angesichts der geschilderten Schwierigkeit, überhaupt verwertbare Aussagen zu erhalten und des gewichtigen öffentlichen Interesses an der Verfolgung und Bekämpfung von Straftaten im Zusammenhang mit Frauenhandel läge aber bei Vorliegen konkreter Anhaltspunkte auch die Erteilung einer Duldung zur Klärung der Aussagebereitschaft gem. § 55 Abs. 3 AuslG wegen erheblicher öffentlicher Interessen im Rahmen des Ermessens.

### 3.9.3.2 Allgemeine Verwaltungsvorschrift zum Ausländergesetz

Seit Juli 1998 liegt der Entwurf einer bundeseinheitlichen Allgemeinen Verwaltungsvorschrift zum AuslG (AuslG-VwV) vor[1022]. Im Folgenden wird zunächst auf den Entwurf der AuslG-VwV in der Fassung von Juli 1998 eingegangen[1023] und anschließend werden die sich ankündigenden Veränderungen aus dem Beschluß des Bundesrates von Juli 1999 vorgestellt. Es wird erwartete, daß die Bundesregierung demnächst entsprechend des Vorschlages des Bundesrates eine neue allgemeine Verwaltungsvorschrift erlassen wird.

Nach Verabschiedung einer Allgemeinen Verwaltungsvorschrift bleibt für innerbehördliche Anweisungen auf Länderebene nur noch insoweit Raum, als daß der Gegenstand nicht oder nicht vollständig von der bundesrechtlichen Verwaltungsvorschrift geregelt ist. Die Allgemeine Verwaltungsvorschrift nach Art 85 Abs. 2 Satz 1 GG ist für die Landesbehörden bindend. Es besteht eine Befolgungs- und Vollzugssicherungspflicht[1024].

1020 Siehe statt aller Renner § 41 RNr. 361 m.w.N.

1021 So im Ergebnis auch Vorschlag der Fachberatungsstelle SOLWODI, wonach die Ermunterung zur Zeugenaussage ein öffentliches Interesse im Sinne von § 55 Abs. 3 AuslG darstelle, Protokoll der 1. Sitzung der Arbeitsgruppe Frauenhandel, S. 8.

1022 BR- Drs 672/98.

1023 Nach BR- Drs 672/98.

1024 Vgl. statt aller Dittmann in Sachs GG-Kommentar, Art. 84 GG, RNr. 24.

In der AuslG-VwV 1998[1025] findet sich keine explizite Regelung zur Problematik von Zeuginnen und potentiellen Zeuginnen von Menschen- oder Frauenhandel. Im allgemeinen ist die Ausreisefrist gem. Ziffer 50.1.1.2 AuslG-VwV 1998 so zu bemessen, daß sie erst nach Ablauf der Rechtsbehelfsfrist endet. Grundsätzlich beträgt die Frist zur Einlegung eines Rechtsmittels wie in allen verwaltungsrechtlichen Streitigkeiten einen Monat. Dementsprechend müßte nach AuslG-VwV 1998 auch die Ausreisefrist mindestens einen Monat betragen, so daß die explizite Regelung einer verlängerten Ausreisefrist gerade für Opfer von Frauenhandel nicht nötig wäre, so zumindest nach der Auffassung des Vertreters des Bundesinnenministeriums, der sich im Rahmen des bundesweiten Runden Tisches zum Thema Frauenhandel zu der Frage der Ausreisefrist nach dem Entwurf der Verwaltungsvorschriften geäußert hat[1026]. Der Runde Tisch hatte sich grundsätzlich für die Aufnahme einer entsprechenden Mindestfrist zur Klärung der Situation von Frauenhandelsopfern in die Verwaltungsvorschriften ausgesprochen[1027]. Dieses Anliegen war nach Prüfung des Bundesinnenministeriums abgelehnt worden, weil die entsprechende Befristung ohnehin über den Weg der Rechtsbehelfsbefristung nach Ziffer 50. 1.1.2 AuslG-VwV 1998 gewährleistet sei[1028].

Allerdings besagt Satz 2 der Ziffer 50. 1.1.2 AuslG VwV, daß eine kürzere Frist bestimmt werden kann, wenn der Rechtsbehelf keine aufschiebende Wirkung hat. Ein solcher Fall liegt bei der Ausreisefristerteilung für potentielle Zeuginnen regelmäßig vor.

Nach § 72 Abs. 1 AuslG haben indessen Widerspruch und Klage gegen die Ablehnung eines Antrags auf Erteilung oder Verlängerung einer Aufenthaltsgenehmigung keine aufschiebende Wirkung. Um so weniger kann der Widerspruch gegen die Erteilung einer unangemessen kurzen Ausreisefrist oder die Ablehnung der Ausreisefrist angesichts der nach wie vor bestehenden Vollziehbarkeit der Ausreisepflicht aufschiebende Wirkung entfalten[1029]. Damit bleibt, auch wenn Widerspruch eingelegt wurde, die Vollziehbarkeit der Ausreisepflicht bestehen, es sei denn, es wird in einem Eilverfahren gem. § 80 Abs. 5 VwGO die aufschiebende Wirkung durch das VG angeordnet. Zudem wird in Ziffer 50.1.1.2. AuslG-VwV 1998 explizit darauf hingewiesen, daß die Ausreisefrist in den Fällen, in denen die sofortige Vollziehbarkeit angeordnet ist oder

1025 BR- Drs 672/98.

1026 Protokoll der 7. Sitzung der Arbeitsgruppe Frauenhandel, S. 2.

1027 Protokoll der 3. Sitzung der Arbeitsgruppe Frauenhandel, S. 9.

1028 Protokoll der 7. Sitzung der Arbeitsgruppe Frauenhandel, S. 2.

1029 Vgl. statt aller Kloesel/Christ/Häußer § 72 RNr. 5 ff. m.w.N.

der Rechtsbehelf keine aufschiebende Wirkung entfaltet, die Befristung kürzer als die Rechtsbehelfsfrist ausfallen kann. Wie dargestellt sind die von Frauenhandel betroffenen Frauen typischerweise vollziehbar ausreisepflichtig. Folglich bleibt es auch nach dem AuslG-VwV 1998 Ziffer 50. 1.1.2 Satz 2 im Zusammenhang mit Frauenhandelsopfern bei einer behördlichen Ermessensermächtigung zur Verkürzung der Frist.

Folglich ergibt sich für Opfer von Frauenhandel nach dem AuslG-VwV 1998 zwar eine regelmäßige Befristung von einem Monat, jedoch entgegen der vom Bundesinnenministerium vertretenen Auffassung zusätzlich auch eine Ermessensermächtigung zur Verkürzung der Frist.

In dem Beschluß des Bundesrates zu der neuen Allgemeinen Verwaltungsvorschrift in Br-Drs 350/99 findet sich nunmehr in Ziffer 42.3.2 der Vorschlag einer generellen vierwöchige Frist zur freiwilligen Ausreise. Danach wird in Zukunft vermutlich grundsätzlich eine Frist von vier Wochen zur freiwilligen Ausreise vorzusehen sein, wenn konkrete Tatsachen oder andere Anhaltspunkte dafür sprechen, daß eine ausreisepflichtige Person von Menschenhandel betroffen ist[1030]. Diese Lösung hat unabhängig davon, welcher Rechtsauffassung man hinsichtlich der Rechtsbehelfsbefristung anhängt, in jedem Fall den Vorzug der Eindeutigkeit und Verständlichkeit. Die betroffenen Frauen sollen nach dem Beschluß des Bundesrates zudem darüber informiert werden, daß sie sich durch spezialisierte Beratungsstellen betreuen und helfen lassen können. Die Tatsache, daß die Aussagebereitschaft der von Menschenhandel betroffenen Frauen durch eine Überlegungsfrist bei Aufgreifen durch die Polizei maßgeblich beeinflußt werden kann, ist Hintergrund für den Vorschlag der Einführung dieser vier-wöchigen Ausreisefrist[1031]. Wenn die Allgemeine Verwaltungsvorschrift in dieser Form erlassen werden sollte, wird die Vierwochenfrist, die sich bereits in den Erlassen in Hamburg, Niedersachen, Nordrhein-Westfalen und Schleswig-Holstein findet, bundeseinheitlich verbindlich festgelegt. Es kündigt sich damit eine weitgehende Neuerung der Situation der Zeuginnen an.

Die Zielgruppe ist in der Formulierung des Bundesrates zur neuen AuslG-VwV weit gefaßt. Es müssen lediglich Anhaltspunkte dafür vorliegen, daß eine Person von Menschenhandel betroffen ist. Die neue AuslG-VwV, würde damit nicht nur an die Zeuginneneigenschaft anknüpfen und damit die reale Situation der betroffenen Frauen weitgehend berücksichtigen.

1030 BR- Drs Ziffer 42.3.2.

1031 So in der Begründung für den Änderungsvorschlag des Bundesrates zu Ziffer 42.3.2, BR- Drs 350/99.

Problematisch bleibt allerdings, daß nach dem Wortlaut allein Opfer von Menschenhandel in Genuß der Vierwochenfrist kommen können. Damit sind die Opfer anderer Delikte im Umfeld von Menschenhandel ausgeschlossen. Die Tatsache, daß die neue AuslG-VwV eine im Vergleich zu den existierenden landesrechtlichen Weisungen und Erlassen[1032] weitgehende Definition der Zielgruppe enthält, könnte aber darauf hinweisen, daß auch hinsichtlich dieser Problematik in Zukunft auf Basis einer neuen AuslG-VwV eine großzügige Verwaltungspraxis zu erwarten ist. Gegenwärtig muß jedoch abgewartet werden, wie sich die Neuregelung der AuslG-VwV tatsächlich gestaltet und welche konkrete Verwaltungspraxis sich daraus ergeben wird.

### 3.9.4 Aufenthalt als Zeugin in einem Strafverfahren

Eine andere ausländerrechtliche Situation beginnt mit dem Moment, in dem die aufgegriffene Frau sich zur Aussage entschließt und Zeugin in einem Straf- oder Ermittlungsverfahren wird. Durch die Aussage bei Polizei oder Staatsanwaltschaft erhält sie die Funktion wichtigen Beweismittels im Rahmen der Strafverfolgung. Als Zeugin einer Straftat insbesondere von Menschenhandel gem. der §§ 180 b, 181 StGB kann ihr gem. § 55 Abs. 3 AuslG wegen erheblicher öffentlicher Interessen eine Duldung erteilt werden[1033]. Dieses Zeuginnenprivileg kommt ihr allerdings nur dann zugute, wenn ihre Aussage verwertbar ist und es zu einem Ermittlungs- und Strafverfahren kommt. Das ist, selbst wenn eine Frau sich zur Aussage entschließt, nicht immer der Fall. So könnte ihre Aussage z.B. zu wenig strafverfolgungserhebliche Details enthalten, nur den Randbereich des Ermittlungsverfahrens betreffen oder aus Sicht der Strafverfolgungsbehörden widersprüchlich oder nicht glaubhaft sein. Auch wenn der Täter nicht ergriffen wird, entfällt die Zeuginneneigenschaft, selbst wenn die Aussage für die Strafverfolgungsbehörden verwertbar wäre.

Wenn die Frau als Zeugin in einem Strafverfahren benötigt wird, hat es sich in der Praxis gerade in Frauenhandelsfällen als problematisch erwiesen, daß die Erforderlichkeit des weiteren Aufenthaltes von den Ausländerbehörden nicht rechtzeitig erkannt wird. Immer wieder sind potentielle und auch tatsächliche – das heißt bereits vernommene - Zeuginnen von den Ausländerbehörden abgeschoben worden und standen dann für die Strafverfolgung nicht mehr zur Verfügung. Mit den ausländerrechtlichen Weisungen und Erlassen der Bundesländer wird unter anderem bezweckt, die Sachbearbeiter auf diese Problematik

1032 Vgl. Tabelle 2: Zielgruppe der Weisungen, S. 247.

1033 Vgl. Ziffer 55.3.3.1 der AuslG-VwV in der Fassung von BR- Drs 672/98, keine Veränderung durch BR- Drs 350/99.

aufmerksam zu machen, damit für die Strafverfolgung erforderliche Zeuginnen nicht abgeschoben werden. Durch die Weisungen und Erlasse soll für diese Fälle zudem eine Zusammenarbeit zwischen den Ausländerbehörden und den Strafverfolgungsbehörden eingeführt oder verbessert werden.

Als Zeugin kann die Frau entweder wegen einer erheblichen Gefährdungslage gem. § 55 Abs. 2 i.V.m. § 53 Abs. 6 Anspruch auf eine Duldung haben, oder wegen erheblichen öffentlichen Interesses eine Ermessensduldung gem. § 55 Abs. 3 erhalten. Die Weisungen und Erlasse der Bundesländer enthalten Bestimmungen gerade zu diesen beiden ausländerrechtlichen Handlungsfeldern.

Nach Erlaß einer neuen Allgemeinen Verwaltungsvorschrift in der sich nunmehr abzeichnenden Fassung können sich in Zukunft bei der Feststellung der Gefährdungslage nach §§ 55 Abs. 2 i.V.m. § 53 Abs. 6 AuslG positive Veränderungen in der Verwaltungspraxis ergeben[1034].

### 3.9.4.1 Duldung nach § 55 Abs. 2 i. V. m. § 53 Abs. 6 AuslG

Eine Duldung gem. § 55 Abs. 2 AuslG wird erteilt, wenn die Abschiebung gem. § 53 Abs. 6 AuslG ausgesetzt werden soll. Voraussetzung dafür ist gem. § 53 Abs. 6 S. 1 AuslG, daß eine erhebliche konkrete Gefahr für Leib, Leben oder Freiheit vorliegt. Nach der Rechtsprechung[1035] entspricht der Begriff der Gefahr im Sinne von § 53 Abs. 6 AuslG im Ansatz dem asylrechtlichen Prognosemaßstab der beachtlichen Wahrscheinlichkeit. Für das Vorliegen einer Gefahrenlage nach § 53 Abs. 6 AuslG muß eine einzelfallbezogene, individuell bestimmte und erhebliche Gefahrensituation bestehen, die sich in der betreffenden Person verwirklicht und im Heimatland landesweit gegeben sein muß[1036]. In der Praxis hat sich gerade im Zusammenhang mit Frauenhandel der Nachweis einer solchen Gefahr als schwierig erwiesen. So wurden etwa Briefe aus dem Heimatland, in denen über Drohungen und Vergeltungsmaßnahmen gegenüber der Familie berichtet wird, nicht als hinreichender Nachweis einer konkreten Gefahr im Sinne von § 53 Abs. 6 AuslG anerkannt. Zum einen sei die Echtheit solcher Schriftstücke zweifelhaft, zum anderen könne man aus Drohungen gegenüber Angehörigen nicht ableiten, daß die betroffene Frau selbst einer konkreten Gefahr ausgesetzt sei.

Außerdem wird von seiten der Ausländerbehörden argumentiert, daß die Gefahr nicht landesweit bestünde und daher die Rückkehr an einen anderen als

1034 Vgl. BR- Drs 350/99 Ziffer 53.6.1; siehe im Einzelnen unter 3.9.4.1, S. 258 ff.

1035 BVerwG v., 17.10.195, BVerwGE 99, 324, 325 m.v.w.N.

1036 Vgl. BVerwG v. 26.1.1999, InfAuslR 1999, 53, 53; VG Freiburg v. 26.11.6, NVwZ 1997, Beilage Nr. 4, 30, 30.

den Heimatort als inländische Alternative denkbar sei[1037]. Diese Argumentation ist jedoch angesichts der Ausgangslage meist nicht schlüssig, da die Frauen nach der Rückkehr nicht ohne weiteres an einen anderen Ort ziehen können. So bestehen gerade in den typischen Herkunftsländern des Frauenhandels oftmals unüberwindbare ökonomische Abhängigkeiten von der Familie oder Dorfgemeinschaft. Es ist häufig unmöglich, ohne die familiäre Unterstützung eine Unterkunft zu finden oder den Lebensunterhalt zu bestreiten. In manchen Ländern existieren zudem sogar rechtliche Umzugshindernisse wie beispielsweise in Weißrußland, wo ein Ortswechsel nur bei Nachweis eines Arbeitsplatzes erlaubt ist[1038]. Zudem operieren die kriminellen Organisationen der Frauenhändler meistens nicht nur lokal sondern regelmäßig auch überregional, so daß es in manchen Ländern nahezu unmöglich ist, sich ihnen zu entziehen.

Zur Erleichterung der Entscheidung, ob eine existentielle Gefährdung im Sinne von § 53 Abs. 6 AuslG auch in Frauenhandelsfällen vorliegt, sind in einigen Bundesländern innerbehördliche Weisungen ergangen.

**Tabelle 4: Duldung gem. § 55 Abs. 2 i. V. m. § 53 Abs. 6 AuslG**

| **Regelung** | **Bundesland, Weisungs-/Erlaßdatum** |
|---|---|
| § 53 Abs. 6 AuslG ist aus Gründen des Zeugenschutzes möglich. | Ba-W, 11.6.1996<br>Brdbg, 24.2.1998<br>MvP, 2.2.1994<br>NRW 10.7.1995<br>Saarland, 6.1.1998<br>Sachsen, 9.3.1994<br>Schl-H., 27.8.1998 |
| Wenn der Zeugenschutz es gebietet, ist eine Duldung nach § 53 Abs. 6 AuslG zu erteilen | Nds, 16.4.1997<br>Sachs-A., 17.11.1994 |

Damit wird in einigen Bundesländern klargestellt, daß wegen der Mitwirkung im Strafprozeß für die Zeuginnen eine konkrete Gefährdungslage im Sinne von § 53 Abs. 6 AuslG entstehen kann. Die Systematik des Ausländergesetzes sieht vor, daß es, wenn eine konkrete Gefahrenlage im Sinne von § 53 Abs. 6 S. 1 AuslG vorliegt, im Ermessen der Behörde steht, ob sie von der Abschiebung des Ausländers absieht. Wenn die Behörde die Abschiebung ausgesetzt hat, besteht

1037 Zum Erfordernis der landesweit bestehenden Gefahr siehe BVerwG v. 17.10.1995, BVerwGE 99, 324, 329.

1038 Global Survival Network, S. 33.

gesetzlich ein Anspruch auf eine Duldung nach § 55 Abs. 2 AuslG. Die Frage, unter welchen konkreten Umständen genau die Erteilung einer solchen Duldung erfolgen soll oder kann, wann sie etwa aus Gründen des Zeugenschutzes geboten ist, wird in allen Weisungen offengelassen. Greifbare Interpretationshinweise für die Feststellung, ob eine Gefährdungslage nach § 53 Abs. 6 AuslG vorliegt, bieten die Weisungen in keinem Fall[1039]. Letztlich sind die Weisungen also im Hinblick auf die Duldung nach § 55 Abs. 2 AuslG unergiebig.

Wenn eine konkrete Gefährdung festgestellt wurde, ist die Ermessensentscheidung der Behörde angesichts der Schwere der zu erwartenden Beeinträchtigungen in der Regel dahingehend eingeschränkt, daß eine Duldung anzuordnen ist[1040]. Ob eine Ermessensreduzierung auf Null vorliegt, muß im Einzelfall geprüft werden. Sie ist jedoch, wenn eine konkrete Gefahrenlage im Sinne von § 53 Abs. 6 Satz 1 AuslG festgestellt wird, im Zusammenhang mit Frauenhandel deshalb der Regelfall, weil mit Frauenhandel immer die Gefahr der Beeinträchtigung der Menschenwürde, Art 1 GG, einhergeht. Infolgedessen kann im Einzelfall möglicherweise sogar ein verfassungsunmittelbares Abschiebungshindernis vorliegen[1041], mit der Folge, daß eine Anspruch auf Aussetzung der Abschiebung gem. § 53 Abs. 6 besteht.

Die Abschiebung selbst ist kein geeignetes Mittel zur Beendigung des Frauenhandels. Zwar werden die betroffenen Frauen zunächst aus der akuten Situation in Deutschland herausgeholt. Bei ihrer Rückkehr warten jedoch in vielen Fällen die Händler oder ihre Geschäftpartner bereits an den Zielbahnhöfen und Flughäfen auf die Frauen, um sie direkt wieder zurückzubringen. Selbst wenn es nicht zu einer solchen direkten Rücksendung kommt, wissen die Händler in aller Regel, wo die Frauen wohnen und können sie daher im Heimatland auffinden und abermals in den Frauenhandel zwingen. Aus der Beratungspraxis sind zahlreiche Fälle bekannt in denen die Frauen innerhalb weniger Tage manchmal in weniger als 24 Stunden nach der Abschiebung wieder zurück waren[1042]. Hinzu kommt, daß für viele betroffene Frauen die Heimreise eine so große Bedrohung darstellt, daß sie angesichts der Tatsache zu ihrer Familie zurückkeh-

1039 Einzig die Weisung aus Sachsen-Anhalt vom 17.11.1994 bezieht sich auf die Gefährdungslage. Danach reichen für die Erteilung einer Duldung nach § 53 Abs. 6 AuslG allgemeine Gefahren nicht aus, es müssen vielmehr *„aus den besonderen Umständen des Einzelfalles sich ergebende individuell-konkrete Gefährdungen vorliegen."*

1040 So auch OVG Saarbrücken v. 10.6.1998, Az.: 9 R 7/97 Zit. nach Juris.

1041 Zum Anspruch nach § 53 Abs. 6 Satz 1 GG bei verfassungsunmittelbarem Abschiebungshindernis siehe grundsätzlich BVerwG v. 17.10. 1995, BVerwGE 99, 324, 325;

1042 Agisra Dokumentation der Fachtagung Menschenhandel 18./19. 6. 1998, Ergebnisse, S. 2; Niesner u.a., Ein Traum vom besseren Leben, S. 220 f.; LEFÖ, Frauenhandel, S. 77.

ren zu müssen, diese nicht weiter unterstützen zu können, in Zukunft keine Möglichkeit zu haben, die Migrationsschulden abzutragen oder zugeben zu müssen, welcher Tätigkeit sie in Deutschland nachgegangen sind, sich entschließen, sich wieder in die Obhut der Händler zu begeben[1043].

Die dargestellten Unklarheiten bei der Feststellung der Gefährdungslage gerade im Zusammenhang mit Frauenhandel haben dazu geführt, daß in dem Beschluß des Bundesrates zu einer neuen Allgemeinen Verwaltungsvorschrift zum AuslG diese Problematik aufgenommen wurde[1044]. Nach dem Beschluß des Bundesrates soll in Zukunft explizit *„die Gefährdung von Zeuginnen und Zeugen aufgrund ihrer Mitwirkung in einem deutschen Strafverfahren wegen organisierter Kriminalität (z.B. Menschenhandel)"* [1045] berücksichtigt werden. Wenn die Allgemeine Verwaltungsvorschrift wie vorgeschlagen erlassen wird, ist damit für die Zukunft zu erwarten, daß die Behörden eher als bisher geneigt sein werden, die Gefährdungslagen von Opferzeuginnen im Zusammenhang mit § 55 Abs. 2 AuslG anzuerkennen. Der Nachweis der Gefährdung für die in Rede stehende Personen wird vermutlich erleichtert werden.

Als problematisch könnte sich jedoch der in Ziffer 53.6.1 vom Bundesrat beschlossene Zusatz erweisen: *„Eine individuell-konkrete Gefahr in einem anderen Staat besteht nicht, wenn sie sich mit beachtlicher Wahrscheinlichkeit auch im Bundesgebiet verwirklichen kann."* [1046]

Wenn eine Gefährdung im Sinne von § 53 Abs. 6 AuslG vorliegt, ist es im Zusammenhang mit Frauenhandel geradezu typisch, daß diese nicht nur im Heimatland, sondern auch in der Bundesrepublik besteht. Das gilt um so mehr, als die Gefährdungslage gem. Ziffer 53.6.1 der neuen AuslG-VwV im Zusammenhang mit organisierter Kriminalität ermittelt werden wird. Es ist davon auszugehen, daß die Gefährdungslage wegen einer Zeuginnenaussage im Zusammenhang mit Frauenhandel, wenn überhaupt, dann regelmäßig auch international besteht.

Dennoch stellt sich die Gefährdungslage für die Frauen in der Bundesrepublik in vielen Fällen insgesamt geringer dar als in ihren Heimatländern. Das hängt zum einen damit zusammen, daß es hier ein funktionierendes Strafverfolgungssystem gibt. Es existieren Zeuginnenbetreuungskonzepte und das Zeugenschutzprogramm für besonders schwerwiegende Fälle. Im Heimatland hingegen bestehen häufig regelrechte Kooperationsvereinbarungen zwischen Händlern

1043 Zur Rückkehrbereitschaft siehe im Einzelnen unter 1.2.4.2, S. 55 ff.

1044 Vgl. Begründung zu Ziffer 53.6.1 in BR- Drs 350/99.

1045 BR- Drs 350/99 Ziffer 53.6.1.

1046 BR- Drs 350/99 Ziffer 53.6.1.

und staatlichen Institutionen[1047]. Auch wenn die Chancen begrenzt sind, so haben die Frauen doch in Deutschland oftmals größere Möglichkeiten, sich aus den Verstrickungen in den Frauenhandel zu lösen als in ihren Heimatländern. Häufig reicht bereits ein einfacher Ortswechsel. Die Händler verlieren erfahrungsgemäß verhältnismäßig schnell das Interesse an einzelnen Frauen, denen es gelungen ist, sich aus der Szene zu lösen. So hat es sich in der Praxis der Zeuginnenbetreuung durch Polizei und Beratungsstellen gezeigt, daß es in derartigen Fällen so gut wie nie zu Vergeltungsmaßnahmen kommt[1048]. Dem stehen jedoch Berichte von schweren Bedrohungen und Gewalttaten in entsprechenden Situationen in den Heimatländern gegenüber[1049].

Gerade angesichts der in jüngster Zeit entwickelten Betreuungskonzepte und Programme für von Frauenhandel betroffene Personen ist die Gefährdungslage in Deutschland insgesamt nicht selten weniger gravierend als in den Heimatländern.

### 3.9.4.2 Duldung nach § 55 Abs. 3 AuslG

Zeuginnen von Frauenhandel können auch eine Duldung im Ermessenswege gem. § 55 Abs. 3 AuslG erhalten. Eine Duldung nach § 55 Abs. 3 kann Zeuginnen vor allem dann erteilt werden, wenn erhebliche öffentliche Interessen die vorübergehende Anwesenheit im Bundesgebiet erfordern. Wenn die Frau als Zeugin in einem wichtigen Verfahren benötigt wird, liegt nach überwiegender Auffassung das erforderliche erhebliche öffentliche Interesse vor[1050].

Fehlendes Problembewußtsein bei den Ausländerbehörden und Kooperationsdefizite zwischen allen Beteiligten haben, wie bereits erwähnt, in der Vergangenheit immer wieder dazu geführt, daß für die Strafverfolgung erforderliche Zeuginnen des Landes verwiesen oder abgeschoben wurden. Für die Antragstellerinnen einer Duldung ist daher erheblich, ob die Ausländerbehörde durch innerbehördliche Weisung oder Erlaß zu Nachforschungen hinsichtlich der Frage, ob die Frau als Zeugin benötigt wird, verpflichtet ist. Dementsprechend findet sich in einigen der Weisungen der Hinweis an die Ausländerbehörden, daß sie in einschlägigen Fällen prüfen sollen, ob Frauen- oder Men-

1047 Siehe zur Korruption unter 1.3.8, S. 82 f.

1048 Zur Sicherung der Zeuginnen und der Arbeit der Betreuungseinrichtungen siehe beispielhaft KOOFRA, S. 1, 2.

1049 Vgl. z.B. Ausschuß für Familie, Senioren, Frauen und Jugend, Ausschußdrucksache, 13/350, La Strada Tschechische republik, S. 25.

1050 Vgl. Kloesel/Christ/Häußer § 55 RNr. 18; Renner, Ausländerrecht in Deutschland, § 43 RNr. 719; so auch in AuslG-VwV Ziffer 55.3.3.1 in der Fassung von BR- Drs 672/98, keine Veränderung durch BR- Drs 350/99.

schenhandel vorliegt. Aus den Weisungen anderer Bundesländer geht hervor, daß die Ausländerbehörde nicht selbst die Prüfungsinitiative zu ergreifen braucht, sondern erst auf Bitte oder Ersuchen der Strafverfolgungsbehörden reagieren muß[1051].

Differenzen in den Weisungen und Erlassen ergeben sich außerdem hinsichtlich der Frage, ob die Ausländerbehörde an das Ersuchen der Strafverfolgungsbehörde gebunden ist oder eine Ermessensentscheidung trifft, und zwar selbst dann, wenn die Duldung ohnehin erst auf Ersuchen oder Bitte der Strafverfolgungsbehörden erteilt wird[1052]. An die Entscheidung der Strafverfolgungsbehörden, daß die Zeugin im Straf- oder Ermittlungsverfahren benötigt wird, sind die Ausländerbehörden nach der Weisungs- und Erlaßlage lediglich in Nordrhein-Westfalen, Berlin, Hessen, Mecklenburg-Vorpommern, Sachsen und Schleswig-Holstein gebunden. In allen anderen Bundesländern ist den Ausländerbehörden, selbst wenn die Zeugin eine relevante Aussage getätigt hat, ein Ermessensspielraum eröffnet. Es findet eine Einzelfallprüfung statt, in der zwischen dem staatlichen Interesse an der Beendigung des Aufenthaltes und dem staatlichen Interesse an der Strafverfolgung der Menschenhändler abgewogen wird. Das Interesse an der Aufenthaltsbeendigung ist dabei um so größer, je gravierender die Vorwürfe gegen die betreffende Frau sind. Auf diesem Umweg spielt die Strafbarkeit der einzelnen Frau bei der Duldungserteilung abermals eine Rolle. Gem. § 64 Abs. 3 AuslG darf die Frau, wenn gegen sie ein Ermittlungsverfahren eingeleitet ist, allerdings nur im Einvernehmen mit der für dieses Verfahren zuständigen Staatsanwaltschaft ausgewiesen oder abgeschoben werden.

1051 Siehe im einzelnen Die Situation der betroffenen Frauen wird zudem davon beeinflußt, für welche Frist die Duldung jeweils erteilt wird. Nach § 56 Abs. 2 AuslG darf eine Duldung für maximal ein Jahr erteilt werden. Grundsätzlich erfolgt die Befristung entsprechend dem Duldungsgrund. Nach der derzeitigen Praxis wird die Duldung je nach Bundesland unterschiedlich für sechs Wochen bis zu drei Monaten erteilt und muß dann verlängert werden. Für die Verlängerung gelten in der Praxis die gleichen Voraussetzungen. Erteilt wird sie nur dann, wenn die Strafverfolgungsbehörden dies für erforderlich halten.
Tabelle 5: Duldung nach § 55 Abs. 3 AuslG, S. 264.

1052 Siehe im einzelnen Die Situation der betroffenen Frauen wird zudem davon beeinflußt, für welche Frist die Duldung jeweils erteilt wird. Nach § 56 Abs. 2 AuslG darf eine Duldung für maximal ein Jahr erteilt werden. Grundsätzlich erfolgt die Befristung entsprechend dem Duldungsgrund. Nach der derzeitigen Praxis wird die Duldung je nach Bundesland unterschiedlich für sechs Wochen bis zu drei Monaten erteilt und muß dann verlängert werden. Für die Verlängerung gelten in der Praxis die gleichen Voraussetzungen. Erteilt wird sie nur dann, wenn die Strafverfolgungsbehörden dies für erforderlich halten.
Tabelle 5: Duldung nach § 55 Abs. 3 AuslG, S. 264.

Für die Zeugin bedeutet das in der Konsequenz, daß ihr Aufenthalt für die Zeit der Strafverfolgung nicht gesichert ist, und nicht nur von der Verwertbarkeit ihrer Aussage, sondern auch von ihrem früheren und zukünftigen Verhalten abhängt. Diese schwer zu kalkulierende Rechtslage wird bei der Abwägung der Einzelnen, ob sie sich überhaupt gegenüber den Strafverfolgungsbehörden offenbart, eine Rolle spielen.

Die Situation der betroffenen Frauen wird zudem davon beeinflußt, für welche Frist die Duldung jeweils erteilt wird. Nach § 56 Abs. 2 AuslG darf eine Duldung für maximal ein Jahr erteilt werden. Grundsätzlich erfolgt die Befristung entsprechend dem Duldungsgrund. Nach der derzeitigen Praxis wird die Duldung je nach Bundesland unterschiedlich für sechs Wochen bis zu drei Monaten erteilt und muß dann verlängert werden. Für die Verlängerung gelten in der Praxis die gleichen Voraussetzungen. Erteilt wird sie nur dann, wenn die Strafverfolgungsbehörden dies für erforderlich halten[1053].

1053 Siehe Die Situation der betroffenen Frauen wird zudem davon beeinflußt, für welche Frist die Duldung jeweils erteilt wird. Nach § 56 Abs. 2 AuslG darf eine Duldung für maximal ein Jahr erteilt werden. Grundsätzlich erfolgt die Befristung entsprechend dem Duldungsgrund. Nach der derzeitigen Praxis wird die Duldung je nach Bundesland unterschiedlich für sechs Wochen bis zu drei Monaten erteilt und muß dann verlängert werden. Für die Verlängerung gelten in der Praxis die gleichen Voraussetzungen. Erteilt wird sie nur dann, wenn die Strafverfolgungsbehörden dies für erforderlich halten.
Tabelle 5: Duldung nach § 55 Abs. 3 AuslG, S. 264.

**Tabelle 5: Duldung nach § 55 Abs. 3 AuslG**

| **Initiative der Prüfung** | **Entscheidung der Ausländerbehörden** | **Bundesland/ Weisungs-/Erlaßdatum** |
|---|---|---|
| Die Initiative geht von den Ausländerbehörden aus. | wenn als Zeugin benötigt, Ermessensentscheidung der Ausländerbehörde | Bremen, Einzelfallprüfung<br>Rh-Pf; 16.4.1998 |
| | keine weitere Prüfung, wenn als Zeugin benötigt | NRW, 11.4.1994, 10.7.1995 |
| Die Initiative geht von der Bitte bzw. dem Ersuchen der Strafverfolgungsbehörden an die Ausländerbehörden aus | Auf Bitte/Ersuchen erfolgt Ermessensentscheidung der Ausländerbehörde | Bayern, Vollzugsbekanntmachung<br>Sachs-A, 9.3.1994<br>Hamb., 18.5.1999 |
| | keine weitere Prüfung nach Ersuchen | Berlin, 23.3.1998 (bei ausländischen Prostituierten);<br>Hessen, 6.7.1988<br>MVP, 2.2.1994<br>Sachsen, 26.2.1998<br>Schl-H, 27.8.1998 |

Angesichts der Tatsache, daß die in Betracht kommenden Strafprozesse wegen der komplexen Beweissituation in aller Regel nicht vor dem Ablauf eines Jahres, und damit der höchst möglichen Duldungsfrist, nach der ersten Zeugenaussage abgeschlossen werden können, erscheint eine Befristungsdauer von jeweils sechs Wochen bis zu drei Monaten sehr kurz. Zur Befristung der Duldung finden sich in den Weisungen und Erlassen keine Angaben. Lediglich die Bundesländer Brandenburg, Sachsen und Sachsen-Anhalt führen zur Befristung in ihren Weisungen überhaupt etwas aus[1054]. Diese Länder weisen die Ausländerbehörden jedoch lediglich an, daß die Befristung entsprechend dem Zeitraum, für den die Zeugin laut Angaben der Staatsanwaltschaft benötigt wird, erteilt werden soll.

1054 Vgl. Brandenburg, Weisung vom 24.2.1994; Sachsen, Weisung vom 26.2.1998; Sachsen-Anhalt Weisung vom 9.3.1994.

### 3.9.5 Finanzierung des Aufenthalts

Für die Lebenssituation der von Frauenhandel betroffenen Frauen ist die finanzielle Absicherung des Aufenthaltes ebenso entscheidend wie ein verläßliches Aufenthaltsrecht. Nach Aufgreifen der Opfer ergibt sich sofort ein größerer Finanzierungsbedarf. Die Frauen müssen zunächst erstversorgt und untergebracht werden. Viele besitzen nur die Arbeitskleidung, die sie beim Aufgreifen getragen haben und müssen daher neu eingekleidet werden. Ferner fallen Kosten für den Unterhalt, die zumeist notwendige medizinische Versorgung, für rechtliche und psychosoziale Beratung und Fahrtkosten an. Viele der aufgeführten Aufwendungen werden durch öffentliche Sozialleistungen abgedeckt. Andere, wie vor allem die rechtliche und psychosoziale Beratung und Betreuung, werden nicht in allen Fällen von der öffentlichen Hand getragen. Prozeßkostenhilfe und staatliche Übernahme der Kosten der Beiordnung einer Anwältin nach Opferschutzgesetz können erst dann die enstandenen Anwaltskosten decken, wenn es tatsächlich zu einem Prozeß kommt und auch dann nur den Anteil an den Kosten, der wegen Nebenklage oder Zeugenbeistand anfällt. Die Vertretung in ausländerrechtlichen Angelegenheiten wird in der Regel nicht öffentlich finanziert. Es haben sich mehrere Initiativen gebildet, die es sich zum Ziel gesetzt haben, diese Ausgabenlücken zu schließen. So erhalten beispielsweise die Zeuginnen in Hamburg auf Anfrage eine kleine Unterstützung aus den Spendengeldern des Weißen Ringes[1055].

Neben diesen konkreten Unkosten haben die Frauen häufig, Schulden abzutragen und von ihnen finanziell abhängige Verwandte im Heimatland zu unterstützen.

#### 3.9.5.1 Öffentliche Leistungen

Unabhängig davon, ob sich die Frauen mit einer Duldung gem. § 55 AuslG in Deutschland aufhalten oder lediglich auf Basis einer verlängerten Ausreisefrist gegenwärtig nicht abgeschoben werden, haben sie einen Anspruch auf Leistungen aus dem Asylbewerberleistungsgesetz. Das ergibt sich für die gem. § 55 AuslG geduldeten Personen aus § 1 Abs. 1 Nr. 4 AsylBLG für die vollziehbar Ausreisepflichtigen aus § 1 Abs. 1 Nr. 5 AsylBLG.

Das Asylbewerberleistungsgesetz weist im Vergleich zum BSHG einen deutlich geringeren Leistungsumfang auf. So werden gem. § 3 AsylBLG die wesentlichen Bedarfe in Form von Sachleistungen und gegebenenfalls Wertgutscheinen oder Leihgütern gedeckt. Der Geldbetrag zur Deckung persönlicher

1055 Laut telefonischer Auskunft von Ulrike Gatzke, Koordinierungsstelle zur Bekämpfung von Frauenhandel, KOOFRA, Hamburg, August 99.

Bedürfnisse ist gegenüber dem BSHG deutlich herabgesetzt[1056]. Ziel dieses gegenüber der Sozialhilfe deutlich gekürzten Leistungsumfanges ist es, keine Anreize für ein weiteres Verweilen in der Bundesrepublik zu setzen. Die lebenswichtigen Grundbedarfe der Opfer von Frauenhandel können über die Leistungen des AsylBLG abgedeckt werden.

### 3.9.5.2 Arbeitsaufnahme

Die Finanzierung des Aufenthaltes und der anfallenden Aufwendungen ist für die Zeuginnen aus eigener Kraft regelmäßig nur dann darstellbar, wenn sie einer Erwerbstätigkeit nachgehen. Für die Ausübung einer Erwerbstätigkeit benötigen sie eine Arbeitserlaubnis[1057]. Grundsätzlich ist die Erteilung einer Arbeitserlaubnis gem. § 5 ArGV denkbar und zwar sowohl gem. § 5 Ziff. 2 ArGV an die Inhaberinnen einer Duldung gem. §§ 55, 56 AuslG als auch gem. § 5 Ziff. 4 ArGV für diejenigen Personen, die sich auf Grundlage einer verlängerten Ausreisefrist in der Bundesrepublik aufhalten. Allerdings werden heute nahezu alle Duldungen mit dem Zusatz *„Erwerbstätigkeit nicht gestattet"* versehen[1058]. Entsprechend wird in der Regel auch keine Arbeitserlaubnis erteilt. Lediglich in Sachsen-Anhalt werden nach dem neuesten Runderlaß die Duldungen im für Zeuginnen in Menschenhandelsverfahren ohne die beschränkende Auflage erteilt[1059].

Wenn die erwerbstätigkeitsbeschränkende Auflage nicht erteilt wurde, ist zu bedenken, daß für Zeuginnen keine Privilegierungen bei der Erteilung einer Arbeitserlaubnis wie beispielsweise für Künstlerinnen[1060] oder Ehefrauen[1061] existieren. Folglich erhalten sie gem. § 1 Abs. 1 ArGV nur dann eine Arbeitserlaubnis, wenn Lage und Entwicklung des Arbeitsmarktes nicht dagegen sprechen. Das bedeutet, daß sie bei der gegenwärtigen Arbeitsmarktlage nach der übereinstimmenden Praxis der Verwaltungsbehörden gem. § 285 SGB III und entsprechend der DA AER Ziff. 1.1.210 grundsätzlich nur dann eine Arbeitserlaubnis erhalten, wenn für den spezifischen Arbeitsplatz kein deutscher oder ausländerrechtlich bevorrechtigter Arbeitnehmer zur Verfügung steht. Da dieser

1056 Auf DM 80,-- monatlich von Beginn des 15. Lebensjahres an gem. § 3 Abs. 1 Nr. 2 AsylBLG.

1057 Für die Erteilung einer Arbeitserlaubnis, wenn geduldete Person ansonsten der Sozialhilfe anheimfiele; Bamberger RNr. 367.

1058 Laut Auskunft der Rechtsabteilung des Ausländerbeauftragten Herrn Albrecht im Februar 2000.

1059 Runderlaß des Ministeriums des Innern Sachsen-Anhalt vom 15.3.2000, Ziffer 4, S. 3.

1060 Siehe hierzu unter 3.6.2, S. 176 ff.

1061 Siehe hierzu unter 1.2.4.3.2, S. 61 ff.

Nachweis nur sehr schwer zu erbringen ist, erhalten die Zeuginnen in aller Regel keine Arbeitserlaubnis[1062].

In den letzten Monaten hat sich nach Auskunft der Beratungsstellen[1063] eine neue Praxis der Behörden herausgebildet. Die Arbeitsämter erteilen für traumatisierte Zeuginnen von Menschenhandel in Einzelfällen eine Arbeitserlaubnis gem. § 1 Abs. 2 ArGVO wegen einer besonderen Härte, wenn zu erwarten steht, daß die Erwerbstätigkeit zur psychischen Stabilisierung der jeweilgen Frau beiträgt.

Die gleichen Voraussetzungen wie für die Erteilung der Arbeitserlaubnis zur Aufnahme einer Erwerbstätigkeit gelten gem. DA AER Ziff. 1.1.216 auch für eine Arbeitserlaubnis zum Beginn einer Ausbildung. Allerdings könnte der Nachweis, daß die Ausbildungsmöglichkeiten anderer deutscher oder bevorrechtigter Arbeitnehmer nicht beeinträchtigt werden, hier im Einzelfall leichter fallen, da nach DA AER Ziff. 1.1.216 auch dann die Erteilung einer Arbeitserlaubnis zur Ausbildung befürwortet werden kann, wenn ein geringfügiger Überhang bevorrechtigter Ausbildungsbewerber besteht. Es spricht also rechtlich gesehen nichts dagegen, daß die betroffenen Frauen für die Zeitspanne des Prozesses eine Arbeitserlaubnis zur Absolvierung einer Ausbildung erhalten. Da es bisher nicht zu der Erteilung solcher Arbeitserlaubnisse gekommen ist, hat sich auch die Frage der Finanzierung noch nicht gestellt. Es wäre jedoch vorstellbar, daß parallel zu den bereits bestehenden Rückkehrprogrammen die Ausbildung staatlich finanziert wird. Nach den gegenwärtig existierenden Rückkehrprogrammen[1064] können die betroffenen Frauen Existenzgründungskredite beantragen, die sie darin unterstützen sollen, nach der Rückkehr wirtschaftlich selbständig zu werden. Die Erweiterung dieser Programme dahingehend, daß die Zeit in Deutschland zum Erwerb entsprechenden Know-Hows genutzt werden kann, ist nur konsequent.

Eine Besonderheit ergibt sich für diejenigen Zeuginnen, die eine Duldung gem. § 55 Abs. 3 AuslG wegen erheblichen öffentlichen Interesses besitzen. Für diesen Aufenthalt gilt, daß eine Arbeitserlaubnis überhaupt erst nach dem Ablauf einer Wartefrist von einem Jahr erteilt werden kann. Das ergibt sich aus § 3 Abs. 1 Nr. 3 ArGV, in welchem der Duldungsgrund von § 55 Abs. 3 AuslG

1062 So auch das Ergebnis der Überprüfung durch das BMA in der Arbeitsgruppe Frauenhandel, Protokoll der 5. Sitzung der Arbeitsgruppe Frauenhandel, S.8.

1063 Laut telefonischer Auskunft von Ulrike Gatzke, Koordinierungsstelle zur Bekämpfung von Frauenhandel, KOOFRA, Hamburg, Februar 2000.

1064 Follmar, Rückkehrerinnenprogramme für Betroffene von Frauenhandel in AdvoCats for Women, Dokumentation, S. 60 f.

nicht aufgeführt ist, mit der Folge, daß für derartige Duldungen die einjährige Wartefrist gilt.

### 3.9.6 Betreuungskonzepte der Beratungsstellen

Während der 4-wöchigen Ausreisefrist und während des Aufenthalts als Zeugin existiert für die Frauen mittlerweile in den meisten Bundesländern ein spezialisiertes Beratungs- und Betreuungsangebot. Die Beratungskonzepte sind je nach Bundesland unterschiedlich ausgestaltet. So ist beispielsweise in Hamburg ein spezielles Zeuginnenbetreuungsprogramm beim LKA eingerichtete worden, das sich an diejenigen Frauen richtet, die als Zeugin für die Strafverfolgung notwendig sind, aber nicht in den Zeuginnenschutz kommen wollen oder können. Daneben gibt es in Hamburg außerdem seit März 1999 eine spezialisierte Beratungsstelle die KOOFRA, Koordinierungsstelle Frauenhandel der Nichtregierungsorganisation Amnesty for Women e.V., die muttersprachliche psychosoziale Beratung und Betreuung mit Hilfe eines besonders geschulten Betreuerinnenpools anbietet[1065]. Die KOOFRA hat eine eigene von der Behörde für Gesundheit und Soziales finanzierte Unterbringungsmöglichkeit und entwickelt in Zusammenarbeit mit der ÖRA und mehreren Anwältinnen ein Konzept zur rechtlichen Beratung der von Frauenhandel betroffenen Frauen. Ähnliche Konzepte existieren mit *con*tra in Schleswig-Holstein, KOBRA in Niedersachsen und SOLWODI in Rheinland-Pfalz[1066]. Am weitesten rechtlich abgesichert sind die Beratungsstellen in Nordrhein-Westfalen auch hinsichtlich der Finanzierung der Grundbedarfe der Klientinnen. Dort besteht bereits seit 1994 ein detailliertes Weisungskonzept zur Kooperation zwischen Behörden und Beratungsstellen.

### 3.9.7 Wirkungen in bezug auf Frauenhandel

Vor allem weil nur sehr wenige Zeuginnen bereit sind, entsprechende Aussagen zu machen, ist die Bekämpfung des internationalen Frauenhandels mit den Mitteln des Strafrechts derzeit sehr schwierig. Hier könnte die Situation mit Hilfe geeigneter ausländerrechtlicher Maßnahmen entschärft werden und das Ausländerrecht dazu beitragen, den internationalen Frauenhandel zu bekämpfen. Erste Schritte in diese Richtung sind durch landesrechtliche Weisungen bereits eingeleitet worden[1067]. Eine bundeseinheitliche Regelung für einen Teil-

1065 Gatzke, Möglichkeiten des Opferschutzes, S. 54 f.

1066 Eimmermacher, S. 18.

1067 Siehe unter 3.9.3.1, S. 252 ff.

bereich der Problematik kündigt sich durch den Entwurf der AuslG-VwV[1068] an.

Zur Bekämpfung von Frauenhandel besonders geeignet ist eine mindestens vierwöchige Überlegungsfrist, wenn Anhaltspunkte für Frauenhandel vorliegen. Die Frist erlaubt den Frauen eine Neuorientierung ihrer Lebensperspektive. Diese Zeit gestattet es ihnen, persönliche Angelegenheiten in der Bundesrepublik zu regeln, mit Unterstützung der Beratungsstellen eine Auseinandersetzung mit der Gewalterfahrung zu beginnen, Möglichkeiten der Rückkehr in das Herkunftsland zu sondieren und sich über die Konsequenzen einer Zeugenaussage bewußt zu werden. Die an positive Erfahrungen in den Niederlanden angelehnte Frist, dort beträgt sie jedoch drei Monate, soll neben der Anerkennung des Status als Opfer einer Menschenrechtsverletzung auch die Bereitschaft zur Aussage bei den Strafverfolgungsbehörden fördern. Im ersten Moment des Aufgriffs durch die Polizeibeamten befinden sich die Frauen regelmäßig in einem Schock und wollen aus vielfältigen Gründen zunächst nicht aussagen und wünschen nicht selten, der unangenehmen Situation so schnell wie möglich zu entfliehen. Es hat sich gezeigt, daß die Unterstützung in ihrer Muttersprache durch fachkompetente Mitarbeiterinnen von Fachberatungsstellen den Opfern in vielen Fällen die Möglichkeit eröffnet, sachlich über eine Aussage zu entscheiden. Die Zeugenaussage bei den Strafverfolgungsbehörden kann ein Mittel zur Wiedererlangung der Kontrolle über das eigene Leben sein. Unter Abwägung der Risiken und in Kenntnis ihrer Rechte entschließen sich Frauen während dieser Zeit in manchen Fällen zu einer Aussage.

Dieser Praxis wird vor allem die Gefahr des Mißbrauches entgegen gehalten. So stehe zu befürchten, daß die Frauen, die sich im Rahmen der Vierwochenfrist in Deutschland befinden, untertauchen und sich in Zukunft illegal in der Bundesrepublik aufhalten. Jüngste Erhebungen der Beratungsstellen zu dieser Frage haben jedoch ergeben, daß diese Gefahr erstaunlich gering ist. Die meisten Frauen, die eine Vierwochenfrist erhalten, nehmen heute wegen der in den Weisungen vielfach aufgenommen Hinweisverpflichtung mit den Beratungsstellen Kontakt auf. Im Rahmen einer Erhebung zur Erstellung eines Alternativberichtes zu Art. 6 CEDAW zum Staatenbericht der deutschen Bundesregierung im Januar 2000 gaben die Beratungsstellen bundesweit an, daß nur ca. 10 % der Klientinnen, die nicht aussagen, und ca. 6 % der Klientinnen, die Zeuginnen in einem Prozeß waren, nach dem Prozeß untertauchen. Dahingehend reisen ca. 55 % vor dem Prozeß freiwillig aus, 15 % werden ausgewiesen, 20 % heiraten. Nach dem Prozeß reisen noch einmal ca. 58 % der Klientinnen

1068 Siehe unter 3.9.3.2, S. 254 ff.

freiwillig aus und 42,5 % bleiben in der Bundesrepublik auf Basis eines legalen Aufenthaltstitels (Heirat oder humanitäre Gründe)[1069].

Ohne eine für die Frauen verläßliche und durchschaubare Verwaltungspraxis gelingt es in der akuten Situation nach Aufgreifen durch die Polizei selten, Zeuginnen zu gewinnen. Da diese für die Strafverfolgung unerläßlich sind, wirkt sich das Fehlen einer solchen Regelung oder Vorgehensweise unmittelbar auf die Effektivität der Strafverfolgung der im Zusammenhang mit Frauenhandel verübten Straftaten aus. Eine konsequente Strafverfolgung steigert für die Täter das Risiko ihres Geschäftes und trägt damit direkt zur Bekämpfung von Frauenhandel bei. Hier findet sich ein unmittelbarer Zusammenhang zwischen Ausländerrecht und Bekämpfung von Frauenhandel.

Negativ auf die Aussagebereitschaft wirkt sich ferner aus, daß es für die Frauen nicht kalkulierbar ist, ob ihre Aussage zur Erteilung einer Duldung führen wird oder nicht. Da die Nützlichkeit im Rahmen eines Strafprozesses der Ausgangspunkt für den Zeugenaufenthalt ist, wird die Duldung auch nur dann erteilt bzw. verlängert, wenn die Aussage für die Strafverfolgung verwertbar ist und es zu einem Strafprozeß kommt, also die Täter auch gefaßt werden. Die Frage der Verwertbarkeit ist mithin nicht nur von der Kooperationsbereitschaft der Frau abhängig, sondern beispielsweise auch von der Qualität der Arbeit der Strafverfolgungsbehörden und dem vorhandenen Detailwissen. Es kommt durchaus vor, daß die Zeuginnen nicht genug Spezialwissen besitzen, um zum Erfolg der Strafverfolgung beizutragen. Diese Konstellation kann leicht entstehen, wenn die Opfer von ihnen unbekannten Tätern an ihnen unbekannten Orten in völliger Isolation wie Gefangene gehalten werden. Auch wenn diese Extremsituation nicht der Regelfall ist, so wissen die betroffenen Frauen häufig nicht, wo sich die Wohnung, in der sie sich aufhielten, befindet, oder wie die Täter heißen. Da sie oft außerdem wegen Sprachschwierigkeiten von allen Informationen abgeschnitten sind, kann es durchaus passieren, daß ihre Hinweise nicht zur Ergreifung des Täters führen. Häufiger noch sind die Aussagen der Frauen widersprüchlich und scheinen deshalb nicht verwertbar. Nach den traumatischen Erlebnissen sagen viele Frauen bei der ersten Vernehmung nicht die Wahrheit. Insbesondere Einzelheiten zur Tätigkeit als Prostituierte werden immer wieder verzerrt dargestellt, sei es, daß die Ausübung der Prostitution oder deren Ausmaß geleugnet wird oder falsche Angaben darüber gemacht werden, ob bereits vor der Ausreise der Sexarbeit nachgegangen wurde. Wenn man sich vergegenwärtigt, daß die Migration in die Sexindustrie von vielen Opfern von Frauenhandel als Lebensstrategie gewählt wurde und gleichzeitig

1069 KOK, Schattenbericht S.43 und S. 58.

dennoch Angst vor Gesichtsverlust im Heimatland besteht, ist die zwiespältige Situation der Zeuginnen nachvollziehbar, und es wird verständlich, warum es immer wieder zu abweichenden und widersprüchlichen Angaben bei den Vernehmungen kommt.

Insgesamt birgt die Abhängigkeit zwischen Aufenthalt und Verwertbarkeit der Aussage letztlich die Gefahr in sich, daß die Aussage selbst je nach Aufenthaltsinteresse modifiziert wird und daher nicht mehr verläßlich ist.

Ein weiterer Nebeneffekt des Ausländerrechts auf das Ausmaß von Frauenhandel ergibt sich aus der fehlenden Verdienst- und Ausbildungsmöglichkeit während der Aufenthaltszeit als potentielle oder tatsächliche Zeugin. Insgesamt kann sich der Aufenthalt einer Zeugin zum Zwecke der Strafverfolgung über mehrere Jahre hinziehen. In der gesamten Zeit hat sie in der Regel keine Möglichkeit, rechtmäßig einer Erwerbstätigkeit nachzugehen. Auch Ausbildungs- und Weiterbildungsmöglichkeiten können nicht wahrgenommen werden.

Die Leistungen aus dem Asylbewerberleistungsgesetz, nach welchem sie anspruchsberechtigt sind, reichen für die Deckung der spezifischen Bedürfnisse der von Frauenhandel betroffenen Frauen nicht aus. Als besonders problematisch haben sich die Finanzierung von Paßersatzpapieren, und zwar sowohl der Gebühren als auch der Fahrtkosten zur Botschaft, aber auch der medizinischen Versorgung erwiesen[1070]. Das Asylbewerberleistungsgesetz hat zum Ziel, die öffentlichen Leistungen der Anspruchsberechtigten so gering zu halten, daß sie nicht zum Verweilen in der Bundesrepublik einladen[1071]. Diese Kürzung auf ca. 85 % des Sozialhilfesatzes begegnet nicht nur in der vorliegenden Situation erheblicher Kritik[1072]. So ist unter anderem fraglich, ob sich das Asylbewerberleistungsgesetz mit der Rechtsprechung des Bundesverfassungsgerichtes zum Existenzminimum vereinbaren läßt[1073]. Bei von Frauenhandel betroffenen Frauen ist darüber hinaus zu bedenken, daß sie sich von der typischen Zielgruppe des Asylbewerberleistungsgesetzes deutlich unterscheiden. So halten sich Zeuginnen von Frauenhandel in der Bundesrepublik auf, weil erhebliche öffentliche Interessen es erfordern, da sie als Zeuginnen in einem Strafverfahren benötigt werden. Vielfach besteht aufgrund einer konkreten Bedrohungssituation oder

1070 Laut telefonischer Auskunft von Ulrike Gatzke, Koordinierungsstelle zur Bekämpfung von Frauenhandel, KOOFRA, Hamburg, August 99.

1071 So z.B. im Entwurf eines zweiten Gesetzes zur Änderung des Asylbewerberleistungsgesetzes, BT-Drs 13/10155, Begründung A) Allgemeiner Teil.

1072 Vgl. BAG der freien Wohlfahrtsverbände, Rechtgutachten und Stellungnahme zur Änderung des Asylbewerberleistungsgesetzes.

1073 BVerfGE 82, 60; 87, 153; verfassungsrechtliche Bedenken sieht BAG der freien Wohlfahrtsverbände, Rechtgutachten zur Änderung des Asylbewerberleistungsgesetzes, S. 28.

auch, weil ihre Anwesenheit für den Prozeß unerläßlich ist, keine andere Möglichkeit als der Aufenthalt in der Bundesrepublik. Diese Frauen stellen mithin nicht die Zielgruppe des AsylBLG dar. Es wäre daher zu überdenken, ob ihre wirtschaftliche Situation nicht dadurch zu verbessern wäre, daß sie gem. § 120 BSHG Sozialhilfe beziehen. Voraussetzung dafür ist allerdings, daß ein anderer Aufenthaltsstatus als die Duldung Grundlage ihres Aufenthaltes wäre . In Frage käme hier beispielsweise eine Aufenthaltsbefugnis[1074].

Gegenwärtig erhalten die Frauen während des Aufenthaltes als Zeugin oder potentielle Zeugin lediglich die Leistungen nach AsylBLG und dürfen nicht arbeiten, es sei denn im Rahmen der Arbeitsgelegenheiten nach § 5 AsylBLG. Da aber gerade die Verbesserung der ökonomischen Situation bei den meisten Frauen Anlaß für die Migrationsentscheidung war und oftmals nicht nur sie, sondern auch Angehörige von dem Einkommen abhängig sind, entsteht ein schwerwiegender Konflikt. In dieser Situation entscheiden sich Zeuginnen immer wieder, einer illegalen Beschäftigung, nicht selten erneut als Sexarbeiterin, nachzugehen. Diese Tatsache wiederum kann die Glaubwürdigkeit der Zeugin im Strafprozeß erheblich schwächen. Gerade in Verfahren wegen Menschenhandels spielt die Frage, ob das Opfer der Prostitution freiwillig nachgegangen ist oder dazu gebracht wurde, eine zentrale Rolle. Auch wenn es grundsätzlich unerheblich ist, ob die Betreffende zu einem anderen Zeitpunkt freiwillig der Sexarbeit nachgegangen ist, besteht die Gefahr, daß der Nachweis der erzwungenen Prostitution sehr viel schwerer fällt, wenn die Zeuginnen weiterhin in der Sexindustrie tätig sind, und daß gerade die Verfahren gegen Menschenhandel aus diesem Grund nicht zu einer Verurteilung der Täter führen.

Die Gewährung von Arbeitserlaubnissen könnte diese Situation verändern. Die Frauen könnten dann einer anderen Beschäftigung nachgehen. In Betracht kommt hier vor allem die Tätigkeit in privaten Haushalten, bei der Gebäudereinigung und in der Gastronomie, aber auch in den erlernten Berufen oder die Aufnahme einer Ausbildung zur Verbesserung der Perspektive im Heimatland. Das gilt um so mehr, als die Frauen - vor allem die Osteuropäerinnen - häufig bereits über einer gute Grundausbildung verfügen.

1074 Die Tatsache, daß die Städte und Gemeinden in der Konsequenz über das AsylBLG eine Kostentragungspflicht zum Wohle der Strafverfolgung trifft, ist vom Deutschen Städtetag kritisiert worden. Es besteht seitens der Nichtregierungsorganisationen der Verdacht, daß die Kostentragungspflicht dazu führt, daß verstärkt abgeschoben wird; vgl. Protokoll der 5. Sitzung der Arbeitsgruppe Frauenhandel, S. 6 f.

### 3.9.8 Teilergebnis

Selbst wenn es gelingt, daß die Frauenhandelsopfer nicht als Täterinnen, sondern wie wichtige Zeuginnen behandelt werden, wurde in der Vergangenheit ihre außerordentliche Belastungssituation nicht hinreichend in Betracht gezogen[1075]. Die Bedürfnisse der Frauen nach Neuorientierung, Information und Sicherheit, und zwar auch finanzieller, wurden nicht genügend berücksichtigt. Im günstigsten Fall steht einzig die Verwertbarkeit der Aussage im Mittelpunkt des Geschehens. Auf Seiten der Frauen ist die berechtigte Angst vor einer gegen sie selbst gerichteten Strafverfolgung und der sich anschließenden Aufenthaltsbeendigung oder Abschiebung kennzeichnend. Nicht zuletzt angesichts dieser Situation entscheiden sich die wenigsten Frauen für eine Aussage und für die Zusammenarbeit mit den Strafverfolgungsbehörden. Sogar bereits erfolgte Aussagen werden widerrufen. Infolgedessen ist es gemessen an dem angestrebten Ziel einer konsequenten Kriminalitätsbekämpfung kontraproduktiv, die spezifischen Bedürfnisse der betroffenen Frauen nicht zu beachten.

Die Einführung eines bundeseinheitlichen Duldungskonzeptes könnte den Schutz von Frauen gewährleisten, ihnen die Möglichkeit verschaffen, die Kontrolle über ihr Leben zurückzugewinnen und die Bereitschaft zur Zeugenaussage im Rahmen der Strafverfolgung der Menschenhändler erhöhen[1076].

Den betroffenen Frauen sollte ermöglicht werden, durch gesicherte und verläßliche Aufenthaltsfristen während der Dauer des Prozesses ihr Leben gestalten zu können und nicht in ständiger Unsicherheit zu leben. Angesichts der traumatischen Erlebnisse ist es zur Stabilisierung der Lebenssituation und damit auch zur Sicherung der Zeugenaussage notwendig, einen angstfreien Zustand für die Opfer zu schaffen. Mit der Angst vor aufenthaltsbeendigenden Maßnahmen sind die betroffenen Frauen regelmäßig erpreßbar, so daß es um so wichtiger ist, für den weiteren Aufenthalt verläßliche Fristen zu gewährleisten und die Überprüfung des Aufenthaltes in kurzen Abständen, wie es gegenwärtig gehandhabt wird, zu vermeiden. Die Frauen sollen außerdem die Möglichkeit erhalten, die Dauer ihres Aufenthalts zur Vorbereitung ihrer Rückkehr ins Herkunftsland effektiv zu nutzen.

Ein Weisungskonzept sollte enthalten:

- eine Entscheidungsfrist für potentielle Zeuginnen oder Betroffene von mindestens vier Wochen[1077];

1075 So auch in der Kritik von Habermann/Mentz, FrauenMenschenrechte und Frauenhandel, S. 11.

1076 So auch die Forderung der Arbeitsgruppe Frauenhandel; Protokoll der 4. Sitzung der Arbeitsgruppe Frauenhandel, S. 9; teilweise fanden diese Forderungen Eingang in BR- Drs 350/99.

1077 So vorgesehen in BR- Drs 350/99 Ziffer 42.3.2, siehe hierzu unter 3.9.3.2, S. 254 ff.

- verläßliche Duldungsfristen von mindestens drei Monaten;
- Arbeits- und Ausbildungsmöglichkeit für Zeuginnen;
- Eine Herabsetzung der Anforderungen an die erhebliche konkrete Gefahr für Leib, Leben oder Freiheit nach § 53 Abs. 6 AuslG[1078];
- Eine Verbesserung des Informationsflusses zwischen Staatsanwaltschaft, Ausländerbehörde und Beratungsstellen;
- Leitlinien für die Behandlung der Betroffenen durch die Strafverfolgungsbehörden.

Dennoch müssen auch die Frauen, die sich zu einer Aussage entschließen, letztendlich in nahezu jedem Fall in ihr Heimatland zurückkehren, sei es im positivsten Fall, weil der Prozeß gegen den Menschenhändler abgeschlossen ist, aber auch dann, wenn die Täter nicht gefaßt werden konnten oder die Zeuginnenaussage aus anderen Gründen nicht mehr benötigt wird.

## 3.10 Daueraufenthalt als Opfer von Frauenhandel

Auch wenn die meisten Frauen nach Beendigung des Frauenhandels wünschen, in das Heimatland zurückzukehren, besteht bei den übrigen häufig ein Interesse an einem Daueraufenthalt in der Bundesrepublik. Das liegt vielfach daran, daß der Aufenthalt in Deutschland Grundlage des ursprünglichen Migrationswunsches war und die Verwirklichung des Migrationszieles auch nach den Erlebnissen im Zusammenhang mit Frauenhandel weiterhin im Vordergrund steht. Aber auch die Angst vor der Rückkehr in das Heimatland kann Motiv für das Streben nach einem dauernden Aufenthalt in Deutschland sein. Gerade, wenn die Frau als Zeugin eine belastende Aussage gemacht hat, besteht nicht selten die Gefahr von Vergeltungsmaßnahmen. In ihrem Heimatland wären sie oder auch ihre Angehörigen möglichen Racheakten der Menschenhändler schutzlos ausgesetzt, oder aber sie könnten unmittelbar wieder in die Hände der Händler geraten. Wie dargestellt, ist der Gefährdungsgrad bei einem Verbleib in Deutschland häufig niedriger als nach einer Rückkehr der Frauen in ihre Herkunftsländer[1079].

Für diejenigen Zeuginnen, die in Deutschland bleiben wollen, stellt sich die Frage, ob die Gefahr von Vergeltungsmaßnahmen einen Daueraufenthalt rechtfertigt, früher oder später in jedem Fall, entweder bereits, wenn die Zeugenaussage im Rahmen der Strafverfolgung nicht verwertet oder der Täter nicht gefaßt werden kann, spätestens aber nach Prozeßende, ob es zu einer Verurtei-

1078 Dazu BR- Drs Ziffer 53.6.1, siehe unter 3.9.4.1, S. 258 ff.

1079 Siehe unter 3.9.4.1, S. 258 ff.

lung gekommen ist oder nicht. In diesen Fällen kann die Zeugenaussage nicht oder nicht mehr Grundlage für eine Duldung gem. § 55 Abs. 3 AuslG sein.

### 3.10.1 Aufenthalt wegen Gefährdung

Unabhängig von einer Zeugenaussage können die Opfer von Frauenhandel, wenn ihnen eine konkrete Gefährdung für Leib, Leben oder Freiheit droht, eine Duldung nach §§ 55 Abs. 2, 53 Abs. 6 AuslG oder eine Aufenthaltsbefugnis gem. § 30 Abs. 3, 4 AuslG erhalten.

#### 3.10.1.1 Aufenthalt mit Duldung gem. § 55 Abs. 2, 53 Abs. 6 AuslG

Die Duldung gem. § 55 Abs. 2, 53 Abs. 6 AuslG ist grundsätzlich nicht für einen Daueraufenthalt geeignet. Dennoch kommen in der Praxis gerade bei längeren Prozessen mehrjährige Aufenthalte auf Basis einer solchen Duldung vor. Die Gefahrenlage nach § 53 Abs. 6 AuslG kann auch wegen einer Zeugenaussage im Zusammenhang mit Frauenhandel entstehen. Für die Duldung nach § 55 Abs. 2 wegen des Vorliegens einer Gefahrenlage gilt daher das bereits zum Aufenthalt der Zeuginnen nach § 55 Abs. 2 AuslG Ausgeführte[1080]. Die Duldung wird zwar zunächst gem. § 56 Ab. 2 AuslG längstens für ein Jahr erteilt, kann aber unbegrenzt häufig verlängert werden, so daß sich die Betroffene, solange die Gefahrenlage fortbesteht, in der Bundesrepublik geduldet aufhalten kann.

#### 3.10.1.2 Aufenthalt mit Aufenthaltsbefugnis nach § 30 Abs. 3 AuslG

Wenn eine erhebliche Gefährdung im Heimatland vorliegt, kommt außerdem ein Daueraufenthalt nach § 30 Abs. 3 AuslG mit einer Aufenthaltsbefugnis in Betracht. Die Erteilung einer Aufenthaltsbefugnis kann nach § 30 Abs. 3 AuslG erfolgen, wenn die Voraussetzungen für eine Duldung nach § 55 Abs. 2 AuslG vorliegen[1081]. Das bedeutet, daß die Erteilung einer Aufenthaltsbefugnis im Ermessen der Behörde liegt, auch wenn eine Gefährdung im Sinne von § 53 Abs. 6 AuslG besteht. Neben dem Vorliegen einer Gefahrenlage nach § 53 Abs. 6 AuslG ist Voraussetzung für die Befugnis, daß die Antragstellerin diese Gefahrenlage nicht selbst zu vertreten hat. Diese Voraussetzung wird in den meisten Fällen von Frauenhandel ohne weiteres vorliegen. Außerdem dürfen keine besonderen Versagungsgründe gem. § 8 Abs. 2 AuslG gegen die Erteilung sprechen. Das bedeutet im Zusammenhang mit der hier betrachteten Personengrup-

1080 Siehe unter 3.9.4.1, S. 258 ff.

1081 Zu den Voraussetzungen, unter denen eine Gefahrenlage angenommen wird siehe unter 3.9.4.1, S. 258 ff.

pe vor allem, daß bereits früher einmal abgeschobene Frauen keine Befugnis nach § 30 Abs. 3 erhalten können. Für diese Betroffenen kommt einzig die Erteilung einer Duldung nach §§ 55 Abs. 2, 53 Abs. 3 AuslG in Betracht. Für alle anderen gefährdeten Frauen gilt, daß ihnen, wenn die Gefahrenlage nach § 53 Abs. 6 AuslG vorliegt, in aller Regel auch eine Befugnis erteilt werden kann.

Allerdings könnte die Inanspruchnahme von Sozialhilfe gem. § 7 Abs. 2 Nr. 2 AuslG als Regelversagungsgrund der Erteilung einer Aufenthaltsbefugnis entgegenstehen. Grundsätzlich ist der Regelversagungsgrund des § 7 Abs. 2 Nr. 2 AuslG auch bei der Entscheidung über eine Aufenthaltsbefugnis zu berücksichtigen[1082]. Dennoch kann ausnahmsweise von der Regelversagung abgesehen werden[1083]. Ein Ausnahmefall des gesetzlichen Regelversagungsgrundes liegt laut BVerwG[1084] vor, wenn die Versagung mit verfassungsrechtlichen Wertentscheidungen nicht vereinbar wäre. Bei der Entscheidung darüber sind sämtliche für und gegen den Aufenthalt sprechenden Aspekte gegeneinander abzuwägen[1085]. In den Fällen von Frauenhandel steht vor allem die Mißbrauchsgefahr einerseits der Gefährdung so essentieller Rechtsgüter wie der Menschenwürde andererseits gegenüber[1086]. Angesichts der Tatsache, daß hier ohnehin eine Aufenthaltsbefugnis nach § 30 Abs. 3 AuslG nur in Betracht kommt, wenn eine konkrete erhebliche Gefahr für Leib, Leben oder Freiheit vorliegt, wird man von der Regelversagung nach § 7 Abs. 2 AuslG in Frauenhandelsfällen Abstand nehmen müssen. Folglich steht im Falle von Frauenhandel die Inanspruchnahme von Mitteln der öffentlichen Hand der Erteilung einer Aufenthaltsbefugnis nach § 30 Abs. 3 AuslG für gefährdete Opfer nicht entgegen.

Die Aufenthaltsbefugnis hat für die Betroffenen bedeutende Vorteile, denn es handelt sich um einen relativ sicheren Aufenthaltsstatus. Die Befristung einer Aufenthaltsbefugnis umfaßt in der Regel einen längeren Zeitraum als eine Duldung, so daß sich die Inhaberinnen einer Befugnis auf eine bestimmte und verläßliche Aufenthaltsdauer einrichten können.

1082 Hess. VGH vom 10.5.1999, AuAS 1999, 206, 206; BVerwG vom 26.3.1999, InfAuslR 1999, 332, 333 m.w.N.

1083 Vgl. Renner Ausländerrecht Kommentar § 7 RNr. 27; VG Stuttgart vom 1.10.1998, ZAR 1998, 274, 274; VGH Baden-Württemberg vom 17.12.1998, InfAuslR 1999, 133, 133; BVerwG vom 26.3.1999, InfAuslR 1999, 332, 332.

1084 BVerwG vom 26.3.1999, InfAuslR 1999, 332, 332.

1085 Leitsatz Nr. 2, BVerwG vom 26.3.1999, InfAuslR 1999, 332, 332.

1086 Siehe zu Frauenhandel und der Menschenwürdegarantie des Grundgesetzes unter 3.2, S. 156 ff.

### 3.10.1.3 Aufenthalt mit Aufenthaltsbefugnis nach § 30 Abs. 4 AuslG

Neben der Möglichkeit, eine Aufenthaltsbefugnis nach § 30 Abs. 3 AuslG zu erhalten, kann auch die Erteilung einer Befugnis nach § 30 Abs. 4 AuslG in Betracht kommen, nämlich dann, wenn sich die Frau seit mindestens zwei Jahren unanfechtbar ausreisepflichtig auf Grundlage einer Duldung in der Bundesrepublik aufhält. Die weiteren Voraussetzungen nach § 30 Abs. 4 2. HS. AuslG, die Erfüllung zumutbarer Anforderungen zur Beseitigung des Abschiebungshindernisses, stehen bei Frauenhandelsbetroffenen einer Erteilung in der Regel nicht entgegen. In dem Fall von § 30 Abs. 4 AuslG spricht auch eine früher erfolgte Ausweisung oder Abschiebung nicht gegen die Erteilung einer Befugnis. Auch der Erteilung einer Befugnis nach § 30 Abs. 4 AuslG liegt eine Ermessensentscheidung zugrunde.

Auch bei der Befugnis nach § 30 Abs. 4 AuslG ist im Falle der Inanspruchnahme von öffentlichen Mitteln der Regelversagungsgrund des § 7 Abs. 2 Nr. 2 AuslG zu berücksichtigen. In den Fällen von § 30 Abs. 4 AuslG ist ebenso wie bei § 30 Abs. 3 AuslG eine Abwägung sämtlicher öffentlicher und privater Belange vorzunehmen[1087]. Bei § 30 Abs. 4 AuslG muß jedoch, anders als bei Abs. 3, nicht notwendigerweise eine Gefährdung der Antragstellerin vorliegen, so daß die Abwägung hier durchaus zu einem anderen Ergebnis kommen kann, und § 7 Abs. 2 AuslG der Erteilung einer Aufenthaltsbefugnis gem. § 30 Abs. 4 AuslG möglicherweise entgegensteht.

### 3.10.1.4 Weisungen und Erlasse zu § 30 Abs. 3 und 4 AuslG

In den ausländerrechtlichen Weisungen zum Thema Frauenhandel/Menschenhandel und Zwangsprostitution findet sich vereinzelt der Hinweis auf die Erteilung einer Aufenthaltsbefugnis nach § 30 Abs. 3 und 4 AuslG[1088]. Allerdings geht keine der Weisungen über einen Verweis auf die gesetzliche Regelung und darüber, daß die Erteilung einer Befugnis im Einzelfall gerade im Zusammenhang mit der Gefährdung als Zeugin geprüft werden soll, hinaus. Bereits die Tatsache, daß auf die geltende gesetzliche Regelung hingewiesen wird, gibt Anlaß zu der Vermutung, daß die Erteilungspraxis in Frauenhandelsfällen eher spärlich ist.

1087 Vgl. BVerwG vom 26.3.1999, InfAuslR 1999, 332, 332 m.w.N.

1088 Weisungen und Erlasse der Bundesländer: Mecklenburg-Vorpommern vom 2.2.1994; Niedersachsen vom 16.4.1997; Rheinland-Pfalz vom 16.4.1998; Saarland vom 6.1.1998; Sachsen vom 9.3.1994; Sachsen-Anhalt vom 9.3.1994; Schleswig-Holstein vom 27.8.1998.

### 3.10.2 Finanzierung des Aufenthalts

Bei der Finanzierung des Aufenthalts ist zwischen denjenigen Frauen, die eine Duldung nach § 55 AuslG besitzen und den Inhaberinnen einer Aufenthaltsbefugnis zu unterscheiden. Für den geduldeten Aufenthalt wird auf die Ausführungen zur Duldung von Zeuginnen unter 3.9.5 verwiesen. Aber auch für diejenigen Betroffenen von Frauenhandel, die eine Aufenthaltsbefugnis erhalten, ist die finanzielle Absicherung des Aufenthaltes von essentieller Bedeutung. Auch nach dem Prozeß müssen die Frauen ihren Lebensunterhalt bestreiten, haben häufig noch immer Schulden abzutragen oder wollen ihre Familien weiter unterstützen.

#### 3.10.2.1 Öffentliche Leistungen

Als Inhaberin einer Aufenthaltsbefugnis gem. § 30 AuslG fallen die Frauen nicht mehr unter das Asylbewerberleistungsgesetz § 1 AsylBLG und sind damit gem. § 120 BSHG grundsätzlich zur Inanspruchnahme von Sozialhilfe berechtigt[1089]. Zwar bietet das BSHG einen größeren Leistungsumfang als das AsylBLG, allerdings sind auch die Leistungen des BSHG an Ausländer auf die notwendigen Grundleistungen beschränkt[1090]. Aber über diese Leistungen hinaus kann im Einzelfall Sozialhilfe gewährleistet werden, § 120 Abs. 1 S. 2 BSHG[1091].

#### 3.10.2.2 Arbeitsaufnahme

Auch wenn der Aufenthalt über eine Aufenthaltsbefugnis gesichert ist, stellt sich für die Betroffenen die Frage, ob sie eine Arbeitserlaubnis erhalten können. Hier gilt im wesentlich das bereits zur Arbeitserlaubnis von Zeuginnen unter 3.9.5.2 Dargestellte.

Eine Arbeitserlaubnis für die Tätigkeit als Angestellte in der Sexindustrie kommt nach gegenwärtiger Rechtslage nicht in Betracht, weil wegen der Sittenwidrigkeitsrechtsprechung kein gültiger Arbeitsvertrag geschlossen werden kann[1092]. An dieser Stelle kann auf die vorangegangenen Ausführung zum Be-

1089 Schellhorn/Jirasek/Seipp § 120 BSHG RNr. 8.

1090 Zu dem Regelversagungsgrund gem. § 7 Abs. 2 Nr. 2 AuslG siehe unter 3.10.1.2 und 3.10.1.3.

1091 Zu den einzelnen Voraussetzungen und Leistungsumfang siehe Schellhorn/Jirasek/Seipp, § 120 BSHG RNr. 1 m.w.N., RNr. 8 ff.

1092 Vgl. BVerwG Urteil. Vom 30.1.1990 zur Sittenwidrigkeit von Peep-shows, BVerwGE 84, 314, 319 mit zahlreichen weiteren Nachweisen, a. A. siehe Laskowski, Teil II, S. 141 ff..

schäftigungsverhältnis und etwaiger Sittenwidrigkeit von Prostitution verwiesen werden[1093].

### 3.10.3 Wirkungen in bezug auf Frauenhandel

Bei der Beantwortung der Frage, welche Wirkungen die Regelungen zu einem Daueraufenthalt von Frauenhandel nach sich ziehen, fällt zunächst die geringe Anzahl derjenigen Betroffenen auf, die sich wegen einer konkreten Gefahrenlage dauerhaft in der Bundesrepublik aufhalten. Die wenigsten Betroffenen von Frauenhandel kommen in den Genuß dieser Regelungen[1094]. Das liegt zum einen an der Zielsetzung des Ausländerrechts, die Zuwanderung zu beschränken. Es wird befürchtet, daß eine großzügige Erteilungspraxis von Aufenthaltsbefugnissen gem. § 30 AuslG verstärkte Bemühungen nach sich zieht, diesen Aufenthaltsstatus zu erlangen, daß also entsprechende Zeugenaussagen oder Gefahrensituationen vorgetäuscht werden. In diesem Zusammenhang ist immer wieder die Rede von einer befürchteten Sogwirkung[1095]. Zum zweiten ist es schwierig, die Gefährdung tatsächlich nachzuprüfen. Die Gefahrensituation kann nur prognostiziert werden, anderenfalls wäre Voraussetzung für die Erteilung einer Aufenthaltsbefugnis, daß sich die Gefahr bereits realisiert hat.

Dennoch wirkt sich gerade die Unsicherheit hinsichtlich eines dauernden Aufenthaltes nach Ende des Prozesses auf die Aussagebereitschaft von potentiellen Zeuginnen besonders negativ aus. Die Angst vor Vergeltungsmaßnahmen, gerade wenn die Zeugenaussage zur Verurteilung geführt hat, ist in der Anfangssituation, in der sich die Frau entscheiden muß, ob sie aussagen will, naturgemäß besonders ausgeprägt.

Die Tatsache, daß derzeit die Erteilung von Aufenthaltsbefugnissen so restriktiv gehandhabt wird, spielt den Frauenhändlern geradezu die Möglichkeit der Drohung gegenüber den betroffenen Frauen in die Hand. So kommt es in der Realität auch nicht selten dazu, daß die Täter damit drohen, daß eine Aussage gegen sie ohnehin keinen Zweck habe, weil die Zeugin früher oder später in ihr Heimatland zurückkehren müsse und dann dort ohne den Schutz deut-

1093 Siehe unter 3.8.3.2.1, S. 206 ff.

1094 In der Statistik des Lagebildes Menschenhandel des BKA befindet sich keine entsprechende Rubrik. Unter „Sonstiger Verbleib wird lediglich auf Heirat, Asyl oder Verbleib aus sonstigen der Ausländerbehörde unbekannten Gründen angegeben, Lagebild Menschenhandel 1997, S. 9. Möglicherweise verändert sich diese Praxis vor dem Hintergrund der neuen Ausl-VwV, siehe hierzu unter 3.9.4.1, S. 258 ff.

1095 So auch der Innensenator der Hansestadt Hamburg Wrocklage aus Anlaß eines Behördenarbeitskreises zur Einrichtung der Koordinierungsstelle zur Bekämpfung von Frauenhandel in Hamburg, September 1998.

scher Behörden leichter Rache geübt werden könne. Das nahezu vollkommene Fehlen der Möglichkeit eines Daueraufenthaltes produziert aber noch unter einem anderen Gesichtspunkt eine unheilvolle Allianz zwischen Frauenhändler und Opfer. Die Frauen haben wie dargestellt in vielen Fällen ein eigenes Migrationsinteresse. Die Verwirklichung des Migrationsziels steht nicht selten so stark im Vordergrund, daß sie sich angesichts der Alternative, in jedem Fall früher oder später ausreisen zu müssen, dafür entscheiden, die gegenwärtige Situation zu ertragen.

### 3.10.4 Teilergebnis

Die Möglichkeiten eines Daueraufenthaltes sind im Verhältnis zu dem bestehenden Migrationsdruck von Frauen nach Deutschland und Westeuropa sehr gering. Diese Tatsache bewirkt, daß sich Frauen immer wieder entscheiden, menschenunwürdige Verhältnisse zu ertragen, um entweder das Ziel der Migration zumindest partiell zu erreichen, oder weil ihnen die Alternative als noch gefährlicher erscheint.

Die Aufenthaltsbefugnis wegen der konkreten Gefährdungslage sollte Opfern des Frauenhandels bereits in Gefährdungslagen erteilt werden, deren Schwelle im Vergleich zur gegenwärtigen Praxis niedriger liegt[1096]. Auf diese Weise könnte unmittelbar zur Bekämpfung von Frauenhandel beigetragen werden, indem das Risiko für die Täter erhöht würde. Eine erhöhte Mißbrauchsgefahr wäre angesichts der Gefährdung essentieller Grundrechte in Kauf zu nehmen[1097].

1096 Siehe zur Gefahrenlage unter 3.9.4.1, S. 258 ff.

1097 Zu Frauenhandel un den Grundrechten sie unter 3.2, S. 156 ff.

# 4. Kapitel: Zusammenfassung und Ergebnisse

Frauenhandel ist ein multifaktorales Problem, dessen Bekämpfung einen interdisziplinären, länderübergreifenden und globalen Handlungsansatz erfordert[1098]. Angesichts der Komplexität der Probleme, der unterschiedlichen Ursachen und der vielfältigen fehlgeschlagenen Versuche, etwas an der Situation zu ändern, ist es vor allem wichtig, die Betroffenen in ihren Rechten zu stärken, denn nur so kann unmittelbar etwas für die Frauen erreicht werden.

Zu den Frauenhandel begünstigenden Faktoren zählt in allen Epochen ein Wohlstandsgefälle zwischen Ziel- und Herkunftsland[1099]. Das deutet darauf hin, daß die Bereitschaft der Frauen, sich auf das Risiko der Migration einzulassen, einen der ausschlaggebenden Faktoren für das Auftreten von Frauenhandel darstellt. Eine wichtige Ursache für das Auftreten von Frauenhandel ist selbstverständlich auch die Tätermotivation. Je geringer das Risiko und je höher der zu erwartende Profit sind, desto wahrscheinlicher ist es, daß Frauen zur Ware werden und mit ihnen Handel betrieben wird[1100]. Das Ausmaß des Risikos von Frauenhandel ist abhängig von der Entdeckungswahrscheinlichkeit, also der Frage, wie effektiv das Verbrechen von den jeweiligen Strafverfolgungs- und Einwanderungsbehörden bekämpft wird. Ein Profit ist nur dann zu erwarten, wenn die Ware auch ihre Abnehmer findet, es also eine Nachfrage nach den entsprechenden Frauen im Zielland gibt[1101]. Und schließlich haben auch die rechtlichen Rahmenbedingungen eine Einfluß[1102].

Die von Frauenhandel betroffenen Frauen entsprechen gemeinhin nicht dem typischen Bild eines Opfers. Die meisten von ihnen haben beschlossen, durch Auswanderung ihre ökonomische und soziale Lage zu verbessern, und sind aus freiem Antrieb beträchtliche Risiken eingegangen[1103]. Diese Entscheidung bietet die Grundlage für unterschiedliche Formen der Verstrickung in Frauenhandel.

Die Bestrebungen dem Übel des Menschen- und Frauenhandels zu begegnen, hatten im Laufe der Geschichte unterschiedliche Akzente. Der Prohibitionismus hatte zum Ziel, die Frauen von der Prostitution fernzuhalten, der Reglementarismus wollte die Ausübung der Prostitution rechtlich regeln und der

1098 Zu den begünstigenden Faktoren des gegenwärtigen Frauenhandels siehe im einzelnen unter 1.3, S. 73 ff.

1099 Zu Frauenhandel im Laufe der Geschichte siehe unter 1.1. S. 37 ff.

1100 Siehe unter 1.3.4. S. 78 f.

1101 Zum Einfluß der Nachfrage siehe unter 1.3.2, S. 74 f.

1102 Zur Rolle des Ausländerrechts siehe in der Einleitung, S. 28 ff., und unter 1.3.7, S. 82 f.

1103 So auch in Ausschuß für Familie, Senioren, Frauen und Jugend, Ausschußdrucksache. 13/350, Staatsanwaltschaft Köln, S. 16.

Abolitionismus strebte die Abschaffung der Prostitution an[1104]. Heute setzt sich die Erkenntnis mehr und mehr durch, daß sich die Prostitution selbst nicht bekämpfen läßt, es also nur darum gehen kann, die Rahmenbedingungen für die betroffenen Sex-Arbeiterinnen menschenwürdig zu gestalten. Diese Ansicht wird für die Prostituierten heute bereits von vielen vertreten[1105]. Sie muß aber ebenso auf die anderen Felder, in denen Frauenhandel gegenwärtig auftritt, übertragen werden. Wenn Frauenhandel eine Menschenrechtsverletzung darstellt, müssen auch die Rechte und die Durchsetzungsmöglichkeiten der Rechte von Frauen, die von Heiratshandel oder dem Handel mit Hausmädchen betroffen sind, gestärkt werden.

Beide, die repressiven und die „Empowerment-“ Strategien zur Bekämpfung des Frauenhandels, können von Wert sein[1106]. Allerdings erfordern vor allem die repressiven Strategien eine gewisse Vorsicht. Die Verschärfung der Asyl- und Einwanderungspolitik hat nach Erkenntnissen der IOM (Internationale Organisation für Migration) in den USA ebenso wie in Europa zur Stärkung der internationalen organisierten Kriminalität beigetragen[1107].

Nicht zuletzt wegen der begrenzten Einwanderungsmöglichkeiten sind immer mehr Frauen während der Migration dem Risiko von Frauenhandel im Sinne der heraus gearbeiteten Definition ausgesetzt[1108]. Besonders schwierig ist die ausländerrechtliche Situation von Migrantinnen aus nicht EU-Ländern, die in der Sexindustrie arbeiten. Sie haben gegenwärtig in der Bundesrepublik keine Möglichkeit, legal der Prostitution nachzugehen.

Vor diesem Hintergrund nutzen Frauenhändler gerade die ausländerrechtliche Situation immer wieder zur Erpressung der Frauen aus[1109]. In dem Spannungsfeld zwischen der Angst vor Abschiebung und den schwierigen, z.T. von Gewalt geprägten und ausbeuterischen Arbeitsbedingungen vieler migrierter Prostituierter ist es in einigen Fällen gerade das Ausländerrecht, daß die

1104 Informativ zu den einzelnen politischen Handlungsansätzen und Strömungen gegen Frauenhandel im Laufe der Geschichte: Fehér, S. 68 f, siehe zur Geschichte des Frauenhendels unter 1.1. 37 ff.

1105 Zuletzt die Bestrebungen der Bundesregierung zur Beseitigung der Sittenwidrigkeit von Prostitution, laut Interview der Bundesfrauenministerin Bergmann vom 5.8.1999 in der Märkischen Zeitung, sowie Koalitionsvertrag zwischen SPD und Bündnis 90/Die Grünen vom 20.10.1998 Ziffer VIII; vgl. hierzu auch unter 3.8.3.2.2. S. 211 ff.

1106 Ausschuß für Familie, Senioren, Frauen und Jugend, Ausschußdrucksache, 13/350, Stichting tegen Vrouwenhandel, S. 33.

1107 Ausschuß für Familie, Senioren, Frauen und Jugend, Ausschußdrucksache, 13/350, IOM, S. 36.

1108 Siehe unter 2.6, S. 149.

1109 Siehe im einzelnen unter 1.2.5, S. 67 ff.

schwierige Lage der Frauen aufrecht hält, keine oder nur problematische Perspektiven bietet und so das Auftreten von Frauenhandel begünstigt.

Sozialer und rechtlicher Schutz und die Gewährleistung essentieller Menschenrechte tritt in den typischen Zielländern hinter das staatliche Bedürfnis zurück, sich vor Überfremdung und Einwanderung zu schützen. Das gilt für Migrantinnen allgemein und ganz besonders hinsichtlich migrierter Sexarbeiterinnen[1110]. Migrantinnen wenden sich wegen ihres rechtlichen Status auf der Suche nach Hilfe und Schutz oftmals nicht an staatliche Einrichtungen, weil sie befürchten müssen, daß der Staat sich gegen sie wendet, und sie primär als illegale Einwanderinnen oder Straftäterinnen behandelt werden. In dieser Situation sind sie auf Hilfe angewiesen und so leicht erpreßbar und ausbeutbar.

Das Ausländerrecht kann in seiner gegenwärtigen Anwendung Frauen davon abhalten, sich mit der Bitte um Hilfe an Behörden zu wenden. Es stellt in vielen Fällen sogar das eigentliche Hindernis für einen Ausstieg der Betroffenen dar und könnte andererseits, etwa indem es umgekehrt den Zugang zu staatlicher und polizeilicher Unterstützung erleichtert, einen Beitrag zur Bekämpfung von Frauenhandel leisten[1111].

Eine Überbetonung der Zuwanderungsbegrenzung von Nicht-EU-Staatern als ausländerpolitisches und damit auch ausländerrechtliches Ziel birgt die Gefahr, daß über dieses Ziel hinaus gehende Wirkungen ausländerrechtlicher Regelungen nicht hinreichend mitbedacht werden. Es kommt zu eindimensionalen Betrachtungsweisen, die multifaktorale Handlungsansätze zur Bekämpfung von Frauenhandel über die bloße Verbrechensbekämpfung hinaus verhindern[1112]. Auf diese Weise trägt in gewisser Hinsicht das Ausländerrecht selbst dazu bei, die öffentliche Sicherheit und Ordnung zu gefährden.

Im Einzelnen kommt die vorliegende Untersuchung zu den folgenden Ergebnissen:

Die Analyse der Besuchsvisen ergibt, daß entgegen der Auffassung der Bundesregierung die Einführung der Visumspflicht für Frauen aus den typischen Herkunftsländern nicht ohne weiteres geeignet ist, Frauenhandel entscheidend zu bekämpfen[1113], denn die Gestaltung von Einreisebedingungen zeitigt ambivalente Wirkungen. Einreiseerschwernisse beschränken zwar die Migration und halten damit eine Reihe von potentiellen Opfern von der für sie gefährli-

1110 So auch Europ. Parl., Confronting the Fortress, S. 55.

1111 Etwa durch die Einführung einer Vierwochenfrist zur freiwilligen Ausreise wie in Beschluß des Bundsesrates zu neuen AulsGVwV in BR- Drs 350/99 vorgechlagen, siehe hierzu unter 3.9.3.2, S. 254 ff.

1112 So auch Havemann, S. 424.

1113 Siehe unter 3.5, S. 160 ff.

chen Szene in der Bundesrepublik fern. Es besteht aber gleichzeitig das Risiko, Frauenhändler zu begünstigen, indem sich die Abhängigkeiten der Frauen von den Händlern intensivieren. Einreiseerleichterungen können demgegenüber den Frauenhandel fördern, da vermutlich mehr Frauen einreisen und sich auf diese Weise auch vermehrt in den Frauenhandel verstricken. Andererseits entstehen für diese Frauen im Vergleich weniger massive Ausbeutungssituationen und ihre Abhängigkeiten sind leichter zu lösen. Die Gestaltung der Einreisebedingungen kann also zwar durchaus dem Ziel dienen, die Bundesrepublik vor illegalen Einwanderern zu schützen. Ausmaß und Umstände von Frauenhandel lassen sich jedoch nicht gleichzeitig durch die Gestaltung der Einreisebedingung positiv beeinflussen.

Die gegenwärtige Verwaltungspraxis bei der Erteilung von Künstlerinnenvisa, die an einen bestimmten Arbeitgeber bindet, leistet vermutlich dem Frauenhandel Vorschub und ist bei Zugrundelegung dieser Annahme sogar rechtswidrig. Das Künstlerinnenvisum kann zudem einerseits die Grundlage einer mit Rechten abgesicherten Arbeitsmigration für Frauen darstellen[1114], eignet sich aber andererseits besonders zur Ausnutzung durch Frauenhändler, weil es deren falsche Angaben über mögliche Berufschancen in Deutschland zu bestätigen scheint.

Im Zusammenhang mit Au-Pair Aufenthalten sind keine nennenswerte Nebeneffekte der ausländerrechtlichen Regelungen auf Frauenhandel erkennbar. Frauenhandel mindernde Wirkungen könnten sich jedoch aus dem Gewerberecht über die Kontrolle der Vermittlungsagenturen ergeben[1115].

Die ausländerrechtlichen Regelungen des Ehegattenaufenthaltes ergeben mehrere Ansatzpunkte zur Bekämpfung von Frauenhandel[1116]. Gegenwärtig findet das Mail-Order-Brides-Business wegen der fehlenden Möglichkeit einer Kennenlernphase einen fruchtbaren Boden im Ausländerrecht. Eine leichtere Erteilung von Visa für Besuchsaufenthalte bei beabsichtigter Eheschließung könnte hier Abhilfe schaffen.

Am evidentesten sind die Auswirkungen des Ausländerrechts im Zusammenhang mit dem eigenständigen Aufenthaltsrecht nach Trennung der Ehegatten gem. § 19 AuslG[1117]. Im Hinblick auf die erneute Novellierung der Härtefallregelung wird sich erst in Zukunft zeigen können, ob die Bedürfnisse der betroffenen Frauen nunmehr hinreichend Berücksichtigung finden. Bei der

1114 Siehe unter 3.6, S. 174 ff.

1115 Siehe unter 3.7, S. 191 ff.

1116 Siehe unter 3.8, S. 195 ff.

1117 Siehe unter 3.8.4, S. 214 ff.

Novellierung wurde im Umfeld von § 19 AuslG der Zusammenhang mit dem Arbeitsgenehmigungsrecht entweder gar nicht gesehen oder vernachlässigt. Eine Aufnahme der Härtefallregelung in § 2 Abs. 2 ArGV wäre die sachgerechteste Lösung dieses Spannungsverhältnisses. Dem Handel mit Ehefrauen könnte insbesondere durch eine Regelung entgegen getreten werden, die es den Frauen rechtlich und tatsächlich erleichtert, ihre aus der Ehe erwachsenden Ansprüche gegen ihren Ehemann durchzusetzen. Die Befürchtung einer möglicherweise jahrelangen finanziellen Verantwortung für die getrennt lebende oder geschiedene Ehefrau dürfte die Nachfrage nach den Frauen beträchtlich senken. So könnte der Heiratshandel insgesamt wirksam vermindert werden.

Besonders zwiespältig ist die Rolle derjenigen Frauen, die als Zeuginnen von Menschenhandel zu dessen Strafverfolgung beitragen können. Einerseits sind die Aussagen der Zeuginnen unerläßlich für einen erfolgreichen Prozeß[1118]. Andererseits werden die Frauen, auch wenn sie als Zeuginnen gegen ihre Menschenhändler aussagen, früher oder später in ihr Heimatland zurückkehren müssen. Sie haben sich in den meisten Fällen selbst strafbar gemacht, gegen das Ausländerrecht verstoßen oder verlieren ihr Aufenthaltsrecht, wenn sie gegen ihren Arbeitgeber oder Ehemann aussagen. In vielen Bundesländern sind zur Regelung der Situation der Opferzeuginnen bei Menschenhandel Weisungen erlassen worden[1119]. Nordrhein-Westfalen war 1994 das erste Bundesland mit einer derartigen Regelung[1120]. Die Weisungen sind insgesamt unterschiedlichen Inhalts. Im Ergebnis läßt sich festhalten, daß durch Weisungen oder Erlasse ein Beitrag zur Eingrenzung von Frauenhandel geleistet werden kann. Besonders geeignet sind Anweisungen, die eine Entscheidungsfrist für potentielle Zeuginnen oder Betroffene von mindestens vier Wochen[1121], verläßlichen Duldungsfristen von mindestens drei Monaten, Arbeits- und Ausbildungsmöglichkeit für Zeuginnen, eine Herabsetzung der materiellen Anforderungen an die erhebliche konkrete Gefahr für Leib, Leben oder Freiheit nach § 53 Abs. 6 AuslG, eine Verbesserung des Informationsflusses zwischen Staatsanwaltschaft, Ausländerbehörde und Beratungsstellen sowie Leitlinien für die Behandlung der Betroffenen durch die Strafverfolgungsbehörden enthalten.

1118 Kalthegener S. 33, Kunisch, „Probleme und Defizite der Rechtslage und Rechtsprechung zum Frauenhandel in Tagungsbericht zur Tagung „Prostitution, Menschenhandel und Sextourismus im bayrisch-tschechischen Grenzraum", 22.7.1996, S. 6; Ausschuß für Familie, Senioren, Frauen und Jugend, Ausschußdrucksache 13/350, BKA S. 11; BKA, Lagebild Menschenhandel 1996, S. 17.

1119 Siehe Tabelle 1: In den Bundesländern ergangene Weisungen und Erlasse zu den Themen Menschenhandel/Frauenhandel/Zwangsprostitution.

1120 Zweiwochendienst, S. 6

1121 So auch in Beschluß des Bundesrates zu neuen AuslG-VwV, BR- Drs 350/99.

Hinzu kommt, daß die Frauen von den Strafverfolgungsbehörden in vielen Fällen zunächst in ihrer Rolle als Straftäterin wahrgenommen werden, oftmals schon ausgewiesen werden, bevor sie überhaupt vernommen wurden, und deshalb als Zeuginnen für die Strafverfolgung nicht zur Verfügung stehen[1122]. Nicht selten entscheiden sich die Frauen aber auch gegen eine Aussage, weil sich ihr Aufenthalt während des Ermittlungs- und Strafverfahrens in der Regel lediglich auf eine aufenthaltsrechtliche Duldung gründet, sie mithin keine Arbeitserlaubnis erhalten und daher auch den Familienunterhalt nicht mehr wie bisher bestreiten können[1123].

All dies wirkt sich insgesamt negativ auf die Aussagebereitschaft und -möglichkeit der betroffenen Frauen aus. Vor allem weil nur sehr wenige Zeuginnen bereit sind, entsprechende Aussagen zu machen, ist die Bekämpfung des internationalen Frauenhandels mit den Mitteln des Strafrechts derzeit sehr schwierig bis teilweise unmöglich[1124]. Hier könnte die Situation mit Hilfe geeigneter ausländerrechtlicher Maßnahmen entschärft werden und das Ausländerrecht dazu beitragen, den internationalen Frauenhandel zu bekämpfen. So wird gegenwärtig auf Bundesebene diskutiert, ob und wenn ja, unter welchen Voraussetzungen die Zeuginnen in das Zeugenschutzprogramm aufgenommen werden und dann mit temporären Aufenthaltstiteln ausgestattet werden können[1125].

Auch die Frauen, die sich zu einer Aussage entschließen, müssen letztendlich in nahezu jedem Fall in ihr Heimatland zurückkehren. Ein Daueraufenthalt wegen einer spezifischen Gefährdung wird so gut wie nie gewährt[1126]. Dem Frauenhandel könnte insgesamt entgegen getreten werden, indem Opfern des Frauenhandels die Aufenthaltsbefugnis wegen der konkreten Gefährdungslage im Vergleich zur gegenwärtigen Praxis bereits bei weniger ausgeprägten Gefährdungslagen erteilt wird und die Anforderungen an den Nachweis einer Gefährdungslage herabgesetzt werden[1127]. Auf diese Weise könnte das Risiko

1122 IOM, Wien 1996, S. 4; BKA, Lagebild Menschenhandel 1996, S. 11, 17.

1123 Ebenso die Bundesregierung in BT- Drs 13/8193, S. 4.

1124 Kalthegener S. 33, Kunisch, „Probleme und Defizite der Rechtslage und Rechtsprechung zum Frauenhandel" in Tagungsbericht zur Tagung „Prostitution, Menschenhandel und Sextourismus im bayrisch-tschechischen Grenzraum", 22.7.1996, S. 6.

1125 Zur Diskussion über die Eignung des Zeugenschutzprogrammes zur Verbesserung der Situation von Menschenhandelszeuginnen siehe Protokoll der Arbeitsgruppe Frauenhandel, 5. Sitzung, S. 5 ff.

1126 Siehe unter 3.10, S. 275 ff.

1127 Siehe zur Gefahrenlage unter 3.9.4.1, S. 258 ff.

für die Täter erhöht werden[1128], weil die von Frauenhandel betroffenen Frauen sich angesichts dieser Option für einen Daueraufenthalt bei vorliegender Gefährdung möglicherweise eher zu einer Aussage und der Zusammenarbeit mit den Strafverfolgungsbehörden entschließen können.

Veränderungen der ausländerrechtlichen Situation von Frauen, die in die Sexarbeit gehandelt wurden, könnten sich auch aus der Diskussion um die Anerkennung von Prostitution als ein Beruf im Sinne von Art. 12 GG[1129] ergeben. Wenn Prostitution ein verfassungsrechtlich geschützter Beruf ist, können viele der von Frauenhandel betroffenen Frauen als Arbeitsmigrantinnen in einer besonderen Ausbeutungssituation betrachtet werden. Es wäre möglich, daß diese Arbeitsmigrantinnen sich z.B. durch Sozialversicherungen absichern und auch im übrigen ihre Rechte gegenüber ihren Arbeitgebern geltend machen können. Die Lebenssituation von Migrantinnen in der Sexindustrie kann nachhaltig am besten dadurch verbessert werden, daß ihnen Rechte zugestanden werden, die sie nicht nur vor Menschenrechtsverletzungen schützen, sondern darüber hinaus einen gleichberechtigten Stand der Frauen gegenüber denjenigen gewährleisten, die gegenwärtig ihre verletzbare Position ausnutzen. Dafür müssen die Betroffenen aber nicht nur mehr als bisher mit Rechten und Ansprüchen z.B. arbeitsrechtlicher oder zivilrechtlicher Natur ausgestattet werden, sondern auch in die Lage versetzt werden, diese durchzusetzen.

Das Ausländerrecht stellt eine wesentliche Rahmenbedingung für Frauenhandel dar und kann den Ausbeutungsdruck auf die migrierenden Frauen entschärfen. Wenn einzelne dieser Maßnahmen die Attraktivität der Bundesrepublik als Einwanderungsland geringfügig erhöhen, möglicherweise mehr potentielle Opfer einreisen und insofern Frauenhandel gefördert würde, so ist das im Interesse der Menschenwürde hinzunehmen[1130].

1128 Zu Frauenhandel un den Grundrechten sie unter 3.2, S. 156 ff.

1129 Vgl. hierzu: Laskowski, Die Ausübung der Prostitution - ein verfassungsrechtlich geschützter Beruf im Sinne von Art. 12 GG.

1130 Zu Frauenhandel und der Menschenwürdegarantie des Grundgesetzes siehe unter 3.2, S. 156 ff.

# Literaturverzeichnis

# Konventionen

*1949er Konvention gegen Menschenhandel,* Konvention zur Unterdrückung des Menschenhandels und der Ausbeutung von Prostituierten, Gesetzblatt der DDR 1975 II, S. 2 ff., UNTS Bd. 96, S. 271; abgedruckt in Fastenrath/Simma S. 136 ff.;

*Abkommen zum Schutz gegen Menschenhandel von 1904,* Abkommen zwischen dem Deutschen Reich und anderen Staaten über Verwaltungsmaßregeln zur Gewährung wirksamen Schutzes gegen den Mädchenhandel, RGBl. 1905, S. 695 ff.;

*CEDAW, Übereinkommen zur Beseitigung jeder Form von Diskriminierung der Frau,* Convention for the elimination of all kinds of discrimination of women, vom 18.12.1979, BGBl, 1985 II, S. 648 ff., Übersetzung abgedruckt in Fastenrath/Simma S. 194 ff.;

*Entwurf des Zusatzprotokolls über die Bekämpfung des internationalen Handels mit Frauen und Kindern,* Draft Protocoll to Combat International Traffiking in Women and Children Supplementary to the Draft Convention on Transnational Organized Crime, vorgelegt von den Vereinigten Staaten von Amerika, Wien 19.-29. Januar, Future A/AC.254/4/Add.3;

*Konvention gegen Frauenhandel von 1933,* International Convention for the Suppression of the Traffic in Women of full Age, Genf 11.10.1933, League of Nations No 3476, Bd. 50, S. 431 ff.;

*Übereinkommen betreffend die Sklaverei,* Übereinkommen betreffend die Sklaverei, vom 25.9.1926, BGBl 1972 II S. 1473, Übersetzung abgedruckt in Fastenrath/Simma S. 113 ff., Art. 1;

*Übereinkommen gegen Mädchenhandel von 1910,* Internationales Übereinkommen zur Bekämpfung des Mädchenhandels, RGBl. 1913, S. 31 ff.;

*Übereinkunft gegen Frauen- und Kinderhandel von 1924,* Internationale Übereinkunft zur Unterdrückung des Frauen- und Kinderhandels, RGBl. 1924, Band II, S. 180 ff.;

*Zusatzübereinkommen über die Abschaffung der Sklaverei,* Zusatzübereinkommen über die Abschaffung der Sklaverei, des Sklavenhandels und sklavereiähnlicher Einrichtungen und Praktiken, vom 7.9.1956, BGBl 1958, II S. 205 ff., abgedruckt in Fastenrath/Simma S. 116 ff.

# Resolutionen, Dokumente und Drucksachen

*Ausschuß für Familie, Senioren, Frauen und Jugend des deutschen Bundestages,* Ausschußdrucksache 13/350 vom 25.5.1998, schriftliche Stellungnahmen zur öffentlichen Anhörung „Frauenhandel mit dem Ziel der sexuellen Ausbeutung" am 27.5.1998, (Zit.: Ausschuß für Familie, Senioren, Frauen und Jugend, Ausschußdrucksache 13/350, Expertenname, S.);

*Ausschuß für Familie, Senioren, Frauen und Jugend und Rechtsausschuß,* Ausschußdrucksache 13/292 vom 14.1.1998, schriftliche Stellungnahmen zur öffentlichen Anhörung" Beseitigung der Diskriminierung von Prostituierten" (Zit.: Ausschuß für Familie, Senioren, Frauen und Jugend und Rechtsausschuß, Ausschußdrucksache 13/292, Expertenname, S.);

*Bundesregierung,* Antwort der Bundesregierung vom 2.11.1988, Bundesminister für Jugend, Familie, Frauen und Gesundheit, Menschenrechtsverletzungen an Frauen, BT-Drs 11/3250 (Zit.: Bundesregierung in BT-Drs 11/3250, S.);

*Bundesregierung,* Antwort der Bundesregierung vom 2.11.1988, Bundesminister des Innern, Fortführung des Visums für südostasiatische Länder, BT-Drs 11/3257 (Zit.: Bundesregierung in BT-Drs 11/3257, S.);

*Bundesregierung,* Antwort der Bundesregierung vom 30.11.1988, Bundesministerium für Jugend, Familie, Frauen und Gesundheit, Menschenhandel mit ausländischen Mädchen und Frauen, sogenannte Heiratsvermittlung und Prostitutionstourismus, BT-Drs 11/3580 (Zit.: Bundesregierung in BT-Drs 11/3580, S.);

*Bundesregierung,* Antwort der Bundesregierung vom 9.7.1997, Bundesministerium des Innern, Bekämpfung des Frauenhandels in der EU, BT-Drs 13/8193 (Zit.: Bundesregierung in BT-Drs 13/8193, S.);

*Bürgerschaft der Hansestadt Hamburg,* Mitteilung des Senats an die Bürgerschaft vom 17.8.1993, Stellungnahme zum ersten Bericht des Ausländerbeauftragten, Drs. 14/4596, (Zit.: Senat der Hansestadt Hamburg in Drs 14/4596, S.);

*Europäisches Parlament,* Bericht über den Menschenhandel des Ausschuß für Grundfreiheiten und innere Angelegenheiten des Europäischen Parlamentes, Amtsblatt vom 5.2.1996 Nr. C 032 S. 8 ff.; A4-0326/95 (Zit.: Europ. Parl, Initiativbericht des Ausschuß für Grundfreiheiten, S.);

*Europäisches Parlament,* Entschließung zu der Mitteilung der Kommission an den Rat und das Europäische Parlament zum Thema „Frauenhandel mit dem Ziel der sexuellen Ausbeutung"; vom 19.1.1998, A4-0372/97 (Zit.: Entschließung des Europäischen Parlaments zum Thema Frauenhandel mit dem Ziel der sexuellen Ausbeutung, GNr.);

*Europarat, Parlamentarische Versammlung,* Recommendation on traffic in women and forced prostitution in Council of Europe member states, 1325 (1997) vom 23.4.1997, der parlamentarischen Versammlung des Europarates, EREC1325.WP; 1403-23/4/97-14-E (Zit.: Empfehlung des Europarates von 1997, S./GNr.);

*Frauenpolitische Sprecherinnen der CDU/CSU-Fraktionen,* Kampf gegen Menschenhandel, Schweriner Resolution der frauenpolitischen Sprecherinnen der CDU/CSU-Landtagsfraktionen vom 8.9.1997 (Zit.: Schweriner Resolution der frauenpolitischen Sprecherinnen der CDU/CSU, Kampf gegen Menschenhandel, S.);

*Generalsekretär der Vereinten Nationen,* Bericht des Generalsekretärs zum Thema Frauenhandel, E/CN.4/Sub.2/1995/28/add.1 vom 13.6.1995;

*Generalsekretär der Vereinten Nationen,* Report of the Secretary General on Traffic in Women and Girls to the Commission of the Advancement of Women, veröffentlicht am 27.8.1996, A/51/309 (Zit.: Bericht des Generalsekretärs von 1996, GNr.);

*Generalversammlung der Vereinten Nationen,* Erklärung über die Beseitigung der Gewalt gegen Frauen Resolution 48/104 der Generalversammlung der Vereinten Nationen, vom 20.12.1993 A/RES/48/104, Übersetzung abgedruckt in Bundeszentrale für politische Bildung, Menschenrechte, S. 149 ff. (Zit.: Erklärung über die Beseitigung der Gewalt gegen Frauen, Bundeszentrale für politische Bildung, Menschenrechte, S. /GNr.);

*Generalversammlung der Vereinten Nationen,* Resolution der Generalversammlung der Vereinten Nationen „Traffic in Women and Girls"; vom 23.12.1994; A/RES/49/166 (Zit.: Resolution der Generalversammlung von 1994 zu Frauenhandel, GNr.);

*Generalversammlung der Vereinten Nationen,* Resolution der Generalversammlung der Vereinten Nationen „Traffic in Women and Girls"; vom 22.12.1995; A/RES/50/167 (Zit.: Resolution der Generalversammlung von 1995 zu Frauenhandel, GNr.);

*Generalversammlung der Vereinten Nationen,* Resolution der Generalversammlung der Vereinten Nationen „Traffic in Women and Girls“; vom 12.12.1996; A/RES/51/66 (Zit.: Resolution der Generalversammlung von 1996 zu Frauenhandel, GNr.);

*Kommission der Europäischen Gemeinschaften,* Mitteilung der Kommission an den Rat und das Europäische Parlament zum Thema „Frauenhandel mit dem Ziel der sexuellen Ausbeutung“, vom 20.11.1996, KOM (96) 567 (Zit.: Mitteilung der Kommission zum Thema Frauenhandel mit dem Ziel der sexuellen Ausbeutung, GNr.);

*Kommission der Europäischen Gemeinschaften,* Mitteilung der Kommission an den Rat und das Europäische Parlament über „Weitere Maßnahmen zur Bekämpfung des Frauenhandels, vom 9.12.1998, KOM (98) 726 (Zit.: Mitteilung der Kommission über weitere Maßnahmen zur Bekämpfung des Frauenhandels, GNr.);

*Landtag Mecklenburg Vorpommern,* Antwort der Landesregierung auf die große Anfrage der Fraktion der CDU, Menschenhandel in Mecklenburg-Vorpommern, Drs 2/3287, vom 15.5.1998 (Zit.: Landtag Mecklenburg-Vorpommern, Drs. 2/3287, S.);

*Menschenrechtskommission der Vereinten Nationen,* Resolution 45/1994 der Menschenrechtskommission mit dem Titel „Das Problem der Integration der Rechte der Frau in den Menschenrechtsprozeß der Vereinten Nationen und die Beseitigung von Gewalt gegen Frauen“ (Zit.: Resolution der Menschenrechtskommission von 1994, GNr.);

*Ministerkonferenz unter der Präsidentschaft der Europäischen Union,* Erklärung der Ministerkonferenz in Den Haag zu europäischen Leitlinien für wirksame Maßnahmen zur Verhinderung und Bekämpfung des Frauenhandels zum Zwecke der sexuellen Ausbeutung, vom 26.4.1997, DCE/97 -429, Ministerkonferenz in Den Haag unter der Präsidentschaft der Europäischen Union, Den Haag, 24. bis 26.4.1997 (Zit.: Erklärung der Ministerkonferenz in Den Haag, GNr.);

*Ministerrat der Europäischen Union,* Entschließung über Maßnahmen zur Bekämpfung von Scheinehen vom 4.12.1997, EG - Amtsblatt C 382/1 v. 16.12.1997, (Zit.: Entschließung des Rates der EU vom 4.12.1997 zur Bekämpfung von Scheinehen);

*Niedersächsisches Frauenministerium,* Rede der Frauenministerin Christina Bührmann im Niedersächsischen Landtag am 23.4.1997 zu Menschenhandel in Niedersachsen, Presseinformation vom 23.4.1997, (Zit.: Niedersächsisches Frauenministerium, S.);

Niedersächsisches Innenministerium, Antwort des niedersächsischen Innenministeriums vom 24.3.1997 auf die große Anfrage der Fraktion der CDU vom 6.1.1997, Menschenhandel in Niedersachsen, Az. 23.22-01425/2, Drucksache 13/2854 (Zit.: Niedersächsisches Innenministerium, Menschenhandel in Niedersachsen, Drs 13/2854, S.);

*NOTRAF, Europäisches Netzwerk gegen Frauenhandel,* NGO Stellungnahme, verabschiedet von der NGO Konferenz in Nordwijkerhout 5.-7. April 1997, zur Vorlage bei der EU- Ministerkonferenz, 24-26 April 1997 in Den Haag, abgedruckt in agisra Rundbrief Nr. 19/20, S. 14 ff. (Zit.: NOTRAF, NGO-Statement, GNr.);

*Rat der Europäischen Union,* Gemeinsame Maßnahme - vom Rat aufgrund des Art K.3 des Vertrages über die Europäische Union angenommen - betreffend die Bekämpfung des Menschenhandels und der sexuellen Ausbeutung von Kindern, vom 24.2.1997, Amtsblatt vom 4.3.1997 Nr. L 063, S. 2 ff. (Zit.: Gemeinsame Maßnahme vom 24.2.1997, GNr.);

*Regierungskomitee der Europäischen Sozialcharta,* Antwort des Regierungskomitees der Europäischen Sozialcharta auf den Fragebogen über die Bekämpfung des Frauenhandels und der Zwangsprostitution, vom 12.5.1997, Üb. Nr. 344/97 (Zit.: Regierungskomitee der Europäischen Sozialcharta, GNr.);

*Senat der Hansestadt Hamburg,* Antwort des Senats auf die große Anfrage der Fraktion der CDU, Menschenhandel in Hamburg Drs 15/7787, vom 12.8.1997 (Zit.: Senat der Hansestadt Hamburg in Drs 15/7787, S.);

*Senat der Vereinigten Staaten von Amerika,* Concurrent Resolution on Trafficking, 105$^{th}$ Congress, 2$^{nd}$ Session, S.Con.Res. 87, RYN\RYN98\130, vom 5.3.1998 (Zit.: Resolution zum Frauenhandel des US-Senates vom 5.3.1998, GNr.);

*Sonderberichterstatterin zum Thema „Gewalt gegen Frauen - Ursachen und Folgen",* Erster Bericht der Sonderberichterstatterin zum Thema Gewalt gegen Frauen - Ursachen und Folgen, gemäß der Resolution 1994/45 der Menschenrechtskommission der Vereinten Nationen, vom 22.11.1994, E/CN.4/1995/42, abgedruckt in Materialien zur Frauenpolitik 45/1995 des Bundesministeriums für Familie, Senioren, Frauen und Jugend (Zit.: 1. Bericht der Sonderberichterstatterin der UNO zur Bekämpfung der Gewalt gegen Frauen, GNr.);

*Sonderberichterstatterin zum Thema „Gewalt gegen Frauen - Ursachen und Folgen“,* Zweiter Bericht der Sonderberichterstatterin zum Thema Gewalt gegen Frauen - Ursachen und Folgen, gemäß der Resolution 1995/85 der Menschenrechtskommission der Vereinten Nationen, vom 5.2.1996, E/CN.4/1996/53 (Zit.: 2. Bericht der Sonderberichterstatterin der UNO zur Bekämpfung der Gewalt gegen Frauen, GNr.);

*Sonderberichterstatterin zum Thema „Gewalt gegen Frauen - Ursachen und Folgen“,* Dritter Bericht der Sonderberichterstatterin zum Thema Gewalt gegen Frauen - Ursachen und Folgen, vom 12.2.1997, E/CN.4/1997/47, abgedruckt in Materialien zur Frauenpolitik Nr. 63 des Bundesministeriums für Familie, Senioren, Frauen und Jugend (Zit.: 3. Bericht der Sonderberichterstatterin der UNO zur Bekämpfung der Gewalt gegen Frauen, GNr.);

*Weltfrauenkonferenz 1985 in Nairobi,* Abschlußdokument „Zukunftsstrategien von Nairobi zur Förderung der Frau“ der Weltfrauenkonferenz vom 15.7.1985 bis 27.7.1985 in Nairobi, Kenia, in deutscher Fassung herausgegeben vom Bundesministerium für Jugend, Familie, Frauen und Gesundheit (Zit.: Nairobi, Abschlußdokument, Ziffer);

*Weltfrauenkonferenz 1995 in Peking,* Dokumentation der Erklärung und Aktionsplattform der 4. Weltfrauenkonferenz 1995, in Peking, 4-15.9.1995, in Deutscher Fassung herausgegeben vom Bundesministerium für Familie, Senioren, Frauen und Jugend, (Zit.: Erklärung und Aktionsplatform von Peking, Ziffer).

## Sonstige Publikationen

*Ackermann, Lea/Filter, Cornelia,* Die Frau nach Katalog, Sextourismus und Frauenhandel und was eine couragierte Nonne dagegen tut, Freiburg im Breisgau, 1994;

*AdvoCats for Women,* Dokumentation, Fachtraining für Juristinnen und juristisch vorgebildete Frauen zum Thema Gewalt gegen Frauen und Frauenrechte, 10/1998 bis 09/1999, Prag, Bratislawa, Hamburg (Zit.: Verfasserin, Titel in AdvoCats for Women, Dokumentation, S.);

*agisra,* Frauenhandel und Prostitutionstourismus, Eine Bestandsaufnahme, im Auftrag des Bundesministeriums für Familie, Frauen und Gesundheit, Herausgeberin, Aktionsgemeinschaft gegen internationale sexistische und rassistische Ausbeutung (agisra), München 1990; (Zit.: Verfasserin in agisra, Frauenhandel und Prostitutionstourismus, S.);

*agisra,* Tagungsdokumentation der bundesweiten Fachtagung Menschenhandel vom 18./19.6.1998 in Eppenhain/Taunus (Zit.: agisra-Dokumentation der Fachtagung Menschenhandel 18./19.6.1998, Abschnitt, S.);

*Altink, Sietske,* Stolen Lives, Trading Women into Sex and Slavery, London 1995;

*Amnesty for Women e.V.,* Stellungnahme zum Begriff Frauenhandel, in Rundbrief von Amnesty for Women 9/97, S. 6 ff. (Zit.: Amnesty for Women, Stellungnahme, S.);

*Amnesty for Women e.V.,* Einzelfalldarstellung, in. Rundbrief von Amnesty for women 3/95, S. 11 f. (Zit.: Amnesty for Women, Einzelfalldarstellung, S.);

*Anderson, Bridget,* Living and working conditions of overseas domestic workers in the European Union, Uetrecht, 1996;

*Anti-Slavery Society,* Domestic Workers, report to the Working Group on Contemporary Forms of Slavery, London, 1990;

*Arbeitsgruppe Frauenhandel des Bundesministerium für Familie, Senioren, Frauen und Jugend,* Protokolle der Sitzungen der bundesweiten Arbeitsgruppe Frauenhandel, Konstituierende Sitzung vom 27.2.1997 bis 10.Sitzung vom 31.5.1999, (Zit.: Protokoll der X. Sitzung der Arbeitsgruppe Frauenhandel, S.);

*Augstein, Renate,* Der Frauenhandel aus Sicht der Politik, Beitrag zur Arbeitsgruppe „Männer und Frauen sind gleichberechtigt: Strukturen der Gewalt gegen Frauen“ bei der Tagung „50 Jahre Allgemeine Erklärung der Menschenrechte - Maßstab für Politik und Gesellschaft?“ der Stadt Nürnberg, Runder Tisch Menschenrechte in Nürnberg, 9.-10. 10. 1998, abgedruckt in agisra Rundbrief Nr. 26, August 1999 (Zit.: Augstein, S.);

*Autonome Frauenhäuser,* NEIN zum AusländerInnengesetz, Hamburg, 1991;

*Bachmann, Elke,* Frauen, die über den Heiratsmarkt in die BRD gekommen sind, deren rechtliche Stellung und Zukunftsperspektiven, Diplomarbeit, Fachhochschule Fulda, Fulda, 1989;

Bachof, Beurteilungsspielraum, Ermessen und unbestimmter Rechtsbegriff, JZ 1972, S. 208 ff;

*Bamberger, Wilhelm,* Ausländerrecht und Asylverfahrensrecht, 2. Auflage, München, 1997;

*Ban Ying e.V.,* Der Handel mit ausländischen Frauen, eine Bestandsaufnahme, Herausgeberin Ban Ying e.V., Berlin, 1994;

*Barley, Stephen,* Sex slavery, a documentary report on the international scene today, London, 1968;

*Barry, Kathleen,* Female Sexual Slavery, New York 1979 (Zit.: Barry, Female Sexual Slavery, S.);

*Barry, Kathleen,* The Prostitution of Sexuality, London und New York, 1995, (Zit.: Barry, Prostitution of Sexuality, S.);

*Baudisch-Cimen, Gerda,* Möglichkeiten und Grenzen der Strafverfolgung von Menschenhandel mit Frauen aus der „dritten Welt" nach deutschem Recht, wissenschaftliche Arbeit im Abschlußverfahren gem. § 39 des BremJAG, Bremen 1991;

*Becker, Friedrich/Braasch, Dietrich,* Recht der ausländischen Arbeitnehmer, Darmstadt, 1986;

*Berger, Alois,* Importstop für die Ware Frau, in TAZ vom 26./27.4. 1997, S. 3 (Zit.: Berger, Taz vom 26./27.4.1997);

*Berliner Fachkommission Frauenhandel,* Bericht der Berliner Fachkommission Frauenhandel, Berlin 1997;

*Bieback, Karl-Jürgen,* Grundprobleme des Arbeitserlaubnisrechts, ZAR 1995, S. 99 ff. (Zit.: Bieback, ZAR 1995, 99, S.);

*Bilitewski, Helga,* „Gehandelte Frauen": Durch Illegalität rechtlos, Übersetzung aus dem Englischen, aus Nachtexpress, Zeitung für Bar, Bordell und Bordstein, 12. Jhg. 1995, in Hamburger Frauenzeitung Nr. 46, S. 4 ff., Hamburg, 1995;

*Bosch, F.W.,* Neuordnung oder nur Teilreform des Eheschließungsrechts? NJW 1998, S. 2004 ff. (Zit.: Bosch, NJW 1998, 2004, S.);

*Brötz, Barbara,* Traum Haft, Sextourismus am Beispiel der Philippinen, Aktionen Hilfe und Beratung, Koblenz, 1989;

*Brussa, Licia,* TAMPEP, Transnatonal AIDS/STD Prevention Project Among Migrant Prostitutes in Europe, Amsterdam, 1996 (Zit.: Brussa, TAMPEP, S.);

*Brussa, Licia,* Survey on Prostitution, Migration and Traffic in Women: History and current Situation, in Tagungsdokumentation Seminar on action against traffic in women and forced prostitution as violations of human rights and human dignity, herausgegeben vom Europarat, Strasburg, 1991, (Zit.: Brussa, Survey on Prostitution, Migration and Traffic in Women, S.);

*Bundesarbeitsgemeinschaft der freien Wohlfahrtspflege e.V.,* Stellungnahme zum Entwurf eines Zweiten Gesetzes zur Änderung des Asylbewerberleistungsgesetzes, BT-Drs 13/10155, Bonn 1998 (Zit.:BAG der freien Wohlfahrtspflege, Stellungnahme zur Änderung des Asylbewerberleistungsgesetzes, S.);

*Bundesarbeitsgemeinschaft der freien Wohlfahrtspflege e.V.,* Gutachten zum Entwurf eines Zweiten Gesetzes zur Änderung des Asylbewerberleistungsgesetzes, regelungsgehalt, praktische Auswirkungen und verfassungsrechtliche Grenzen, Autoren: Sröseler/Schulte, Herausgeberin Bundesarbeitsgemeinschaft der freien Wohlfahrtspflege e.V., Bonn 1998, (Zit.: BAG der freien Wohlfahrtspflege, Rechtsgutachten zur Änderung des Asylbewerberleistungsgesetzes, S.);

*Bundeskriminalamt,* Lagebild Menschenhandel, Berichtsjahre 1995-1998, herausgegeben vom Bundeskriminalamt OA 31, Wiesbaden 1996-1998, (Zit.: BKA, Lagebild Menschenhandel Berichtsjahr, S.);

*Bundeskriminalamt,* Polizeiliche Kriminalstatistik Bundesrepublik Deutschland, Berichtsjahre 1990-1996, herausgegeben vom Bundeskriminalamt, Kriminalistisch-kriminologische Forschungsgruppe, Wiesbaden 1991 – 1997, (Zit.: PKS Berichtsjahr, S. /oder TabelleNr. Gliederungszahl);

*Bundesweite Initiative zur Änderung des Paragraphen 19 AuslG,* Kampagne zur Änderung des § 19 Ausländergesetz, Dokumentation 1993/94, Herne, 1994 (Zit.: Bundesweite Initiative zu § 19 AuslG Dokumentation 1993/94, S.);

*Bundesweite Initiative zur Änderung des Paragraphen 19 AuslG,* Verlauf und Stand der Kampagne zur Änderung des § 19 Ausländergesetz, Dokumentation 1995/96, Herne, 1996 (Zit.: Bundesweite Initiative zu § 19 AuslG Dokumentation 1995/96, S.);

*Bundeszentrale für politische Bildung,* Menschenrechte, Dokumente und Deklarationen, Herausgeber Bundeszentrale für politische Bildung, Bonn 1995, (Zit.: Bundeszentrale für politische Bildung, Menschenrechte, S.);

*Bündnis 90/Die GRÜNEN,* Tagungsbericht zur Tagung „Prostitution, Menschenhandel und Sextourismus im bayerisch-tschechischen Grenzraum“,

22.7.1996 (Zit.: VerfasserIn, Titel, in Tagungsbericht zur Tagung „Prostitution, Menschenhandel und Sextourismus im bayerisch-tschechischen Grenzraum“, 22.7.1996, S.);

*Bündnis 90/Die GRÜNEN Landtagsfraktion NRW,* Die wichtigsten Ergebnisse der Großen Anfrage „Frauenhandel in NRW“, in Frauenhandel in NRW, Sonderinfo der Landtagsfraktion Bündnis 90/Die GRÜNEN im Landtag Nordrhein-Westfalen, S. 15 ff., Düsseldorf, 1997;

*Butler, Josephine,* In Memorandum Josephine Butler, 1828-1906, „For their works do follow them.“, herausgegeben von Mackay's LTD, Chatham, 1928, (Zit.: Butler, In Memorandum, S.);

*Butler, Josephine,* Personal Reminiscences of a Great Crusade, Westport, 1976 (Zit.: Butler, Personal Reminiscences, S.);

*Butterweck, Bärbel,* Die Regelung von Prostitution und Zwangsprostitution als Disziplinierung der Geschlechterrollen in der europäischen Moderne, Diplomarbeit an der Freien Universität Berlin, 1996 (Zit.: Butterweck: Prostitution und Zwangsprostitution, S.);

*Callmann, Rosemary,* Schutzlosigkeit der Opfer schützt die Täter, Frauenhandel boomt in Europa, in informationen für die frau, Folge 5, S. 11, Mai 1997;

*Dencker, Friedrich,* Prostituierte als Opfer von Menschenhandel (§ 181 StGB), NStZ 1989, 249 ff.;

*Dern, Harald,* Menschenhandel, Gesellschaft und Polizei, MschrKrim 1991, 329 ff. (Zit.: Dern, MschrKrim 1991, S.);

*Deutsche Hurenbewegung,* Prostitution - Job - Beruf - Arbeit, Herausgeberin Deutsche Hurenbewegung, Nürnberg, 1996 (Zit.: Hurenbewegung, Prostitution als Beruf, S.);

*Diekmann, Susanne,* Familienrechtliche Probleme sogenannter Scheinehen im deutschen Recht unter Einbeziehung des österreichischen und des schweizerischen Zivilrechts, Frankfurt/Main,1991;

*Dietlein, Johannes,* Die Lehre von den grundrechtlichen Schutzpflichten, Berlin, 1992;

*Dollinger, Franz-Wilhelm/Speckmaier, Sabine,* Einführung in das Ausländerrecht, Heidelberg, 1997;

*Dortmunder Mitternachtsmission e.V.,* Jahresbericht 1996, Dortmund, 1997;

*Dreier, Horst,* Grundgesetz Kommentar, Band I Art. 1-19 GG, Herausgeber Horst Dreier, Tübingen,1996 (Zit.: Bearbeiter in Dreier, Band I, Art. GG, RNr.);

*Dreixler, Markus,* Der Mensch als Ware, Erscheinungsformen modernen Menschenhandels unter strafrechtlicher Sicht, Frankfurt/Main, 1998;

*Drößler, Christine,* Woman at Work, Sexarbeit, Binnenmarkt und Emanzipation, Dokumentation zum Ersten europäischen Prostitutiertenkongreß, Marburg, 1992 (Zit.: Verfasserin in Drößler, S.);

*Eichenhofer, Eberhard,* Die Sozialrechtliche Stellung von Ausländern aus Nicht-EWR- sowie Nicht-Abkommensstaaten, in Sozialer Schutz von Ausländern in Deutschland, Hohenheimer Tage zum Ausländerrecht, S. 63 ff., Herausgeber: Barwig, Klaus/Sieveking, Klaus/Brinkmann, Gisbert/Lörcher, Klaus/Röseler, Sybille, Baden-Baden, 1997 (Zit.: Eichenhofer, Sozialrechtliche Stellung von Ausländern aus Nicht-EWR- sowie Nicht-Abkommensstaaten, S.);

*Eimmermacher, Johanna,* Handel mit Frauen – eine modernen Sklavenhandels! Schriftenreihe der Deutschen Komission Justitia et Pax/ARB 85, abgedruckt in agisra Rundbrief Nr. 26, August 1999, S. 17 ff.;

*Eisenberg, Ulrich,* Kriminologie, 4. Auflage, München, 1995;

*Enders, Christoph,* Die Menschenwürde in der Verfassungsordnung, Zur Dogmatik des Art. 1 GG, Tübingen 1997;

*Enloe, Cynthia,* Bananas, Beaches and Bases - Making Feminist Sense of International Politics, Berkley, 1990;

*Erichsen, Hans-Uwe,* Allgemeines Verwaltungsrecht, 11. Auflage, Herausgeber Hans-Uwe Erichsen, Berlin, 1998 (Zit.: Verfasser in Erichsen, § RNr.);

*Europäische Kommission,* Report of the Conference on Trafficking in Women, 10.-11.6.1996, Wien (Zit.: Titel in Tagungsbericht der Europäischen Kommission zum Frauenhandel in Wien, Juni 1996, S.);

*Europäische Union,* Tagungsdokumentation des Seminars „Bekämpfung des Frauenhandels“ im Rahmen des STOP-Programms der Europäischen Union, 9.-12.12.1997 in Wien (Zit.: VerfasserIn, Titel, Tagungsdokumentation zum Seminar des STOP-Programmes der EU, 1997 in Wien, S.);

*Europäisches Parlament,* Confronting the Fortress, Black and Migrant Women in the European Union, Women's Rights Series, Brüssel, 1995 (Zit.: Europäisches Parlament, Confronting the Fortress, S.);

*EUROPAP,* European Intervention Projects Aids Prevention for Prostitutes, Country Reports, Gent, 1996 (Zit.: Verfasser/in, in EUROPAP, Country, S.);

*European Women's Lobby,* European Women's Lobby, European Policy Action Centre on Violence against Women, European Observatory on Violence against Women, Statement on Prostitution, Brüssel, Sept. 1997 (Zit.: EWL, Statement on Prostitution, S.);

*Färber-Husemann,* Osteuropas verkaufte Frauen, Wege zur effektiven Bekämpfung des Menschenhandels, Herausgegeben von der Friedrich Ebert Stiftung, Bergheim, 1999 (Faerber-Husemann, S.);

*Fastenrath, Ulrich/Simma, Bruno,* Menschenrechte ihr internationaler Schutz, Textausgabe, 3. Auflage, München, 1992 (Zit.: Fastenrath/Simma, S.);

*Fehér, Lenke,* Die international organisierte Sexindustrie, in Organisierte Kriminalität, Lagebilder und Erscheinungsformen. Bekämpfung und rechtliche Bewältigung, Herausgegeber Mayerhöfer/Jehle, S. 67 ff., Heidelberg, 1996;

*Finger, Peter,* Scheinehen - eine Entschließung des Rates der Europäischen Union zum Ausländerrecht; § 1314 Abs. 2 Nr. 5 BGB n.F. (Eheschließungsrecht), FuR 1998, S. 289 ff. (Zit.: Finger, FuR 1998, 289, S.);

*Förg-Rob, Elisabeth/Jauk, Barbara,* Frauenhandel, gesetzlich geschützter Markt für die Ware Frau, in agisra Rundbrief Nr. 17, September 1996 (Zit.: Förg-Rob/Jauk, S.);

*Fritz, Roland/Normeier, Jürgen,* Gemeinschaftskommentar zum Ausländergesetz, herausgegeben von Fritz/Normeier, Neuwied, Stand Juni 1999 (Zit.: GK-AuslR, § RNr.);

*Frowein, Jochen/Peukert, Wolfgang,* Europäische MenschenRechtsKonvention, EMRK-Kommentar, 2. Auflage, Strassbourg, Arlington, 1996 (Zit.: Frowein/Peukert, Art. EMRK, RNr.);

*GAATW,* Global Alliance against Traffic in Women, Handbook for Human Rights Action in the context of Traffic in Women, Bangkok, 1997;

*Gatzke, Ulrike,* Möglichkeiten des Opferschutzes in Hamburg, in Dokumentation Internationaler Frauenhandel, 4. Forum zwischen Wissenschaft und Praxis Wintersemester 1998/99 Universität Hamburg;

*Gessler, Katharina,* Eine Schande für Europa, 500.000 Frauen werden zur Prostitution gezwungen - Experten suchten nach Lösungen, Hamburger Abendblatt vom 2.6.1997 (Zit.: Gessler, Hamburger Abendblatt vom 2.6.1997);

*Global Survival Network,* Crime & Servitude, an Exposé of the Traffic in Women for Prostitution from the Newly Independent States, Washington 1997 (Zit.: Global Survival Network, S.);

*Göhler, Erich/Buddendiek, Hans,* Gesetz über Ordnungswidrigkeiten, Kurzkommentar, 11. Auflage, München, 1995 (Zit.: Göhler, Kommentar zum OWiG, § RNr.);

*Haberland, Jürgen,* Die Entschließungen der Justiz- und Innenminister der Europäischen Union im Bereich der Aufnahme, ZAR 1996, 3 ff.;

*Habermann, Katja,* Frauenhandel - oder besser die spezifische Situation migrierter/nichtdeutscher Prostituierter, in Rundbrief von Amnesty for Women 3/95, S. 6 ff.;

*Habermann, Katja/Mentz, Ulrike,* Frauenrechte sind Menschenrechte. Eine Chance für NGO's, in Rundbrief von Amnesty for Women 12/99, S. 6 ff., (Zit.: Habermann/Mentz, FrauenMenschenrechte und Frauenhandel, S.);

*Hailbronner, Kay,* Ausländerrecht, Kommentar in 3 Ordnern, Heidelberg, Stand März 1999, (Zit.: Hailbronner, Ordnungsnr., § , RNr.);

*Harder, Christiane,* Staat und Prostitution in Hamburg: die Haltung von Senat und Bürgerschaft während der Weimarer Republik (bis 1927), Magisterarbeit, Hamburg, 1985;

*Harris, H.Wilson,* Human Merchandise, A Study of International Traffic in Women, London, 1961;

*Haveman, Roelof Hidde,* Strafbarstelling van Vrouwenhandel, Criteria for criminalisation of traffic in women, Rotterdam, 1998;

*Heine-Wiedemann, Dagmar,* Konstruktion und Management von Menschenhandels-Fällen, MschrKrim 1992, S. 121 ff. (Zit.: Heine-Wiedemann, MschrKrim 1992, S.);

*Heine-Wiedemann, Dagmar/Ackermann, Lea,* Umfeld und Ausmaß des Menschenhandels mit ausländischen Mädchen und Frauen, Herausgeber Bundesministerium für Frauen und Jugend, Stuttgart, 1992 (Zit.: Heine-Wiedemann/Ackermann, S.);

*Heinz-Trossen, Alfons,* Zur Reglementierung der Prostitution, insbesondere zur Arbeit der Gesundheitsämter in der Bundesrepublik Deutschland West, Das öffentliche Gesundheitswesen, 1991, 311 ff. (Zit.: Heinz-Trossen, Das öffentliche Gesundheitswesen, 1991, 311, S.);

*Heinz-Trossen, Alfons,* Prostitution und Gesundheitspolitik, Prostituiertenbetreuung als pädagogischer Auftrag des Gesetzgebers an die Gesundheitsämter, Frankfurt/Main, 1992 (Zit.: Heinz-Trossen, Prostitution und Gesundheitspolitik, S.);

*Hennig, Werner/Henke, Norbert/Schlegel, Rainer/Theuerkauf, Walter,* Sozialgesetzbuch, Drittes Buch (SGB III) - Arbeitsförderung - Kommentar mit Nebenrecht, Berlin, Stand April 1998 (Zit.: Bearbeiter in Hennig/Henke/Schlegel/Theuerkauf, § Rnr.);

*Henning, Juanita/Rosario Vincenta,* Kolumbianische Prostituierte in Frankfurt/Main, Diplomarbeit, Frankfurt/Main, 1995;

*Hepting, Reinhard,* Das Eheschließungsrecht nach der Reform, FamRZ 1998, 713 ff. (Zit.: Hepting, FamRZ 1998, 713, S.);

*Herbert, Ulrich,* Geschichte der Ausländerbeschäftigung 1880-1980, Bonn und Berlin, 1986;

*Hilpert, Elvira,* Frauenhandel in die Bundesrepublik Deutschland, Notwendigkeit und Möglichkeiten der sozialarbeiterischen Intervention, Diplomarbeit, Würzburg, 1995;

*Hof, Hagen/Lübbe-Wolff, Getrude,* Wirkungsforschung zum Recht I, Wirkungen und Erfolgsbedingungen von Gesetzen, Herausgeber Hof/Lübbe-Wolff, Baden-Baden, 1999 (Zit.: Verfasser Titel in Hof/Lübbe-Wolff, Wirkungen und Erfolgsbedingungen von Gesetzen, S.);

*Howe, Christiane,* Ausbeutung und Isolation im Paradies Deutschland - Arbeits- und Lebensbedingungen gehandelter Frauen in Handelsware Frau, Zwangsprostitution in Schleswig-Holstein, Herausgeber Ministerium für Frauen, Jugend, Wohnungs- und Städtebau des Landes Schleswig-Holstein, Kiel, 1988 (Zit.: Howe, Arbeits- und Lebensbedingungen gehandelter Frauen, S.);

*Howe, Christiane,* Frauenhandel - Frauenspezifische Migration? Auszug aus einem Vortrag auf dem Seminar: Migration und Frauenhandel von Terres des Femmes e.V. in Bonn 6. September 1997, abgedruckt in Menschenrechte für die Frau 1/98, S. 16. ff. (Zit.: Howe, Frauenhandel - Frauenspezifische Migration, S.);

*Howe, Christiane,* Frauenhandel, Strukturen und Verhältnisse eines Phänomens, in Dokumentation Internationaler Frauenhandel, 4. Forum zwischen Wissenschaft und Praxis Wintersemester 1998/99 Universität Hamburg (Zit.: Howe Frauenhandel, Strukturen, S.);

*Huber, Berthold,* Handbuch des Ausländer- und Asylrechts, München, Stand Januar 1998 (Zit.: Bearbeiter in Huber, Handbuch des Ausländer- und Asylrechts, Band Nr. , Kapitel, Ordnungsnr., RNr.);

*Hürten, Marianne,* Frauenhandel (k)ein Thema mehr, in Frauenhandel in NRW, Sonderinfo der Landtagsfraktion Bündnis 90/Die GRÜNEN im Landtag Nordrhein-Westfalen, S. 2 ff., Düsseldorf, 1997;

*HWG e.V.,* Prostitution, Ein Handbuch, Herausgeberin, Huren wehren sich gemeinsam (HWG), Marburg, 1994; (Zit.: Verfasserin, Handbuch Prostitution, S.);

*IOM,* International Organisation of Migration (IOM), Die Europäische Union als Zielregion des Frauenhandels: Merkmale Tendenzen und politische Fragestellungen; Beitrag auf der Konferenz über Frauenhandel und sexuelle Ausbeutung, Wien, 1996 (Zit.: IOM, Wien 96, S.);

*Isensee,Josef/Kirchhof, Paul,* Handbuch des Staatsrechts der Bundesrepublik Deutschland, Band III, Das Handeln des Staates, Herausgeber Isensee/Kirchhof, Heidelberg, 1988 (Zit.: Bearbeiter in Isensee/Kirchhof, Band III, § , RNr.);

*Jarass, Hans. D./Pieroth, Bodo,* Grundgesetz für die Bundesrepublik Deutschland, Kommentar, 4. Auflage, München, 1997 (Zit.: Jaraß/Pieroth, Art. GG, RNr.);

*Kalthegener, Regina,* Frauenhandel: Schwierigkeiten der Strafverfolgung, in Menschenrechte für die Frau, Terre des Femmes 1/1997 (Zit.: Kalthegener, Frauenhandel, S.);

*Kartzke, Ulrich,* Scheinehen zur Erlangung aufenthaltsrechtlicher Vorteile, ihre Behandlung im deutschen Ehe- und Auslaenderrecht unter Berücksichtigung des US-amerikanischen Rechts, München 1990;

*Kießl, Anne-Margret,* Projekt Jiskra, Die Situation mittel- und osteuropäischer Frauen in Frankfurt/Main und Umland, herausgegeben von agisra e.V. und der ökumenischen Arbeitsgruppe e.V., Frankfurt/Main, 1996 (Zit.: Kießl, Jiskra, S.);

*Kirchenkreis Herne, Ökumenische Asiengruppe,* 15 Points concerning Trafficking in Women and Exploitation of Female Working Power, vom 2.4.1997, abgedruckt in agisra Rundbrief 19/20 Juli 1997, S. 28 f. (Zit Kirchenkreis Herne, Ökumenische Asiengruppe, 15 Points Concerning Trafficking in Women, Nr.);

*Kleiber , Dieter/Velten, Doris,* Prostitutionskunden, Eine Untersuchung über psychologische Charakteristika von Besuchern weiblicher Prostituierter in Zeiten von Aids, herausgegeben vom Bundesministerium für Gesundheit, Bayreuth, 1994 (Zit.: Kleiber/Velten, S.);

*Kleiber, Dieter/Wilke, Martin,* Aids, Sex und Tourismus, Ergebnisse einer Befragung deutscher Urlauber und Sextouristen, herausgegeben vom Bundesministerium für Gesundheit, Baden-Baden, 1995 (Zit.: Kleiber/Wilke, S.);

*Kleinknecht, Theodor/Meyer, Karl-Heinz/Meyer-Goßner, Lutz,* Strafprozeßordnung, Gerichtsverfassungsgesetz, Nebengesetze und ergänzende Bestimmungen, 44. Auflage, München, 1999 (Zit.: Kleinknecht/Meyer-Goßner, § RNr.);

*Kloesel, Arno/Christ, Rudolf/Häußer, Otto,* Deutsches Ausländerrecht, Kommentar zum Ausländergesetz und zu den wichtigsten ausländerrechtlichen Vorschriften, 3. Auflage, Stuttgart, Stand März 1999 (Zit.: Kloesel/Christ/Häußer § RNr.);

*Knappik, Brigitte,* Sextourismus und Heiratshandel als Symptome des Spannungs- und Konfliktverhältnisses der Geschlechter, Magisterarbeit am Fachbereich Sozialwissenschaften der Johannes Gutenberg- Universität Mainz, 1990;

*KOK, Bundesweiter Koordinierungskreis gegen Frauenhandel und Gewalt gegen Frauen im Migrationsprozeß e.V.,* KOK, Arbeitsgemeinschaft Schattenbericht: agisra, Frankfurt/Main; Kobra, Hannover; WILPF – IFFF, München; AdvoCats for Women, Hamburg; Schattenbericht unter Art. 6 CEDAW (Frauenhandel) zum Staatenbericht der deutschen Bundesregierung, Januar 2000 (Zit.: KOK, Schattenbericht, S.);

*KOOFRA,* Koordinierungsstelle gegen Frauenhandel, Hamburg, Zwischenbericht, August 1999;

*Korte, Guido,* Migrationsprobleme der Bundesrepublik Deutschland, Beiträge zur Inneren Sicherheit, in Informationen zum Ausländerrecht und zum Ausländerextremismus, herausgegeben von Fachhochschule des Bundes für öffentliche Verwaltung, Ausgabe Oktober 1995, S. 63 ff.;

*Kranz, Ulrike,* Kirchliche Sozialarbeit und Prostitution im evangelischen Deutschland - vom Ende des Kaiserreichs bis zur Verabschiedung des Reichsgesetzes zur Bekämpfung der Geschlechtskrankheiten 1927, Magisterarbeit, Hamburg, 1989;

*Kretschmer, Jörg,* Scheinehen, Mißbrauch des Institut der Ehe (und der Adoption) zu aufenthaltsrechtlichen Zwecken in der Bundesrepublik Deutschland und den USA, Frankfurt/Main, 1993;

*La Strada,* Tagungsdokumentation, Meeting of Experts in Trafficking in Women in Warschau, Polen, 24.-26.5.1996, (Zit.: VerfasserIn, Titel, Tagungsdokumentation von La Strada, Meeting of Experts, Mai 1996);

*Labonté, Rainer,* Zuhälterei als Form des Menschenhandels, Ein deutsch-französisches Gemeinschaftsverfahren, Kriminalistik 1990, S. 387 ff. (Zit.: Labonté, Kriminalistik 1990, S.);

*Lackner, Karl,* Strafgesetzbuch mit Erläuterungen, 23. Auflage, München 1999 (Zit.: Lackner, § RNr.);

*Langer, Dorothea,* Für eine Ethnologie der Geschlechter. Begriffstheoretische Überlegungen zum Sprachverhalten in der deutschsprachigen Ethnologie, in: Verkehren der Geschlechter, Reflexionen und Analysen von Ethnologinnen, herausgegeben von Brigitte Kossek, Dorothea Langer, Gerti Seiser, S. 57 ff., Wien, 1989;

*Laskowski, Silke Ruth,* Die Ausübung der Prostitution ein verfassungsrechtlich geschützter Beruf im Sinne von Art. 12 Abs. 1 GG, Ein Beitrag zur Auslegung des Art. 12 Abs. 1 GG - gleichzeitig ein Plädoyer für ein moralisches Recht ohne Moralismus, Frankfurt/Main, 1997;

*Launer, Ekkehard,* Frauenhandel, Herausgeber Ekkehard Launer, Göttingen, 1991 (Zit.: Launer, S.);

*Lazardsfeld, Sofie,* Women's Experience of The Male, London, 1938;

*LEFÖ,* Lateinamerikanische Exilierte Frauen in Österreich (LEFÖ), Frauenhandel, frauenpolitische Perspektiven nach der Weltfrauenkonferenz '95, Herausgeber Bundesministerium für Frauenangelegenheiten, Wien, 1996 (Zit.: LEFÖ, Frauenhandel, S.);

*LEFÖ, FIZ,* Lateinamerikanische Exilierte Frauen in Östereich (LEFÖ), Wien, Fraueninformationszentrum (FIZ), Zürich, Discussion Paper for NGO-Meeting in Amsterdam. 5.-6. April 1997; abgedruckt in agisra-RundbriefNr. 19/20 1997, S. 23 ff.(Zit.: LEFÖ/FIZ, Discussion Paper, S.);

Lehngut, Gerold, Die gemeinsame Einwanderungs-, Ausländer- und Asylploli-tik nach dem Amsterdamer Vertrag, Justizministerialblatt für Schleswig-Holstein 1998, 217 ff.;

*Lenz, Ilse/Ramil-Weiss, Norma/Thiemann, Heidi,* Internationaler Frauenhandel, Eine Untersuchung über Prostitution und Heiratshandel in Nordrhein-Westfalen und die Interventionsmöglichkeiten von Institutionen und Frauengruppen, Herausgeber Ministerium für die Gleichstellung von Frau und Mann, Düsseldorf, 1993 (Zit.: Lenz/Ramil-Weiss/Thiemann, S.);

*Leo, Ulrich,* Die strafrechtliche Kontrolle der Prostitution, Bestands-aufnahme und Kritik, Kiel, 1995;

*Leopold, Sabine/Steffan, Elfriede/Paul, Nicola,* Dokumentation zur rechtlichen und sozialen Situation Prostituierter in der Bundesrepublik Deutschland, Herausgeber Bundesministerium für Frauen und Jugend, Berlin, 1993 (Zit.: Leopold/Steffan/Paul, S.);

*Leue, Reinhold,* Der Frauenhandel und seine Bekämpfung nach geltendem und zukünftigem Reichsstrafrecht, Heidelberg, 1913;

*Lim, Lin Lean,* The Sex Sector, the economic and social basis of prostitution in southeast Asia, Herausgeberin Lim, Lin Lean, Genf, International Labour Office, 1998 (Zit.: VerfasserIn, Titel, in Lin Lean Lim, S.);

*Lipka, Susanne,* Das käufliche Glück in Südostasien, Heiratshandel und Sextourismus, Münster, 1985;

*Mansbrügge, Antje,* Frauenhandel oder besser die spezifische Situation migrierter/nicht deutscher Prostituierter, in Rundbrief von Amnesty for Women 7/96, S. 12 ff. (Zit.: Mansbrügge, Frauenhandel, S.);

*Mansbrügge, Antje/Mentz, Ulrike,* § 19 AusländerInnengesetz im Kontext des Frauenhandels, in Rundbrief von Amnesty for Women 6/96, S. 8 ff. (Zit.: Mansbrügge/Mentz, S.);

*Marschner, Andreas,* Die Arbeitserlaubnis für ausländische Arbeitnehmer, in Betriebsberater 1995, S. 774 ff. (Zit.: Marschner, Arbeitserlaubnis für ausländische Arbeitnehmer, BB 95, S. 774, S.);

*Marschner, Andreas,* Neuregelung des Rechts der Arbeitsgenehmigung für ausländische Arbeitnehmer, in Betriebsberater 1998, S. 370 f. (Zit.: Marschner, Neuregelung des Rechts der Arbeitsgenehmigung, BB 98, S. 370, S.);

*Maunz, Theodor/Dürig, Maunz,* Grundgesetz, Kommentar, 4 Bände (Loseblatt), München, Stand Juni 1998 (Zit.: Bearbeiter in Maunz/Dürig, Grundgesetz, Art. RNr.);

*Maurer, Mechthild,* Tourismus, Prostitution, Aids, Zürich, 1991;

*Mayntz, Renate,* Soziale Dynamik und politische Steuerung, Theoretische und methodologische Überlegungen, Frankfurt/New York 1997;

*Mentz, Ulrike,* Migrantinnen in der Prostitution, Die rechtliche Situation von Migrantinnen, die in Deutschland in der Sexindustrie arbeiten, in Rundbrief von Amnesty for Women 9/97, S. 14. f. (Zit.: Mentz, Migrantinnen in der Prostitution, S.);

*Meyer, Hans/Borgs-Maciejowski, Hermann,* Kommentar zum Verwaltungsverfahrensgesetz, 2. Auflage, Frankfurt/Main, 1982 (Zit.: Verfasser in Meyer/Borgs, VwVfG, § RNr.);

*Miebach, Klaus,* Aus der Rechtsprechung des BGH zu materiell-rechtlichen Fragen des Sexualstrafrechts, 1996, Teil 2, NStZ 1997, S. 178 ff. (Zit.: Miebach, NStZ 1997, S.);

*Miner, Maude,* Slavery of Prostitution, New York, 1916;

*Ministerium für Bundes- und Europaangelegenheiten des Landes Nordrhein-Westfalen,* Ware Frau, Täterschutz statt Opferschutz? In NRW, Bonn, Berlin und Brüssel, Europa Initiative, Nr. 5, S. 4 ff.;

*Ministerium für die Gleichstellung von Frau und Mann des Landes Nordrhein-Westfalen,* Bekämpfung von Menschenhandel in Nordrhein-Westfalen, Hintergrundpapier des Ministeriums, Presseinformation, Düsseldorf, 1997;

*Ministerium für Frauen, Jugend, Wohnungs- und Städtebau des Landes Schleswig-Holstein,* Tagungsunterlagen der Veranstaltung „Frauenhandel - Zwangsprostitution" des Ministerium für Frauen, Jugend, Wohnungs- und Städtebau des Landes Schleswig- Holstein am 25.11.1997, Landeshaus Kiel (Zit.: Titel, Tagungsunterlagen der Veranstaltung „Frauenhandel - Zwangsprostitution" am 25.11.1997 in Kiel, S.);

*Moick, Alois,* Schlepperwesen - Eine Übersicht für Österreich in Organisierte Kriminalität, Lagebilder und Erscheinungsformen, Bekämpfung und rechtliche Bewältigung, herausgegeben von Christoph Mayerhöfer und Jörg-Martin Jehle, S. 61 ff., Heidelberg, 1996;

Morales-Seifert, Vicky, Migrantinnen in der Putzarbeit, in Rundbrief von Amnesty for Women 9/97, S. 21 ff.;

Münch, Ingo v./Kunig, Philip, Grundgesetzkommentar, Band 1, Präambel bis Art. 20, 4. Auflage, München, 1992 (Zit.: Bearbeiter in Münch/Kunig Art. GG, RNr.);

*Narvesen, Ove,* The sexual exploitation of children in developing countries, Oslo, 1989;

*Neumann, Robert,* 23 Women, The Story of an International Traffic, New York, 1940;

*Niesner, Elvira,* Prostitution auf den Philippinen, Berlin, 1988 (Zit.: Niesner, Prostitution auf den Philippinen, S.);

*Niesner, Elvira/Anonuevo, Estrella/Aparicio, Marta,* Zwischenbericht der wissenschaftlichen Begleitung des Modellprojekts „Beratung und Hilfe für ausländische Frauen, die durch Heiratsvermittlungen in die Bundesrepublik Deutschland gekommen sind, bzw. hier zur Prostitution gezwungen werden", Frankfurt/Main, 1992 (Zit.: Niesner/Anonuevo/Aparicio, S.);

*Niesner, Elvira/Anonuevo, Estrella/Aparicio, Marta/Songsienchai-Fenzl, Petchara,* Ein Traum vom besseren Leben, Migrantinnenerfahrungen, soziale Unterstützung und neue Strategien gegen Frauenhandel, Opladen, 1997 (Zit.: Niesner u.a., Ein Traum vom besseren Leben, S.);

*Nittayananta, Suteera,* Migration von Frauen aus Südostasien: Verletzung der Menschenrechte durch Frauenhandel in agisra Rundbrief Nr. 19/20 aus 1997, S. 38 ff.;

*O'Callaghan, Sean,* The Yellow Slave Trade, A Survey of the Traffic in Women and Children in the East, London,1968;

*Oberlies, Dagmar,* Eigenständiges Aufenthaltsrecht der Frau nach Trennung, Ein Blick in die Rechtsprechung und die Verwaltungsvorschriften zu § 19 AuslG, Streit 2000, S. 25 ff.;

*Pappenheim, Bertha,* Sisyphus: gegen den Mädchenhandel- Galizien, herausgegeben von Helga Heubach, Freiburg im Breisgau, 1992;

*Pheterson, Gail,* Recht auf Asyl, Migration und Prostitution, in Rundbrief von Amnesty for Women 2/94, S. 16 ff.;

*Phizacklea, Annie,* Women, Migration and the State, in Women and the State, herausgegeben von Taylor P. Francis, London, 1996, S. 163 ff.;

*Pieroth, Bodo/Schlink, Bernhard,* Grundrechte, Staatsrecht II, 14. Auflage, Heidelberg, 1998 (Zit.: Pieroth/Schlink , Rnr.);

*Ramsauer, Ulrich,* Die Assessorprüfung im öffentlichen Recht, 4. Auflage, München, 1997;

*Rayanakorn, Kobkul,* Special study on laws relating to prostitution and traffic in women, Bangkok, 1995;

*Reanda, Laura,* Prostitution as Human Rights Question: Problems and Prospect of United Nations Action, in Human Rights Quarterly, Volume 13, Number 2, John Hopkins University Press, May 1991, S. 202 ff.;

*Renner, Günter,* Ausländerrecht, Kommentar, 7. Aufl., München, 1999 (Zit.: Renner, Ausländerrecht Kommentar § RNr.);

*Renner, Günther,* Ausländerrecht in Deutschland, München, 1998 (Zit.: Renner, Ausländerrecht in Deutschland, § RNr.);

*Renscher, Regula,* Ware Liebe, Sextourismus- Prostitution- Frauenhandel, Herausgeberin Regula Renscher, Wuppertal, 1987 (Zit.: VerfasserIn, in Renscher, S.);

*Renzikowski, Joachim,* Frauenhandel - Freiheit für Täter, Abschiebung für die Opfer?; ZRP 1999, S. 53 ff. (Zit.: Renzikowski, ZRP 1999, 53, S.);

*Rosario, Virginia, del,* Mail Order Brides: A Case Study of International Migration and Traffic in Women, in Tagungsdokumentation des International Workshop on Migration and Traffic in Women, Chiangmai 17.-21.10.1994, S. 15 ff., Bangkok, 1994;

*Ruggiero, Vincente,* Trafficking in human beings: Slaves in Contemporary Europe, in International Journal of the Sociology of Law Nr. 25, S. 231 ff., London, 1997;

*Sachs, Michael,* Grundgesetz, Kommentar, 2. Auflage, München 1999 (Zit.: Bearbeiter in Sachs GG Kommentar Art. , RNr.);

*Sassen, Saskia,* Migranten, Siedler, Flüchtlinge, von der Massenauswanderung zur Festung Europa, Frankfurt/Main, 1996;

*Schellhorn, Walter/Jirasek, Hans/Seipp, Paul,* Das Bundessozialhilfegesetz, Ein Kommentar für Ausbildung, Praxis und Wissenschaft, Berlin, 1997;

*Schiedermair-Wollenschläger, Michael,* Handbuch des Ausländerrechts der Bundesrepublik Deutschland, Band 1-4, Würzburg, Stand November 1998;

*Schiffer, Karin,* Migrationsprostitution und Frauenhandel, Strukturwandel in der europäischen Sexindustrie, Amsterdam, 1995;

*Schmahl, Hans-Ludwig,* Entwicklungen des Ausländer- und Asylrechts in Deutschland, Brühl, 1995;

*Schmidt-Aßmann, Eberhard,* Das allgemeine Verwaltungsrecht als Ordnungsidee, Grundlagen und Aufgaben der verwaltungsrechtlichen Systembildung, Berlin 1998;

*Schmidt, Heinz,* Der neue Sklavenmarkt - Geschäfte mit Frauen aus Übersee, Basel, 1985;

Schmidt-Eichstaedt, Gerd, Wirkungsforschung im Recht, Unter welchen Voraussetzungen erfüllen Gesetze ihren Zweck? DVBl. 1998, S. 323 ff.;

*Schönke, Adolf/Schröder, Horst,* Strafgesetzbuch Kommentar, 25. Auflage, München, 1997 (Zit.: Bearbeiter in Schönke/Schröder § StGB, RNr.);

*Schroeder, Friedrich-Christian,* Die Veranlassung zur Prostitution mit Gewalt oder List (§181 Nr. 1 StGB), JR 1997, S. 357 ff. (Zit.: Schroeder, JR 1977, S.);

*Schroeder, Friedrich-Christian,* Irrwege aktionistischer Gesetzgebung - das 26. StRÄG (Menschenhandel), JZ 1995, S. 231 ff. (Zit.: Schroeder, JZ 1995, S.)

*Schwieger, Dirk,* Der Vorteilsbegriff in den Bestechungsdelikten des StGB, Frankfurt/Main, 1996;

*Seager, Joni,* Der Fischer Frauen-Atlas, Daten, Fakten, Informationen, Frankfurt/Main, 1998;

*Seidel, Heinz,* Arbeitserlaubnisrecht, ZAR 1995, 109 ff.;

*Sieber, Ulrich,* Logistik der organisierten Kriminalität in der Bundesrepublik Deutschland in JZ 1995, S. 758 ff. (Zit.: Sieber, JZ 1995, S.);

Sieber, Ulrich, Internationale Organisierte Kriminalität, Herausforderungen und Lösungen für ein Europa offener Grenzen, Herausgeber Ulrich Sieber, Würzburg, 1997 (Zit.: Sieber, Internationale OK, Autor, S.);

*Sieber, Ulrich/Bögel, Marion,* Logistik der Organisierten Kriminalität, Wirtschaftswissenschaftlicher Forschungsansatz und Pilotstudie zur internationalen Kfz-Verschiebung, zur Ausbeutung von Prostitution, zum Menschenhandel und zum illegalen Glücksspiel, Wiesbaden, 1993 (Zit.: Sieber/Bögel, S.);

*Sigel, Claudia,* Deutsche Märchenprinzen, abgedruckt in agisra-Rundbief, Nr. 19/20, Juli 1997, S. 62 f.;

*Skrobanek, Siriporn/Boonpakdi, Nattaya/Janthakeero, Chutima,* The Traffic in Women, Human Realities of the International Sextrade, London und New York, 1997 (Zit: Skrobanek, Boonpakdi, Janthakeero, S.);

*Sozialministerium Baden-Württemberg,* Frauenhandel in Baden-Württemberg, Fachkommission Frauenhandel, Herausgeber Sozialministerium Baden-Württemberg, Stuttgart, 1997 (Zit.: Sozialministerium Baden-Württemberg, S.);

*Statistisches Bundesamt Wiesbaden,* Strafverfolgung 1996, Vollständiger Nachweis der einzelnen Straftaten, Wiesbaden 1997 (Zit.: Statistisches Bundesamt 1996, Name der Statistik, S.);

*Steering Group Meeting NOTRAF,* Tagungsunterlagen des Steering Group Meeting NOTRAF (European NGO Conference on Trafficking in Women) 7.-8.2.1997 in Amsterdam, Implications for NGO and GO strategies on Trafficking in Women (Zit.: VerfasserIn, Titel, in Tagungsunterlagen der NOTRAF Steering Group, S.).

*Steiner, Udo,* Besonderes Verwaltungsrecht; Herausgeber Udo Steiner, Tübingen, 4. Auflage, 1992 (Zit.: VerfasserIn in Steiner, Bes.VerwR, S.);

*Steinke, Wolfgang,* Menschenhandel, Einstieg in ein Delikt unserer Tage, Kriminalistik, 1992, S. 649 f. (Zit.: Steinke, Kriminalistik 1992, S.);

*Stolzke, Susanne,* Ein Bericht von Susanne Stolzke, agisra stellt sich vor, in Frauenhandel in NRW, Sonderinfo der Landtagsfraktion Bündnis 90/Die GRÜNEN im Landtag Nordrhein-Westfalen, S. 7 ff., Düsseldorf, 1997;

*Strack, Friederike,* Hurenbewegung und Frauenhandel in 4. Forum zwischen Wissenschaft und Praxis, Internationaler Frauenhandel, herausgegeben von dem Senatsamt für die Gleichstellung der Stadt Hamburg und der Universität Hamburg, Institut für Soziologie;

*STV,* Stichting tegen Vrouwenhandel (STV), Background Study on Basic Principles for a Code of Conduct within the Member States of the European Union to Prevent and Combat Traffic in Women, Uetrecht, 1996 (Zit.: STV, Background Study within the EU Member Countries, S.);

*TAMPEP,* Transnational Aids Prevention Project for Migrant Prostitutes (TAMPEP), Tampep 3, Final Report, Amsterdam; Hamburg, Mailand, Wien, 1997 (Zit.: TAMPEP 3, S.);

*TAMPEP,* Transnational Aids Prevention Project for Migrant Prostitutes (TAMPEP), Tampep 4, Final Report, Amsterdam; Hamburg, Mailand, Wien, 1999 (Zit.: TAMPEP 4, S.);

*Terrot, Charles,* Traffic in Innocents, New York, 1960;

*Tröndle, Herbert/Fischer, Thomas,* Kommentar zum StGB; 49. Auflage, München, 1999 (Zit.: Tröndle/Fischer, § RNr.);

*Tübinger Projektgruppe Frauenhandel,* Frauenhandel in Deutschland, Herausgeberin Tübinger Projektgruppe Frauenhandel, Bonn, 1989 (Zit.: Tübinger Projektgruppe Frauenhandel, VerfasserIn, Frauenhandel in Deutschland, S.);

*U.S. Department of State,* Human Rights Country Report: Russia, Washington D.C., 1997;

*Unterarbeitgruppe Zeuginnenschutz des Bundesministerium für Familie, Senioren, Frauen und Jugend,* Protokoll der Sitzungen der Unterarbeitsgruppe „Zeuginnenschutz“ der bundesweiten Arbeitsgruppe Frauenhandel am 28.5.1998, (Zit.: Protokoll der Unterarbeitsgruppe Zeuginnenschutz der Arbeitsgruppe Frauenhandel, S.);

*Visser, Jan,* Gesellschaftspolitische Aspekte und rechtliche Bedingungen bei der Hilfe für Prostituierte, in Tagungsbericht zur Tagung „Prostitution im Grenzland am 20. und 21. Okt. 1994 in Monschau, (Zit: Visser, Prostitution im Grenzland, S.);

*Weber, Christamaria,* Ich dachte dieses Land sei ein Paradies, Mechanismen des Frauenhandels und Ursachen und Wege der Frauenmigration, in Frankfurter Rundschau vom 1.2.1995, S. 12;

*Wijers, Marjan/Lap-Chew, Lin,* Trafficking in Women Forced Labour and Slavery-like Practices in Marriage, Domestic Labour and Prostitution, Uetrecht, 1997 (Zit.: Wijers/Lap-Chew, S.);

*Zöllner, Wolfgang/Luritz, Karl-Georg,* Arbeitsrecht, 4. Auflage, München, 1992;

*Zweiwochendienst,* Internationale Zusammenarbeit und Prävention ausbauen, EU-Aktionsplan gegen Frauenhandel, zweiwochendienst Nr. 124/97, S. 6 ff. (Zit.: Zweiwochendienst, S.).